Der Sanitätsdienst in der deutschen Flotte

im Zweiten Weltkrieg

Leichte Seestreitkräfte

Hartmut Nöldeke
und Volker Hartmann

Der Sanitätsdienst in der deutschen Flotte

im Zweiten Weltkrieg

Leichte Seestreitkräfte

Organisation
Medizinische Wissenschaft
Erfahrungen und Lehren

Seit 1789

Verlag E. S. Mittler & Sohn GmbH
Hamburg · Berlin · Bonn

Die Deutsche Bibliothek – CIP-Einheitsaufnahme
Nöldeke , Hartmut ; Hartmann , Volker :
Der Sanitätsdienst in der deutschen Flotte
im Zweiten Weltkrieg / Leichte Seestreitkräfte /
von Hartmut Nöldeke und Volker Hartmann.
Hamburg ; Berlin ; Bonn : Mittler , 1999
ISBN 3-8132-0589-4

ISBN 3-8132-0589-4

Gestaltung und Produktion: Inge Mellenthin
Printed in Germany

Inhalt

Vorwort

Die Deutsche Marine hat in ihrer Flotte von Anfang an einen wirkungsvollen bordgestützten Sanitätsdienst unterhalten, dessen Wirkung allein schon wegen der Existenz von qualifizierten und hochmotivierten Ärzten, Sanitätsunteroffizieren und Sanitätsgasten für die Kampfkraft und Durchhaltefähigkeit unserer Seekriegsmittel im Einsatz und Krieg anerkannt und geschätzt wurde.

Die unvergleichliche Situation der auf Gedeih und Verderb miteinander verbundenen Kampfgemeinschaft in einer feindlichen und bedrohlichen Umwelt prägt und begrenzt unverändert die sanitätsdienstliche Versorgung auf See.

Die Erfahrungen und Lehren des Flottensanitätsdienstes aus der besonderen Bewährung im Zweiten Weltkrieg sind für die Weiterentwicklung unseres heutigen Marinesanitätsdienstes im Hinblick auf die neuen weltweiten Aufgaben von großem Wert und sind Ausgangspunkte für Verbesserungen.

Der vorliegende erste Teil des Werkes über den Sanitätsdienst der Deutschen Flotte im Zweiten Weltkrieg erscheint im Jahre 1999, ein Jahr nach dem Gedenken zum Jubiläum »150 Jahre Deutsche Marine« und damit auch des Marinesanitätsdienstes. Es ist daher besonders geeignet, für einen Rückblick auf eine einzigartige Entwicklung in der Kranken- und Verwundetenbehandlung auf See.

Ich kenne die Autoren Flottenarzt a.D. Dr. H. Nöldeke und Flottillenarzt Dr. V. Hartmann aus langjähriger gemeinsamer Arbeit und kameradschaftlicher Verbundenheit im Sanitätsdienst unserer Marine als sachkundige und historisch bewanderte Ermittler bisher nicht bekannter Vorgänge, Tatsachen und Zusammenhänge in der Marinesanitätsgeschichte.

Historisch bedeutsame Ereignisse und menschlich bewegende Erlebnisse fügen sich zu dem Bild einer Heilkunde und Menschenfürsorge als unverzichtbarer hoffnungsvermittelnder Teil einer im Kriege kämpfenden Marine, die sich zu allen Zeiten auf ihren Sanitätsdienst verlassen konnte.

Besonders hervorzuheben sind die in den Erfahrungen sichtbar werdenden medizin- und naturwissenschaftlichen Grundlagen, u.a. auf den Gebieten der Schiffahrt- und U-Boot-Medizin, die im Kriege angewendet und auch weiterentwickelt wurden, und gerade heute noch unveränderlich gültig sind.

Mit diesem Buch über den Sanitätsdienst in der Deutschen Flotte im Zweiten Weltkrieg haben die Autoren dem zeitgenössischen Marinesanitätsdienst einen wertvollen Dienst erwiesen.

Dr. Dieter Willers
Admiralarzt der Marine 1992–1998

Einleitung

Fast sechzig Jahre sind seit dem Beginn des Zweiten Weltkrieges vergangen, dessen Vorbereitung, Verlauf und Ende auch auf maritimem Gebiet in einer umfangreichen dokumentierenden und kommentierenden Literatur ausführlich dargestellt sind. Der Sanitätsdienst ist darin nur selten vertreten, und erst in den letzten Jahren ist über Teilbereiche gearbeitet und publiziert worden, am gründlichsten über den Sanitätsdienst in der deutschen U-Boot-Waffe und bei den Kleinkampfverbänden. Diese Arbeit, von den Autoren 1996 veröffentlicht[1], enthält erstmalig auch eine Darstellung der Geschichte der deutschen U-Boot-Medizin, die während des Krieges eine zentrale Rolle in der wehrmedizinischen Forschung einnahm. Vorausgegangen waren einige Beiträge der Autoren zum Sanitätsdienst auf Booten bzw. auf schweren Einheiten[2], auf U-Booten[3], auf Schnellbooten[4] und auf den deutschen Hilfskreuzern im Zweiten Weltkrieg[5]. Abhandlungen zur Geschichte der Schiffahrtsmedizin aus der Feder von H. Schadewaldt befassen sich dagegen beispielsweise mit der Rolle des Schiffsarztes[6], der Bedeutung der Schiffschirurgie[7] und der Geschichte der deutschen Lazarettschiffe im Zweiten Weltkrieg[8]. Zu letzterem Thema steht eine von Caanitz[9] begonnene ausführliche Abhandlung noch aus.

Der umfassende erst in den dreißiger Jahren fertiggestellte ›Kriegssanitätsbericht über die Deutsche Marine 1914–1918‹[10] wurde von den Autoren bereits bei der Bearbeitung des U-Boot-Sanitätsdienstes 1996 ausführlich vorgestellt. Er ist für den Ersten Weltkrieg eine unerschöpfliche Quelle für die vielfältigen Fragen des Sanitätsdienstes an Bord im Gefecht und alle damit zusammenhängenden Probleme, und er enthält auch vielfältige Angaben zur Medizinalstatistik, vorwiegend zur Morbidität und Mortalität infolge Verwundung und Erkrankung.

In dem hier vorgelegten Buch wollen die Autoren erstmals für den Zweiten Weltkrieg einen detaillierten Gesamtüberblick über den Sanitätsdienst in den leichten Seestreitkräften der Kriegsmarine geben, auf den Booten ohne planmäßigen Arzt. Die sanitätsdienstlichen Charakteristika der Einsätze von Schnell-, Minensuch-, Räum-, Vorposten-, Geleit- und Torpedobooten, Fahrzeugen, die in Flottillen zusammengefaßt waren, sollen untersucht und bewertet werden. Auch die Zerstörer, die militärisch nicht »Boot« sondern »Schiff« waren, werden hier abgehandelt. Auf ihnen übte ein Erster Offizier (I.O.) Disziplinarbefugnis über die Mannschaft aus. Sie verfügten über einen Schiffsarzt, gehörten aber funktionell eher zu den Booten als zu den schweren Einheiten. Die umfassende Betrachtung der Sanitätsversorgung auf Schlachtschiffen, Kreuzern, Hilfskreuzern und Troßschiffen wird erst Gegenstand einer künftigen Publikation sein.

Die Arbeit wird ergänzt durch eine Vorstellung der Organisation des Bordsanitätsdienstes mit besonderem Gewicht auf den sanitätsdienstlichen Vorkehrungen im Gefecht und ihrer historischen Entwicklung. Zusätzlich soll ein Blick auf die Ausbildung der Schiffs- und Flottillenärzte und ihre nicht einfache Position in der militärischen Hierarchie geworfen werden. Ferner werden besondere medizinische Fragestellungen, die während der Einsätze oder auch in den Stützpunkten zur Beobachtung kamen, untersucht und damalige Behandlungsmöglichkeiten diskutiert. Stichworte sind hier die körperliche und psychische Belastung der Soldaten, Schiffbruch und Unterkühlung, Verwundetentransport sowie präventivmedizinische und therapeutische Maßnahmen bei Geschlechtskrankheiten. Schließlich kommen auch die Vorschriften, die die Arbeit des Sanitätspersonals regelten, die zur Verfügung stehenden medizinischen Geräte und das Sanitätsmaterial, das zur Behandlung der Verwundeten zur Verfügung standen, zur Sprache.
In jahrelanger Arbeit ist es gelungen, aus zahlreichen bisher nicht bekannten Quellen, aus Archiven, der gedruckten Literatur und den Mitteilungen noch lebender Zeitzeugen ein repräsentatives Bild der medizinischen Versorgung auf diesen Fahrzeugen zu zeichnen. Allerdings soll ein Anspruch auf Vollständigkeit nicht erhoben werden. Das gilt besonders für eine Medizinalstatistik, die stets ein wesentlicher Faktor bei allen Aussagen über die Kranken- und Verwundetenfürsorge ist. Solche Daten lassen sich aber für den Marinesanitätsdienst in der Zeit von 1939–1945 infolge der unwiederbringlichen Schriftgutverluste nicht mehr erheben.
Quellenbasis für eine umfassende Betrachtung des Bordsanitätsdienstes sollte die ärztliche Kriegsberichtserstattung sein, ein von der truppendienstlichen Kriegstagebuchführung unabhängiges Berichtswesen. Diese Berichtserstattung war in Teil 8 der Wehrmacht-Sanitäts-Vorschrift[11], der ›Ärztlichen Kriegsberichtanweisung für die Kriegsmarine‹ (K.B.A.M.) vom 17. Juli 1939 (mit einer Neufassung von 1942) geregelt. Auch für alle Sanitätsoffiziere in den Flottillen und an Bord war hier angeordnet, ein »Ärztliches Kriegstagebuch« zu führen, das vierteljährlich auf dem Fachdienstwege vorzulegen war und das nach Kriegsende als Unterlage für den vorgesehenen endgültigen Kriegs-Sanitätsbericht dienen sollte. Zusätzliche ›Ärztliche Gefechtsberichte‹ sollten immer dann sofort verfaßt und eingereicht werden, wenn der Sanitätsoffizier, sein Personal oder die Sanitätsausrüstung unmittelbar beteiligt oder betroffen waren. Diese Berichte gingen nach Durchlauf des Fachdienstweges zur Archivierung sowohl an die Krankenurkunden-Abteilung der Marinestation der Ostsee (später Marineoberkommando Ostsee) als auch an den Arzt beim Flottenkommando. Im Gegensatz zu den militärischen Kriegstagebüchern, die größtenteils erhalten geblieben sind, lassen sich über den Verbleib bzw. die Vernichtung der Masse dieser Primärquellen des Marinesanitätsdienstes auch heute noch nur Mutmaßungen anstellen.
Bis 1941 konnte sich das Marinemedizinalamt im Oberkommando der Kriegsmarine noch mit der Bearbeitung der jährlichen statistischen »Sanitätsberichte über die

Deutsche Kriegsmarine« befassen. Zum Abschluß kamen aber nur noch die Jahrgänge 1935/36[12] und 1937[13]. Später wurden lediglich kurzgefaßte »Kriegssanitätsberichte« herausgegeben, mit denen die bisherigen Erfahrungen einem weiteren Kreise nutzbar gemacht werden sollten. Tatsächlich befindet sich nur ein einziger dieser Berichte, der ›II. Kriegssanitätsbericht‹ für den Zeitraum vom 1. September 1940 bis 31. August 1941, im Bundesarchiv-Militärarchiv[14]. Die heute von den Historikern schmerzlich vermißten Aufzeichnungen gingen entweder verloren, als ihre Vernichtung schon im Januar 1945 befohlen wurde[15] oder als in der Reichshauptstadt Berlin am 10. oder 12. April 1945 mit dem Auslösen des Stichwortes ›Clausewitz‹ das Vernichten des Aktenmaterials vorgenommen wurde[16]. Der letzte Sanitätschef der Kriegsmarine, Admiralstabsarzt Dr. Emil Greul, befand sich auf einer Dienstreise, als der Befehl zur Vernichtung der Unterlagen erteilt wurde, wie er den Verfassern mündlich später berichtete[17]. Er habe nur noch einen Rest vor der Vernichtung bewahren können. Schon zuvor wurden aktuelle Berichtsunterlagen des Marinemedizinalamtes, besonders auch Ärztliche Kriegstagebücher, Gefechtsberichte, Berichte über Fernunternehmungen, über Massenerkrankungen auf Schiffen, über Unfälle und Selbsttötungen nach Bad Kissingen ausgelagert[18]. Über deren Verbleib ist aber bis heute nichts mehr bekannt geworden[19].

Die wesentlichen militärischen Unterlagen der Kriegsmarine, beispielsweise das Kriegstagebuch der Seekriegsleitung und auch viele K.T.B. von Schiffen, überstanden den Krieg[20]. Gelegentlich wurden vorwiegend an der Ostfront vor dem Waffenstillstand auch für sanitätsdienstliche Fragen wichtige Marineakten wie die Kriegstagebücher beteiligter Bootsverbände und Landdienststellen, die den Einsatz der Flottillen betrafen, vernichtet, um sie nicht in die Hände der sowjetischen Streitkräfte fallen zu lassen. Dies gilt beispielsweise für die K.T.B. der 9. Sicherungsdivision (Fregattenkapitän Adalbert v. Blanc), deren Boote am 5. Mai 1945 noch östlich Bornholm standen (die Insel wurde durch sowjetische Truppen besetzt), und die gemäß Kapitulationsvereinbarungen an die Russen hätten ausgeliefert werden müssen. Auch der Seetransportchef der Wehrmacht, Konteradmiral Conrad Engelhardt, ließ die entsprechenden Unterlagen seiner Dienststelle vernichten, weil er Sorge hatte, die westlichen Gegner würden Flüchtlinge zurückweisen. Dies berichtete Bidlingmaier[21] unter Berufung auf die Chefs der genannten Dienststellen.

Gelegentlich konnte auch ein Kriegstagebuch aufgrund glücklicher Umstände im letzten Augenblick gerettet werden. So schildert ein namentlich nicht genannter Besatzungsangehöriger des Zerstörers *Z 34*, wie er am 10. Mai 1945 in Kiel-Eichhof, bereits in britischem Gewahrsam, unter herumliegenden »Habseligkeiten« auch Eigentum seines Kommandanten, Korvettenkapitän Karl Hetz, entdeckte und an sich nehmen konnte. Dabei barg er das K.T.B. des Zerstörers, das auf diese Art und Weise erhalten blieb[22].

Bei Kriegsende wurden die greifbaren Akten von den Siegermächten beschlagnahmt und gründlich ausgewertet. Erst im Laufe vieler Jahre sind diese Unterlagen zu großen Teilen an Deutschland zurückgegeben worden. Sie stehen nun im Bundesarchiv/Militärarchiv (BA/MA) in Freiburg zur Auswertung zur Verfügung und bieten eine wichtige Hilfe bei der wissenschaftlichen Aufbereitung der Ereignisse, der Erlebnisse und der Erfahrungen.

Auf deutscher Seite waren also die Voraussetzungen für eine gründliche Dokumentation und Sichtung des Materials unvergleichlich schlechter, als bei den Alliierten. Coulter konnte schon 1954–1956 ausführlich über alle Ereignisse des Seekrieges berichten, in die der Sanitätsdienst der Königlich Britischen Marine einbezogen war[23]. Trotzdem haben es sich die Autoren fast sechzig Jahre nach Beginn des Krieges zur Aufgabe gemacht, die vergleichsweise schmale Quellenlage des deutschen Marinesanitätsdienstes zu erschließen, grundsätzliche Erkenntnisse aufzuarbeiten und für die Nachwelt zu erhalten.

Diese Arbeit wäre nicht ohne die stete Unterstützung zahlreicher Institutionen und Privatpersonen gelungen, die den Autoren bei ihren Recherchen hilfreich zur Seite standen. An dieser Stelle werden mit Dankbarkeit die Mitarbeiter des Bundesarchivs (Militärarchiv) Freiburg, des Bundesarchivs Koblenz, der Deutschen Dienststelle für die Benachrichtigung der nächsten Angehörigen von Gefallenen der ehemaligen Deutschen Wehrmacht (WASt) Berlin, des Krankenbuchlagers Berlin, der Wehrhistorischen Sammlung der Marineschule Mürwik, der Fachbibliothek des Schifffahrtmedizinischen Instituts der Marine Kronshagen, der Bibliothek des Sanitätsamtes der Bundeswehr Bonn und der Fachinformationsstelle des Marineunterstützungskommandos Wilhelmshaven erwähnt. Einblick in sein umfangreiches Privatarchiv zur Geschichte der Torpedoboote und Zerstörer gewährte Herr W. Harnack.

Großen Dank schulden die Autoren den zahlreichen ehemaligen Sanitätsoffizieren, die die Mühe auf sich nahmen und wesentliche Angaben zu Erlebnissen und Erfahrungen übermittelten. Es werden hier die Dres. W. Bauer, K.-H. Blaas, H. Bongen, H. Brahms, C. Büchler, H.-G. Busch, H. Eichner, H.W. Fischbach, J. Führ, W. Herrberg, C. Hoffmann, E. Kricker, K. Künstler, H.-P. Kunze, H. Langguth, F. Otto, R. Probst, K.W. Reinke, J. v. Schilling, H. Wellein und W. Wiese genannt. Unermüdlich halfen uns auch die beiden ehemaligen Schnellbootärzte Dres. H. Gillner und A. Kleemann, die uns wichtige Aufzeichnungen und Unterlagen aus ihrem Privatbesitz zur Verfügung stellten. Unterstützung durch Gespräche und wissenschaftlichen Rat in einer Reihe von Detailfragen wurden durch die Prof. Dres H.-J. Maurer, H. Schadewaldt und E.G. Schenck zuteil. Darüberhinaus gaben ehemalige Soldaten und Offiziere der deutschen Kriegsmarine Auskunft über spezielle Fragestellungen: W. v. Gartzen, E. Kipka, H. Paetzold, F.-K. Paul und G.-D. Schneider.

Auch der Admiralarzt der Marine, Admiralarzt Dr. D. Willers, begleitete und förderte das neue Vorhaben mit Rat und Tat. Für die verlegerische Betreuung beim Mittler-Verlag in Hamburg wird insbesondere Herrn Peter Tamm und seinen Mitarbeitern gedankt.

Die Autoren haben den militärhistorischen Kontext zum Zweiten Weltkrieg, soweit er zum Verständnis auch der sanitätsdienstlichen Gegebenheiten notwendig ist, bereits in ihrer 1996 erschienen Abhandlung zum U-Boot-Sanitätsdienst ausführlich erläutert[24]. Von französischer Seite[25] ist die deutsche Literatur, die sich mit der Frage der Strategie der Seekriegsführung befaßt[26], neuerdings ausführlich bewertet worden. Es herrscht Einigkeit darüber, daß die Kriegsmarine vom Ausbruch des Zweiten Weltkrieges weitgehend überrascht worden ist. Mit Großbritannien als Gegner wurde bis 1938 nicht gerechnet. Die eigenen Flottenbaupläne steckten in den Anfängen, die in Dienst befindlichen Schiffe und Boote waren zahlenmäßig den schnell zunehmenden Aufgaben nicht gewachsen.
Diese Feststellung gilt selbstverständlich auch für alle Bereiche des Marinesanitätsdienstes, der schon kurz nach Kriegsbeginn personell und materiell schnell verstärkt werden mußte, was bei der angespannten Personallage zu Engpässen in der sanitätsdienstlichen Versorgung und zu einer erheblichen Arbeitsbelastung der Betroffenen führte. Nach Bauer[27] waren 1936 nur 159 Marinesanitätsoffiziere im Dienst, im Jahre 1938 bereits 221, und nach der Rangliste vom September 1944 gab es 520 aktive Sanitätsoffiziere, zu denen etwa 1 200 Reservisten kamen. Die resultierende hohe Personalfluktuation mit ihren negativen Begleiterscheinungen wurde für den Bereich der Flotte am Beispiel des Schlachtschiffes Scharnhorst in einem Bericht des Befehlshabers der Schlachtschiffe an das Flottenkommando angesprochen. Es hieß für den 9. März 1941: »Bei den SanOffz ist der Wechsel sehr stark. Nachdem zu Anfang des Jahres der II. Arzt gewechselt hatte, wurde nach der Unternehmung im April auf Antrag des Kommandos der Schiffsarzt abkommandiert und tritt jetzt noch ein Wechsel des Chirurgen ein. Das Kommando legt Wert darauf, daß nun nicht auch noch, wie dem Vernehmen nach geplant, der mit dem Schiff verwachsene Mar.Ob.Stabs-Arzt Dr. Prett (Zahnarzt) abgezogen wird.«[28] Daß dies keineswegs ein Einzelfall gewesen ist, zeigen auch die Feststellungen zum Schwesterschiff der Scharnhorst, der Gneisenau vom 9. September 1941: Während an Bord dieses Schiffes seit März des Jahres 1941 acht Prozent der Ingenieuroffiziere und 39 Prozent der Seeoffiziere abgegeben wurden, hatten sogar drei von den vier erfahrenen Bordärzten das Kommando verlassen.
Ein weiteres die Arbeit des Marinesanitätsdienstes erschwerendes Moment lag in internen Auseinandersetzungen zwischen dem Sanitätschef der Kriegsmarine, Admiraloberstabsarzt Prof. Alfred Fikentscher und der Marineführung hinsichtlich der Organisation und der Stellung des Sanitätschefs und seines Marinemedizinalamtes. Dieses Amt hatte im Frühjahr 1939 seine Selbständigkeit verloren und war im April des Jahres gegen den Willen des Sanitätschefs dem Allgemeinen Marinehauptamt unterstellt worden. Aber auch in der Folgezeit beklagte der Sanitätschef die ständige Mißachtung sowohl der Wertigkeit und Bedeutung seiner Funktion als auch der Aufgaben des Marinemedizinalamtes. Diese Spannungen und der resultierende mangelhafte Informationsfluß zwischen dem Oberkommando und dem

Sanitätschef hatten durchaus auch Auswirkungen auf die praktische Tätigkeit des Sanitätsdienstes vor Ort. Bauer berichtete beispielsweise[29], Fikentscher habe von der Besetzung Norwegens erst durch den Rundfunk erfahren. Fikentscher selbst trug am 6. Januar 1943 in einem Lagebericht[30] vor den Leitenden Sanitätsoffizieren der Marine über den »inneren Gegner« vor: »Erst nach wiederholten Versuchen gelang es, zum Stab des Kommandierenden Admirals in Oslo einen Sanitätsoffizier (Flottenarzt Kraft) zu kommandieren. Eine Folge davon war eine erhebliche Verzögerung im Aufbau des Marinesanitätswesens im Raum Norwegen! Nach dem siegreichen Feldzug in Holland, Belgien und dem Einbruch in Frankreich wurde mir auf meinen Antrag bzgl. der Kommandierung von Sanitätsoffizieren in diesen Raum ›höchstens zwei Geschwaderärzte und noch ein paar jüngere Ärzte‹ zugestanden! Daß von seiten der Seekriegsführung auch Sanitätsoffiziere angefordert wurden, kam in den ersten Kriegsjahren überhaupt nicht vor.«[31] Auch wurde der Sanitätschef niemals zu einer Lagebesprechung im O.K.M. zugezogen, so daß die personelle Besetzung wichtiger Dienststellen mit Sanitätsoffizieren in den ersten Kriegsjahren mehr oder weniger dem »Fingerspitzengefühl« des Sanitätschefs und seines Stabes entsprang. So ist Fikentschers Reaktion auf eine Anfrage zum ›Personellen Mehrbedarf 1941 und 1942‹ zu verstehen, wenn er unter dem Briefkopf »Allgemeines Marinehauptamt G I c…« dem »AMA/Wehr I« am 14. August 1941 mitteilte: »AMA/G ist nicht in der Lage, Unterlagen über den personellen Bedarf der Laufbahn XI (Sanitätsdienst; Verf.) für die Zeit vom 1.10.41–30.3.42 AMA/Wehr zugänglich zu machen. G wird über beabsichtigte Neuaufstellungen von Marineteilen usw. und von geplanten operativen Maßnahmen stets so spät in Kenntnis gesetzt, daß Vorarbeiten auf sanitätsdienstlich organisatorischem Gebiet von hier leider fast nie durchgeführt werden können. G. ist aus diesem Grunde immer wieder gezwungen, ganz plötzlich aus dem Nichts die notwendigen Sanitätsdienststellen aufzustellen. Von hier unternommene Versuche, von den zuständigen Stellen des Hauses rechzeitig über Neuplanungen usw. unterrichtet zu werden, sind bisher gescheitert. Planmäßige Neuindienststellungen sind für den betreffenden Zeitraum nicht vorgesehen.

gez. Fikentscher«[32].

Aufgrund dieser Erfahrungen erarbeitete Fikentscher 1942 eine bis dahin noch nicht existente ›Dienstvorschrift für den Sanitätschef der Kriegsmarine‹, die im Juli 1942 vom Oberbefehlshaber der Kriegsmarine genehmigt wurde[33].

Leichte Seestreitkräfte umfassen im Kern Zerstörer, Torpedoboote, Minensuchboote, Räumboote, Vorpostenboote, Schnellboote und auch Minenschiffe. Ihre Unterstützungsfunktion für jede Art der Seekriegsführung war unerläßlich. Neben der Sicherung der Ein- und Auslaufwege für die U-Boote hatten sie eine entscheidende Rolle bei der sicheren Durchführung der für die deutsche Kriegswirtschaft und den Wehrmachtsnachschub lebenswichtigen Seetransporte an der Atlantik- und

Kanalküste, in der Nord- und Ostsee, im Mittel- und Schwarzen Meer und in den norwegischen Gewässern.

Um die Besonderheiten und auch die großen Herausforderungen für den Sanitätsdienst in den leichten Seestreitkräften verständlich zu machen, möchten die Verfasser zu Beginn der weiteren Ausführungen anhand des Buches von Friedrich Ruge[34] einen Eindruck über die Größenordnung der oft verkannten ›Dritten Flotte‹ geben, die auch im allgemeinen Interesse hinter den personell und materiell bevorzugten U-Booten und Großkampfschiffen stand. Ruge beschrieb am Beispiel der Sicherungsverbände die Tätigkeit dieser Fahrzeuge zum Schutz des westeuropäischen Küstenvorfeldes und war lange Zeit der einzige Autor, von dem eine zusammenfassende Aufzeichnung aller Einsatze eines so großen Verbandes stammte. In den letzten Jahren erschienen ähnliche Darstellungen über die Einsätze der Minenschiffe[35], Zerstörer[36] und der Schnellboote[37]. Sachliche Beiträge gibt es neuerdings auch von französischer Seite.[38].

Die Boote der Sicherungsverbände sicherten beispielsweise vor der westnorwegischen Küste von April 1940 bis April 1945 den Transport von 30,5 Mio. BRT, mit einer Verlustrate – bis Anfang 1945 – von nur 0,5 Prozent. Ende des Jahres 1943 bestand der Verband des ›Befehlshabers der Seestreitkräfte West‹ (B.S.W.) ohne die 6. Sicherungs-Flottille aus rund 400 Fahrzeugen mit 25 000 Mann, darunter 1 000 Offizieren. Im Jahr 1943 hatte der Verband unter anderem 246 Ankertauminen und 792 Grundminen geräumt und 1 452 U-Booten in der Biscaya Geleit gegeben. Die eigenen Verluste betrugen 1943 43 Fahrzeuge, 458 Gefallene und Vermißte sowie 965 Verwundete. Dem standen Versenkungen oder Beschädigungen feindlicher Fahrzeuge sowie der Abschuß von 69 gegnerischen Flugzeugen gegenüber. 3,4 Mio BRT Tonnage wurden noch geleitet, nach 5,7 Mio BRT im Vorjahr. Ruge beschrieb zahllose erfolgreiche, 1944 aber, vor allem nach der Invasion des Gegners in der Normandie, zunehmend verlustreiche Gefechte und Ereignisse. Bis zu diesem Zeitpunkt hatte der B.S.W. 476 Fahrzeuge in Dienst, nämlich 56 M-Boote, 65 R-Boote, 41 Artillerieträger, 129 Fischdampfer, 71 Logger, 55 Kutter, 23 Sperrbrecher, zwölf Walfänger, acht Hummerboote, sechs Geleitboote, sechs Schlepper und vier Raddampfer mit einer Besatzung von rund 31 000 Mann.

Bis zum Ende des Krieges blieben die Sicherungsverbände somit zahlenmäßig eine beachtliche Größe. So sei hier eingefügt, daß die 9. Sicherungsdivision, die in den letzten Kriegsmonaten maßgeblich an den Rückführungstransporten über die Ostsee beteiligt war, am 1. Dezember 1944 mehr als 300 Fahrzeuge unterschiedlichster Art umfaßte.[39]

Sanitätsdienst an Bord im Gefecht

(Abriß der historischen Entwicklung)

Bei dem Blick zurück in die Geschichte des Sanitätsdienstes in der deutschen Flotte zeigt sich, daß im ersten ›Reglement für den Sanitäts-Dienst bei der Königlich Preußischen Marine‹ aus dem Jahre 1852[40] noch keine Veranlassung gesehen wurde, den Sanitätsdienst an Bord im Gefecht anzusprechen. Lediglich das ärztliche Hilfspersonal fand einige Erwähnung. Es sollte sich aus Stewards, Mitgliedern des Verwaltungspersonals und weiteren Geeigneten zusammensetzen. Eine Einteilung zum Bereitschaftsdienst war dem Kommandanten vorzulegen, mithin der Vorläufer der Klarschiffrolle. Das nächstfolgende ›Reglement für den Sanitäts-Dienst an Bord der Königlich Preußischen Kriegsschiffe‹ von 1859[41] gibt schon »Maßregeln vor einem Gefecht, die dem Arzt die Sorge für die Verwundeten besonders zur Pflicht«[42] machen. Danach hatte der Arzt seinen Operationstisch und seine Instrumente in Bereitschaft zu setzen, »ohne sie den Blicken der Mannschaft bloßzustellen«[43]. Die für den Verwundetentransport vorgesehenen Männer sollten die Transportmittel an den dazu bestimmten Orten aufstellen. Bei der geringen Größe der Fahrzeuge und dem bescheidenen Umfang der Flotte konnte der Rest wohl dem Lauf der Dinge überlassen bleiben.

Das nächste Sanitäts-Reglement vom 17. März 1864 wurde während des Krieges gegen Dänemark verabschiedet. Dieses Dokument regelte erstmals den ärztlichen Dienst an Bord im Kriegsfalle.[44] Es ist nicht mehr auffindbar, konnte aber von Bauer, der seine grundlegende ›Geschichte des Marinesanitätswesens‹ während des letzten Krieges schrieb, noch eingesehen und zitiert werden. Der Verbandsplatz für akute Eingriffe sollte sich demnach im am besten geeigneten Teil des Zwischendecks oder in einer entsprechenden Last befinden. Zur unmittelbaren Gefechtsvorbereitung (Klarschiff) war es die Aufgabe des Sanitätspersonals, dort einen »gefüllten Appareillekasten, mit den erforderlichen chirurgischen (Amputations-, Resections- und Trepanations-) Instrumenten, mit allen zur Lagerung, Labung, Reinigung Schwerverwundeter erforderlichen Bedürfnissen, als: Matratze mit Kopfteil für den Operationstisch, Wachsleinewand zum Bedecken derselben, Trinkwasser, Wein oder weinige Limonade nebst Trinkbechern, zwei Waschschüsseln, Schwämmen, Handtüchern, zwei Eimern für kaltes und warmes Wasser, einem Gefäß mit Sand, einer leeren Balge und einigen Schwabbern zum Reinigen des Decks«[45] vorzuhalten. Unter Apparaillekasten verstand man einen stets präsent zu haltenden Sanitätsgefechtskasten. In räumlicher Nähe zum Verbandsplatz sollte ein Verwundetenlagerraum eingerichtet werden, auf den die in Krankentransporthängematten fixierten

Verwundeten zu verbringen waren. Der eigentliche Verwundetentransport erfolgte auf kleineren Fahrzeugen per Hand, auf den großen Einheiten mittels eines Transportstuhles.

Weisungen aus dem Jahre 1872[46] bestätigten im wesentlichen diese Bestimmungen. Die Fortentwicklung der Vorschriften für den Sanitätdienst an Bord in der Preußischen Marine haben Nöldeke und Schmidt[47] im Einzelnen nachgezeichnet.

Der Sanitätsbericht über die Kaiserliche Marine aus dem Jahre 1905 zitiert weitergehende Grundsätze für den Gefechtsdienst in der Hochseeflotte:

1. »Während des Gefechts gehen die militärischen Rücksichten allen voran. Den menschlichen und ärztlichen Anforderungen kann erst nach dem Gefecht Rechnung getragen werden.
2. Der Verwundetentransport ist von den militärischen Vorgesetzten zu leiten. Die Ärzte können sich nicht daran beteiligen, weil sie auf den Verbandplätzen vollauf beschäftigt sind.
3. Möglichst viele Leute sind im Verwundetentransport auszubilden. Weil es zu lange dauern würde, jeden Verwundeten in die Transporthängematte einzuzurren, empfiehlt sich am meisten der gemischte Transport (meistens Handtransport, nur in schweren Fällen in Hängematte)«.[48]

Im fünften Teil, Kapitel VI, des Entwurfs einer Marinesanitätsordnung (M.S.O.), die 1917 herausgegeben wurde, die also mit Sicherheit die Erfahrungen des Ersten Weltkrieges noch nicht berücksichtigte, sind ausführliche Weisungen für den »Sanitätsdienst an Bord«, insbesondere zu den »Maßnahmen für das Gefecht«, gegeben worden. Die Angaben zum »Ärztlichen Dienst während des Gefechtes« werden hier auszugsweise zitiert, weil sie ihre grundsätzliche Bedeutung bewahrt haben:

1. »Bei der Verschiedenartigkeit der Ansprüche, die an den ärztlichen Dienst während des Gefechtes gestellt werden, sollen keine bindenden Vorschriften, sondern nur Anhaltspunkte gegeben werden.
2. Während des Gefechtes werden sich im allgemeinen Sanitätspersonal und Krankenträger in den Gefechtsverbandräumen, nach Möglichkeit in Feuerlee, aufhalten. Gestattet es die Bauart des Schiffes, können Ärzte usw. in besonders geschützten, unter dem Panzerdeck liegenden Räumen untergebracht werden, aber nur, wenn von dort ein schnelles Erreichen der Gefechtsverbandräume gesichert ist. Auf kleinen Kreuzern und sonstigen Schiffen, auf denen die Gefechtsverbandräume ungeschützt sind, wird eine solche Unterbringung die Regel sein. Für Torpedoboote usw. lassen sich Grundsätze über den Aufenthalt des Sanitätspersonals während des Gefechtes überhaupt nicht aufstellen.
3. Ist auf Linienschiffen und großen Kreuzern mehr als ein Hilfsarzt kommandiert, kann die Bildung einer oder mehrerer »Sanitätsgruppen« zweckmäßig sein, die, aus einem Hilfsarzt und einigen besonders zuverlässigen Krankenträgern bestehend und mit allen Hilfsmitteln für die erste Versorgung Verwundeter ausgerüstet, an geeigneten Stellen des Vor- und Hinterschiffes untergebracht und schon

während des Gefechtes zur Hilfeleistung bei Schwerverwundeten zugezogen werden können.

4. Der ärztliche Dienst im und unmittelbar nach dem Gefecht wird sich in der Regel auf die erste Versorgung der Verwundeten beschränken, wobei chirurgische Eingriffe nur ausgeführt werden, wenn sie unaufschiebbar sind. Jedenfalls darf über die Fürsorge für den einzelnen die Hauptaufgabe, sämtliche Verwundete sobald als möglich mit Schutz- und Stützverbänden zu versehen, nicht außer acht gelassen werden. Des weiteren richtet sich die Vornahme größerer Operationen und die Anfertigung von Dauerverbänden bei Knochenbrüchen nach der Zahl der Verwundeten, der Möglichkeit einer baldigen Abgabe und den besonderen Verhältnissen. Auf Linienschiffen und großen Kreuzern können neben oder unter den Gefechtsverbandräumen (z.B. im Zwischendeck) gelegene Räume als Aufnahmeräume dem Empfang und der Sichtung aller ankommenden Verwundeten dienen und so die eigentlichen Verbandräume erheblich entlasten.

...

10. Gefallene werden an vorher dafür bestimmten Orten hingelegt und mit einer Persenning bedeckt, sofern nicht besondere Leichensäcke zur Verfügung stehen.«[49]

Der Verwundetentransport wurde grundsätzlich auf die Gefechtspausen beschränkt, »und zwar unter Hinzuziehung möglichst aller verfügbaren Mannschaften. Offiziere oder Unteroffiziere übernehmen die Leitung. Krankenträger können zur Unterstützung in besonderen Ausnahmefällen (Transport sehr schwer Verletzter) verwandt werden. Während des Gefechtes muß der Verwundetentransport auf Ausnahmen beschränkt bleiben, bestimmte Grundsätze dafür lassen sich nicht aufstellen«.[50]

Die Weisung, an Bord größerer Kriegsschiffe neben dem friedensmäßigen Schiffslazarett zwei Gefechtsverbandplätze einzurichten, stammt bereits aus dem ›Reglement über den Sanitätsdienst an Bord Sr. Majestät Schiffe und Fahrzeuge‹ von 1872. ›Allgemeine Baubestimmungen‹ aus dem Jahre 1911, wiedergegeben im Entwurf zur Marinesanitätsordnung (M.S.O.) von 1917[51] legten für Linienschiffe und große Kreuzer zwei Gefechtsverbandräume fest, die möglichst weit von einander entfernt und gleichartig ausgerüstet sein sollten[52].

Diese Grundsätze und Weisungen für den Sanitätsdienst im Gefecht waren bei Beginn des Ersten Weltkrieges bekannt. Die dementsprechenden ausgiebigen Erfahrungen der ›Kaiserlichen Marine‹, nach der Reichsverfassung vom 16. April 1871 ›Kriegsmarine des Reiches‹ genannt, bildeten dann die Grundlage zu den Weisungen für den Sanitätsdienst an Bord bei der Kriegsmarine von 1939–1945. Für den Krieg von 1914–1918 sind sie gründlich bearbeitet, ausgewertet und in dem bereits in der Einleitung aufgeführten dreibändigen Werk zwischen 1934 und 1939[53] veröffentlicht worden. Der in diesem Zusammenhang wichtigste I. Band erschien als letzter im Jahre 1939, und der Bearbeiter, Marinegeneralarzt a.D. Dr. Hanns Gleitsmann, hat seine Herausgabe nicht mehr erlebt, wie der damalige Sanitätschef der Kriegsmarine, Admiraloberstabsarzt Dr. Moosauer in seinem Vorwort zu Band I mitteilte.

Band II dieses Werkes behandelt die ›Statistik‹, Band III den ›Medizinischen Teil‹, während in dem I. Band ein ›Überblick über den gesamten Kriegssanitätsdienst auf den einzelnen Seekriegsschauplätzen der Deutschen Marine‹ geboten wird. In einem VII. Abschnitt sind ›Ärztliche Erfahrungen und Schlußfolgerungen aus dem Kriege zur See 1914–1918‹ zusammengefaßt.[54] Dieses Kapitel hat sein Verfasser unter einen von Generalarzt Dr. Loeffler stammenden Leitspruch aus dem Sanitätsbericht des Deutsch-Dänischen Krieges 1864 gestellt:

»Die Mitwirkung des Militärarztes in militärischen Angelegenheiten muß, soll sie die rechte sein, von militärischem Denken und Fühlen getragen werden ... Der Militärarzt muß den abstrakten wissenschaftlich-humanen Standpunkt mit dem praktisch-militärischen zu verbinden wissen.«[55]

Die Erfahrungen, die in diesem I. Band des Kriegssanitätsberichtes mitgeteilt werden, betreffen beispielsweise das Einrichten von Haupt- und Reserve-Verbandplätzen, die möglichst geschützt untergebracht werden sollten, zu denen jedoch der Zugang der Verwundeten nicht zu beengt sein durfte. Während der Skagerrak-Schlacht wurden die Linienschiffe und großen Kreuzer Artillerietreffer überwiegend im Vorschiff getroffen, wo die Reserve-Verbandplätze etwa in Höhe des vorderen Geschützturmes eingerichtet waren, während die Hauptverbandplätze, ungefähr in Höhe des achteren Turmes, deutlich seltener, und zwar im Verhältnis 4:1, Treffer erhielten. Da auch Minen- und Torpedotreffer die vorderen, mittleren und achteren Drittel der großen Kampfschiffe im Verhältnis 4:3:1 beziehungsweise 4:2:1 beschädigten, sollte der Gefechtsverbandplatz stets im Achterschiff untergebracht sein. Gleiche Erfahrungen ergaben sich bei den kleinen Kreuzern und sogar bei den Torpedobooten »mit ihrer kreuzergleichen Kampfweise«.[56]

Man war der Auffassung, der Reserve-Verbandplatz müsse nicht sofort mit einem Arzt besetzt werden, sondern erst, nachdem der Hauptverbandplatz ausgefallen ist. Bei der Ausstattung wurde an Beleuchtung, Belüftung und Verpflegung erinnert, ebenso an das Trinkwasser und ›Gefechtsklosetts‹. Bei der Erörterung der ärztlichen Ausstattung stellte der Verfasser fest, daß das Instrumentarium für alle denkbaren operativen Eingriffe vorhanden sein müsse, ebenso Infusionsgeräte. Die mitgeführten Gefechtsverbandpäckchen reichten immer aus.

Der Vorrat an Brandbinden hatte während des Krieges »auf das einstimmige Verlangen der Schiffsärzte«[57] verdoppelt werden müssen. Auch die Zahl der Transporthängematten mußte nach den einschlägigen Erfahrungen erhöht werden. Sie betrug zunächst für Besatzungsstärken von mehr als 400 Mann 10–14, bei 200–400 Mann 3–10, weniger als 200 Mann drei Krankentransporthängematten, nach Erhöhung des Solls waren davon 15–36, 5–15 beziehungsweise 2–5 an Bord.

Hinsichtlich des Verwundetentransports bezog sich der Kriegssanitätsbericht überwiegend auf die Großkampfschiffe: Ein Teil der Verwundeten erreichte ohne fremde Hilfe die Verbandplätze, wenn die Wege frei waren,. Mit Unterstützung der Besatzungsmitglieder sollten aber die Gefechtsstationen bald von hilflosen Verwundeten freigemacht werden, und dies »vom rein militärischen Standpunkt aus einmal wegen der Schmerzensäußerungen oder des oft schaurigen Aussehens der Verletzten und zum andern wegen der von ihnen verursachten Behinderung in der Tätigkeit auf der Gefechtsstation ...«.[58] Auf kleineren Schiffen wurde der Transport von Verwundeten zumeist durch das Sanitätspersonal absolviert. Nach einer detaillierten Betrachtung der ersten Notversorgung vor Ort führte der Bericht an Transportmitteln den Handtransport oder die Hängematte auf. »Die hier naheliegende Frage, ob ... auf Schiffen mit einem Arzt an Bord ein Verbinden durch Kameraden auf den Gefechtsstationen nicht am zweckmäßigsten zugunsten des schnellen Abtransportes grundsätzlich unterbleibt, und ob nicht alle Maßnahmen an den Wunden dem Arzt auf dem Gefechtsverbandplatz vorbehalten sein sollen, hat eine endgültige Klärung nicht erhalten«.[59]

Die die ärztliche Tätigkeit betreffenden Schlußfolgerungen des Kriegssanitätsberichtes faßte einer der Verfasser 1978 kurz zusammen:

- »Blutstillen durch Unterbinden war fast nie erforderlich, da häufig auch ausgedehnte Weichteilverletzungen ohne arterielle Blutung blieben und durch Kompressionsverband versorgt werden konnten.
- Operative Eingriffe konnten nicht durchgeführt werden. Es gab auch kaum wirklich dringende Indikationen, von Notamputationen abgesehen. Selbst in diesen Fällen wurde jedoch möglichst konservativ verfahren.
- Eine Tracheotomie (Luftröhrenschnitt) war im gesamten Seekrieg kein einziges Mal erforderlich!
- Flüssigkeitsersatz wurde im Grunde für notwendig gehalten. Doch wurden intravenöse Infusionen nie, subkutane nur selten vorgenommen.
- Gabe von Morphinderivaten stand eindrucksvoll im Vordergrund des ärztlichen Handelns. Sie diente nicht nur der Schmerzbekämpfung und Ruhigstellung des Verwundeten, sondern befreite zugleich auch die kämpfenden Soldaten von den Klagerufen der Verletzten.
- Vollnarkosen spielten keine Rolle. Kleinere ärztliche Eingriffe wurden unter der Morphinwirkung durchgeführt. Der Narkose-Apparat (Sauerstoff-Äther-Narkose-Apparat nach Roth-Dräger) wurde »wenig gebraucht«.
- Atmungsapparate wurden kaum eingesetzt, da für deren Überwachung weder Zeit noch Personal zur Verfügung war. Bei Gas- oder Rauchvergiftungen wurde, soweit möglich, Sauerstoff zugeführt«.[60]

Der Kriegssanitätsbericht enthält im Band I auch Angaben zu den personellen Verlusten, der Art der Verwundungen, besonders der durch Minen hervorgerufenen, und deren Auftreten bei den verschiedenen Schiffsklassen. So erlitten die 14 an der Skagerrakschlacht beteiligten Torpedoboote[61] erstaunlich geringe Verluste an Menschen: Auf sechs Booten gab es keine Toten, auf zwölf Booten weniger als zehn Verwundete, bei vier Untergängen kam in zwei Fällen die gesamte Besatzung ums Leben (*V 48, S 35*), einmal gingen von der fünfundsiebzigköpfigen Besatzung

34 Mann unter (*V 29*), auf *V 27* gab es trotz des Untergangs des Bootes lediglich drei Verwundete. Der Bericht gibt auch Auskunft über die Art der erlittenen Verwundungen.[62] Angesichts der geringen Zahl ist sie für die weitere Betrachtung aber unerheblich.

Als Folge von Minendetonationen ergab sich während des gesamten Seekrieges von 1914 bis 1918 in der Nordsee die bekannte Häufung von Stauchungen des Rumpfes und der unteren Gliedmaßen mit knapp 13 Prozent und von Knochenbrüchen mit fast 15 Prozent der aufgetretenen Verwundungen. Daneben spielten noch »Quetschungen ohne Wunde (Prellschüsse)« mit 24 Prozent eine beachtliche Rolle.

Im Anhang[63] sind die »Zahlen über die Verwundeten und Toten ... im ganzen Seekrieg 1914–1918« nach Schiffsklasse und Verletzungsart als Übersicht wiedergegeben. Danach sind auf den Linienschiffen und großen Kreuzern, auf kleinen Kreuzern, Torpedobooten, Minen- und Unterseebooten im ganzen Kriege

- 14 423 = 38,60 o/oo gefallen,
- 2 500 = 7,77 o/oo verwundet.

  An diesen 2 500 Verwundeten waren beteiligt:
  - die Linienschiffe und großen Kreuzer
    (Ist-Stärke 191 587 Mann) mit 563 = 22,52 %,
  - die kleinen Kreuzer
    (Ist-sStärke 39 451 Mann) mit 641 = 25,64 %,
  - die Torpedoboote
    (Ist-Stärke 49 677 Mann) mit 674 = 26,96 %,
  - die Minenboote
    (Ist-Stärke 24 219 Mann) mit 563 = 22,52 %,
  - die U-Boote
    (Ist-Stärke 16 652 Mann) mit 59 = 2,36 %.

Nimmt man als Maßstab aber die »reduzierten Besatzungsstärken« der Schiffsklassen, so war der Anteil an Verwundeten bei den Linienschiffen und großen Kreuzern mit 2,94 o/oo am geringsten, der der Minenboote mit 23,25 o/oo am höchsten. Bei diesen lag, nun prozentual, auch die Zahl der Verletzungen des Kopfes (22,2 Prozent), des Rumpfes (13,32 Prozent) und der unteren Gliedmaßen (28,95 Prozent) höher als bei den anderen Schiffsklassen. Schließlich gehörten bei den Minenbooten 93,96 Prozent der Verwundungen zu den »Schuß-, Riß-, Quetschwunden und Knochenbrüchen« (Vergleichsweise auf Linienschiffen und großen Kreuzern: 49 Prozent, auf Torpedoboten 86 Prozent). Die höhere Gefährdung der Soldaten an Bord kleinerer Schiffe und Boote geht aus diesen Zahlen eindeutig hervor.

Die bewährten Regelungen für den Sanitätsdienst und die damit gemachten Erfahrungen blieben nach Ende des Ersten Weltkrieges bewußt, obwohl die offizielle Auswertung im Kriegssanitätsbericht, wie bereits erwähnt, auf sich warten ließ. Bei Besichtigungen und Übungen der Reichsmarine wurde das richtige Verhalten der Beteiligten überprüft und notfalls korrigiert.

Im März 1937 veröffentlichte der Marineoberstabsarzt Dr. Fritz Nadler, Schiffsarzt des Panzerschiffes ADMIRAL GRAF SPEE, seine Arbeit »Neuzeitlicher Kranken- und Verwundetendienst an Bord der Kriegsschiffe.« [64] Er selbst hatte gründliche Erfahrungen als Arzt der 4. Torpedobootshalbflottille und des alten Linienschiffes SCHLESWIG-HOLSTEIN gesammelt. Die größeren Schiffe vom Kreuzer aufwärts verfügten im Schiffslazarett über »... drei Haupträume: Krankenraum mit Isolierraum für Infektionskrankheiten oder andere abzusondernde Schwerkranke, Operationsraum, Apotheke und mehrere Nebenräume: Röntgenraum, Pflichtschutzbehandlungsraum, Bad- und Waschraum, zwei Aborte, von denen einer vom Isolierraum aus zugänglich ist, Lazaretthellegat.«[65] Alle Krankenkojen waren als Schwingekojen eingerichtet, gerechnet für 1.5 Prozent der Besatzungsstärke. Der Operationsraum diente zugleich als Behandlungsraum für die ärztliche Sprechstunde. Für die Beleuchtung sorgten eine Zeiß-Pantophos- und Kugelspiegellampe. Sterilisiert wurde in einem Instrumentensterilisator und einem Hochdruck-Autoklaven mit einem Atü Dampfdruck und 120 Grad Temperatur. Beide Geräte konnten mit Dampf oder auch elektrisch betrieben werden. Der Operationstisch war zusammenlegbar und wegen des Schlingerns des Schiffes am Boden feststellbar. Das chirurgische Instrumentarium »... wird den Anforderungen, vor allem in der dringlichen Bauch- und Extremitätenchirurgie, gerecht; auch für Zahn-, Ohren- und Augenkrankheiten sind die für die tägliche Praxis notwendigen Instrumente vorhanden«.[66]
Zu den an Bord verwandten Narkoseverfahren hat Hartmann 1994 ausführlich Stellung genommen[67]. Eine umfangreiche Synopsis der medizinischen Besonderheiten auf 24 Auslandsreisen von sieben deutschen Auslandskreuzern in den Jahren 1925 bis 1937 war bereits von Bauer 1940 erstellt worden[68]. Er notierte in diesem Zeitraum 53 an Bord operierte Appendices und sechs weitere größere Eingriffe. Bei zwei Blinddarmoperationen verstarben die Patienten an Narkosezwischenfällen, so daß Bauer als Ergebnis seiner Untersuchung für den Bordeinsatz eine intensive Narkoseausbildung möglichst eines Sanitätsgasten und eine sorgfältige Operationsvorbereitung, Narkoseeinleitung und -überwachung forderte. Nadler selbst hielt Allgemeinnarkosen auch unter Bordverhältnissen im Frieden für problemlos. An Bord der GRAF SPEE befanden sich folgende Substanzen für die Betäubung: Novocain-Suprarenintabletten, Novocain-Suprareninlösung zwei Prozent in Ampullen zur Lokalanästhesie, Evipan-Natrium in Ampullen als Injektionsnarkotikum, Chloräthyl in Sprayflaschen zur Rauschnarkose sowie Äther pro narcosi und Chloroform pro narcosi in Ampullen zur Inhalation. Nadler sah aufgrund dieser Anästhesieausstattung und auch aller anderen Gegebenheiten im Schiffslazarett, je nach chirurgischer Vorbildung des Sanitätsoffiziers, die Möglichkeit, »unabhängig von Landlazaretten alle chirurgischen Eingriffe an Bord vorzunehmen. So haben auch die Schiffsärzte der Auslandsschiffe, aber auch die der Inlandsschiffe auf hoher See in den letzten Jahren ihre chirurgischen Krankheitsfälle an Bord behandelt.«[69] Auf den Auslandskreuzern war von zwei Ärzten stets

einer chirurgisch so ausgebildet, daß er mindestens die dringliche mittlere Chirurgie ausüben konnte.

Mit einem fest eingebauten Röntgenapparat waren in der Reichsmarine nur die Panzerschiffe ausgestattet, während die Kreuzer und weitere Kriegsschiffe lediglich transportable Röntgengeräte besaßen[70]. Der Apothekenraum, der zugleich als Laboratorium genutzt wurde, enthielt die Arznei- und Verbandmittel gemäß dem ›Soll der Sanitätsausrüstungen (S.d.S.)‹.[71]

Nadler nahm auch zur Organisation und zu den Maßnahmen für das Gefecht Stellung, »die in der Klarschiffordnung (Abschnitt Sanitätswesen) jedes Schiffes niedergelegt sind. Da die Schiffslazarette, für die Friedenszeit berechnet, in den ungeschützten oberen Decks an der Bordwand gelegen sind, sind sie für das Gefecht zur Versorgung der Verwundeten ungeeignet. An die Stelle des Schiffslazarettes, das heute im Gefecht im wesentlichen als Lagerungsraum für Gaskranke dient, treten die Gefechtsverbandplätze und Lagerungsräume für Verwundete. Diese liegen meistens unter Panzerschutz oder sind mindestens gegen Geschoßsplitter geschützt und werden bei den vorbereitenden Maßnahmen zum Klarschiff vom Sanitätspersonal als solche hergerichtet. Außerhalb des Klarschiffzustandes bleiben sie wieder anderen Zwecken vorbehalten (Mannschaftsräume, Werkstatt u. dergl.). Auf größeren Schiffen einschließlich der Kreuzer sind mindestens zwei Gefechtsverbandplätze, einer im Vorschiff und einer im Achterschiff, vorgesehen, von denen jeder mit einem Sanitätsoffizier und Sanitätspersonal besetzt ist. Der Schiffsarzt befindet sich auf dem Hauptgefechtsverbandplatz. Die Einrichtung der Gefechtsverbandplätze wird dem Schiffslazarett bzw. der Kriegssanitätsausrüstung des Schiffes entnommen und ist so beschaffen, daß jede erste ärztliche Hilfeleistung, auch dringliche kriegs-chirurgische Operationen den Verwundeten zuteil werden können. Die Verwundetenlagerungsräume befinden sich in unmittelbarer Nähe der Gefechtsverbandplätze. Sie werden in der Hauptsache mit Schlafhängematten der Besatzung hergerichtet. Für das Gefecht stehen dem Schiffsarzt Hilfskrankenträger zur Verfügung, die eine entsprechende Ausbildung genossen haben.«[72]

Nadler ging in kurzer Form auch auf die Gegebenheiten an Bord kleinerer Seefahrzeuge ein, benannte die Unterschiede in der medizinischen Versorgung, der Ausrüstung und der Organisation des Gefechtssanitätsdienstes.

Ein Jahr später faßte Nadler in einer weiteren Arbeit[73] zunächst die Ergebnisse und Erfahrungen aus dem Ersten Weltkrieg in dem Sinne zusammen, daß grundsätzlich an Bord nur in dringlichen Fällen operiert werden sollte, daß andererseits aber auch »... der Krieg zur See in keiner Weise den operativen Großbetrieb auf den Gefechtsverbandplätzen der Schiffe gebracht hat, wie man es vorher in Friedenszeiten vielfach erwartet hatte. ... Außer gelegentlichen Amputationen von zerschmetterten Gliedmaßen und einigen dringlichen Bauchoperationen (letztere auf den Auslands- und Hilfskreuzern) sind im Kriege an Bord der Kriegsschiffe keine weiteren Operationen vorgenommen worden.«[74]

Während in den zwanziger Jahren an Bord der Auslandskreuzer gewöhnlich nur dringliche Operationen vorgenommen wurden, sah Nadler im Zuge des Aufbaus der Kriegsmarine und des weiten Einsatzspektrums, hier vor allem in den seit 1936 permanent in spanischen Gewässern kreuzenden deutschen Kriegsschiffen, eine Indikation für eine weit größere operative Chirurgie an Bord. Er selbst hatte während des Spanien-Einsatzes bis dahin sieben akute Blinddarmentzündungen und einen eingeklemmten Leistenbruch an Bord seines Panzerschiffes operiert. Für die Schwesterschiffe ADMIRAL SCHEER und DEUTSCHLAND verzeichnete er eine bzw. sieben Appendektomien, einen paralytischen Ileus nach Appendizitis und einen eingeklemmten Leistenbruch. Auf dem Kreuzer LEIPZIG gab es drei akute Blinddarmentzündungen, auf KÖNIGSBERG kam eine akute Appendizitis und auf KARLSRUHE ein perityphlitischer Abszeß vor. Nach Nadlers Erfahrungen unterschieden sich solche Eingriffe an Bord hinsichtlich OP-Vorbereitung, Narkoseausführung und aseptischen Heilungsbedingungen nicht von den Gegebenheiten im Landlazarett.
Die nun vor der südspanischen Küste folgenden Ereignisse sollten zeigen, daß Nadler seine Beurteilung mit Recht ausdrücklich auf die Verhältnisse unter friedlichen Bedingungen abgegeben hat. Deutsche Kriegsschiffe waren während des spanischen Bürgerkrieges von 1936 bis 1939 in die spanischen Gewässer entsandt, um dort deutsche Staatsangehörige zu schützen oder in Sicherheit zu bringen. Gemeinsam mit Kriegsschiffen anderer Nationen unternahmen sie Kontrollfahrten, unter anderem mit dem Ziel, die Neutralität der Staaten zu sichern, die vereinbart hatten, keiner der Bürgerkriegsparteien Waffen zu liefern.[75] Im Rahmen dieser Aktion wurde das Panzerschiff DEUTSCHLAND, ohne Gefechtsbereitschaft auf der Reede vor Ibiza vor Anker liegend, überraschend am frühen Abend des 29. Mai 1937 von republikanischen (»sowjetspanischen«) Flugzeugen angegriffen. Das Schiff bereitete sich gerade auf die Ölübernahme vor, die dienstfreie Besatzung benutzte die Ruhepause zum Teil mit entblößtem Oberkörper auf dem Aufbaudeck zu einem Luft- und Sonnenbad. Zwei 50-kg-Bomben trafen das Schiff: eine schlug auf die Decke des dritten 15-cm-Geschützes an der Backbordseite, wo sie nach der Eplosion wie ein Schrapnell zersplitterte, hohe personelle Ausfälle verursachte und, da ausfließendes Benzin sich unter Deck entzündete, zum Abbrennen des Flugzeuges führte. Die zweite Bombe durchschlug das Oberdeck an Steuerbordseite in Höhe der Brücke, wobei die Räume oberhalb des Panzerdecks zwischen den Spanten 94 und 145 völlig zerstört wurden. In der Kantine, die dort gelegen war, kam es zu zahlreichen Verlusten; beide Treffer hatten zudem einen Großbrand zur Folge. Eine dritte Bombe schließlich traf an der Steuerbord-Backspier das Chefboot, welches vernichtet wurde.
Nach den Einschlägen war das Schiffslazarett wegen starker Rauchentwicklung nicht zu benutzen, in der Apotheke waren fast alle Glasflaschen und -behälter zertrümmert. Der Schiffsarzt, Marineoberstabsarzt Dr. Hermann Sauerland, und der 2. Arzt (Marineassistenzarzt Dr. Jürgen Baron v. Schilling) beruhigten die Leichtverwun-

deten, führten die Notversorgung einiger Schwerverletzter an Oberdeck durch und errichteten dann in der Offiziermesse einen Notgefechtsverbandplatz und Verwundetensammelraum.
Das Ereignis ist wiederholt beschrieben worden, so auch von Sauerland selbst[76], von Rahn[77], von Prager[78] und Nöldeke[79] Es gab insgesamt 31 Tote und 110 Verwundete, von denen zunächst 20, am folgenden Tage nochmals 34, an das britische Militärhospital in Gibraltar abgegeben werden konnten.
Zu den wesentlichen Erkenntnissen des Schiffsarztes, der auf sanitätsdienstlich sehr gut ausgebildete Besatzungsangehörige, Hilfskrankenträger und Sanitäter vertrauen konnte, gehörte die Feststellung, daß bereits kleine Mengen Morphin, in die Blutbahn injiziert, Schmerzen schnell beseitigten, daß auch leichte Bekleidung Hitzeschäden deutlich verminderte, daß Flüssigkeitsersatz mittels Infusionen beim Massenandrang von Verwundeten sich als zu zeitaufwendig erwies und daß auch die segensreiche Bluttransfusion beim Massenanfall, über 100 Blutspender standen vorab zur Verfügung, erst nach Abschluß aller Notbehandlungen in Frage kam. In Anbetracht der zahlreichen Verbrennungen diskutierte Sauerland die damals üblichen Behandlungsmöglichkeiten für Brandwunden, von denen letztlich keine vollauf befriedigen konnte.
In seinem von Rahn wiedergegebenen Abschlußbericht hat der Kommandant der DEUTSCHLAND, Kapitän zur See Paul Fanger, zu diesem überraschenden Angriff auf das Schiff, das sich nicht im Klarschiffverschlußzustand befand, festgehalten: »Die Soldaten haben durch dieses Ereignis in ihren jungen Jahren einen so tiefen Einblick in das Wesen des Krieges getan, wie es viele im wirklichen Kriege niemals getan haben. Die teilweise kaum vorstellbaren Eindrücke schauerlichster Art werden die Soldaten kaum jemals vergessen.«[80] Diese Feststellung sollte zwei Jahre später für fast alle Angehörigen der Flotte traurige Realität werden.
Die hier wiedergegebene Auffassung über die Grenzen eines Sanitätsdienstes im Gefecht basierten auf den Erfahrungen und Erkenntnissen der Vergangenheit, und sie fanden ihren Niederschlag auch in den ›Kriegschirurgischen Richtlinien für Marinesanitätsoffiziere‹, die Marineoberstabsarzt Professor Magnus kurz vor Kriegsbeginn 1939 im Auftrage des Marinemedizinalamtes erarbeitet hatte (vgl. das Kapitel ›Allgemeine Weisungen‹). Auch erfahrene Chirurgen, wie der am 24. August 1940 vor der Indienststellung auf das Schlachtschiff BISMARCK kommandierte Marineoberstabsarzt d.R. Dr. Otto Richter, teilten diese Ansicht. Richter hielt in seinen Lebenserinnerungen trotz der hervorragenden räumlichen und materiellen Ausrüstung des Schiffes fest: »Wirkliche Bedeutung kann ein Operationsraum auf Schiffen nur in der Zeit erlangen, in welcher ein Schiff weitab von Land sich auf hoher See befindet, und die Dringlichkeit einer Operation mit Zeit und Entfernung um die Wette läuft.«[81] Richter verzichtete auf seine Verwendung auf der BISMARCK zugunsten des gleichzeitig kommandierten aktiven Marinestabsarztes Dr. Jochen Krüger, und entging so dem Untergang des Schlachtschiffes.

Für die Schiffe mit Arzt waren die Grundsätze für die Organisation des Sanitätsdienstes im Gefecht also eindeutig geregelt. Sie galten, mit gewissen Einschränkungen, auch für die Hilfskreuzer, auf denen allerdings unter bestimmten Bedingungen eine fast friedensmäßige Chirurgie betrieben werden konnte.[82] Einzelheiten ergaben sich aus der Klarschiffvorschrift, die auch Weisungen für den Gefechtssanitätsdienst enthielt. Leider ist kein einziger sanitätsdienstlicher Anteil einer Klarschiffvorschrift erhalten. Lediglich die M.Dv.Nr. 267, eine Vorschrift, die den Unterricht für die Hilfskrankenträger regelte[83], geht in einigen Passagen auf Inhalte von Klarschiffvorschriften ein. Es heißt hier: »Auf Kriegsschiffen erfordern die engen Verhältnisse ganz besondere Maßnahmen. Sie sind nach der ›Klarschiff-Vorschrift‹, Abschnitt Sanitätsdienst, durchzuführen. Zu den Vorbereitungen zu Klarschiff gehören:

a) Einrichtung der Verwundetensammelstellen sowie Gefechtsverbandplätze, des sogenannten Gaslazarettes (Behandlungsräume für Kampfstoffverletzte und Lagerungsräume für Verwundete und Kampfstoffgeschädigte) mit dem notwendigen Material zur Versorgung der Verwundeten und Kranken (ärztliche Geräte, Arznei- und Verbandmittel, Geräte, Wäsche, Decken, Labe- und Nahrungsmittel).
b) Verteilung der bezeichneten Sanitätsbehältnisse und Transportmittel auf die Gefechtsstationen.
c) Kennzeichnen der Transportwege und Transportstationen.
d) Einteilung des Sanitätspersonals und der Hilfskrankenträger und Bekanntgabe ihrer Aufgaben.
e) Unterbringung der nicht dauernd benötigten ärztlichen Geräte und Verbrauchsgegenstände an gut geschützten Stellen (unter Panzerschutz).
f) Verstauen der feuergefährlichen Arzneimittel in der dafür bestimmten Last, soweit diese nicht für den laufenden Bedarf in den Spinden der Gefechtsverbandplätze untergebracht sind.

Die ›Klarschiff-Vorschrift‹ enthält auch eine Vorschrift für Landungsabteilungen (Ausschiffung eines Teils der Besatzung zum Einsatz an Land).«[84]

Auch für die zahlreichen Verbände der Kriegsmarine, die, von Ausnahmen abgesehen, keinen Arzt an Bord hatten, waren Richtlinien zu erarbeiten, die sich am Bootstyp orientierten. Es handelte sich überwiegend um Boote der Sicherungsstreitkräfte, wozu man die Minensuchboote, Räumboote, Minenräumschiffe, Spezial-U-Jäger, Vorposten- und Sicherungsboote, Sperrbrecher, Marinefährprähme und Minenschiffe zählte. Kugler hat 1988 ergänzend an die Landungs-, Artillerieträger- und Transportflottillen erinnert.[85] Aus sanitätsdienstlicher Sicht war auch der Verband der Schnellboote hinzuzurechnen, der aber organisatorisch der Flotte unterstand.

Wie sorgfältig der Gefechtssanitätsdienst und die Verteilung sowie der Gebrauch des Materials zur Verwundetenversorgung auch an Bord dieser kleineren Einheiten geregelt war, läßt sich beispielsweise anhand der erhaltenen ›Klarschiffvorschrift für die 14. Minensuchflottille‹ nachweisen, unterschrieben vom Chef der Flottille,

Kapitänleutnant Breithaupt und dem Flottillenarzt, Marineoberassistenzarzt Dr. Pieritz. Sie datiert auf den 6. Oktober 1939.
Für das Boot 7 der Flottille war der Arzt und ein Sanitätsdienstgrad vorgesehen, für Boot 8 der Sanitätsmaat, und für die Boote 1–8 nur je ein Hilfskrankenträger. Die Fahrzeuge wurden mit den Sanitätskisten I, II und IV, zwei Krankentransporthängematten, diversen Kramerschienen, zwei Faß Losantinpulver und 20 Dosen Losantintabletten ausgerüstet.. Dazu wurde u.a. befohlen:

1. »Die Sanitätskisten sind verschlossen zu halten, den Schlüssel I hat der älteste Hilfskrankenträger, den Schlüssel II die Nr. I eines jeden Bootes.
2. Die Sanitätskisten sind an Oberdeck in den Aufbauten stets griffbereit zu halten. Sie dürfen niemals in der Last oder dergl. verstaut werden.
3. Die Armbinden mit der Aufschrift: »Hilfskrankenträger« werden verteilt. (gem. Satzungen des Internationalen Roten Kreuzes, Genfer Protokoll).
4. Die zwei Transporthängematten werden je eine im Vorschiff und im Achterschiff leicht erreichbar aber seefest verstaut.
5. Dasselbe gilt auch für die zwei Losantinfässer.«[86]

Weitere Maßnahmen sahen die Entnahme einigen Sanitätsmaterials durch den jeweiligen Kommandanten für die Notbehandlung vor, ebenso sollte dieser nach Belehrung Morphium ausgehändigt bekommen. Bei der Vorbereitung zu ›Klarschiff zum Gefecht‹, bei länger vorher bekannter Fliegergefahr und beim Auslaufen zu Minenunternehmen hatten Sanitäts- und Hilfspersonal die entsprechenden Armbinden anzulegen und die vorhandenen Verbandtaschen, Verbandpäckchen verschiedener Größe, Brandbinden, Federbinden und Borsäurelösung in festgelegter Menge auf Geschütz bzw. Mannschaftsraum I, am Maschinengewehr und Unteroffiziersraum, im Mannschaftsraum II, auf der Brücke, im Maschinenraum, dem Oberfeldwebelraum und der Offiziermesse zu verteilen. Der restliche Inhalt der Sanitätskisten sollte als Reserve leicht erreichbar untergebracht werden, die Sanitätskiste I dem Kommandanten für seine Bootsapotheke zur Verfügung stehen. Morphium und Lobelin hielt der Kommandant unter persönlichem Verschluß.
Bei ›Klarschiff zum Gefecht‹, Fliegeralarm und Minengefahr war ferner vorgeschrieben, daß jeweils ein Mann vom Geschütz und ein Unteroffizier aus dem U-Raum die Verbandtasche mit auf seine Gefechtsstation zu nehmen hatte. Der an Bord befindliche Sanitäter oder ein gefechtsfreier Hilfskrankenträger begab sich zu den Sanitätskisten.
Nach Ende des Kampfes, bei Entwarnung und beim Einlaufen mußte das Verbandmaterial abgegeben und in Verwahrung genommen werden. Ausdrücklich wurde betont, das Verbandmaterial sei für Verwundete, nicht aber für den Selbstgebrauch bestimmt. Nur der Kommandant war berechtigt, die erste Versorgung einer kleineren friedensmäßigen Verletzung aus der Bordapotheke zu befehlen.
Diese kurz nach Kriegsbeginn erlassene Klarschiffvorschrift wurde etwa ein Jahr später, nach den ersten kriegerischen Ereignissen, modifiziert. Am 1. August 1940

lautete der Beitrag des Verbandsarztes beim Führer der Minensuchboote, Marinestabsarzt Dr. Tolk, zu den ›Erfahrungen aus den letzten Kriegsmonaten‹[87], der Kommandant müsse 10–20 Ampullen Morphium und eine stets sterile 1-ccm-Spritze möglichst auf der Brücke parat haben, alle Verbandskästen seien bei jedem (im Original unterstrichen) Hafenaufenthalt von mehr als einem Tag zu kontrollieren und vor allem auch übersichtlich einzupacken. Zusätzlich müsse der Flottillenarzt eine stets griffbereite Tasche mit Spritzen und Morphium zusammenstellen, da mit der Spritze und dem Morphium des Kommandanten (des vom Arzt aufgesuchten Bootes; Verf.) nach aller Erfahrung nicht immer gerechnet werden könne. Außerdem ordnete Tolk an, die Ausbildung der Hilfskrankenträger zu intensivieren, mindestens drei bis vier Mann pro Boot auszubilden und die Gesundheitsunterlagen (G-Bücher) der Besatzungsangehörigen in einer verschlossenen Kiste an Land zu geben, da bei Totalverlust sämtliche Krankengeschichten in Verlust gerieten. Die Vervollständigung der G-Bücher habe nach Rückkehr zu geschehen.

Auf den räumlich sehr beengten Booten dieser Flottillen war es schwierig, einen Gefechtsverbandplatz festzulegen, eine einheitliche Regelung schied bei den völlig unterschiedlichen Fahrzeugen der Verbände von vorneherein aus. So waren auf den Fahrzeugen der 1. Minensuchflottille weder die vorgesehene Offiziermesse noch die Kommandantenkammer geeignet. Lediglich im Quergang vor dieser Kammer konnten zwei Schwerverletzte betreut werden. Auf M 1303, dem Arztboot der 13. Minensuchflottille, die aus acht Fischdampfern neueren Typs bestand, gab es sogar ein geräumiges Schiffslazarett. Es verfügte über einen großen »Revierraum« und einen kleineren mit vier Kojen. Bei der Auflösung der Flottille am 31. Dezember 1942 bekam die neue 27. Minensuchflottille Minensuchboote vom Typ M 40, deren Revierraum unter der Back lag und daher im Verschlußzustand nicht zu erreichen war.[88]

Erst 1943 forderte der Verbandsarzt beim B.S.N. die ihm nachgeordneten Flottillenärzte auf, Richtlinien für den Gefechts-Sanitätsdienst ihres Bereiches vorzulegen. Einige dieser Richtlinien sind im Bundesarchiv/Militärarchiv erhalten.[90] Sie unterscheiden sich erheblich in der Ausführlichkeit und dokumentieren die großen Schwierigkeiten, mit denen die verantwortlichen Ärzte konfrontiert waren, einheitliche Kriterien im Gefechtssanitätsdienst für völlig unterschiedliche Fahrzeugtypen aufzustellen.

- So beschränkte sich der Arzt der 7. MS-Flottille im wesentlichen auf die Empfehlung, erste Verbände sofort auf der Gefechtsstation anzulegen, Morphium nicht wahllos, sondern zunächst den Schwerverletzten zukommen zu lassen.
- Für die 27. MS-Flottille lag der Gefechtsverbandplatz im Mannschaftslogis im Vorschiff. Verwundete sollten schon während des Gefechtes durch das Sanitätspersonal bzw. die Besatzung, auf Arztbooten auch mit Hilfe des Arztes geborgen werden. Das Arztboot konnte im Notfall angefordert werden, Blutungen sollten bis zu dessen Eintreffen gestillt werden. Der endgültige Verband gehörte

jedoch zu den Aufgaben des Arztes. Der Transport eines Verwundeten von Boot zu Boot blieb einer schweren Beschädigung des Fahrzeuges vorbehalten.

- Für die 13. Vorpostenflottille existierten keine einheitlichen Richtlinien, da die Boote von unterschiedlicher Bauart waren.
- Bei der 11. Räumboot-Flottille findet sich der seltene Hinweis auf eine ›Sonderung‹, das Einteilen nach Schwere der Verletzung, um eine Versorgung nach Dringlichkeit zu ermöglichen.
- Die 1. Artillerieträger-Flottille benannte wegen der Schwierigkeit des Transportes keinen festen Verbandsplatz. Die Entscheidung über eine Erste-Hilfe-Leistung oblag dem Kommandanten. Schwerverletzte wurden nach Anlegen der Notverbände mit der Transporthängematte in den vorderen Mannschaftsraum verbracht. Auch zum Vorgehen bei der Unterkühlung von Schiffbrüchigen nahm diese Klarschiffvorschrift ausführlich Stellung, worauf die Verfasser in einem gesonderten Kapitel eingehen.

Besonders gründlich sind die ›Richtlinien für die erste Hilfeleistung an Bord eines R.-Bootes‹ vom 14. August 1943, verfaßt von Marinestabsarzt Dr. Weissenborn, Flottillenarzt der 9. Räumboot-Flottille. Sie werden hier vollständig wiedergegeben:

1. »Jedes Boot verfügt über eine Gefechtsverbandtasche und eine Kriegsverbandtasche, die alle notwendigen Verbandmittel und Schienen für die erste Hilfe enthalten.
2. Eine Tasche ist auf der Brücke wasserdicht unterzubringen, die andere wird in See am achteren Niedergang angebracht und zwar so, daß sie auch von Oberdeck leicht erreichbar ist. Am besten werden dazu am Lukendeckel zum achteren Niedergang Haken zum Anhängen der Tasche angebracht.
3. Im Sanitätsspind im U.-Waschraum lagern außerdem drei große Verbandpäckchen, die für Bauch- und Brustverletzte bestimmt sind. Ebenfalls befinden sich dort ungepolsterte Reserveschienen.
4. Ein fester Gefechtsverbandplatz ist nicht vorgesehen. Der erste Verband wird an Ort und Stelle der Verwundung angelegt. Nach dem Gefecht oder während einer Gefechtspause können dann die Verwundeten, die einer weiteren ärztlichen Versorgung bedürfen, im Kartenhaus gelagert werden. (Bis zu: zwei Liegende und ein Sitzender oder ein Liegender und drei Sitzende.) Günstig ist der Splitterschutz der Brücke, ungünstig die beschränkte Beleuchtung. Verwundete von der Brücke und vom vorderen M.G. können ins Kartenhaus verbracht werden, Verwundete vom Achterdeck gleich welcher Art sind bei Transportmöglichkeit sofort in das Achterdeck zu schaffen oder auf dem Achterdeck hinter der Winsch zu lagern. Nach der Versorgung werden möglichst alle Verwundeten im achteren Wohnraum gebettet und beaufsichtigt (Wärmeschutz, bessere Übersicht).
5. Schwerstverletzte (Bauch-, Kopf-, Brustverletzte und Zerreißungen) ruhig an Ort und Stelle liegen lassen bis zum Eintreffen des Arztes. Nur Notverband anle-

gen! Jeder überflüssige Transport kostet den Verwundeten Kraft, bereitet Schmerzen und bringt unter Umständen Lebensgefahr mit sich.

6. Die Versorgung von Verwundeten auf Booten, für die weder Flott.Arzt noch San.Dienstgrade erreichbar sind, werden (sic) von Hilfskrankenträgern durchgeführt. Diese werden am besten vom L.M. angesetzt und beaufsichtigt, da dieser in den meisten Fällen dafür frei sein wird (Erfahrungen im ärztlichen Gefechtsbericht vom 23.7.43).
7. Jeder Verwundete braucht Wärme! Daher reichlich mit Decken versorgen, heiße Getränke bereiten (Tee, Kaffee, Grog).
8. An Bauchverletzte und Bewußtlose niemals Getränke geben!
9. Schwerverletzte bekommen bei starken Schmerzen eine Ampulle Morphium unter die Haut gespritzt. Morphium niemals bei Lungen- und Schädelverletzungen geben! (Ampullen zu Händen des Kmdt.).
10. Bei Lungenverletzungen ist bei Atemschwäche eine Ampulle Lobelin unter die Haut angezeigt.
11. Schwerverwundete können gleich auf der Transporthängematte gelagert werden, um ihnen ein häufiges Umlagern zu ersparen. Lagerung auf dem Achterdeck, reichlich mit Decken versehen!
12. Vonbordgabe und Anbordnahme von Verwundeten mit Stelling oder Leiter:
    a) Verwundeten auf die glatte Seite der Stelling legen, so daß die Füße auf das andere Boot zeigen. Stelling aufstellen und den Verwundeten auf das andere Boot gleiten lassen (Übergabe auch bei leichter Dünung möglich).
    b) Verwundeten auf das Ende der möglichst langen Leiter legen. Leiter kippen, bis das freie Ende vom anderen Boot wahrgenommen und die Leiter herübergezogen werden kann. Bei Abgabe von tiefliegenden Boot an der Pier wird die Leiter so lange hochgezogen, bis sie gekippt werden kann.
13. Bei Meldungen von Verwundeten an Flott.Arzt auch Art der Verwundung angeben, damit Flott.Arzt sich vor dem Übersteigen darauf einstellen kann.
14. Nach dem Festmachen oder bei Abgabe der Verwundeten namentliche Liste aller Toten und Verwundeten an Flott.Arzt. Auch Leichtverwundete, die weiter an Bord bleiben, sind anzugeben«.[90]

Auch für die erste Hilfeleistung an Bord des »Begleitschiffes« (ALDERS, EX M 526)[91] hat Dr. Weissenborn gründliche Richtlinien erlassen, die sich an den Besonderheiten des Schiffes orientieren. Sie sind den oben aufgeführten Anordnungen vorangestellt:

1. Bei der Seeklarmusterung ist die Besatzung auf Verbandpäckchen zu mustern. Jeder Mann hat zwei Verbandpäckchen greifbar bei sich zu tragen. Wird Lederpäckchen getragen, so sind die Verbandpäckchen in der Hosentasche unterzubringen. Bei Blauzeug befindet sich über der linken Hosentasche eine Extratasche für die Verbandpäckchen.
2. Das Boot verfügt über zwei Gefechtsverbandtaschen, die alle notwendigen Verbandmittel und Schienen für die erste Hilfe enthalten.

3. Eine Verbandtasche befindet sich auf der Brücke im Ruderhaus, die zweite hängt im Niedergang vom Achterdeck zur O.-Messe.
4. Gefechtsverbandplatz ist das Schiffslazarett bei Einzelfällen, bei Anfall einer großen Zahl von Verwundeten die O.-Messe.
5. Erste Hilfe wird am Ort der Verwundung durch Kameraden und Hilfskrankenträger geleistet. Versorgung durch Flott.Arzt am Gefechtsverbandplatz.
6. Lagerung von versorgten Verwundeten in der O.-Messe und im O.-Wohndeck.«[92]

Die hier aufgeführten Richtlinien können als beispielhaft für alle Kleinbootsverbände gelten, für die wir infolge der Schriftgutverluste keine schriftlichen Zeugnisse mehr besitzen. Ähnliche Probleme bestanden z.B. auch im Verband der Schnellboote. Bei der Enge der Boote war hier ein fester Gefechtsverbandplatz nicht vorgegeben. Die Erstversorgung erfolgte meist am Ort der Verwundung, die Lagerung nach Möglichkeit im Schutz der Aufbauten, die ärztliche Behandlung auch in der Kammer des Kommandanten. Bis 1942 gab es außer im Maschinenraum nur einen möglichen Platz für die Verwundetenlagerung: den achteren Mannschaftsraum.
Als Beispiel einer sanitätsdienstlichen Anweisung für das Gefecht an Bord eines Zerstörers soll die »Gefechtsanleitung für den Sanitätsdienst auf dem Zerstörer Paul Jacobi«[93] wiedergegeben werden. Sie stammt vermutlich erst aus dem letzten Kriegsjahr:

»1. Verteilung des Personals bei Versorgung der Verwundeten in der Gefechtspause.
   a) Vorderer Gefechtsverbandsplatz (Abteilung XII u. Schiffslazarett) **Schiffsarzt.**
   b) Achterer Gefechtsverbandsplatz (Abteilung III u. O-Messe) **Sanitätsmaat.**
   Versorgung von Leichtverletzten evtl. schon während des Gefechts im achteren Gefechtsverbandsplatz. Versorgung der Schwerverletzten nach Einsetzen des Verwundetentransports im vorderen Gefechtsverbandsplatz. Während des Gefechts befindet sich der Schiffsarzt auf der Brücke.

2. Erste Hilfe.
   a) Während des Gefechts
      1. Leichtverwundete werden von den besonders ausgebildeten Hilfskrankenträgern verbunden und verbleiben auf der Gefechtsstation, damit die Gefechtstätigkeit nicht gestört wird.
      2. Schwerverwundete werden zunächst wie unter 1) versorgt und in Feuerlee gelagert. Nur wenn es die Gefechtstätigkeit erlaubt, werden die Schwerverwundeten in die Transporthängematten gezurrt und zum vorderen Gefechtsverbandsplatz gebracht.
      3. Lungenkampfstoffverletzte werden wie Schwerverwundete behandelt und müssen daher stets getragen werden; sie bleiben aber im allgemeinen bis zum Gefechtsende auf ihrer Gefechststation. Lagerung der Lungenkampfstoffverletzten in Abtlg I und XIII.

4. Hautkampfstoffvergiftete müssen sich sofort bei Bemerken der Hautspritzer mit Losantin entgiften und baldigst vor dem Körperentgiftungsraum (K-Bad u. Mannsch.Waschraum) einfinden. Die Kleider sind vor Unterdeckgehen sämtlichst abzulegen.
5. Schiffbrüchige sind sofort zu entkleiden, abzutrocknen und warm bekleidet unterzubringen.
6. Tote werden von der Gefechtsstation entfernt, auf das Gesicht gelegt und möglichst zugedeckt.

b) In der Gefechtspause:
Auf den Befehl: »Gefechtspause, Verwundetentransport«:
1. begeben sich die Leichtverwundeten selbst zum achteren G.V:
2. werden die Schwerverwundeten unter Hinzuziehung aller verfügbaren Leute der Besatzung zum V.G.V.P. (Vorderer Gefechtsverbandsplatz) getragen. Hierbei sind nach Möglichkeit die Transporthängematten zu benutzen. Arzt und Sanitätspersonal anzufordern, ist nur in dringenden Ausnahmefällen gestattet.«[94]

In einer Anlage zu dieser Weisung war die Verteilung des Sanitätsmaterials über das Schiff festgelegt.

Im Kapitel über die ärztliche Tätigkeit an Bord der Schiffe und der Boote wird deutlich werden, welchen Einfluß die vorgegebenen Regelungen auf den Einsatz der Sanitätsoffiziere haben konnten.

Ärztliche Tätigkeit an Bord

Allgemeine Weisungen

Von vorneherein war zu Beginn des Krieges zu erwarten, daß die ärztliche Tätigkeit an Bord der Kriegsschiffe überwiegend chirurgischer Art sein würde, ausgenommen auf den Hilfskreuzern, bei denen infolge längerer Abwesenheit und der Übernahme von Gefangenen auch mit Allgemeinkrankheiten und Infektionen gerechnet werden mußte. Rechtzeitig zum Kriegsbeginn erschienen daher 1939 ›Kriegschirurgische Richtlinien für Marinesanitätsoffiziere‹[95], die Marineoberstabsarzt Professor Dr. Georg Magnus im Auftrage des Marinemedizinalamts im Oberkommando der Kriegsmarine bearbeitet hatte.[96] Diese Richtlinien boten dem Schiffsarzt auf alle möglichen Fragen eine wissenschaftlich-zeitgemäße Anleitung. Sie wird hier ungekürzt wiedergegeben, weil sie die grundsätzliche Richtschnur darstellte, und weil sie rückblickend ein Spiegelbild der damals modernen chirurgischen und notfallmedizinischen Behandlungsmethoden unter Bordverhältnissen wiedergibt. (Sperrungen im Original):

»Es ist zu unterscheiden zwischen der Versorgung des Verwundeten im Gefecht und der endgültigen Behandlung im Schiffslazarett oder bis zum Abtransport an Land. Die erste Sorge am Ort der Verwundung ist die Stillung der Blutung, die Schmerzbekämpfung, die vorläufige Bedeckung der Wunde, und die Herstellung der Transportfähigkeit zum Schiffslazarett.

Bei nicht bedrohlichen *Blutungen* aus Haargefäßen, Blutadern und kleinen Schlagadern genügt der Druckverband mit Hochlagerung. Starke arterielle Blutungen erfordern am Rumpf die Kompression mit dem Finger, an den Gliedmaßen die Blutsperre nach Esmarch. Die Binde soll dem Rumpf so nah wie möglich liegen. Sie muß so fest angezogen sein, daß die Blutzufuhr durch die Schlagader wirklich gesperrt ist. Sie muß so bald wie möglich zur endgültigen Versorgung abgenommen werden; die als erlaubt bezeichnete Frist von zwei Stunden ist äußerste Grenze. Der Vermerk auf dem Verwundetentäfelchen darf nicht vergessen werden.

Die *Schmerzbekämpfung* hat nicht nur den Zweck, dem Verwundeten sein Leiden zu erleichtern, sondern sie dient der Aufgabe, durch Ausschaltung von Schmerzäußerungen seitens des Verwundeten den kämpfenden Teil der Besatzung vor ungünstigen seelischen Einflüssen zu bewahren. Die Gabe von 0,02 g Morphium wird im allgemeinen genügen. Bei darniederliegendem Kreislauf ist die Einspritzung in die Blutader in Erwägung zu ziehen. Die Mischung von Skopolamin 0,0005 – Eukodal 0,01 – Ephetonin 0,025 – Aq. dest. ad 1,0 intravenös gegeben wirkt sehr sicher. Im Falle des Versagens kann auch schon am Orte der Verwundung die Betäubung mit Evipan intravenös erwogen werden.

Die Frage der *vorläufigen Bedeckung der Wunde* dürfte durch das Verbandpäckchen gelöst sein. Der Teil des Verbandes, der die Wunde decken wird, darf nicht unsauber berührt werden, zumal nicht mit der verbindenden Hand. Mit dem Verbandpäckchen läßt sich bei sickernder Blutung leicht eine Kompression im Sinne des Druckverbandes ausüben.

Die *Herstellung der Transportfähigkeit* im Schiff wird sich auf sehr primitive Verfahren der Ruhigstellung zu beschränken haben, wobei der Geschicklichkeit des Einzelnen ein weiter Spielraum bleibt. Im allgemeinen wird der verletzte Arm an den Brustkorb angewickelt, das verwundete Bein an das gesunde. Dabei ist die Verwendung von Tüchern leichter und schonender als die von Binden. Für die Anlegung von komplizierten Schienenverbänden wird es meist an Zeit und Platz fehlen. Trotzdem muß die absolute Ruhigstellung des verwundeten Gliedes, zumal bei Verletzung eines Knochens, unter allen Umständen erzwungen werden, schon für diesen ersten Transport im Schiff. Bei Übergabe der Verwundeten an Land oder in See auf ein anderes Fahrzeug wird diese Forderung noch dringender, besonders bei starkem Seegang, der ja für jeden Transport und für jede Lagerung im Schiff große Ansprüche an die Fixation stellt. Wenn auch die Schmerzäußerungen des Verletzten den Arzt in der Regel auf die Unzulänglichkeit seiner Maßnahmen aufmerksam machen werden, so kann doch eine große seelische Erregung, ein Schockzustand, eine große Gabe narkotischer Mittel diesen körperlichen Schmerz bei ungenügender Ruhigstellung verdecken, und der Arzt hat die Pflicht, sich in jedem einzelnen Fall von der ausreichenden Fixation zu überzeugen.

Im *Schiffslazarett* wird die Aufgabe des Arztes sehr verschieden sein, je nachdem er damit rechnen kann, daß er die Wunden noch im frischen Zustand zur endgültigen Versorgung an Land geben kann, oder ob er – etwa im Kreuzerkrieg oder bei langem Rückmarsch- diese endgültige Wundversorgung selbst vorzunehmen hat. Als »frisch« ist die Wunde dann anzusehen, wenn sie sich noch in der Frist der Friedrich'schen Wundinkubation befindet, also nicht älter ist als sechs bis acht, allenfalls zwölf Stunden.

Ist innerhalb dieser Zeit der Abtransport in das *Lazarett an Land* zu erwarten, so wird sich die Tätigkeit im Schiffslazarett sehr einschränken lassen.

Notwendig ist der Ersatz der vorläufigen *Blutstillung* durch die endgültige, zumal dort, wo eine Esmarch'sche Binde liegt. Das blutende Gefäß wird in der Wunde aufgesucht, mit einer Klemme gefaßt und unterbunden. Gelingt es nicht, die Blutung in der Wunde zu stillen, so ist es erlaubt, das spritzende Gefäß außerhalb der Wunde stromaufwärts »am Orte der Wahl« aufzusuchen und dort zu unterbinden.

Die *Schmerzbetäubung* wird unter den genannten Bedingungen kaum Schwierigkeiten machen. An erster Stelle steht das Evipan, das in der Ampulle durch Auflösung eines Grammes der Substanz mit zehn ccm Wasser zu einer zehnprozentigen Lösung zubereitet und dann langsam in eine Blutader am Arm eingespritzt wird. An zweiter Stelle ist der Chloräthylrausch zu nennen. Für längere Narkosen hat das Chloroform in geübter Hand manche Vorteile vor dem Aether: es wirkt nicht auf die Atemwege, es ist nicht feuergefährlich, man kommt mit viel geringeren Men-

gen aus. Doch muß der Erfahrung und der Neigung des einzelnen Arztes in diesen Fragen ein gewisser Spielraum bleiben.
An den *Verband* werden im Schiffslazarett höhere Anforderungen zu stellen sein. Steht die Versorgung an Land noch bevor, so wird die Wunde auch nur die einfache, sorgfältig und unverschieblich angelegte Bedeckung verlangen. Dagegen dürfte die Fixierung strenger durchzuführen sein: Schienenverbände muß der Schiffsarzt beherrschen; und vielleicht findet sich auch schon Gelegenheit für eine Ruhigstellung im Gipsverband, etwa bei einem Gelenkdurchschuß.
Die *operative Tätigkeit* wird sich unter den gegebenen Bedingungen sehr einfach gestalten. Abgesehen von der Blutstillung kann eine Tracheotomie bei drohender Erstickung in Frage kommen, allenfalls die glatte Absetzung eines total zerschmetterten Gliedes. Alles übrige wird der endgültigen Versorgung an Land überlassen werden können.
Fällt diese Möglichkeit fort, dann muß der Schiffsarzt selbständig handeln, das *Schiffslazarett übernimmt die endgültige Versorgung der Verwundeten.*
Für diesen Fall hat der Schiffsarzt an dem Grundsatz festzuhalten, daß die *frische Wunde operativ zu behandeln* ist, daß sie also vor Ablauf der 12- oder besser 6-Stunden-Grenze endgültig versorgt sein muß. Das Ziel dieser Behandlung ist die *Wundausschneidung nach Friedrich.* Sie erstrebt durch Abtragung des gesamten Wundrandes und Wundgrundes in einer Dicke von 3–4 mm die Entfernung aller eingedrungenen Keime, die sich während der Frist der Inkubation noch auf dieser Oberfläche befinden und den Vormarsch in die Tiefe noch nicht angetreten haben. Es soll dadurch erreicht werden, daß außerhalb der Gelegenheitswunde eine neue Wunde entsteht, die zwar größer, aber dafür keimfrei ist. Die Friedrich'sche Wundausschneidung ist also ein Akt der operativen Keimbekämpfung und darf in ihrer Theorie nicht verwechselt werden mit der ›operativen Wundversorgung oder Wundtoilette‹, welche nur sowieso verlorene Gewebsteile abtragen und günstige Wundverhältnisse herstellen will, so sehr sich in der Praxis auch die beiden Methoden einander nähern werden.
Wenn Friedrich im Vertrauen auf die Sterilisierung der Wunde durch Ausschneidung von Rand und Grund die Naht angeschlossen hat, so darf diese Regel nicht für die Bedingungen der Kriegsverletzung gelten. Das Ausmaß dieser Wunden, auch die zusätzliche Schädigung der Gewebe durch die hohe Temperatur der Geschosse, die Schwere der primären Infektion verbieten die Wundnaht mit einigen Ausnahmen, die besonders zu erwähnen sind. Die ausgeschnittene Kriegsverletzung gilt weiter als infektionsverdächtig und bleibt offen. Bei glattem Verlauf kann eine sekundäre Wundnaht nachgeholt werden.
Die Wundausschneidung nach Friedrich ist das Ziel der modernen Wundbehandlung und darf nie aus den Augen verloren werden.
Allerdings erfährt die Methode von verschiedenen Seiten eine Einschränkung. Im Vordergrund steht die *zeitliche Begrenzung*; ist die Frist von höchstens zwölf Stun-

den verstrichen, dann ist die Ausschneidung zwecklos, die Infektion hat die Schranke des Wundrandes überschritten und wirkt bereits in der Tiefe, durch Maßnahmen an der Oberfläche nicht mehr erreichbar.
Eine weitere Beschränkung ist bedingt durch die *technischen* Verhältnisse. Es wird nicht überall die Möglichkeit bestehen, so große und verantwortungsvolle Eingriffe mit einwandfreier Asepsis durchzuführen. Es wird an geeigneten Ärzten fehlen, an Einrichtungen, an geübtem Personal.
Und schließlich sind dem Verfahren *anatomische* Grenzen gezogen. Wo ein großes Gefäß im Wundbereich liegt, ein Nervenstamm, ein Knochen, oder wo eine Höhle mit eröffnet ist, läßt sich die Ausschneidung nicht durchführen.
Für diese Fälle ist einmal die Frage zu entscheiden, ob die im letzten Krieg wieder empfohlene *chemische Wundasepsis* angewendet werden soll. Die Antwort lautet sehr verschieden. Sicher hat ein solcher Versuch nur Zweck innerhalb der Inkubationsfrist; nur unter diesen Bedingungen kann die Schädigung der oberflächlichen Gewebsschichten in Kauf genommen werden, wenn dann auch die ebenso oberflächlich sitzenden Keime mitvernichtet werden. Falls also die Frist der Inkubation noch läuft, die Ausschneidung aber aus technischen oder anatomischen Gründen nicht völlig durchführbar ist, dann darf ein Versuch mit antiseptischer Wundbehandlung gemacht werden (fünfprozentige Jodtinktur, dreiprozentige Karbollösung, Phenolkampher: Acid. carbol. crist. 30,0, Kampher 60,0, Alkohol abs. 10,0; einprozentige Chloraminlösung, Dakin'sche Lösung).
Ist die Zeit der Inkubation verstrichen, dann kann es sich nur darum handeln, für die zu erwartende Infektion die besten Bedingungen herzustellen. Schwer geschädigte und verschmutzte Gewebsteile werden mit dem Messer abgetragen, leicht erreichbare Fremdkörper, auch Geschosse, werden entfernt, Taschen und Buchten werden gespalten und gute Abflußmöglichkeiten für das Wundsekret hergestellt.
Es bleibt also, auch wenn die Bedingungen für eine Wundausschneidung nicht gegeben sind, die Forderung nach *aktiver operativer Wundbehandlung* bestehen. Und je größer die Wunden sind, je fühlbarer die Grenzen nach der zeitlichen, der technischen und der anatomischen Lage, desto ähnlicher werden sich die beiden Methoden, die primäre Wundexcision und die operative Wundtoilette. In der Tiefe bleiben nur die notwendigen Ligaturen liegen, sonst sind Fremdkörper und die tiefen Nähte bei der Kriegsverletzung zu vermeiden. Daß die Haut offen bleiben soll, war gesagt. Von dieser Regel der völlig offenen Wundbehandlung gibt es Ausnahmen. Und zwar sollen Gelenkwunden, Kopfschüsse und Eröffnungen der Brusthöhle nach der Wundausschneidung – wenn irgend möglich – durch Naht völlig verschlossen werden.
Die operative Wundbehandlung, zumal die rechtzeitig und richtig durchgeführte Wundausschneidung, schützt den Körper vor der Infektion, also auch vor der mit *Starrkrampf* und *Gasbrand*. Trotzdem soll bei jeder Kriegsverletzung die Immunisierung gegen Tetanus durchgeführt werden. Auf dem Verwundetentäfelchen ist

der Vermerk einzutragen. Die Erfahrungen mit dem Gasbrandserum reichen nicht aus, um seine Anwendung zu fordern.
Als zweite große Aufgabe steht neben der operativen Wundbehandlung die *strenge Ruhigstellung* des verletzten Gliedes. Ist die Wunde endgültig versorgt, so stellt sich diese Forderung unabweisbar in den Vordergrund. Der *Gipsverband* ist jeder Schiene zweifellos überlegen, doch ist ein Abduktionsverband des Armes bei einer zerschossenen Schulter oder ein Hüftgips bei einem hochsitzenden Oberschenkelschußbruch ein Kunstwerk, das an das Können des Arztes und seiner Helfer ebenso hohe Ansprüche stellt wie manche Operation. Auch erfordert ein Gipsverband mehr Zeit als ein Schienenverband. Nur ein völlig wasserfreier Gips kann eine brauchbare Fixierung garantieren. Die Cellonabinden haben sich sehr bewährt besonders wegen ihrer Eigenschaft, schnell hart zu werden. Der Ort der Wunde wird mit einem Fenster ausgespart oder bei größeren Ausmaßen mit Metallschienen überbrückt. An dem alten Grundsatz, daß die beiden der Verletzung benachbarten Gelenke ruhiggestellt sein müssen, ist festzuhalten. Muß aus Mangel an Zeit oder an Können bei der endgültigen Versorgung auf den Gips verzichtet werden, so kann die Festigkeit eines Schienenverbandes durch einige darübergelegte Gips- oder Stärkebinden erhöht werden.
Für die *Schmerzbetäubung* bei der endgültigen Versorgung werden Fähigkeiten und Neigungen des handelnden Arztes von Einfluß sein. So große Vorteile die *Lokalanästhesie* auch haben mag, so dürfte sie doch in der großen Chirurgie des Schiffslazaretts keine wesentliche Rolle spielen. Vielleicht wird Plexus- und Lumbalanästhesie geübt werden, sofern der Schiffsarzt die Technik sicher beherrscht.. Bei kleinen Wunden, die ausgeschnitten werden sollen, könnte eine Umspritzung zur Erörterung stehen. Das Novocain in 1%iger Lösung mit dem üblichen Zusatz von Suprarenin dürfte für alle Fälle ausreichen. Im allgemeinen aber wird die *Allgemein-Narkose* bevorzugt werden. Schon das Moment der seelischen Ausschaltung kann wichtig sein, wenn der Patient das Gefecht, die Verwundung und einen vielleicht schwierigen und schmerzhaften Transport hinter sich hat. Das Evipan-Natrium in 10%iger Lösung intravenös gegeben ist bis zur Menge von 10 ccm der Lösung unbedenklich und genügt für schnelle Eingriffe. Für kurzen Rausch steht Chloräthyl zur Verfügung, für längere Narkose der Aether und das Chloroform. Dabei werden dem letzteren gewisse Vorteile nicht abzusprechen sein, die bereits erwähnt wurden. Auf keinen Fall darf das Chloroform abgeschafft werden.
Im Laufe der Wundversorgung wird sich sehr häufig die Tatsache herausstellen, daß die Verletzung schwerer und umfangreicher ist, als sie von außen erschien. Und die Operation, die als Wundausschneidung anfing, wird oft genug mit dem Verzicht und mit der einfachen Wundtoilette enden. Und es werden auch genug Fälle vorkommen, bei denen sich erst im Laufe der Operation die Notwendigkeit der *Amputation* ergibt. Es lassen sich keine allgemeinen Regeln für die primäre Amputation aufstellen. Maßgebend muß die Erwägung sein, ob das besten Falles erreichbare

Resultat das Risiko einer erhaltenden Behandlung lohnt, daß aber andererseits der Entschluß zur Absetzung nicht übereilt und unüberlegt gefaßt werden darf. Es ist wohl die schwerste Verantwortung, die der Arzt zu tragen hat, und er muß in jedem Fall fest davon überzeugt sein, daß das Opfern eines Gliedes eine unumgängliche Notwendigkeit ist. Legt der Schiffsarzt diesen Maßstab an, so wird er schon das Richtige treffen.
Für die *Technik der Absetzung* ist zu beachten, daß die Auslösung im Gelenk bei Schulter und Hüfte richtig und erlaubt, an den anderen Gelenken aber fast durchweg fehlerhaft ist. Das gilt besonders für die Auslösung im Knie, im Fußgelenk und im Chopart'schen Gelenk. Alle diese Operationen geben schlechte Stümpfe. Auch der lange Unterschenkelstumpf ist nicht gut; die Amputation etwa in der Mitte ist anzustreben. Für die *Schnittführung* kann als Regel gelten, daß ein schräger Zirkelschnitt, dessen Ebene die Achse der Gliedmaßen im spitzen Winkel beschneidet, für den weniger geübten die meisten Vorteile bietet. Am Fuß ist die Exartikulation nach Lisfranc und die Amputation nach Pirogoff erlaubt. Wird primär im Gesunden amputiert, so darf der Stumpf bis auf ein oder zwei Drains durch Naht geschlossen werden.
Wenn dagegen die Absetzung sekundär wegen einer anders nicht zu beherrschenden Infektion erfolgt, dann ist die Naht verboten; der Stumpf hat unter diesen Umständen ausnahmslos ganz offen zu bleiben, auch wenn die sauber erscheinende Schnittfläche zu wenigstens einer Situationsnaht verlocken möchte. Das gilt besonders für den *Gasbrand*, der schon in den ersten 24 Stunden nach der Verwundung sich einstellen kann. Der schnelle Verfall bei zunehmendem Wundschmerz, hoher Puls bei niedrig bleibender Temperatur, der sehr charakteristische Geruch werden den erfahrenen Arzt rechtzeitig warnen. Und beim Verbandwechsel wird dann das schmierige Aussehen der Wunde festgestellt, die Umgebung ist blaß oder gelb oder bronzefarben, die Venenzeichnung ist sehr eindrucksvoll, es erscheint das gefürchtete Knistern in der Haut. Am Rumpf wird der Versuch mit langen und tiefen Inzisionen zu machen sein, an den Gliedmaßen dürfte mit der Diagnose im allgemeinen auch die Indikation zur Amputation feststehen, wenn möglich im Gesunden. Daß der Stumpf unter allen Umständen ganz offen zu bleiben hat, sei noch einmal ausdrücklich betont.
Es kann während der Behandlung im Schiffslazarett der Wunsch aufkommen, dem Kreislauf Flüssigkeit zuzuführen, ganz besonders nach starkem Blutverlust. Die Möglichkeiten einer *Bluttransfusion* müssen gegeben sein, der Schiffsarzt muß die Technik der Gruppenbestimmung beherrschen und irgend einen der gebräuchlichen Übertragungsapparate bedienen können. Die *Indikation* kann einmal darin liegen, daß ein großer Blutverlust die Gefahr des Leerlaufens für die Blutbahn mit sich bringt und eine Auffüllung des Kreislaufs notwendig erscheinen läßt. Dann aber kann auch das Darniederliegen des Körpers bei schwerer Allgemeininfektion, zumal beim Gasbrand oder bei großer Verbrennung und Erfrierung, die Notwendigkeit

einer Blutübertragung bedingen. Es soll nicht vergessen werden, daß große Eingießungen von Flüssigkeit in die Vene – Ringer-Lösung, Normosal –, zumal in der Form von Dauertropfinfusion, sehr nützlich und oft lebensrettend wirken.

Besondere Sorgfalt erfordern die *Brandwunden*, und sie werden unter den besonderen Bedingungen des Seekrieges auch wahrscheinlich eine erhebliche Rolle spielen. Sowohl die lokale Versorgung wie die Überwachung des Allgemeinbefindens stellen starke Ansprüche an den Arzt.

Die Wismut-Brandbinde kann nicht als zweckmäßig bezeichnet werden, besonders nicht bei ausgedehnten Verbrennungen. Es entstehen harte Krusten, welche die Wundflächen verkleben und das Abnehmen der Verbände sehr schmerzhaft gestalten.

Die beiden Verfahren, welche sowohl lokal günstige Bedingungen schaffen wie auch die allgemeinen Vergiftungsgefahren bekämpfen, sind die Tanninbehandlung und die Methode des Abbürstens, sobald es sich um ausgedehnte Verbrennungen *dritten Grades* handelt.

Die *Tanninbehandlung* besteht darin, daß die Brandwunde mit einer 5%igen Gerbsäurelösung verbunden oder berieselt wird. Die dem Gewebstode verfallenen Teile werden dadurch gegerbt und vor dem Zerfall bewahrt, dessen Produkte dem Körper gefährlich werden können.

Das *Abbürsten* hat einen ähnlichen Zweck. Der Verbrannte wird narkotisiert, und dann werden die verbrannten Teile mit der Wurzelbürste energisch bearbeitet. Die tödlich geschädigten Gewebsteile gehen dabei mit und können nicht mehr durch Zerfall gefährlich werden. Überraschend ist die zuverlässige Schmerzbetäubung durch die sehr brutal aussehende Methode. Der Verband nach dem Abbürsten erfolgt am besten mit der Silberfolie oder trocken.

Der *Salbenverband* als erste Versorgung der Brandwunde stößt insofern auf Bedenken, als die Salbe die Wunde unübersichtlich macht, die Nekrosen sich selbst überläßt und dem Abfluß des Sekrets hinderlich sein kann. Auf der anderen Seite steht der Vorteil, daß die Salbe das Ankleben der Verbandstoffe verhindert und den Verbandwechsel schonend gestaltet. Soll der Salbenverband gewählt werden, so ist ein Zusatz von pflanzlichem oder tierischem Fett zur Salbengrundlage, z.B. von Lebertran, sehr zu empfehlen.

Das *Allgemeinbefinden* leidet schwer bei großen Verbrennungen. Der Wasserverlust verlangt Infusionen großer Mengen vom Darm aus oder intravenös. Bluttransfusionen sind sehr nützlich, Herzmittel nicht zu entbehren. Die *Schmerzbekämpfung* erfordert große Aufmerksamkeit. Die subkutane Anwendung schmerzstillender Medikamente versagt sehr häufig bei dem darniederliegenden Kreislauf; die Anwendung vom Munde her oder vom Darm aus ist zuverlässiger. Am besten wirkt oft das Opium als Tinktur in Tropfen oder als Suppositorium.

Die *Verbrennung zweiten Grades* stellt wesentlich geringere Ansprüche, sofern nicht die verbrannten Flächen sehr groß sind. Die Blasen werden am besten abgetragen und der Grund mit der Silberfolie bedeckt. Ist diese nicht vorhanden, so ist es nicht falsch, die Blasen – sozusagen als Verband – stehen zu lassen und die Fläche steril zu bedecken. Die Verbrennung ersten Grades bedarf kaum einer ärztlichen Behandlung.«[97]

Ein Jahr nach den von Professor Magnus verfaßten ›Kriegschirurgischen Richtlinien‹ gab das Marinemedizinalamt im Jahre 1940 ein gesondertes Papier ›Richtlinien für die Behandlung von Brandverletzungen für Marinesanitätsoffiziere‹[98] heraus[99] und trug damit diesem im Seekrieg häufigen und gefürchteten Verletzungsbild besonders Rechnung. Verfasser war Marineoberstabsarzt Prof. Dr. Otto Goetze, der die oben genannten therapeutischen Verfahren näher erläuterte und ihre Vor- und Nachteile für den Bordsanitätsdienst herausstellte. Obwohl auch ihm eine definitive Bewertung aller Verfahren wegen noch nicht ausreichender Statistiken nicht dienlich erschien, sprach er sich im Gegensatz zu Magnus für eine Priorisierung des Lebertransalbenverbandes aus. Goetzes Gedanken sollen hier ebenfalls wörtlich wiedergegeben werden, da auch sie ein Spiegelbild der Auffassungen und Möglichkeiten der Ärzte jener Zeit sind, und weil sie Behandlungsmaßnahmen nennen, die trotz der vielen Fortschritte, die die Wissenschaft inzwischen erzielt hat, auch heute noch von Wert sein können:
»Die Brandwunden gehören zu den direkten traumatischen Nekrosen und entstehen überall da, wo eine Zelle oder ein Zellkomplex die Temperatur von 50 Grad überschreitet und damit irreversiblen Eiweißkoagulationen anheimfällt.
Die einfachen Brandwunden heilen nach den gleichen Gesetzmäßigkeiten wie jede andere Wunde, die nekrotisches Gewebe enthält; und man könnte sie, wenn keine Lebensgefahr aus besonderen, der Brandwunde eigentümlichen Gründen bestünde, nach den bekannten Regeln der Versorgung offener Unfall- oder Kriegswunden behandeln.

Allgemeine Schäden.
Dieses ihr besonderes Gepräge erhalten die Verbrennungswunden
1. durch die große Flächenausdehnung der direkten Hautnekrose,
2. durch den besonders schweren primären Schock und Kollaps mit seinen Parenchymzerstörungen der inneren Organe,
3. durch die Größe der resorbierenden und sezernierenden Wundfläche und
4. dadurch, daß die verbrannten Coriumschichten als lederartige Flächensequester tiefere infektionsgefährdete Brandnekrosen nach außen abriegeln. Die lebensgefährlichen Allgemeinwirkungen beherrschen in steigender Bedeutung die Allgemein-Therapie und haben auch die örtliche Behandlung seit dem Weltkriege wesentlich verändert, weil sie neue Gesichtspunkte zu den Bergmann'schen und Friedrich'schen Prinzipien der Wundbehandlung hinzufügten.
Der Angriff der akuten Brandverletzung erfolgt auf einer im Vergleich mit anderen Wunden riesigen Hautfläche, die besonders reich an Kapillaren und sensiblen

Nervenendapparaten ist. Der enorme Reiz erzeugt direkt eine hochakute seröse Entzündung unter den verbrannten Hautteilen in ebenso breiter Flächenausdehnung; es kommt daneben zu einer sehr schnell einsetzenden Überschwemmung des Körpers mit Eiweißabbaustoffen aus den Nekrosen und zu einer allgemeinen Vergiftung des Gesamtkörpers. An Stelle des Blutverlustes bei anderen Wunden kommt es hier auf dem Boden einer enorm gesteigerten Permeabilität der Kapillarwandungen zu einer mächtigen Bluteindickung durch Plasmaverlust aus den Brandwunden nach außen und durch Plasmaverschiebung aus dem Blut ins entzündete Gebiet. Die weiteren Folgen sind: Minderung der zirkulierenden Blutmenge, Schwächung des Kreislaufs und Erschwerung aller Organfunktionen eben durch diese Bluteindickung.
Sehr rasch können sich seröse Entzündungen, hämorrhagische Infarzierungen und Nekrosen des Gehirns und des Herzmuskels, der Leber und der Nieren und vieler anderer parenchymatöser Organe anschließen. Weniger die toxischen Produkte direkt als vielmehr der indirekt durch diese Organschäden erzeugte Zusammenbruch der lebenswichtigen Organfunktionen ist Schuld an dem gefürchteten Frühtod, der etwa 80 Prozent aller Todesfälle in diesem Stadium des akuten plasmatischen und toxischen Kollapses, das etwa 24–36 Stunden anhält, vereint.
Da die Vergiftung an der Grenze vom lebenden zum toten Gewebe erst durch die aktive Tätigkeit des Entzündungsprozesses entsteht, so ist die Prognose des toxischen Kollapses quoad vitam fast ausschließlich von der Flächenausdehnung der Brandwunde abhängig: Das Doppel-Problem der Allgemeinschäden und der örtlichen Schäden zeigt sich gerade darin, daß extreme Fälle innerhalb 24 Stunden sterben können, deren örtliche Brandwunden in weniger als einer Woche restlos hätten ausheilen können.
Als besonders verhängnisvoll muß der Ausfall der Nebennierenrinde gelten. Ihr Hormon wird im Gegensatz zu allen übrigen Wirkstoffen der Nebennieren nur hier gebildet oder gespeichert; ihr Verlust bedeutet den Tod.
Die Aufgabe der Nebennierenrinde ist die hormonale Steuerung der Wasser- und Elektrolytverteilung, der regelnde Einfluß auf die Durchlässigkeit der Zellmembran. Einhauser erkannte die weitgehende Gleichartigkeit der Ausfallserscheinungen des Rindenhormons mit den Allgemeinstörungen nach schweren Verbrennungen. Er konnte in eindrucksvollen Tierexperimenten und auch bereits an ganz schweren menschlichen Brandverletzungen den typischen letalen Verlauf durch Zufuhr von Rindenhormon und Vitamin C entscheidend günstig beeinflussen.
Eine weitere Gefahr für die zunächst Überlebenden ist der protrahierte Kollaps. Er kann als eine extrarenale Azotämie charakterisiert werden: wir finden Anstieg des Reststickstoffes im Blut und Absinken des Chlors in Blut und Harn, Erschöpfung der Alkalireserve und schwere Störungen des Wasserkreislaufs mit den zugehörigen Mineral- und Elektrolyt-Verschiebungen. Nur eine sorgfältige klinische Kontrolle kann hier die richtige schwierige individuelle Therapie begründen.
Für die Spättodesfälle ist die septische Intoxikation verantwortlich: auf dem Boden der bei tiefgreifenden Verbrennungen fast unausbleiblichen Infektion kommt es

zur Erschöpfung aller regenerativen Kräfte bei längerer Dauer und somit zu Furunkulose, zu Abszessen, Phlegmonen usw.

Allgemein-Therapie.

Der primäre Schock wird durch den Schmerz unterhalten. Seine schnelle und ausreichende Unterdrückung gelingt am besten durch die intravenöse Injektion von 0,01 Morphium oder 1,0 Scopolamin -Eucodal-Ephetonin (schwach). Wiederholt schmerzstillende Mittel zu geben ist bei keinem der gebräuchlichen örtlichen Behandlungsverfahren nötig. Bei Kreislaufschwäche versagt die Resorption des subkutan injizierten Mittels. Es ist dann die perorale Gabe wirksamer. An Herz- und Kreislaufmitteln ist zunächst heißer Kaffee oder Tee zu reichen, soviel eben per os vertragen wird. Nächstdem kommen Sympatol, Coffein und Cardiazol zur Anwendung. Der Schwerverbrannte verlangt gegen seinen riesigen Wärmeverlust ständige Wärmezufuhr durch Heizkissen, Lichtbögen und überheizte Krankenzimmer.

Im Stadium der Bluteindickung (erste 24–48 Stunden) gebe man eines der modernen die Gefäße langsam verlassenden Infusionsmittel: Normosal, Tutofusin, 35%ige Traubenzuckerlösung, diese kombiniert mit Insulin und Vogan; alsdann ist die Bluttransfusion (häufig wiederholte Gaben von 200 ccm) im Interesse der Entgiftung und der Abdichtung der Endothelschranken eines unserer wirksamsten Mittel. Für die weitere Flüssigkeitszufuhr ist der orale und rektale Weg soweit es geht zu bevorzugen und der subkutane möglichst zu verlassen (Neigung zu Infektion); sonst ist die intravenöse Applikation, gegebenenfalls auch in Form der Dauer-Infusion, zu wählen. Die Beobachtung des Blutdrucks und ev. latenter Oedeme schützt uns vor einem Zuviel oder Zuwenig.

Von größter Bedeutung ist der Ausbau der Einhauserschen Therapie mit hohen Dosen des Nebennierenrindenhormons (z.B. Cortiron 2x10 mg je Tag auf längere Zeit), zusammen mit C-Vitamin bis zu dreimal täglich 300 mg. Beides muß intravenös gegeben werden.

Die vorwiegend flüssige Diät ist die der extrarenalen Urämie: kochsalz- und kohlehydratreich (Mehlspeisen unter Zurückdrängung der kaliumreichen Kartoffel), aber fleisch- und fettarm. In den ersten ein bis zwei Tagen sollte der Schwerbrandverletzte bei stärkerer Neigung zum Erbrechen hungern. Später wird Rohkost empfohlen.

Örtliche Schäden.

Die örtlichen Heilungsvorgänge sind vorwiegend von der Tiefenausdehnung der Brandwunde abhängig. Das wird für unser Handeln verständlicher, wenn wir den Umfang der Epithelzerstörung als Hauptgradmesser wählen. Danach wäre zu unterscheiden:

1. Grad: Das reine Erythem.
2. Grad: Die oberflächliche bullöse Epithelverbrennung. Die tiefen zusammenhängenden Epithellagen sind hier praktisch noch nicht oder nur in kleinen Bezirken durchbrochen: Sehr schnelle Heilung.

3. Grad: Die Coriumverbrennung. Hier sind praktisch überall verteilt noch Epithelreste vorhanden, nämlich die tiefen Teile der Talg- und Schweißdrüsen; die örtliche Heilungstendenz ist noch sehr gut.

4. Grad: Die subkutane Verbrennung, die das Corium überschreitet und ins subkutane Gewebe oder noch tiefer übergreift. Keine Epithelreste mehr vorhanden. Die Bedingungen für gefährliche Infektionen und Retention unter dem Brandschorf sind gegeben. Nach Abstoßung der nekrotischen Haut bleiben tiefe Defekte, die sich nur vom Rand her überhäuten können. Frühzeitige Thierschsche Hauttransplantation.

5. Grad: Tiefe Verbrennung bis auf den Knochen oder bis zur Grenze der Körperhöhlen.

Der Grad der Verbrennung wird meist innerhalb einer Stunde, oft erst nach 24 Stunden, manchmal erst nach acht oder 14 Tagen manifest, worauf sorgsam zu achten ist.

Örtliche Therapie.

Die ganz tiefgreifenden Brandwunden können bei geringer Flächenausdehnung (z.B. auch Leuchtkugel-, Leuchtspur- und ähnlichen Verbrennungen mit weiterfressendem Necroticans) durch Excision und evtl. Amputation behandelt werden. Doch sei man mit der Amputation sehr zurückhaltend.

Sonnenburg und Tschmarke schufen für die oberflächlicheren Brandverletzungen ihr Verfahren der Desinfektion der flächenhaften Brandwunde. Durch waschen mit Wasser und Seife und evtl. noch mit 70%igem Alkohol wird die Brandwunde mechanisch und chemisch wie ein Operationsfeld keimfrei gemacht. Das gelingt sehr gut, zumal die primäre Infektion an sich schon wegen der geringen Tiefenverletzung und infolge der traumatischen Hitzesterilisierung gewöhnlich recht unschuldig ist. Es kommen jedoch besonders in der Genital- und Analregion, ferner an den Füßen, schwerste Infektionen einschließlich Tetanus und Gasbrand, diese allerdings äußerst selten, vor. Die Wundbedeckung mit Jodoformgaze nach Tschmarke ist wegen der Gefahr der Giftresorption verlassen. Man nimmt stattdessen sterilen Mull oder besser Silbergaze oder die Lexersche Silberfolie. Das Prinzip dieses Verfahrens kann gekennzeichnet werden als die Herstellung eines sterilen, ziemlich undurchlässigen, trockenen Wundschorfes.

Wenn es wirklich gelang, einen keimfreien Trockenschorf zu erzeugen und zu erhalten, so wird damit auch eine spezifische Gefahr der Brandwunde, nämlich der Plasmaverlust, wirksam bekämpft. Dieser Schorf ist aber relativ undicht, so daß kleine Risse und damit Eingangspforten für Bakterien entstehen können. Tritt somit eine Eiterung unter dem Schorf ein, so drohen uns an Stelle der großen Vorzüge, die die Heilung unter dem Schorf besitzt, ähnliche, wenn auch meist nicht so hochgradige Gefahren, wie sie die Naht einer nach Friedrich excidierten Kriegswunde im Gefolge haben kann. Die Infektion unter dem Schorf ist ein schwacher Punkt

auch des verschärften Bürstungs- und des Gerbungsverfahrens und muß durch sorgsame Beobachtung und mit allen Mitteln verhütet und bekämpft werden.
Einen prinzipiell anderen Weg gehen diejenigen Verfahren, welche die Brandnekrosen als tödliche Giftquellen mechanisch (nach Thiersch) durch Stahlbürsten und mit dem scharfen Löffel oder aber chemisch (nach Davidson) durch Gerbung mit Tannin beseitigen wollen. Auch diese Verfahren stellen durch Desinfektion und durch Hinzufügung eines antiseptischen Silberfolienverbandes oder durch physikalische Wasserentziehung einer (sic) sterilen Trockenschorf her, wobei unter ihm keine resorbierbare nekrotische Schicht zurückbleiben soll. Dabei muß das Tanninverfahren als die wirksamste und schonendste Kombination von Desinfektion, Trockenschorf und Nekroseausschaltung angesehen werden.
Die hauptsächlichsten Nachteile der genannten Methoden sind folgende:
Das Verfahren der Desinfektion nach Tschmarke und die Tanningerbung bedürfen einer wenn auch kurzen Narkose, die in jeder Form angesichts der Leberschäden ihre Bedenken hat. Es gibt stets einen zusätzlichen Schock; oft wird er tragbar sein. Die verschärfte Bürstung verlangt in den kritischen Fällen eine sehr viel schwerere Narkose, läßt bei großen Flächen und tieferer Verbrennung relativ viel nekrotisches Material in der unmittelbaren Nachbarschaft des resorbierenden lebenden Gewebes zurück und gefährdet dabei die zur schnellen Überhäutung dringend wichtigen Epithelinseln. Bei der Tanningerbung muß die Lösung immer frisch mit sterilem Wasser zubereitet werden. Alle anderen Vehikel verzögern die Gerbwirkung. Das Tannin gerbt nur die kollagene Substanz des Coriums und ist ohne Einfluß auf die tieferen Nekrosen. Das langsame Vordringen der Gerbung bis zum eigentlichen Kampfplatz, nämlich der lebenden Resorptionsschicht der Frühgifte, dauert 12–24 Stunden. Dieser Ort wird in den entscheidenden ersten drei bis sechs Stunden nicht erreicht; der Frühtod der ersten 24 Stunden ist demnach durch die Gerbung schwerlich zu verhüten. Die Gerbung selbst und die Nachbehandlung sind absolut an den klinischen Betrieb gebunden. Da die Desinfektionskraft des Tannins gering ist und die fettigen Epidermisfetzen den Gerbungsgang stören, ist die volle Wirkung nur zu erwarten, wenn nach der Vorschrift des Autors zuvor der ganze verbrannte Hautbezirk in Narkose mit Benzin, dann mit Alkohol, dann mit Aether gründlich gereinigt, also desinfiziert wird.
Wenn eine Infektion tieferer Schichten später eintritt, entstehen durch die verborgene Lage und die durch die gegerbte Haut verstärkte Eiterretention neue Gefahren, denen der weniger erfahrene Chirurg oft nicht gewachsen ist. Schon ohne zusätzliche Gerbung sah Tschmarke unter seinen sterilen und trocken bleibenden Verbänden so starke Schrumpfungen der verbrannten Haut, daß öfter vielfache Incisionen nötig wurden, um die Gefahr der Ischämie und die schmerzhaften Spannungen zu beseitigen.
Alle diese Verfahren erfordern viel ärztliches und anderes Personal und relativ stabile Lazarettverhältnisse.

Löhr hält die Ausschaltung der Nekrosen als tödliche Giftquelle für unerreichbar und die primäre Infektion für relativ unschuldig. Er fürchtet dagegen die sekundäre Infektion unter dem Schorf und behandelt daher alle Brandverletzungen ohne Unterschied durch den sterilen Unguentolanverband (Lebertransalbe) ohne vorherige Desinfektion, jedoch unter Hinzufügung der absoluten Ruhigstellung durch den Gipsverband dort, wo die Tiefe der Verbrennung es indiziert. Er selbst und eine steigende Zahl anderer Autoren rühmen dem Unguentolan eine besonders günstige Narbenbildung nach. Sicherlich kommt der luftabschließenden Eigenschaft der Salbe eine große Bedeutung zu, wahrscheinlich nach Magnus wohl auch der Lebertrankomponente wegen der günstigen Eigenschaften der verseifbaren pflanzlichen und tierischen Fette. Die Wirksamkeit der an sich resorbierbaren Vitamine des Lebertrans ist jedoch noch nicht genügend erwiesen. Löhr verbindet alle Grade der Verbrennung dick mit Unguentolan: im Gesicht in Form eines Maskenverbandes, an den Extremitäten bei tiefen Verbrennungen in Form des Unguentolan-Gipsverbandes, am Rumpf in Form des einfachen Unguentolanverbandes und bei sehr ausgedehnten Verbrennungen in Form des Unguentolanbettes: hierbei wird der Verletzte auf ein dick mit Salbe bestrichenes Bettlaken gelegt und damit eingehüllt.
Die großen Vorteile dieses Lebertran-Salbenverbandes bestehen darin, daß er von jedem Dienstgrad, ja von jedem kurz unterrichteten Laien ohne ärztliche Hilfe durchgeführt werden kann. Bei Massenandrang ist dies die wichtigste Vorbedingung für wirklich schnelle Hilfe: auch an Bord muß die Möglichkeit der Dezentralisation berücksichtigt werden. Die schnelle schmerzstillende Wirkung ist offenbar sehr gut. In der weiteren Behandlung sind die harten Schorfe der Tanningerbung mit ihrer Notwendigkeit zu fortgesetzter Austrocknungsbehandlung für den Kranken und den Pfleger viel unangenehmer als der Salbenverband; die Wärmezufuhr ist viel einfacher als beim Tanninverfahren; die weitere Überwachung ist gering; der Transport geschieht ohne Erkältungsgefahr; der Arzt ist denkbar weitgehend frei für andere Aufgaben (Allgemeinbehandlung und Versorgung anderer Wunden bei Brandverletzten, andere Verwundete etc.); Salbenvorräte sind an Bord weniger in Gefahr in Verlust zu gehen als Flüssigkeiten. Der Verletzte hat evtl. sogleich seinen definitiven Verband.
Eine definitive Bewertung der verschiedenen Verfahren ist heute noch nicht möglich, da die bisherigen Statistiken versagen. Die starke Herabsetzung der Mortalität seit der Einführung des Tanninverfahrens ist wohl zum großen Teil auf die bessere Allgemeinbehandlung und die sorgsamere Bekämpfung der Infektion zurückzuführen; denn die gleichen Resultate wurden von Löhr mit seinem Unguentolan und von Donald mit gewöhnlichen Salben erreicht.
Unter Zugrundelegung der wahrscheinlich richtigen Ansicht, daß der Frühtod durch kein örtliches Behandlungsverfahren verhütet werden kann, und daß entscheidend wichtige Unterschiede in den Erfolgen der örtlichen Behandlungsverfahren nicht bestehen, empfehle ich als vorläufige Brandwund-Versorgung: die Marine-Brandbinde oder

Tanninpuderverbände für Kampfwagen und Flugzeuge, die auch Morphiumtabletten mitführen. Die gleiche Behandlung oder der einfache sterile trockene Mullverband kommen auch da in Frage, wo mit der endgültigen Versorgung innerhalb der ersten sechs bis zwölf Stunden gerechnet werden kann und kompliziertere Verfahren nicht durchführbar sind, z.B. in vorgeschobenen Sanitätsformationen und während der Kampfhandlungen zur See; hier wäre aber Cortiron bereit zu halten.
Ist ein baldiger Abtransport in ein Lazarett nicht gesichert, so ist der Lebertransalbenverband als vorläufige und evtl. endgültige Brandwundversorgung zugleich das beste Verfahren.
Für die endgültige Brandwund-Behandlung ist ebenfalls der Lebertransalbenverband in folgenden Fällen zu empfehlen:

1. Bei allen ungefährlicheren Brandwunden, also bis etwa zehn Prozent der Körperfläche.
2. Für die Kombination von Brandverletzungen mit offenen Wunden.
3. Bei Massenandrang von Verwundeten.
4. Bei Brandwunden, die älter als zwölf Stunden sind resp. die Infektion bereits erkennen oder vermuten lassen.
5. Bei allen anscheinend verlorenen Fällen.

Für alle anderen Brandverletzungen, also für Einzelfälle und geordnete Lazarettbedingungen, kann die freie Wahl dem Arzt überlassen werden. Am besten scheint für frische Fälle die gründliche Desinfektion mit nachfolgender Tanningerbung zu sein. Mit Salben vorbehandelte frischere Fälle können nach entsprechender Reinigung sehr wohl noch gegerbt werden; es würde sich dann das Brandliniment mit Tanninzusatz nach Kraft und Hilgenfeldt wohl am meisten empfehlen, zumal die verzögerte Gerbung kein wesentlicher Nachteil zu sein scheint.
Es ist vorrätig zu halten:

1. eine Flasche (1 000 ccm) mit Brandliniment (Kalkwasser und Leinöl zu gleichen Teilen).
2. eine Flasche dunkel (100 ccm) mit 50%iger wässeriger Tanninlösung.

Beides ist kühl aufzubewahren. Unmittelbar vor dem Gebrauch gießt man je nach Bedarf ein Viertel oder die Hälfte von jeder Flasche zusammen. Durch Verrühren mit einem sterilen Spatel entsteht dann ein 5%iges Gemisch. In diesem werden sterile Leinenlappen mit den sterilen Händen durchtränkt und auf die gereinigten, aber nicht besonders (gar in Narkose) sterilisierten Brandwunden gelegt. Darüber gewöhnlicher Verband.
Der Gipsverband ist bei jedem Verfahren hinzuzufügen, wenn tiefere Verbrennungen die Ausschaltung der Gewebsverschiebungen, also die völlige Ruhigstellung verlangen, um der Gefahr der Infektionsausbreitung sicher zu begegnen.«[100]

Damit waren sowohl auf dem Gebiet der Chirurgie als auch auf dem der Verbrennungskrankheiten umfangreiche Hilfen für die ärztliche Tätigkeit gegeben, die durch-

aus Bezug hatten zu den besonderen Verhältnissen an Bord von Kriegsschiffen, wenn sie auch auf kleineren Booten nur bedingt anzuwenden waren.
Neben diesen ausführlichen Weisungen zur Kriegschirurgie in See, zur Notfallmedizin und zum Umgang mit Brandverletzten, wäre eigentlich bereits zu Kriegsbeginn eine Weisung zu dem naheliegendsten medizinischen Problembereich zu erwarten gewesen, mit dem die Kriegsmarine, ebenso wie die Marinen aller übrigen seefahrenden Nationen, seit jeher konfrontiert gewesen waren, nämlich dem ärztlichen Regime bei Schiffbruch und Unterkühlung. Weshalb dieser Komplex zu Kriegsbeginn jedoch nicht gesondert betrachtet und sogar im Hinblick auf die kommenden Ereignisse zu sehr vernachlässigt wurde, soll im kommenden Kapitel dargelegt werden.

Schiffbruch und Unterkühlung

Schon in den ersten Kriegswochen gelang es den Besatzungsangehörigen von Booten nach Gefechten und Schiffsuntergängen im Küstenvorfeld – trotz geringer Größe und eingeschränkter räumlicher Verhältnisse an Bord – im Wasser treibende Schiffbrüchige aufzunehmen, Erste Hilfe zu leisten und sie somit vor dem sicheren Tod zu retten. Aus der Vielzahl solcher Rettungsaktionen werden hier einige der bedeutenderen Ereignisse ausführlicher wiedergegeben. Anhand unterschiedlicher Schiffsuntergänge lassen sich die Grundstrukturen der Rettung von Schiffbrüchigen und die sich im Laufe des Krieges wandelnden therapeutischen Empfehlungen darstellen. Darüber hinaus sollen dem Leser aber auch die den Zeitgenossen außerordentlich beeindruckenden emotionalen Aspekte bei Schiffsuntergängen und das ungeheure menschliche Leid derartiger Katastrophen nahegebracht werden. An dieser Stelle sei auch auf die umfangreichen Untersuchungen von Sanitätsoffizieren der deutschen Luftwaffe verwiesen, die unabhängig von der Marine alle medizinische Fragestellungen bei Seenot von Flugzeugbesatzungen bearbeiteten[101]. Ebenso werden auch die Kriegserfahrungen der Royal Navy erwähnt, die Critchley im Jahre 1943[102] und McCance et al. 1956[103], zusammenfassend auswerteten. In Großbritannien befaßte man sich allerdings erst nach dem Zweiten Weltkrieg intensiver mit den Erfahrungen von Schiffbrüchigen. Wie Nicholl berichtete[104], setzte die Admiralität erst im Oktober 1945 unter Vorsitz des Rear Admiral Talbot ein Gremium ein, das alle Aspekte des Überlebens in Seenot in der britischen Handels- und Kriegsmarine untersuchte. Das ›Talbot Committee‹ analysierte Schiffverluste, Berichte von Überlebenden und befaßte sich auch mit den physiologischen Aspekten des Schiffbruchs. Auch auf amerikanischer Seite befaßte sich insbesondere Molnar erst nach dem Krieg intensiv mit Schiffbruch und Unterkühlung.[105]

In der deutschen Kriegsmarine fehlten bei Kriegsbeginn einheitliche Richtlinien für das Vorgehen bei Schiffsverlusten mit Anfall von Schiffbrüchigen. Nach der Torpedierung zweier deutscher Kreuzer am 13. Dezember 1939 in der Nordsee griff ein britisches Unterseeboot am Folgetag die durch Geleitfahrzeuge der 3. Räumbootflottille und 14. Minensuchflottille mittlerweile gesicherten Havaristen bei Helgoland erneut an und versenkte aus dem Verband das Geleitboot F 9. Es versank mit dem Flottillenchef Fregattenkapitän Pindter und dem größten Teil der Besatzung. Die Rettungsmaßnahmen wurden unter anderem durch die Räumboote R 38 und R 36 der 3. R-Flottille durchgeführt. An Bord der beiden Boote befanden sich weder Arzt und Sanitätspersonal, allerdings war die Mannschaft schon vor Kriegsbeginn intensiv durch den Flottillenarzt sanitätsdienstlich geschult worden. Der Kommandant des R 36, Stabsobersteuermann Vorreyer, verfaßte einen Bericht über die Bergung der Schiffbrüchigen:

»Um 12.40 Uhr erfolgten kurz hintereinander zwei starke Detonationen. Ob es sich bei der ersten Detonation um eine Mine oder um einen Torpedo handelte, konnte ich nicht feststellen; dagegen ist mit Sicherheit anzunehmen, daß bei der zweiten eine Munitionskammer detonierte. Als sich die Rauchwolke verzogen hatte, war nur noch das hochstehende Heck des Geleitbootes zu sehen. Das Sinken dauerte etwa drei bis vier Minuten. Sofort nach erfolgter Detonation lief ich mit Höchstfahrt auf die Unfallstelle zu. In der sich bildenden Ölschicht wurden zunächst nur treibende Gegenstände wie Bojen, Schwimmwesten, Ottern usw. ausgemacht. Erst auf einzelne Rufe bemerkten wir die Schiffbrüchigen. Ich hielt sofort auf diese zu, setzte das Schlauchboot aus und machte alles klar zur Übernahme der Leute. Durch die starke Dünung gestaltete sich die Bergung sehr schwierig. Die Verunglückten mußten angeseilt und mittels der Leiter, die tief ins Wasser gehalten wurde, an Bord gezogen werden; keiner war mehr in der Lage, sich selbst zu helfen, und ein bloßes Festhalten mit der Hand war wegen der Ölschicht nicht möglich. Besatzungsangehörige leisteten angeseilt auf den Scheuerleisten stehend Hilfestellung. Inzwischen war auch das Schlauchboot von R 38 wahrgenommen worden, da R 38 mit unklaren Maschinen trieb. Beide Schlauchboote wurden nun auf Verunglückte hingewiesen, während die Leute auf dem Boot mit der Bergung anderer beschäftigt waren. Besonders schwierig gestaltete sich die Bergung zweier Verletzter (Beinbrüche, Kopfverletzungen). Nach dem Anbordbringen wurden die Schiffbrüchigen völlig ausgezogen, mit Frottierhandtüchern und Wolldeckenfetzen abgerieben, und die Augen wurden ihnen mit Borwasser ausgewaschen. Anschließend wurden sie in Decken gehüllt in die Kojen gelegt. Es wurde ihnen unverdünnter Rum zu trinken gegeben; dadurch wurden die meisten veranlaßt, sich zu übergeben und das verschluckte Öl dabei loszulassen. Als kein Verunglückter mehr bemerkt wurde, durchfuhr ich noch einige Male die Unfallstelle, nahm dann beide Schlauchboote an Bord und lief zu der in der Nähe gerätfahrenden 14. M.S.-Flottille, um sofort einen Arzt zu holen. Ich wurde von dort an Helgoland verwiesen und machte um 14.25 Uhr in Helgoland fest. Da Helgoland vorher optisch von mir benachrichtigt war, gestaltete sich die Übernahme der Verletzten dort sehr schnell. 15.05 Uhr wurde in Helgoland abgelegt, und um 18.00 in Cuxhaven festgemacht. Geborgen wurden elf Lebende, darunter drei Schwerverletzte und zwei Tote. Von Letzteren starb noch einer nach der Anbordnahme. Die Besatzung von R 36 arbeitete mit vollem Einsatz und gab das Letzte aus sich heraus.« [106]

Auch der Kommandant des Räumbootes R 38, Leutnant z.S. Anhalt, erstattete einen Erfahrungsbericht. R 38 ging sofort nach den beiden Detonationen auf etwa 80 bis 100 Meter an das sinkende Geleitboot, um nach dem Wegtauchen des Hecks mitten in die durch einen Ölfleck bezeichnete Untergangstelle hineinzufahren. Nach kurzer Zeit tauchten dort vollkommen mit Öl überzogene Soldaten auf, die z.T. keine Schwimmwesten übergezogen hatten. Infolge eines plötzlichen Maschinenschadens ließ sich das Räumboot nicht mehr manövrieren. Die Besatzungsangehörigen widmeten sich trotzdem mit Leinen, Leitern, Rettungsbojen und Schlauchboot der Rettung der Schiffbrüchigen, deren Anbordnahme sich ähnlich schwierig gestaltete wie auf R 36. Anhalt berichtete weiter über den Versuch beider Räumboote, zu dem Arztboot der 14. Minensuchflottille zu gelangen, was sich jedoch wegen des Seeganges und des Räumgerätes als nicht möglich erwies. Insgesamt konnte R 38 sechzehn Soldaten lebend bergen und in Helgoland abgeben.[107]

Zusammengefaßt wurden bei der beschriebenen Bergung bereits die wesentlichen Elemente festgestellt, die auch in den kommenden Jahren für die Bootsverbände der Kriegsmarine kennzeichnend werden sollten:

1. Die Anbordnahme von Schiffbrüchigen konnte sich auch für kleinere Fahrzeuge sehr schwierig gestalten, vor allem bei ungünstigen Seegangsverhältnissen und verletzten Personen.
2. Sanitätsoffiziere standen für die Erstversorgung zumeist nicht zur Verfügung.
3. Die Besatzung des aufnehmenden Fahrzeugs hatte selbständig medizinische Hilfeleistungen für die Geborgenen zu ergreifen. Einheitlich vorgeschriebene und wissenschaftlich anerkannte Kriterien der anzuwendenden medizinischen Sofortmaßnahmen waren dringend erforderlich.
4. Die Abgabe an geeignete Sanitätseinrichtungen an Land hatte möglichst schnell zu erfolgen.
5. Für die Schiffbrüchigen stellten sich die Phänomene Unterkühlung, Erschöpfung und Verölung als prognostisch entscheidend heraus. Die Retter waren von der Bedeutung und Dramatik dieser Krankheitsbilder überrascht und nur unzureichend vorbereitet.

Zwar hatten auch während des Ersten Weltkrieges zahlreiche Marineangehörige Schiffbruch erlitten, doch die damaligen Rettungsmöglichkeiten waren noch so unzureichend, daß die meisten zu Bergenden zum Zeitpunkt der Anbordnahme bereits verstorben waren und man als Todesursache einfach ›Ertrinken‹ angenommen hatte. Somit wurde z.B. ein eigenständiges Krankheitsbild ›Unterkühlung‹ bis zum Beginn des Zweiten Weltkrieges nicht angenommen bzw. wissenschaftlich bearbeitet. Noch im Jahre 1940 gingen offizielle Vorschriften der Kriegsmarine wie der ›Ärztliche Ratgeber für U-Boote‹[108] oder das zeitgleiche ›Merkblatt über ärztliche Maßnahmen bei Unfällen auf U-Booten‹[109] nicht auf entsprechende Fragen ein. Erst die verbesserten Rettungsmöglichkeiten und vor allem die Ereignisse während der Marineoperationen zur Besetzung von Norwegen im Frühjahr 1940 mit einem Anfall von zahlreichen Schiffbrüchigen in den kalten Gewässern des Skagerraks veranlaßten den Marinesanitätsdienst, sich mit den medizinischen Fragen bei Seenot intensiv zu beschäftigen.

Zur Durchführung des Invasionsunternehmens stand in den Morgenstunden des 9. April 1940 nahezu die gesamte deutsche Flotte in skandinavischen Gewässern. Es kam zu verschiedenen Seegefechten und zu einem Anfall von mehreren tausend Schiffbrüchigen allein auf deutscher Seite. Die vorhandenen Berichte zeugen von

der zu diesem Zeitpunkt erstaunlich mangelhaften Vorbereitung bzw. Unkenntnis der Besatzungen und des eingeschifften Personals, aber auch von den geringen medizinischen Möglichkeiten bei Schiffbruch und Unterkühlung. Dem häufig beobachteten Phänomen des ›Bergetodes‹ nach scheinbarer Rettung begegneten die Helfer immer wieder mit Bestürzung. Beispielsweise trieben nach dem Untergang eines Truppentransporters bis zur Rettung durch einen deutschen Zerstörer 79 Heeresangehörige bei einem Grad Wassertemperatur im Skagerrak, 30 von ihnen hatten sich vorher entkleidet, um besser im Wasser schwimmen zu können, der Rest trug Wetterschutzbekleidung. »Von diesen starb keiner, sie waren nach dem Kleiderwechsel wieder dienstfähig. Die anderen lagen nach ihrer Rettung fröstelnd in den Kojen der sie aufnehmenden Zerstörerbesatzung. Sie fühlten sich subjektiv wohl und besprachen noch eingehend die einzelnen Phasen der Torpedierung. Plötzlich verstummte einer nach dem anderen und fiel leblos in die Koje zurück. Innerhalb von sechs Stunden waren alle tot. Der mit der Versorgung von Verwundeten überlastete Schiffsarzt gab den Kollabierten sofort Lobelin und Kreislaufmittel, der Erfolg blieb aus.«[110]
Zur gleichen Zeit wurde auch der Schwere Kreuzer BLÜCHER mit 1 400 Mann Besatzung und etwa 650 eingeschifften Heeressoldaten im Oslofjord torpediert. Die Heeresangehörigen waren aus Gründen der Geheimhaltung nicht mit Schwimmwesten versehen und hatten keine Havarieunterrichtung erhalten. Auch hatte keine Einweisung in die Bedienung der wertvollen Marks-Rettungsinseln stattgefunden, da die Rettungsmittel erst kurz vor dem Einsatz an Bord gekommen waren. Nach dem Befehl ›Alle Mann von Bord‹ wurden alle schwimmenden Gegenstände wie Grätings, Spillspaken und Hängematten über Bord geworfen und auch einige Rettungsflöße zu Wasser gebracht. Zahlreiche an die Reeling des Aufbaudecks angebändselte Kapok-Schwimmwesten verbrannten während des Gefechts.
Die Wassertemperatur im Oslofjord betrug ca. ein Grad C., die Lufttemperatur lag bei null Grad C. Vom untergehenden Schiff zum rettenden Ufer war nur eine Strecke von 300–400 Metern, schwimmend ca. 15 Minuten, zurückzulegen. Trotzdem starben hunderte von Soldaten an Erschöpfung bzw. Unterkühlung. Die Motorboote der BLÜCHER ließen sich wegen Ausfalls der Kräne nicht aussetzen. Der überlebende 3. Schiffsarzt, Marineassistenzarzt Dr. Pietsch, berichtete: »Auf den kleineren Vorinseln lagen viele Erstarrte, die sich trotz Zurufens vom Land her nicht mehr ins Wasser stürzten, um die letzten Meter an Land zu schwimmen. Ich sprang daraufhin ins Wasser, gelangte zu einigen Vorinseln und konnte ... noch sechs Mann an Land schaffen. Wiederbelebungsversuche waren bei einem ohne Erfolg. Alle anderen erholten sich teils schneller, teils langsamer an angesteckten Feuern.«[111]
Ein besonders ausführlicher und dramatischer Bericht über die Umstände eines Schiffbruches in den norwegischen Gewässern verfaßte Oberassistenzarzt Dr. Hermann Kater. Er berichtete aus der Sicht eines eingeschifften Heeressanitätsoffiziers, Bataillonsarzt in der 163. Infanterie-Division, über seine Erlebnisse während der Überfahrt nach Norwegen.[112] Seine Einheit wurde Anfang April 1940 gemeinsam

mit dem II. Bataillon, in dem sein Jahrgangskamerad Dr. Wilhelm Roemer diente, im ehemaligen polnischen Korridor und im Raum Danzig-Oliva zusammengezogen. Unter strenger Geheimhaltung erfolgte in Gotenhafen die Einschiffung der Heereseinheiten u.a. auf die Transportschiffe WIGBERT und FRIEDENAU. Die meisten Soldaten hatten sich unter Deck der 3 648 und 5 219 BRT großen Dampfer aufzuhalten. Mit weiteren neun Schiffen der 2. Seetransportstaffel ging die Fahrt am 10. April 1940 durch Belt und Kattegat Richtung Oslofjord. Zur Sicherung des Transportverbandes standen die 13. U-Jagd-Gruppe mit den umgebauten Walfängern G, H, I und K, die Torpedo-Schulflottille mit drei veralteten, kohlebefeuerten Torpedobooten aus dem Ersten Weltkrieg und die 15. Vorpostenflottille (Flottillenchef: Korvettenkapitän d.R. Curt Berndt) bereit. Flottillenarzt dieses Verbandes war Marineassistenzarzt Dr. Klaus Törpisch, der sich für diese Unternehmung auf dem Vorpostenboot VP 1509 eingeschifft hatte. Das Personal der ganzen Flottille bestand – einschließlich aller Offiziere und Unteroffiziere – aus Reservisten. Einige kamen aus der Handelsschiffahrt, der Kommandant des Arztbootes war Zivilkapitän eines großen Passagierschiffes der ›Albert-Ballin-Klasse‹ der HAPAG. Wie Törpisch berichtete[113], handelte es sich bei den Booten der von ihm betreuten 13 Einheiten (15. Vorpostenflottille und 13. U-Jagdgruppe) ursprünglich um Walfänger, die Anfang August 1939 bereits für die Fahrt in die Antarktis ausgerüstet und z.T. schon dahin unterwegs gewesen waren. Alles in allem war Törpisch für die sanitätsdienstliche Versorgung von ca. 400 Soldaten verantwortlich.
Am Nachmittag des 10. April befand sich der improvisierte Geleitzug auf der Höhe von Göteborg und stieß dort auf das in Warteposition liegende britische Unterseeboot TRITON. Törpisch berichtete über die nunmehr folgenden Ereignisse:
»Wenige Stunden später trafen wir auf die Transportschiffe und formierten uns zu dem Geleitzug. 1509 gehörte zur Steuerbord-Sicherung. Bald gesellten sich die drei Boote der Torpedo-Schulflottille zu uns. Sie fuhren vor dem Geleitzug. Die See war spiegelglatt, auf der Oberfläche schwammen noch vereinzelte Eisschollen, das Wasser hatte eine Temperatur von ca. null Grad C.
Für mich war die Situation klar. Ich war der einzige, voll einsatzfähige Arzt im Geleitzug. Mit meinen beiden Sanitätsgasten und meiner Ausrüstung war alles auf dem Arztboot 1509 konzentriert. Aus der Funkbude kam die Nachricht, daß ca. 25 U-Boot-Meldungen im Kattegat und im Skagerrak vorlagen. Wenn auch einige Doppelmeldungen dabei waren, so war doch klar, daß der Gegner von der so geheimgehaltenen Unternehmung Wind bekommen hatte. Die 13. U-Jagdgruppe hatte schon längere Zeit im Kattegat nach feindlichen U-Booten gesucht. Sie stieß jetzt auch zum Konvoi. Ihre Boote waren die einzigen, außer unserem Boot H = Hans, die über U-Boots-Horch- und Suchgeräte verfügten. Der Kurs des Geleitzuges ging dicht an der schwedischen Hoheitszone entlang.
Ich befand mich ständig auf der Brücke von 1509, unmittelbar hinter 1507. Um 15.27 Uhr begann das Drama: Auf 1507, nur etwa 50 Meter vor 1509, erfolgte eine Explo-

sion. Der tonnenschwere Schornstein machte sich selbständig und hing plötzlich Bruchteile von Sekunden etwa 70 Meter über unserem ›Rottenknecht‹, von dem der hintere Teil mitsamt der Brücke und dem Maschinenraum sofort absackte. Das Boot war also genau mittschiffs getroffen worden und in zwei Teile auseinandergebrochen. Der vordere Teil mit dem Mast, der etwas schräg stand, hielt sich noch einige Minuten. Er wirkte auf mich wie ein Totenkreuz. Ich habe diesen Eindruck noch so genau in Erinnerung, daß ich ihn malen könnte. Momentan versteinert sah ich auf den Geleitzug und beobachtete die Wasserfontänen, die achtern an den Schiffen FRIEDENAU und WIGBERT hochschossen. Auf der FRIEDENAU waren es zwei und auf der WIGBERT war es eine Fontäne. Es war völlig klar: dies waren Treffer von einem Viererfächer eines U-Bootes. Die FRIEDENAU sank achtern sehr schnell weg, das Vorschiff tauchte höher und höher aus dem Wasser, bis schließlich das halbe Schiff senkrecht aus dem Wasser ragte und dann schnell wegsackte.
Im Geleitzug entstand jetzt das, was man bei der Marine einen ›Zustand‹ nennt, also ein totales Chaos. Die wertvollen Transportschiffe fuhren wild durcheinander. Entweder versuchten sie, sich so schnell wie möglich von der Stelle des Grauens zu entfernen, oder – was noch falscher war – sich an den Rettungsarbeiten zu beteiligen. Die Sicherungsfahrzeuge fuhren weiter Zick-Zack-Kurse. Die meisten fuhren mitten hinein in die Trauben von Schiffbrüchigen, die – ca. 1 000 an der Zahl – mit ihren Schwimmwesten in der eisigen See schwammen. Hierbei tat Eile not. Von der Untergangsstelle der WIGBERT kam als Begleitmusik die Todesschreie von etwa 100 Pferden, die mit dem sinkenden Schiff untergingen. Dort war eine berittene Batterie eingeschifft.
Der Kommandant von 1509 stand unmittelbar neben mir. So konnte ich ihn als ehemaligen Passagierschiffskapitän schnell überzeugen, daß unser Boot sozusagen nur als ›Lazarettschiff‹ eingesetzt werden konnte. Ich war mit meinen beiden Sanitäts-Gasten der einzige einsatzfähige Arzt. So nahm er sofort Kurs auf die Untergangsstelle der ›Friedenau‹, wo die meisten Schiffbrüchigen schwammen. Bis dahin ging ich in die Kombüse und befahl unserem Smutje, jede Menge heißen Tee zu kochen mit dem strikten Verbot, diesem Tee Alkohol in Form von Rum beizumischen. Der Kommandant behielt nur die notwendigsten Besatzungsmitglieder für sich, also die Brücken- und die Maschinengasten, während der restliche Teil mir unterstellt wurde.
Die Kommandanten der anderen Boote handelten selbständig und versuchten, weitere U-Boots-Angriffe zu verhindern, z.T. mit ungezielten Wasserbombenwürfen, die als Schreckbomben etwaige feindliche U-Boote unter Wasser drücken sollten. Zu mehr waren unsere Boote nicht fähig. Alle unsere Boote und auch die der Torpedo-Schulflottille beteiligten sich an den Rettungsmanövern. Der Anblick war grauenhaft. Hunderte von deutschen Soldaten kämpften ums Überleben. Viele waren bereits im eiskalten Wasser erstarrt und trieben bewegungslos in den Schwimmwesten.

Ich ließ beiderseits die Stahlreeling niederlegen. Dabei kam uns zu gute, daß wir geringes Freibord hatten. Alle verfügbaren Männer zogen die noch lebenden Soldaten auf unser Oberdeck, wobei sie nur einen Höhenunterschied von ca. 20–30 cm zu überwinden hatten. Es kam vor, daß wir zwei und drei Mann zusammen hochziehen mußten, weil sie sich aneinander verkrallt hatten und die erstarrten Finger nicht allein lösen konnten. Die noch Gehfähigen wurden sofort unter Deck oder auch in den Maschinenraum geschickt oder auch getragen. Hier zogen unsere Besatzungsmitglieder ihnen die nassen Uniformen aus und brachten sie meist in ihren Kojen unter. Ganz wichtig war hier die ganz schnelle Erwärmung. Der heiße Tee weckte dann wieder die Lebensgeister.«[114]

Den Untergang der Friedenau erlebte Dr. Roemer, der mit dem II./Infanterie-Regiment 340 auf einem anderen Transportschiff eingeschifft war: »Ich wohnte als einziger über Deck in einer kleinen Kabine und konnte somit alles gut verfolgen. Zunächst gab es einen Riesenknall. Die ›Friedenau‹, die mit dem I. Bataillon in Kiellinie hinter uns herfuhr, war torpediert worden. Sie bäumte sich auf und sank innerhalb kürzester Zeit. Viele schwammen im eiskalten Wasser, auf dem noch Eisschollen zu sehen waren. Ein Teil der Geretteten starb an Bord durch Kälteschock. Auch auf unser Schiff wurde ein Torpedo abgeschossen, der aber Dank einer geschickten Ausweichbewegung unseres Zivilkapitäns das Schiff verfehlte.«[115]

Dr. Kater befand sich derweil selbst auf der Friedenau und berichtete über die dramatischen Momente: »Als die ›Friedenau‹ von zwei Torpedos getroffen wurde und schnell sank, war ich als Offizier vom Dienst auf der Kommandobrücke. Ich zog mir die Reitstiefel aus, steckte meine Pistole in eine Brusttasche und meine Brille in die andere, warf zusammen mit einem Feldwebel ein Schlauchboot vom Oberdeck ins Wasser und sprang dann vom Brückendeck aus nicht unerheblicher Höhe hinunter. Durch einen glücklichen Zufall landete ich mitten im Schlauchboot, dessen Boden aus einem Netz bestand. Dadurch bin ich wahrscheinlich nur wenig untergetaucht. Aus dem schnell sinkenden Schiff hörte man furchtbare Schreie der ertrinkenden Pferde, während die Menschen in Seenot fast stumm waren. Wenige schrien, keiner betete, jeder rang verzweifelt um sein Leben. Viele erstarrten schnell und gingen stumm unter. Es war eine schreckliche Katastrophe. Wer noch lebte, war entsetzt, daß die Geleitschiffe nicht sofort zur Rettung herbeieilten. Nach einer Zeit, die uns allen eine Ewigkeit dünkte, näherte sich das Vorpostenboot 1509 unserem Schlauchboot, an dem eine ganze Traube von Männern hing. Alle waren so erschöpft, daß sie sich nicht mehr aus eigener Kraft auf das rettende Schiff begeben konnten. Wir wurden von hilfreichen Seeleuten und mit den Trossen emporgezogen und sanken dann auf Deck erschöpft nieder.« [116]

Auf diesem Boot hatte inzwischen Marineassistenzarzt Törpisch die Rettungsmaßnahmen eingeleitet und sah unter den Schiffbrüchigen den Heeresarzt: »Dann erblickte ich Ihr Floß. Sie saßen rittlings auf der Korkauflage, mit dabei waren vier bis fünf Männer mit Paddeln in der Hand. Beeindruckend war für mich, daß Sie offenbar den Befehl zum Singen gegeben hatten. Wir mußten aber auch hier alle zusammen mit dem Floß an Bord nehmen. Sie machten, ebenso wie Ihre Begleiter, einen besseren Eindruck als die Schwimmer. Durch das Paddeln und die nicht ständige Berührung mit dem eiskalten Wasser hatte sich die Unterkühlung in Grenzen gehalten. An den Schulterstücken erkannte ich Sie als Kollegen, führte sie in meine Kabine, wo ich Ihnen aus Freude über Ihr offenbares Wohlergehen einen Klaps auf die Wange gab. Dann ließ ich Sie allein und forderte Sie auf, sich mit warmen, trockenen Sachen aus meinem Kleiderschrank zu versehen. Inzwischen kümmerte ich mich um die an Deck liegenden Schiffbrüchigen, die bewußtlos waren. Sofern noch ein Puls fühlbar war, wurde zunächst die Zunge mit einer großen Sicherheitsnadel durchstoßen und vor die Zahnreihe gebracht. Dann versuchte ich Wiederbelebungsversuche. Einige Matrosen beobachteten mich dabei und handelten nach ›Vorgang‹. Meist hatten wir keinen Erfolg, sechs Soldaten starben an Oberdeck. Der Tod war durch Unterkühlung und nicht durch Ertrinken eingetreten. Die Leichen häuften wir auf der Back zusammen. Der Platz an Bord wurde immer enger, da wir schon mehr als 100 Schiffbrüchige aus dem Wasser gezogen hatten. Da faßte ich den harten Entschluß, die Toten wieder in die See zurückzugeben, einfach um den wertvollen Platz für Lebende zur Verfügung zu haben. Vorher hatte ich die Erkennungsmarken zur Hälfte abknipsen und die Schwimmwesten abnehmen lassen. Der andere Grund war, den Rettern den Anblick der toten Kameraden zu ersparen. Einen Verwundeten mit einer klaffenden Wunde am Unterschenkel konnte ich nur verbinden. Er lag in der Koje meines San.-Maaten. Als ich zwei Stunden später wieder nach ihm sah, stellte ich fest, daß sich eine Entzündung mit Gasbrand eingestellt hatte. Ich konnte ihn nur durch Spritzen ruhig stellen und gab ihn in den Morgenstunden des 11. April mittels Transport-Hängematte an eines unserer Handelsschiffe ab.

Irgendwann standen Sie plötzlich, angezogen als Marine-Assistenzarzt, neben mir und fragten mich, ob Sie mir helfen könnten. Dann erreichte uns ein Winkspruch von einem unserer Vorposten-Boote, ich glaube es war 1506: ›Brauche dringend Arzt‹. Da kam mir die rettende Idee, Sie mit einem meiner Sanitätsgasten und einem Teil meiner Ausrüstung hinüberzugeben. So geschah es dann auch. Die beiden Boote gingen längsseits und Sie stiegen über. Das war wohl das letzte Mal, daß wir uns gesehen haben. Ich blieb auf 1509 zurück mit dem guten Gefühl, meine Effizienz verdoppelt zu haben.«[117]

Während die Sicherungsfahrzeuge Wasserbombenangriffe auf das Unterseeboot starteten oder sich an der Rettung der Schiffbrüchigen beteiligten, entstand unter den Transportschiffen der 2. Seetransportstaffel Verwirrung, einen einheitlichen Plan für eine solche Situation gab es nicht. Manche dieser Schiffe stoppten und retteten Schiffbrüchige, statt sich sofort aus der Gefahrenzone zu begeben. Das ganze Ausmaß der Menschenverluste beim Untergang der beiden Transportschiffe wird im Kriegstagebuch der 15. VP-Flottille deutlich. Es heißt dort für den 10. April 1940: »Die U-

Jäger GUSTAV (G), IDA (I) und KARL (K) suchten im weiten Umkreise. Die Boote 1501, 1508 und 1509 und einige Torpedo-Boote und der Dampfer HAMM bemühten sich um die Bergung der Überlebenden. So wurden von der 15. Vorposten-Flottille 399 lebend und 33 tot geborgen. Die Torpedo-Schulflottille hatte 401 Lebende und 109 Tote an Bord. Die Bergung wurde erschwert durch das Heizöl von Boot 1507. Oft geschah es, daß infolge schlüpfriger Glätte ein aus dem Wasser Gezogener den erschöpften Bergungsmannschaften wieder entglitt, zumal diese sich an den Rettungsflößen krampfhaft festhielten.
Vom Vorpostenboot 1507 konnten ein Unteroffizier und 13 Mann gerettet werden, während der Kommandant und 18 Mann in die Tiefe gerissen wurden …
Schwierig gestaltete sich die Unterbringung der Geretteten, besonders auf Vorpostenboot 1501, wo sich 200 Mann an Bord befanden. Alle verfügbaren Räume wie Maschinen-, Wasch-, Vorratsräume, Kammern, Klosetts, Kartenhaus wurde vollgepfropft. Wichtig war, daß die erstarrten Leute erst einmal unter Deck ins Warme kamen. In aufopfernder Weise stellten die Besatzungsmitglieder den Geretteten trockenes Zeug und ihre Kojen zur Verfügung. Hervorzuheben ist der persönliche Einsatz einiger Männer vom Vorpostenboot 1501, die trotz der Kälte ins ölige Wasser sprangen und bis zur eigenen Erschöpfung die Schiffbrüchigen an die Bordwand brachten.
Mit Anbruch der Dunkelheit wurden die Bergungsarbeiten abgeschlossen, zumal lebende Schiffbrüchige nicht mehr zu sehen waren.«[118]

Ähnliche Unglücksfälle mit schweren Personalverlusten betraf in diesem Zeitraum z.B. auch die 17. Minensuchflottille, die am 10. April aus Pillau ausgelaufen war und einen Geleitzug durch den Öresund in den Oslofjord zu sichern hatte. Bei dem Geleit am 15. April hatte das Führerboot M 1701 die Spitze eingenommen, links außen stand M 1702, dahinter in Kiellinie die zu schützenden Dampfer. Durch einen Torpedo-Fächerschuß eines britischen U-Bootes wurden M 1701 und M 1702 getroffen und sanken. Ein Überlebender von M 1701 zeichnete seine Erlebnisse bei der Rettung in Oslo am 25. April 1940 auf. Erich Griger hatte sich in der Nacht zum 15. April in der Schreibstube des Bootes zum Schlafen gelegt. »Durch einen Mordskrach erwachte ich und die Tür stand schon offen. Ich eilte an Deck. Eine große Wassersäule stand mittschiffs. Holz und Eisenteile flogen durch die Luft und irgendetwas prallte gegen mein linkes Schienbein. Das Wasser der Säule stürzte nieder, ein Regen hühnereigroßer Wassertropfen ergoß sich über mich und durchnäßte mich völlig. Ich sah sofort, daß unser Schiff tödlich getroffen war. Ob Mine oder Torpedo, das konnte ich nicht entscheiden. In dem Augenblick dachte ich auch nur an das Retten. Meine Schwimmweste, die aus irgendeinem Grund aufgegangen war, vermochte ich nicht mehr zu schließen. An Backbordseite stand ich sofort bis zum Bauch im Wasser. Ich stürzte mich nun sofort in die Flut, die Kälte zunächst nicht fühlend. Vor mir war ein anderer Kamerad abgesprungen. Als ich mich zum

Boot umsah, lag das Vorschiff wieder waagrecht und ich wollte schon wieder zurückschwimmen. Nun bemerkte ich, daß auch der Schornstein fehlte und das Schiff nach hinten abglitt. Hinter mir schwammen viele Kameraden. Ich hörte furchtbare Hilfeschreie und versuchte möglichst weit vom Schiff wegzugelangen, um nicht in den Sog zu geraten. Plötzlich erfolgten zwei gewaltige Detonationen von Wasserbomben. Es war, als würde man mit dem Wasser in die Höhe gehoben und sogleich wieder nach unten abgezogen. Die gesamte nasse Umgebung zitterte. Das Schiff stand nun für einen Moment kerzengerade und ging langsam auf Tiefe. Von den Schwimmern waren nur noch wenige zu sehen. Da hörte ich den Bootsmaaten Johann Meyer (...) rufen: ›Hierher, hier ist dat Floß‹ Darauf steuerte ich zu, gewahrte auch den Matrosengefreiten Paul Schrader neben mir. Wir schwammen um die Wette. Der Siegerpreis war ja auch groß genug. Wir erreichten bald das Floß und legten unsere Oberkörper darauf. Dadurch wurde es gleichmäßig belastet und die Kameraden auf dem anderen Ende wurden dadurch aus dem Wasser gehoben. Nach einiger Zeit sahen wir den großen Dampfer, den wir beschützt hatten, abdrehen. Dann kamen Boote, die von M 1704 und M 1705 sowie dem Dampfer HOHENHÖRN ausgesetzt waren. Wir riefen auf Kommando laut um Hilfe, denn die See war mittlerweilen unruhig geworden, und unser Floß ließ sich sicherlich nur schwer ausmachen. Das Wasser hatte zwei bis drei Grad über Null, schnell begannen wir zu frieren und zu erstarren. Ich machte mit den Füßen Freiübungen im Wasser, bewegte bald den rechten, bald den linken Arm. Endlich kam das Rettungsboot heran und übernahm uns. Ich war der letzte und konnte noch mit eigener Kraft ins Boot steigen. Dort lagen mehrere Kameraden ohne Besinnung. Man brachte uns ins Heizerdeck, entkleidete uns und schaffte uns in die Kojen. Erst dort begann ich, ohne es beeinflussen zu können, unheimlich zu frieren und zu schütteln. Unser Kommandant, Herr Oberleutnant Unger war auch gerettet, mit ihm noch elf Kameraden von 1701 und sieben von 1702. Der Flottillenchef und noch fünf Kameraden wurden zwar aufgefischt, die Wiederbelebungsversuche waren aber erfolglos. Sie wurden in Oslo beigesetzt, während wir schließlich in Oslo in der Rot-Kreuz-Klinik untergebracht worden sind.«[119]

Insgesamt waren bei dem Angriff auf Norwegen auf deutscher Seite 2 375 Vermißte zu beklagen, wie das O.K.W. am 4. Mai 1940 bekanntgab. Bei dem größten Teil dieser Soldaten handelte es sich um Angehörige des Heeres, die bei der Überfahrt mit ihren Transportschiffen untergingen und an Unterkühlung und Erschöpfung verstarben.

Die Schiffsuntergänge während der See-Operationen um Norwegen trafen im übrigen auch die Royal Navy unvorbereitet. Wie das bereits o.a. britische ›Talbot Commitee‹ wenige Monate nach Kriegsende feststellte[120], hatten eine große Zahl Schiffbrüchiger ihr Leben erst nach Erreichen von Rettungmitteln auf der Wasseroberfläche verloren. Beispielsweise retteten sich zwar 400 Schiffbrüchige des im Juni 1940 in der Norwegen-See versenkten Flugzeugträgers GLORIOUS auf Flöße, aber nur 36 Per-

Beim Bergen eines Schiffbrüchigenwird der Höhenunterschied durch eine gekippte Leiter überwunden.
Sammlung Hartmann

Nach einem Seegefecht im April 1940 in der Nordsee tragen deutsche Soldaten einen geborgenen unterkühlten britischen Seemann in das Schiffslazarett. Sammlung Marineschule Mürwik

sonen konnten nach zweieinhalb Tagen noch lebend geborgen werden. Fehlende Rettungsmittel an Bord, die mangelnde Praxis in ihrer Handhabung und vor allem die Unkenntnis im richtigen Verhalten bei Seenot hatten zu den hohen Verlusten geführt. Insgesamt beklagte die britische Seite während des Krieges zwischen 30 000 und 40 000 Tote bei Schiffbruch, etwa zwei Drittel ihrer Gesamtverluste in See.

Eine weitere für den deutschen Marinesanitätsdienst unerwartete Erkenntnis bei der Aufarbeitung der während der Norwegen-Operation angefallenen Schiffsuntergänge betraf Soldaten mit schweren Vergiftungen des Magen-Darm-Trakts durch Verschlucken von Treiböl. Genauere Beobachtungen über die Einwirkungen des Treiböls wurden an Bord des Schweren Kreuzers Admiral Hipper gemacht, nachdem am 8. April 1940 im Nordmeer Schiffbrüchige des gesunkenen britischen Zerstörers Glowworm an Bord genommen wurden. Einer der Schiffsärzte der Admiral Hipper, Marineoberassistenzarzt Dr. Erich Drost, veröffentlichte später eine wissenschaftliche Untersuchung über den Vorfall, der in dieser Form erstmals auf See aufgetreten war.[121] Trotz schwerer See gelang es der deutschen Einheit, 40 fast völlig erstarrte und von Treiböl verunreinigte Besatzungsangehörige zu bergen. An Bord des Kreuzers trat 45 Minuten nach der Rettung folgende Symptomatik auf: »Fünf Engländer, die in den Nebenräumen des Gefechtsverbandplatzes gelagert waren, klagten über heftige Leibschmerzen. Sie bekamen nach kurzer Zeit Erbrechen, erbrachen Öl, dann Blut und blutige Gewebsfetzen. Dazu traten bald profuse blutige Durchfälle auf. Die Leute sahen verfallen aus ... Der Leib war bei allen eingezogen, zeigte eine bretthartе Spannung, wie man sie sonst bei frei perforierten Magengeschwüren zu sehen gewohnt ist. ... Bei einer zweiten Gruppe von Kranken traten die peritonealen Erscheinungen ohne Erbrechen von Öl und Blut erst nach fünf bis sechs Stunden, bei einigen, die zunächst als völlig Gesunde im Mannschaftsdeck untergebracht waren, erst am nächsten Tage auf.«[122] Fünf der Schiffbrüchigen verstarben in den kommenden Tagen unter Symptomen der Peritonitis und der intestinalen Paralyse. Bei der Obduktion wurden tiefgreifende phlegmonöse und abszedierende Veränderungen des Intestinums festgestellt. Drost schloß aus den Krankheitsbildern, daß die Symptome durch Verschlucken größerer Heizölmengen des untergehenden Zerstörers mit nachfolgender massiver Schleimhautschädigung hervorgerufen worden waren. Therapeutisch empfahl er eine baldige Entfernung des Öls aus dem Magen-Darm-Trakt mittels geeigneter Verfahren, wie Magenspülungen, Gabe von Brechmitteln wie Apomorphin bzw. die Zuführung größerer Mengen von warmen Wasser zur Anregung von Erbrechen. Die Schiffsärzte der Admiral Hipper sahen sich durch die Dramatik des Krankheitsgeschehens veranlaßt, sechs der Erkrankten im norwegischen Drontheim auszuschiffen und in ein ziviles Krankenhaus einzuweisen, wo vier von ihnen verstarben. Die beobachtete Symptomatik fand auch im II. Kriegssanitätsbericht Erwähnung.[123]
Nach diesen überraschenden und auch schmerzlichen Erfahrungen gab der Marinesanitätsdienst im Juni 1941 erstmals das Merkblatt ›Vorläufige Richtlinien für

die Behandlung geretteter Schiffbrüchiger‹[124] heraus. Das Informationspapier, das die bis zu diesem Zeitpunkt gewonnenen Erkenntnisse zusammenfaßte und einheitliche Handlungsanweisungen vorgab, wurde in zwei Versionen für Schiffe und Boote ohne Arzt sowie für Einheiten mit Sanitätsoffizieren erstellt. Nur die erstere Fassung ist bis heute zugänglich[125].

In dem Merkblatt wurde die *langsame* Erwärmung vor allem stark Unterkühlter propagiert, eine Therapie, die auf den zum damaligen Zeitpunkt bekannten wissenschaftlichen Untersuchungen beruhte und bis dahin eine der wichtigsten Leitlinien in der Behandlung allgemeiner und örtlicher Kälteschäden darstellte. Besonders von klinischer Seite befürchtete man Gewebsschädigungen an der Peripherie des Körpers und ein Kreislaufversagen bei plötzlicher Aufwärmung. Weitere theoretische Überlegungen hielten nervöse Einflüsse ursächlich für den Tod bei der schnellen Erwärmung oder sahen in dem raschen Einstrom zerfallender Blutkörperchen den Ausgangspunkt für den oft fatalen Ausgang von Immersionen.

Nach dem Merkblatt des Marinesanitätsdienstes sollten die Schiffbrüchigen zunächst in kühlen Räumen gelagert, frottiert und trocken verpackt werden. Die Verausgabung von Alkohol, vor allem von Grog, wurde strikt untersagt, mehrstündige Bettruhe hingegen empfohlen. Die Regelung nahm sehr auf individuelle Gegebenheiten Rücksicht und ließ den Helfern einen hohen Ermessensspielraum: »Die Entscheidung, welche Geretteten wie Erfrorene zu behandeln sind, kann nicht allein auf Grund der Aufenthaltsdauer im Wasser und der gerade herrschenden Wassertemperatur getroffen werden. Die Durchkältung ist individuell verschieden stark. Der objektive Eindruck muß daher mitentscheidend sein.«[126] Den Laien wurden konkrete Hinweise zur Anwendung von Medikamenten wie Morphium und Lobesym gegeben. Besondere Aufmerksamkeit schenkte diese Anweisung dem schonenden Transport von Unterkühlten im Schiff und der Behandlung von Patienten, die Öl verschluckt und Öldämpfe eingeatmet hatten. Im Frühjahr 1942 wurden die ›Vorläufigen Richtlinien‹ leicht modifiziert und am 15. Mai mit Flotte B.Nr. 4310 G an die Kommandos übersandt.[127] Die langsame Erwärmung hatte nicht in allen Fällen zur Verhinderung des Kollaps-Todes geführt. Jeder stark Unterkühlte war nunmehr von vorneherein als schwer kreislaufbeschädigt anzusehen, bei den geringsten Anzeichen einer Dekompensation sollten Herzglycoside (Deriphyllin-Strophantin) und Infusionen mit Traubenzucker intravenös verabreicht werden.

Ab Spätjahr 1942 begannen die Sanitätsdienste der Marine und Luftwaffe die bis dahin gültigen Grundsätze für die Behandlung von unterkühlten Schiffbrüchigen zu überdenken. Noch im Oktober dieses Jahres hatte das O.K.M. in dem Merkblatt ›Was muß jeder Soldat über Erfrierungen, ihre Verhütung und erste Behandlung wissen?‹[128] gewarnt, daß bei Kältegeschädigten ein plötzlicher Übergang von Kälte zu Wärme tödlich wirken könne. Auf welchen wissenschaftlichen Untersuchungen basierte dieser überraschende Wechsel der therapeutischen Verfahren? Besonders die Erfahrungen während der Besetzung Norwegens, aber auch der Einsatz der Luft-

waffe über der Nordsee hatten gezeigt, daß es bei Schiffbrüchigen bereits bei Wassertemperaturen von zehn bis zwölf Grad C in kurzer Zeit zu bedrohlichen Situationen kommen konnte, wenn es nicht gelang, ein Rettungboot zu erreichen oder rasch von Begleitfahrzeugen aufgenommen zu werden.
Bereits im Herbst 1941 hatte deshalb der Inspekteur des Sanitätswesens der Luftwaffe verschiedene Arbeitsgruppen mit der Grundlagenforschung der Vorgänge bei der Abkühlung beauftragt, um die inzwischen im Seenotdienst gemachten Erfahrungen wissenschaftlich abzustützen. Der erste Arzt, der offen die bisherige Praxis der langsamen Erwärmung bezweifelte und ein Umdenken empfahl, war aber interessanterweise ein Sanitätsoffizier des Heeres. In einer Veröffentlichung im August-Heft 1942 des »Deutschen Militärarztes« berichtete Oberstabsarzt Dozent Dr. Horst Binhold, der im Chirurgischen Sonderlazarett des Oberkommandos des Heeres unter Chefarzt Prof. Dr. Wachsmuth arbeitete, von den überraschenden Resultaten eigener Tierversuche[129]. Der eigentliche Anlaß, sich überhaupt mit diesem an sich ungewohnten Fachgebiet zu befassen, lag für ihn in den schweren Erfrierungen, die das Heer während des Rußland-Feldzuges im vorangegangenen Winter unvorbereitet getroffen hatte. Bei einer Befragung der Beratenden Chirurgen der Ostarmeen hatte er nämlich erfahren, daß bei allgemeinen Erfrierungen sich fast immer ein schnelles Aufwärmen bewährt hatte. Auch die Anweisungen der Roten Armee sahen eine schnelle Erwärmung von Erfrierungen vor. Binhold befaßte sich zudem mit einer in Vergessenheit geratenen, mehr als 60 Jahre alten Versuchsreihe von Laptschinski, der bei Wiederbelebungsversuchen an erfrorenen Hunden die besten Resultate nach Vollbädern erzielen konnte.[130] Binhold erwärmte daraufhin in einer Klimakammer abgekühlte Ratten in einem Brutschrank und in Wasserbädern unter verschiedenen Temperaturen und konnte sowohl eine deutliche Verminderung der Letalität als auch eine Verbesserung des Befindens der rasch erwärmten Tiergruppe feststellen und folgerte deshalb: »Die wichtigste Hilfeleistung bei der allgemeinen Erfrierung ist, wie die Tierversuche zeigen, der möglichst schnelle Ausgleich des großen Wärmeverlustes. Dieser Ausgleich kann in erster Linie durch Wärmezufuhr von außen erzielt werden, wobei jedoch besondere Rücksicht auf den darniederliegenden Kreislauf zu nehmen ist. In dem Bestreben des Organismus bei Erfrierungen seinen wichtigsten Wärmetransporteur, das Blut, nicht nur langsam in Umlauf zu bringen, sondern auch möglichst in das Innere des Körpers zu verlegen, kommt es zu einer starken Kapazitätszunahme des gesamten Gefäßnetzes aller inneren Blutspeicher. Eine zusätzliche Erweiterung der Hautgefäße, ohne den Flutkammern Zeit zu einer entsprechenden Regulierung zu geben, kann zu einem bedrohlich schnellen Absturz des Blutdruckes führen. Aus diesem Grunde lehren die Rattenversuche Wärme unmittelbar nach der Erfrierung möglichst in trockener Form zuzuführen. Wasser leitet Wärme dreiundzwanzigmal besser als Luft. Heiße Bäder üben deshalb einen entsprechend größeren Reiz auf die Haut aus und können leichter zu gefährlichen Kollapserscheinungen führen als gleich temperierte Heißluft.«[131]

Diese Beobachtungen eines Klinikers führten in der Wehrmacht zu einer weiteren Intensivierung der Forschungsarbeit in allen mit der Unterkühlung zusammenhängenden wissenschaftlichen Disziplinen. Vor allem die Physiologie und Pathologie der Unterkühlung, aber auch pharmakologische Beeinflussungsmöglichkeiten waren Bereiche, in denen verschiedene Arbeitsgruppen, vorwiegend des Sanitätsdienstes der Luftwaffe, forschend tätig waren. Bereits Ende Oktober 1942 trafen sich die mit entsprechenden Fragestellungen befaßten Arbeitsgruppen zu einer wissenschaftlichen Besprechung über medizinische Probleme bei Seenot und Winternot. Auf diesem in Nürnberg abgehaltenen Symposium, dessen Ergebnisse als ›Nur für den Dienstgebrauch‹ eingestuft wurden und nur noch in wenigen Exemplaren vorhanden sind[132], wurden Binholds Auffassungen bestätigt. Auch die Forschergruppe um Oberstabsarzt Dozent Dr. G. A. Weltz vom Institut für Luftfahrtmedizin in München hatte anhand von fundierten Tierversuchen die physikalisch optimalen Bedingungen zur Rettung lebensbedrohlich Abgekühlter[133] untersucht und festgestellt, daß »man so schnell wie möglich und dabei auch ein möglichst großes Körpervolumen erwärmen muß.«[134] Experimentelle Untersuchungen einer Göttinger Physiologengruppe unter F. Grosse-Brockhoff und W. Schoedel zeigten ebenfalls, daß sich die »entscheidende Steigerung der Kerntemperatur ... im Lähmungsstadium nur durch Wärmezufuhr von außen erreichen«[135] läßt. Die Autoren empfahlen bei schweren Unterkühlungen die zusätzliche intravenöse Gabe von hypertonen Traubenzuckerlösungen zur Kreislaufstabilisierung. Sie widerlegten darüberhinaus Auffassungen, daß durch eine schnelle Erwärmung Kreislaufzusammenbrüche verursacht würden. Vielmehr wurde eine sofortige Verbesserung des Gefäßtonus beobachtet. »Bei der Wiederaufwärmung am Menschen wird man schon aus Gründen der starken Schmerzreaktion zunächst mit der Wiedererwärmung bei Wasserbadtemperatur von etwa 34–35° C beginnen und dann die Wasserbadtemperatur innerhalb der nächsten fünf bis zehn min auf etwa 40–43° steigern. Es ist aber zu beachten, daß bei besonders fortgeschrittenen Unterkühlungen gerade die Schmerzeffekte eine günstige Weckwirkung entfalten können. Jedenfalls ist die möglichst schnelle Wiedererwärmung oberstes Gebot der Therapie.«[136]
Diese wissenschaftliche Zusammenkunft der führenden Kälteforscher ist später vor allem durch Alexander Mitscherlichs und Fred Mielkes Veröffentlichung über die Hintergünde des Nürnberger Ärzteprozesses bekannt geworden.[137] Eine der Arbeitsgruppen unter Leitung des Kieler Pharmakologen Prof. Dr. Holzlöhner hatte im Februar 1942 vom Inspekteur des Sanitätswesens der Luftwaffe den Auftrag erhalten, die Auswirkungen der Unterkühlung auf Warmblüter zu untersuchen. Zu Holzlöhner stieß auch der ursprünglich der Luftwaffe angehörende Dr. Sigmund Rascher, der als Untersturmführer der SS persönlichen Kontakt zu dem Reichsführer SS, Heinrich Himmler, pflegte. Rascher dehnte die Untersuchungen auf zum Tode verurteilte Insassen des Konzentrationslagers Dachau aus und war für zahlreiche Todesfälle verantwortlich. Die Ergebnisse dieser Unterkühlungsversuche wurden

von Holzlöhner während der Sitzung vorgetragen, auch Rascher meldete sich danach in einem Diskussionsbeitrag zu Wort. Den Teilnehmern ist später der Vorwurf gemacht worden, nicht energisch gegen die zur Sprache gekommenen Menschenversuche protestiert zu haben. Diese Beschuldigungen müssen allerdings relativiert werden. Zum einen war vielen Zuhörern der besondere Charakter des Versuchsablaufes nicht eindeutig ersichtlich, zum anderen gab es bei verschiedenen Professoren durchaus Proteste und Mißfallensäußerungen, die die Zusammenhänge besser kannten oder zumindest erahnten. Professor Franz Büchner, Ordinarius für Pathologische Anatomie an der Freiburger Universität und Vortragender bei der Sitzung, berichtete in seinen Lebenserinnerungen[138] über die in der deutschen Wissenschaftsgeschichte bis dahin einmaligen und ungeheuerlichen Vorgänge: »Die Nachmittagssitzung des ersten Tages schien beendet, als der Leiter der Diskussion, ... außerhalb des Programmes eine Mitteilung mit den Worten ankündigte, der nun noch folgende Vortrag stände unter geheimer Kommandosache, wer darüber außerhalb der Tagung und über den Kreis der Tagungsteilnehmer hinaus spreche, habe mit seiner Erschießung zu rechnen. Es folgte dann die ... Mitteilung eines SS-Arztes (Rascher, d. Verf.) über Unterkühlungsexperimente an Menschen, von denen dieser sagte, es habe sich um zum Tode verurteilte Schwerverbrecher gehandelt, die durch das Experiment ihr Leben hätten erkaufen können. ... Sofort nach dem Vortrag wurde die Sitzung des Tages ohne Diskussion beendet. ... Im Foyer haben Hermann Rein, Hubertus Strughold, ich selbst und einige andere der Reihe nach bei dem dienstältesten Sanitätsoffizier der Luftwaffe heftigen Einspruch dagegen erhoben, daß derartige Experimente durchgeführt worden waren und daß dabei außer dem SS-Offizier noch ein Luftwaffen-Sanitätsoffizier zum Teil mitgewirkt hatte. ... am nächsten Tage konnte ich der Sitzung nicht mehr beiwohnen, hörte aber, daß Hermann Rein zu Beginn schärfsten Einspruch gegen diese Experimente erhoben hatte. ... Bei nächster Gelegenheit habe ich in Berlin in der Sache bei meinem militärischen Vorgesetzten energischen Einspruch gegen die durchgeführten Unterkühlungsexperimente erhoben, was dieser auch nach dem Kriege unter dem 14. März 1948 zu Protokoll gegeben hat. Wir waren uns beide in der Ablehnung dieser verwerflichen Ereignisse einig.«[139] Auch aktive Sanitätsoffiziere protestierten, wie die Stabsärzte Dennecke und Hiltmann sowie der Luftwaffen-Stabsarzt Julius Doerfler, der die Sitzung ostentativ verließ.[140]

Auf jeden Fall war der wissenschaftliche Stellenwert dieser verbrecherischen Versuche Raschers und Holzlöhners denkbar gering. Zur Frage der Pathophysiologie und der Behandlung der Immersion ergaben sich zu den bereits erwähnten Untersuchungen von Weltz und Grosse-Brockhoff keine neue Erkenntnisse. Überhaupt ließ sich eine Verbindung zu den ursprünglichen Fragestellungen nicht konstruieren. Während die wissenschaftlichen Untersuchungen zur Unterkühlung somit im wesentlichen von Angehörigen der Luftwaffe vorgenommen wurden, arbeiteten an der Front Marine und Luftwaffe oft eng an der Therapie der Unterkühlung zusammen.

Wie Marineoberstabsarzt Dr. Rudolf Tidow, im Jahre 1942 im Marineoberkommando in Norwegen tätig und als Internist Spezialist in Seenotfragen mit Schwerpunkt Kälteschäden des Magendarmkanals, berichtete[141], kooperierte er vor allem im Nordraum intensiv mit dem (Luftwaffen)-Arzt beim See-Notdienstführer Nord, Stabsarzt Dr. H. Pecht. Der gemeinsam ausgeübte ärztliche Rettungsdienst an der skandinavischen Küste wurde rasch den klimatischen und geographischen Erfordernissen angepaßt und damit die Grundlage für eine erfolgreiche Behandlung von (unterkühlten) Schiffbrüchigen geschaffen. In die wissenschaftliche Aufarbeitung der Seenotfälle wurde auch der dortige Luftgaupathologe Dr. Gerhard Carow und zwei seiner Mitarbeiter, die Stabsärzte Dres. Erich Müller und Wolfgang Rotter eingebunden, die zahlreiche Tote sezierten und patho-anatomisches Untersuchungsmaterial an das Institut für Luftfahrtmedizinische Pathologie des Reichsluftfahrtministeriums in Freiburg i.Br. übermittelten. Leiter dieses Instituts war der bereits oben erwähnte Professor Franz Büchner, Fachmann für die Pathologie der Unterkühlung.[142] Die Untersuchungsergebnisse dieser Todesfälle nach allgemeiner Unterkühlung wurden im Herbst 1943 veröffentlicht.[143] Wie die Autoren bemerkten, lagen in der neueren Literatur bis dahin nur sehr spärliche Angaben über Todesfälle durch allgemeine Erfrierung vor, da diese in den westeuropäischen Ländern im Frieden nur sehr selten zu beobachten waren.

Die neuen wissenschaftlichen Erkenntnisse über die Unterkühlung führten ab dem Jahreswechsel 1942/43 zum Wechsel der Verfahren in der Kriegsmarine. Nunmehr wurde die rasche Erwärmungstherapie als beste Behandlungsmethode für stark Unterkühlte empfohlen. In einem Schreiben vom 15. März 1943 an den unterstellten Bereich wies der Arzt beim Flottenkommando auf die im San.B.O. 1943 Nr. 17 Ziffer 3 veröffentlichten ›Richtlinien über die Behandlung Unterkühlter und Erfrorener‹ hin und erläuterte, daß die dort aufgeführte neue Behandlung Unterkühlter bei dem Untergang eines Vorpostenbootes bereits mit vollem Erfolg angewandt wurde.[144] Der Text des Bezugs liegt nicht mehr vor. Es ist allerdings anzunehmen, daß es sich um den ersten Hinweis auf die ›schnelle‹ Erwärmung handelt. Das früheste uns vorliegende schriftliche Dokument aus der Truppe, das die rasche Erwärmung vorschrieb, datiert auf den 9. August 1943 und befindet sich in den ›Ärztlichen Richtlinien für die 1. Artillerieträgerflottille‹. »Unterkühlte Schiffbrüchige, die geborgen werden, sind – entgegen der bisher üblichen Behandlung durch langsame Erwärmung – in jedem Fall einer sofortigen und intensiven Wiedererwärmung zu unterziehen. Diese Erwärmung geschieht am besten durch heiße Bäder von 45 Grad C. An Bord der AF gestaltet sich die Erwärmung schwierig. Die einzige Möglichkeit einer Erwärmung besteht in mehrfachen Übergiessen mit reichlich heißem, jedoch nicht zu heißem Wasser. Von evtl. elektrischen Wärmeöfen ist Gebrauch zu machen. Frottieren und jede zusätzliche medikamentöse Behandlung ist bei Wärmebehandlung zu unterlassen. Alkohol ist in jedem Fall bei Unterkühlung so lange zu vermeiden bis Kreislauf, Atmung und Bewußtsein wieder völlig normal sind.

Nach Wiedererholung sind die Erschöpften, falls noch nicht geschehen, zu frottieren und mit trockenem Zeug in die Koje zu bringen. Bei bewußtlos geborgenen Unterkühlten mit schlaffer Muskulatur besteht keine Aussicht, sie am Leben zu behalten. Dagegen hat Starre der Muskulatur, auch bretthartе Spannung der Bauchmuskeln, nichts mit Totenstarre zu tun. Das Leben ist nicht erloschen, solange die Starre der Muskulatur besteht.«[145] Ein ›Merkblatt zur Vorbeugung und Behandlung der Unterkühlung bei Schiffbrüchigen‹ aus dem September 1943 bestätigte diese neuen therapeutischen Grundsätze.[146]

Auch die dritte Auflage des ›Ärztlichen Ratgebers für Unterseeboote‹ aus Jahre 1944 trug den neuen Erkenntnissen Rechnung:

a) »Unterkühlte Schiffbrüchige sind in jedem Fall einer sofortigen intensiven Wiedererwärmung zu unterziehen. Diese Erwärmung erfolgt durch
   1. heiße Bäder von ca. 45 Grad C. oder
   2. mit Hilfe heißer Duschen von ca. 45 Grad C. oder
   3. mehrfaches Übergießen mit erträglich heißem Wasser.
b) Als zusätzliche Maßnahme werden kalte Kompressen auf die Stirn gelegt.
c) Herzmittel sind erst nach innerlicher Erwärmung langsam zu spritzen, da vorher Gefahr der Schockwirkung besteht.
d) Alkoholgaben sind zu vermeiden bis Kreislauf, Atmung und Bewußtsein wieder völlig normal sind.«[147]

Zusätzlich wurde in der Vorschrift darauf hingewiesen, im Falle einer Immersion unnötige Schwimmbewegungen zu vermeiden und sich auf die Tragkraft der angelegten Schwimmweste zu verlassen.

Über die Installation der zur schnellen Erwärmung notwendigen Duschen oder Badewannen auf den Booten der Kriegsmarine ist wenig bekannt geworden. Auf den regelmäßig im Seenotdienst eingesetzten Fl.B.-Booten der Luftwaffe wurde hingegen rasch ein entsprechendes Konzept eingeführt, das den beschränkten räumlichen Möglichkeiten Rechnung trug. Der Luftwaffensanitätsoffizier Max Matthes beschrieb nach dem Krieg für die US Navy diese Einrichtungen an Bord: »Die Lösung dieses Problems auf den Flugbetriebsbooten der Luftwaffe stellte sich durchaus schwierig dar, weil die Begrenzung des zur Verfügung stehenden Raumes an Bord den Einbau eines größeren Bades nicht erlaubte. Eine große Hilfe stand in dem Kühlwasser der Motoren zur Verfügung, dessen Temperatur etwa 45 Grad C. betrug. Nach Installation eines Zweiwegehahns konnte dieses warme Wasser einer Dusche zugeführt werden, so daß eine wirksame Behandlung unterkühlter Schiffbrüchiger möglich wurde. Die Überlegung, Badewannen aus Gummi in die Erste-Hilfeausrüstung an Bord einzurüsten, wurde fallengelassen, weil sie bei schwerer See nicht genutzt werden konnten und es Schwierigkeiten bei der Materialbeschaffung gab. Die beste Methode lag darin, die Patienten in ihren nassen Kleidern heiß abzuduschen. Jedes Boot wurde später mit drei faltbaren Wannen aus Perlon und Igamit (gummiartiges Plastik) ausgerüstet, die sich anscheinend bewährten. Nach ausreichender Erwärmung zogen die Helfer den Geretteten die Kleider aus, trockneten sie ab und gaben ihnen trockene Kleidung, die auf allen Fahrzeugen in ausreichender Zahl zur Verfügung stand. Danach hüllte man sie in Wolldecken ein und legte sie auf Pritschen. So konnte an Bord, wenn die Zahl der Opfer nicht zu groß war, sofort und erfolgreich von außen Wärme zugeführt werden. Dies gestaltete sich allerdings schwierig und oftmals unmöglich, wenn sehr viele Unterkühlte, z.B. bei Schiffbruch, an Bord genommen werden mußten, eine wirksame Sofort-Therapie aber bei dem geringen Platzangebot nur wenigen zugute kommen konnte.«[148]

Matthes erwähnte zudem, daß in den Seenotstationen an Land regelrechte Wiedererwärmungszentren eingerichtet wurden und bei Massenanfällen auch benachbarte größere Lazarette in eine Rettungskette eingebunden wurden. In Norwegen griff man erfolgreich auf die in großer Zahl vorhandenen Saunen zurück.

Die letzten uns zugänglichen Hinweise zur Prävention und Behandlung von unterkühlten Schiffbrüchigen in der Flotte datieren auf den 31. August 1944. Der Chef der Pathologischen Abteilung im Sanitätsamt des Marineoberkommandos Nordsee übersandte an diesem Tag ein gemeinsam umgearbeitetes ›Merkblatt für die Vorbeugung und Behandlung der Auskühlung bei Schiffbrüchigen‹ an den Verbandsarzt B.S.N., Geschwaderarzt Dr. Rasor.[149] Da dieses Merkblatt den letzten Stand der Immersionsbehandlung in der Kriegsmarine gerade für Bootsverbände wiedergibt, ist der Inhalt als Anlage 3 wiedergegeben. Ab Herbst 1944 wurden in der Kriegsmarine erstmals personenbezogene Kälteschutzmaßnahmen eingeführt. Die Soldaten der Kleinkampfverbände waren besonders kälteexponiert und mußten auch bei tiefen Temperaturen eingesetzt werden. Deshalb erprobte die Kriegsmarine erstmals im September 1944 bereits eingeführte Schaumanzüge von Luftwaffenpiloten und stellte neben dem guten Auftrieb und der waagrechten Lage im Wasser eine deutlich wärmeisolierende Wirkung fest. Diese Maßnahmen kamen jedoch nur einzelnen ausgewählten Verbänden zugute.

Von der erfolgreichen Anwendung der schnellen Überwärmung finden sich bei Tidow[150] einige Beispiele aus dem norwegischen Raum. Im November 1943 retteten sich zehn Matrosen eines bei fünf Grad C. Kälte und Seegang 6–7 torpedierten Dampfers auf vorbeitreibende Holzflöße. Fünf Männer verstarben an akuter Unterkühlung, die anderen fünf wurden nach vierzehnstündiger Fahrt in unterkühltem Zustand aufgenommen und sofort der schnellen Erwärmung unterzogen, die zu einer folgenlosen Ausheilung führte. Wenige Wochen später wurde ein Floß mit 13 Männern nach elfstündiger Drift an die norwegische Küste getrieben. Die Überlebenden schliefen trotz bitterer Kälte und überschäumender See. Somnolenz, Gleichgültigkeit und völlige Antriebsarmut führten dazu, daß die Männer an ihrer Rettung kaum Anteil nahmen. Erst nach rascher Erwärmung durch heiße Wannenbäder änderte sich ihr Zustand und sie berichteten über die vorangegangenen Erlebnisse. Greifbare Schäden wurden bei diesen hochgradig Unterkühlten nicht beobachtet. Anhand eines weiteren Beispiels zeigte Tidow die durch Unterkühlung und Erschöpfung verursachte Apathie als das Schicksal von Schiffbrüchigen beeinträchtigendes Moment auf: »Am 25 November gegen 22 Uhr sank ein durch Lufttorpedo getroffenes Küstenschiff so schnell, daß geordnete Rettungsmaßnahmen nicht mehr durchführbar waren. 16 Besatzungsangehörige sprangen Hals über Kopf ins kalte Wasser, um nicht in den Sog des sinkenden Schiffes zu geraten. Der überwiegende Teil der Männer erreichte schwimmend einen Floßverband. Einzelne Schiffbrüchige klammerten sich an Balken und andere Trümmer, bis sie um 0.30 Uhr des folgenden Tages auf die vorübertreibenden Flöße übersteigen konnten. Die Kälteeinwirkung war erheblich. Nach annähernd 30 Minuten erlag ein Heizer, der von Anfang an besonders stark fror, mit den Anzeichen des Lungenödems der akuten Unterkühlung. Ein Matrosengefreiter, der nur mit einem Hemd bekleidet war, starb unter ähnlichen Erscheinungen nach zwei Stunden. Am Morgen des zweiten Tages starben in der Zeit von 4 Uhr bis 5.30 Uhr fünf Seeleute. Nach den Angaben der Überlebenden müssen sie das ausgeprägte Bild der akuten Unterkühlung bis zum Stadium der Dekompensation durchlaufen haben. Erwähnenswert ist jedoch, daß in keinem Falle psychomotorische Verwirrtheitszustände beobachtet werden konnten. Die Gefährdeten wurden allmählich gleichgültig, apathisch, müde und still. Sie schliefen ein und wurden dann über Bord gespült. Als der Floßverband am 26. November um 23 Uhr auseinandertrieb, lebten noch acht Seeleute. Nach vierzehnstündiger Drift übernahm ein Vorpostenboot fünf Überlebende, die unterkühlt und stark erschöpft im Marinestandortrevier behandelt wurden. Örtliche Erfrierungen wurden in keinem Falle gefunden. Nach mehrtägigem Fieber von 38–39 Grad C erholten die Patienten sich allmählich, so daß sie nach 14 Tagen entlassen werden konnten.«[151]

Im Laufe der Zeit wurde der positive Effekt einer zweckmäßigen und ausreichenden Bekleidung des Schiffbrüchigen im Wasser auf das Unterkühlungsgeschehen immer deutlicher und führte zu Änderungen der Ausbildung. Den Besatzungsangehörigen, die sich in den ersten Kriegsjahren vor dem Sprung ins Wasser ihrer wärmenden Bekleidung entledigt hatten, um besser schwimmen zu können, wurde nun »eingeschärft, wenn irgend möglich, alle Kleidung am Körper zu behalten.«[152] Der Erfolg solcher Maßnahmen zeigte sich z.B. beim Untergang des Zerstörers HERMANN SCHOEMANN im Mai 1942 im Eismeer. 38 Besatzungsangehörige, größtenteils Oberdeckspersonal mit Schwimmwesten unter der Wetterschutzbekleidung erreichten bei einem bis minus zehn Grad Wasser- und Lufttemperatur und Windstärke 5 nach längerem Schwimmen umhertreibende Wrackteile, die ständig von der See überspült wurden. Sechs Stunden nach der Versenkung nahm ein U-Boot die Schiffbrüchigen auf. Bei der Untersuchung stellten die Retter fest, daß die Oberkörper stellenweise noch trocken, die äußeren Bekleidungshüllen hingegen zu Eispanzern erstarrt waren, die mit Messern und Sägen aufgeschlitzt werden mußten.[153]

Neben der richtigen Bekleidung eines Schiffbrüchigen waren die Rettungsmittel, die ein Ertrinken verhindern sollten, ein wichtiges Moment, das die Sanitätsdienste in

den Mittelpunkt ihrer Präventionsbemühungen stellten. In der Royal Navy gab es seit April 1915 bis zum Ende des Zweiten Weltkrieges das sog. Carley-Floß als Standardrettungsausrüstung der Handels- und Kriegsschiffe. Nach Kriegsende stellte man aber fest, daß nur zehn Prozent aller an Bord von untergehenden Schiffen befindlichen Carley-Flöße überhaupt zu Wasser gebracht werden konnten, da sie sich infolge ihrer Sperrigkeit, ihres Gewichts und ihrer Größe nur schwierig losmachen ließen. Auch ein 1935 in die britische Marine eingeführtes leichteres ›Flotanet‹, aus Kork und Hanfnetzen hergestellt, erfüllte die Erwartungen nicht. An Bord deutscher Seefahrzeuge befand sich eine große Zahl unterschiedlicher Rettungsboot- und Rettungsfloßtypen. Neben diversen Flößen nutzte die Kriegsmarine beispielsweise Mehrplatz-Dinghis, die sich manuell oder auch automatisch mit Kohlendioxid aufblasen ließen. Die Dinghis waren schwarz und mehrkammerig, an der Außenseite befand sich ein Festhaltetampen. Das Hineinkommen gestaltete sich für einen Schwimmenden recht schwierig, da das Schlauchboot leicht kenterte. Später wurden die Dinghis deshalb mit Wassertanks als Ballast versehen. Trotzdem waren Schwimmende in kalten Gewässern schon nach wenigen Minuten nicht mehr in der Lage, in das Fahrzeug einzusteigen. Neben diesen Schlauchbooten befanden sich auch gelbe oder rote Rettungsflöße an Bord. Besonders bei kurzzeitigen Schiffbrüchen bewährten sie sich sehr, da sich auf ihnen bzw. an ihnen zahlreiche Personen festhalten konnten. Bei schwerer See, Kälte und langen Expositionszeiten boten sie hingegen keine Vorteile. Unter anderem auf Unterseebooten befanden sich die sogenannten Marks-Rettungsinseln, die sich ebenfalls selbständig aufbliesen und Schutz sowie Notproviant für mehrere Personen boten. Allerdings war auch dieses Rettungsmittel nicht für längere Fahrten geeignet, da es keinen Schutz vor schwerer See und Wind bot.
Auf dem Sektor der Rettungswesten besaßen die Deutschen einen gewissen Vorsprung. Noch zu Beginn des Krieges waren persönliche Rettungsmittel in der Royal Navy kein Thema, bis der Commander in Chief der Home Fleet anläßlich eines Unglücks mehr zufällig danach fragte. In der Kriegsmarine und Luftwaffe wurden unter dem Eindruck der katastrophalen Ereignisse während der Besetzung von Norwegen die unterschiedlichsten Ausführungen von Schwimmwesten erprobt. An Bord wie auch in den fliegenden Verbänden der Luftwaffe gab es zunächst Schwimmwesten aus Kapok, gepreßten Pflanzendaunen des gleichnamigen in Asien vorkommenden Kapokbaumes. Sie hatten den Vorteil, im Notfall nicht aufgeblasen werden zu müssen, standen somit sofort zur Verfügung und waren auch nach Beschuß oder Splittereinwirkung nicht in ihrer Tragfähigkeit beeinträchtigt. War die Kapok-Schwimmweste noch neu, gewährleistete sie die Tragfähigkeit über circa 24 Stunden. Durch den sofortigen Auftrieb behinderten sie allerdings den Schiffbrüchigen beim Auftauchen aus gekenterten Objekten. Auch ließ ihr Tragekomfort zu wünschen übrig. Der entscheidende Nachteil der Kapokschwimmweste lag aber in dem Umstand begründet, daß eine Nacken- und Kopfstütze nicht vorhanden war, Bewußt-

lose somit in eine schräg nach vorn gerichtete Lage gebracht wurden und häufig ertranken. Im Jahre 1943 führte die Kriegsmarine deshalb eine deutlich bessere pneumatische Schwimmweste von gelber Farbe ein. »Sie hatte mehrere Kammern, die durch Ventile gegeneinander gesichert waren. Wurde eine Kammer beschädigt, so blieben die anderen noch tragfähig. Der Kragen der Weste war gesondert aufzublasen und hielt dann den Kopf hoch. Ebenso wie bei anderen Schwimmwesten zeigte sich bei dieser Neukonstruktion, daß der Rückenauftrieb zu groß war und eine stabile, nicht lebensbedrohliche Lage im Wasser nur gesichert wurde, wenn zwei Rückenkammern ungefüllt blieben. Geschah das nicht, so fielen die zu Rettenden nach vorne über und konnten sich nicht mehr aufrichten, bzw. wurden durch die Schwimmweste nicht aufgerichtet.«[154] Sowohl diese Marineschwimmweste als auch ein ähnliche Neukonstruktion der Luftwaffe ließen sich zudem in der Anfangzeit nicht automatisch aufblasen, so daß hier ein weiteres Unsicherheitsmoment für den Schiffbrüchigen bestand. Später erfolgte eine Nachrüstung mit Preßluftflaschen, die aber nur noch in geringer Anzahl an die Front kamen.

Tidow berichtete von weiteren Faktoren, die entscheidend zur Rettung bei Schiffbruch beitragen konnten. Er erwähnte vor allem eine feste psychische Konstitution, den unbedingten Willen zu Überleben. In diesem Zusammenhang wurde auch eine straffe Führung der Schiffbrüchigen als wichtiges Moment zur Wahrung der Disziplin während der Fahrt angemahnt. Ein bei Schiffbrüchigen häufig beobachtetes Symptom waren Halluzinationen oder auch Illusionen über den wahren Zustand. Zu diesen psychischen Beeinträchtigungen kam es zumeist erst nach einigen Tagen, nach hochgradiger Erschöpfung der Schiffbrüchigen. Es resultierte in vielen Fällen ein plötzliches ›Außenbordsgehen‹ des Betroffenen und damit der rasche Tod durch Ertrinken. Solche Zwischenfälle erfolgten im allgemeinen so rasch und ohne Vorankündigung, daß die Kameraden zu Hilfeleistungen nicht mehr in der Lage waren. Tidow beschrieb ein solches Ereignis aus dem Spätjahr 1942 und zeigte auf, daß nur straffe Disziplin auf dem Rettungsmittel trotz katastrophaler Umstände zum Überleben einiger Soldaten beigetragen hatte: »Im September 1942 landete eine bei zehn Grad C und steifem Nordwest mit Windstärke 7 und Seegang 5–6 in der Nähe der Bäreninsel in Seenot geratene Einheit nach achteinhalbtägiger Kutterfahrt mit vier Überlebenden und 20 Leichen in Vardo. Der Obersteuermann des versenkten Schiffes hatte die Führung des Bootes übernommen. An Bord des Kutters befanden sich eine Dose Brot (2 500g), eine Dose Leberwurst (1 000g), eine Dose Pökelfleisch (1 000g), ein geräucherter Schinken (7 000–8 000g) – davon konnte wegen hohen Salzgehaltes nur wenig genossen werden -, ein Faß Trinkwasser (35l), eine Flasche Rum (0,75l), und 50,0g Tinc.opii. Die Verpflegung wurde so rationiert, daß sie für sechs Tage reichen sollte. Am ersten Tage wurde durch den Obersteuermann überhaupt keine Nahrung verteilt. Sehr rasch stellte sich jedoch bei allen Schiffbrüchigen starker Durst ein, deswegen wurde das Trinkwasser mit geringem Opiumzusatz gestreckt. Bei dem hohen Seegang übernahm das Boot dauernd Wasser. Die meisten Insassen waren seekrank und vollkommen durchnäßt und ausgekühlt. Am 5. Tage starben die ersten und 31 Stunden nach der Bergung starb der letzte Mann an den Folgen der Kälteeinwirkung, des Nahrungs- und Wassermangels und der Erschöpfung. Die Verstorbenen waren meist vorher müde und abwesend, schliefen oft ein und starben dann unauffällig. In einigen Fällen traten Verwirrtheitszustände mit Wahnvorstellungen auf, so daß die Männer lallend und geistesgestört über Bord springen wollten. Das wurde in allen Fällen durch die Kameraden verhindert. Die Disziplin war bis zuletzt gut. Der Steuermann verspürte schon am zweiten Tage ein stumpfes, ›totes‹ Gefühl in Händen und Füßen. Um das Steuer halten zu können, rieb er die Hände immer wieder kräftig mit Seewasser, ohne daß das Gefühl wiederkehrte. Als er am fünften Tage versuchte, die Schuhe auszuziehen, gelang es ihm nur noch links, da die Füße und Hände so stark angeschwollen und graublau verfärbt waren, daß er sie kaum noch bewegen konnte. Das Wasserlassen war zu dieser Zeit äußerst qualvoll. Es entleerte sich mit brennenden schneidenden Schmerzen in der Blase und Harnröhre und konnte durch die völlige Erstarrung der Hände zuletzt nicht mehr nach außen abgeschlagen werden. Dadurch wurde die Kleidung zusätzlich durchnäßt. Zeitweise fiel der Steuermann in einen Dämmerzustand. Er konnte sich aber immer wieder aufraffen, bis das Boot nach achteinhalb Tagen durch den Leuchtturmwärter von Vardo gesichtet wurde. Die ärztliche Erstuntersuchung der Geretteten ergab neben der hochgradigen Erschöpfung Erfrierungen 3. Grades an Händen und Füßen, die später umfangreiche Amputationen notwendig machten, und in einem Falle eine kruppöse Pneumonie. Die Sektionen wurden auch in diesem Fall durch Dr. Carow vorgenommen.

Klinische Erfahrungen mit Schiffbrüchigen, die über Wochen in warmen tropischen Gewässern trieben, sind in der deutschen Kriegsmarine nur selten angefallen. Lediglich Marinestabsarzt Dr. C.H. Behr konnte medizinische Untersuchungen an völlig erschöpften britischen Schiffbrüchigen durchführen, die Zeugnis von der Leistungs- und Leidensfähigkeit der menschlichen Existenz geben. Seine eindrucksvollen Beobachtungen bei britischen Schiffbrüchigen, die nach siebenunddreißigtägiger Irrfahrt in den Tropen von einem deutschen Schiff aufgenommen wurden, sollen hier wiedergegeben werden. »Während eines Unternehmens im Südatlantik sichteten wir im Morgengrauen ein Rettungsboot, in dem drei Personen ausgemacht werden konnten. Nur mit großer Mühe konnten die Schiffbrüchigen – zwei Männer und eine Frau – an Bord genommen werden. Die Schiffbrüchigen gehörten zu einem englischen Dampfer, der mit über 300 Menschen besetzt und torpediert worden war. Die 300 Menschen konnten sich in sechs Rettungsbooten retten, die zunächst zusammenblieben. Am 3. Tage trennte sich das von uns aufgefundene Boot unter Führung des 1. Offiziers von den anderen Booten, um eine 450 Seemeilen entfernte Insel zu erreichen. Im ganzen befanden sich in diesem Boot 55 Menschen, darunter zwei Frauen. Als nach acht Tagen kein Land in Sicht kam, brach der 1. Offizier völlig

zusammen; er aß und trank nicht mehr. Zwei Tage nach diesem Zusammenbruch starb er, ohne irgendwelche körperlichen Beschwerden geäußert zu haben. In der 2. Woche starben die Eingeborenen, die von Anfang an einen deprimierten Eindruck machten, und die weder durch Drohungen, noch durch den Entzug des Trinkwassers und der Nahrung zu irgendeiner Tätigkeit zu zwingen waren. Von den Weißen kamen zunächst die Adipösen ums Leben. Bis zur Aufnahme durch uns waren 52 Menschen gestorben. Die Ernährung bestand aus Biskuits, etwas Permican, Milch in Tabletten und Schokolade. In den ersten zwei Wochen wurden morgens ein Eßlöffel, mittags zwei und abends ein Eßlöffel Trinkwasser – also etwa 60 ccm Flüssigkeit – pro Kopf verausgabt. Im Beginn der 3. Woche wurde die Wasserration um die Hälfte gekürzt. Wegen der äußerst geringen Wassermenge konnte schon nach vier bis fünf Tagen der größte Teil der Schiffbrüchigen die Biskuits nicht mehr genießen, da sie wie trockenes Pulver im Munde blieben und es nicht möglich war, dieses Pulver ohne Flüssigkeit zu schlucken. Die Milchtäfelchen brannten sowohl im Mund wie im Schlund und wurden, da sie nebenbei noch ein erhebliches Durstgefühl hervorriefen, nicht genommen. Das Permican – ein Fleischkonzentrat ohne Zusätze – konnte wegen seines stark salzigen Geschmacks und des dadurch hervorgerufenen Durstgefühls nur mit Wasser verrührt genossen werden. Lediglich die Schokolade wurde von allen bis zuletzt genommen, obgleich auch sie ein erhebliches Durstgefühl bedingte. Acht Tage vor der Aufnahme durch uns war die Besatzung bis auf fünf Köpfe zusammengeschmolzen, darunter zwei Frauen. Das Wasser war verbaucht. Drei Tage hindurch gab es kein Wasser, dann kam etwas Regen, der aufgefangen wurde, im ganzen konnte aber nur für jeden ein Eßlöffel aufgefangen werden. In dieser Zeit starben ein Mann und eine Frau. Zwei Tage vor der Aufnahme trat ein stärkerer Regen auf, so daß ein kleiner Wassservorrat – 300ccm – gesammelt werden konnte.«[155]
Klinisch boten die beiden geretteten Männer in stark reduziertem Allgemeinzustand eine salz- und schmutzüberzogene lederharte Haut, die sich in großen Falten von der Unterlage abheben ließ. Therapeutisch wurde nach einem heißen Bad zunächst unter strikter Bettruhe vorsichtig Flüssigkeit und Griesbrei in steigenden Mengen verabreicht. Die vierwöchige Obstipation ging Behr mit Laxantien an, eine wochenlange Schlaflosigkeit mit entsprechenden Schlafmitteln. Beide Männer erholten sich innerhalb von vier Wochen. Die 21 Jahre alte und 170 cm große Frau wog zum Zeitpunkt der Aufnahme nur noch 39 kg und befand sich in einem hochgradig kachektischen und präfinalen Zustand. Von Anfang an bestanden größte Schwierigkeiten bei der Nahrungsaufnahme, da sie über erhebliche Schluckbeschwerden klagte und intravenöse Injektionen nicht gelangen. Die Patientin wurde daraufhin rectal ernährt. Am 6. Tage traten plötzlich Atembeschwerden auf, die sich immer mehr verstärkten und den deutschen Sanitätsoffizier zur Tracheotomie zwangen. »Beim stumpfen In-die-Tiefe-gehen brach die Pinzette durch den brüchigen Knorpel in die Trachea ein.«[156] Die junge Frau verstarb an einer massiven Exsikkationsne-

krose der Bronchialschleimhaut. Die sich lösenden nekrotischen Schleimhautpartikel hatten zu der Erstickung geführt. Behr zog in der Diskussion der drei Krankheitsgeschichten den Schluß, daß eine hochgradige Flüssigkeitseinschränkung über zwei Wochen zu einer letztlich letalen Austrockung der Gewebe führt. Die Wasserabgabe war hier durch die extreme Versalzung auf ein Minimum beschränkt, die zugeführte Flüssigkeitsmenge reichte nicht zur Abgabe der harnpflichtigen Salze, zusätzlich wurde aus allen Körpergeweben Wasser mobilisiert. Er wies jedoch abschließend auf die außerordentliche Konstitution und psychische Willenskraft der Überlebenden hin, die die ausweglose Situation meistern halfen. »Hierbei ist aber noch zu berücksichtigen, daß die allgemeinen Lebensbedingungen denkbar schlecht waren. Der Platz, der dem einzelnen zur Verfügung stand, war sehr klein. Tag und Nacht verging, es zeigte sich kein Land, kein Schiff. Dann traten die ersten Todesfälle auf, die eine tägliche Erscheinung wurden. Nur mit Mühe konnten die Leichen von den ermatteten Überlebenden außenbords gegeben werden. Tagelang trieben die Leichen neben dem Boot, das sich in der tropischen Sonnenglut kaum bewegte. Es muß ein ganz ungeheurer Wille zum Leben und ein ebensolcher Mut dazu gehören, um dies alles zu überwinden.«[157]
Wie britische Quellen berichten, wurden während des Krieges 199 Fahrten von alliierten Schiffbrüchigen in Rettungsbooten bei Luft- und Wassertemperaturen von mehr als 20 Grad C. registriert. 28 Rettungsboote befanden sich länger als 15 Tage in solchen tropischen Gewässern. Die Mortalität war sehr unterschiedlich, je nach verfügbarer Wasser- und Proviantmenge. Die längste Fahrt dauerte 77 Tage, nur ein Besatzungsangehöriger von ursprünglich 20 Insassen überlebte. Nach dem 35. Tag standen ihm keine Verpflegung und nur geringe Trinkwassermengen zur Verfügung.[158]

Verwundetentransport

Der Transport der Verwundeten bildete für die Boote ein schwer zu lösendes Problem. Aus den Berichten der Flottillenärzte[159] geht hervor, daß sich an Bord der kleinen Boote die starre Krankentransporthängematte nicht gut handhaben ließ. Wiederholt wurde aber mitgeteilt, z.B. im Erfahrungsbericht von Marineoberassistenzarzt Dr. J. Wolf, zwei Jahre lang Flottillenarzt der 13. bzw. 27. Minensuchflottille, daß sich zum Schienen und Ruhigstellen für den Transport Holzbretter verschiedener Länge bewährten. Schwieriger war die Abgabe der Verwundeten von Boot zu Boot oder im Hafen an der Pier. Möglichkeiten zur Übergabe eines Verwundeten von Boot zu Boot führte der Flottillenarzt der 9. Räumbootflottille, Marinestabsarzt Dr. Weissenborn, am 14. August 1943 in seinen Richtlinien für die erste Hilfeleistung auf. Sie wurden im vorangehenden Text bereits zitiert, sollen aber in diesem Zusammenhang noch einmal genannt werden:

> »Vonbordgabe und Anbordnahme von Verwundeten mit Stelling oder Leiter:
> a) Verwundeten auf die glatte Seite der Stelling legen, so daß die Füße auf das andere Boot zeigen. Stelling aufstellen und den Verwundeten auf das andere Boot gleiten lassen (Übergabe auch bei leichter Dünung möglich).
> b) Verwundeten auf das Ende der möglichst langen Leiter legen. Leiter kippen, bis das freie Ende vom anderen Boot wahrgenommen und die Leiter herübergezogen werden kann. Bei Abgabe von tiefliegenden Boot an der Pier wird die Leiter so lange hochgezogen, bis sie gekippt werden kann.«[160]

Im Mai 1942 bat der Sanitätsoffizier beim Marinebefehlshaber Kanalküste, Flottenarzt Dr. Würfel, in den Schnellbootbunkern Krankentransporteinrichtungen zur Übernahme Verwundeter bei Niedrigwasser zu schaffen. Er forderte die Hafenärzte auf, Vorschläge mit Zeichnungen einzureichen, die dann dem Verbandsarzt beim Führer der Schnellboote zur Stellungnahme übersandt werden sollten. Wenige Tage später notierte er: »Nach dem in Dieppe bewährten Muster sollen auch in anderen Häfen mehrere Davits zur Bergung Verwundeter von Bord an Land, die sich infolge des großen Tideunterschiedes in den meisten Häfen sehr schwierig gestaltet, angebracht werden. Hafenärzte erhalten Befehl, ihren Bedarf zu melden.«[161]

Auch aus einer Schilderung Fischbachs[162], die er für einen französischen Historiker zusammenstellte, geht hervor, daß die Aufnahme der Verwundeten in den Stützpunkten im allgemeinen gut organisiert war. Fischbachs Erfahrungen stammen aus der Zeit vom Sommer 1943 bis September 1944 in Boulogne, wo er neben dem Marineoberstabsarzt d.R. Dr. Melech als 2. Hafenarzt eingesetzt war. Das großzügig ausgestattete Krankenrevier war dort auf den Höhen neben einem Friedhof eingerichtet. Bis zur Invasion war der Betrieb »friedensmäßig«, dann aber trafen immer wieder Minensuch-, Räum- und Schnellboote mit Verwundeten ein, und die ärztliche Versorgung erfolgte in dem bereits 1940 gebauten Sanitätsbunker im

Ein verwundeter schiffbrüchiger Flieger wird in der Nordsee von einem Marineoffizier an Bord geholt.
Historische Sammlung Marineschule Mürwik

Hafen mit 40 Krankenbetten. An der Kaimauer waren wegen des Tidenhubs (bis zu 8 Meter) ausschwenkbare Arme installiert worden, mit deren Hilfe Krankentragen im direkten Zug über zwei Rollen gefiert und gehievt werden konnten. Im Vordergrund der ärztlichen Maßnahmen stand die Ergänzung des Flüssigkeitsverlustes, auch durch Bluttransfusion mittels sog. Beckscher Infusionsgeräte. An Bord der Boote verabreichte Fischbach S.E.E. (Scololamin-Eukodal-Ephetonin), um die größten Schmerzen zu stillen, während vier von seinen Sanitätssoldaten in der Lage waren, Infusionen selbständig anzulegen. Zu dieser Zeit hatten die britischen Jagdflugzeuge bereits die Lufthoheit gewonnen. Sie beobachteten die Übernahme der Verwundeten von den Booten auf die Pier, ohne einzugreifen, wie Fischbach ausdrücklich erwähnt. Im September 1944 häuften sich die Verwundeten, und der bisher genutzte Bunker wurde beschädigt, so daß die ärztliche Tätigkeit in einen größeren Bunker an der Außenmole verlegt wurde, der zuvor zum Lagern von Minen und Torpedos gedient hatte. Hier standen schließlich 400 Krankenbetten zur Verfügung; ein Abtransport war allerdings nicht mehr möglich. Bis zur Übergabe an die einrückenden kanadischen Truppen unterstützten auch französische Krankenschwestern diese aufopferungsvolle Tätigkeit. Die Verwundeten wurden dann von einem kanadischen Militärlazarett übernommen, wo Fischbach die Möglichkeit ergriff, »sie den vorbildlich kollegialen kanadischen Militärärzten einzeln vorzustellen.«

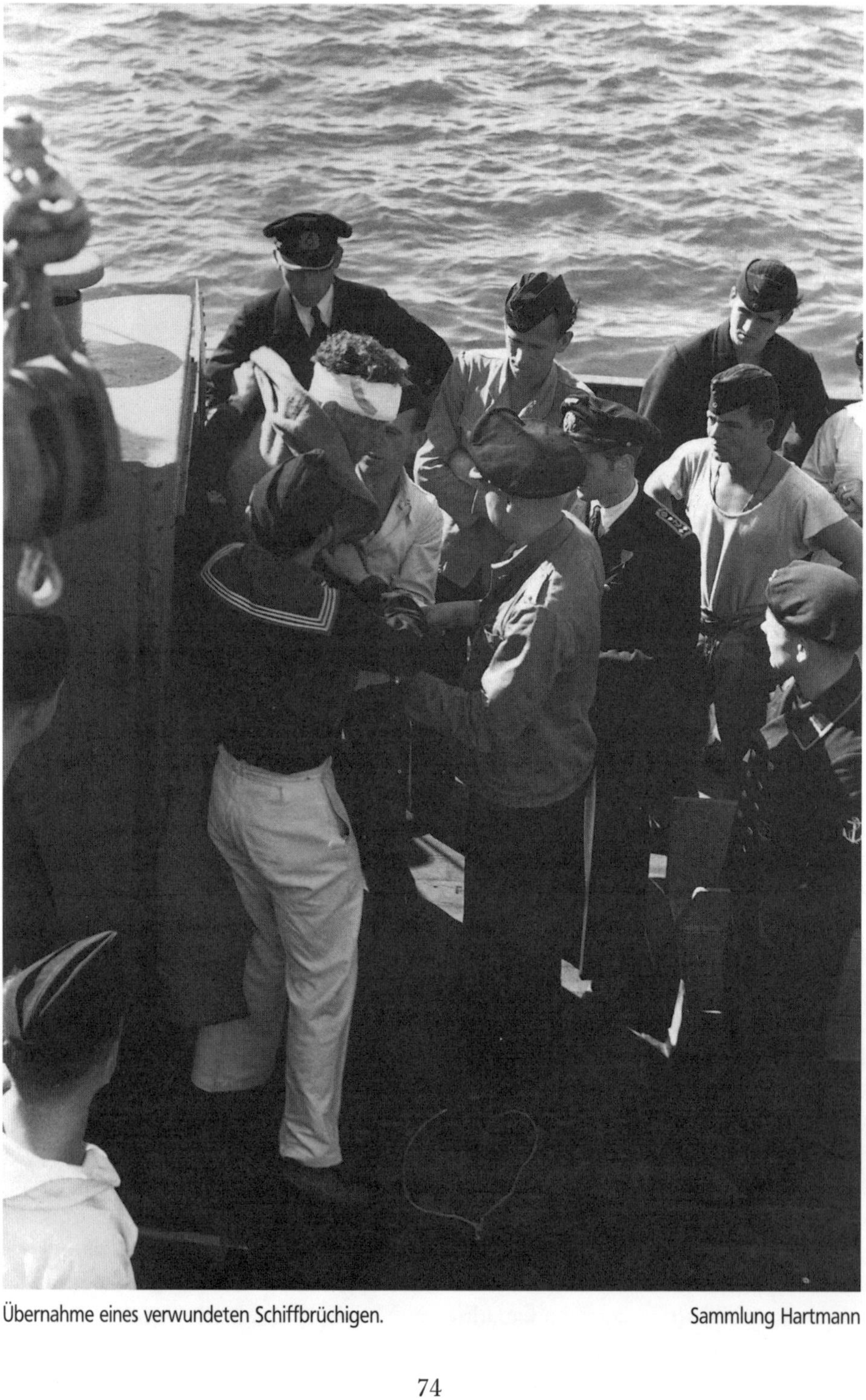

Übernahme eines verwundeten Schiffbrüchigen. Sammlung Hartmann

Übernahme von Verwundeten an der Pier. Sammlung Hartmann

Gelegentlich wurde erörtert, ob »ein Kranker dringend im nächsten Hafen ausgeschifft werden muß«[163], obwohl die Flottille gerade einen wichtigen Auftrag erfüllt. Diese Frage, die schließlich vom Flottillenchef nach Beratung mit dem Flottillenarzt zu entscheiden war, erhielt besonderes Gewicht auch durch die Notwendigkeit, beim Einlaufen eines Bootes ein weiteres als Flak-Schutz mitlaufen zu lassen. Ein chirurgischer Eingriff, etwa bei akuter Blinddarmentzündung, wäre an Bord der Boote auf erhebliche Schwierigkeiten gestoßen, beispielsweise auf den neuen Minensuchern M 40, deren Revierraum nur bei Aufheben des Verschlußzustandes erreichbar gewesen wäre. Noch kleinere Boote (R-Boote, K.F.K) kamen für dergleichen Eingriffe ohnehin nicht in Frage. Tatsächlich ist in dem zweijährigen Berichtszeitraum ein solcher Fall nicht aufgetreten, wohl aber gab es wiederholt dringliche Ausschiffungen im nächst erreichbaren Hafen. »Es ist selbstverständlich, daß im Ernstfall auf das Leben eines Einzelnen keine Rücksicht genommen werden kann, wenn die Aufgabe im Interesse wichtiger Dinge durchgeführt werden muß, und kein Boot davon abgeteilt werden kann«.[164]
Häufig mußte der Flottillenarzt in See von Boot zu Boot übersteigen, um nach Verwundeten oder akut Erkrankten zu sehen, die dann nach Möglichkeit zur weiteren Behandlung und Überwachung auf das Arztboot übernommen wurden. Ärztliche Gefechtsberichte und ärztliche Erfahrungen aus der 1. Sicherungsdivision (berichtet hatten zwei Vorpostenflottillen, vier Minensuchflottillen, eine Sperrbrecherflot-

tille und eine Räumbootflottille) für den Zeitraum vom 17. März 1941 bis 21. Juni 1942 hatten bereits die Notwendigkeit aufgezeigt, Verwundete und Schiffbrüchige möglichst schnell abzutransportieren. »Jedes unnötig lange Verbleiben Verwundeter an Bord ist nicht nur für diese selbst von Nachteil, sondern wirkt sich auch störend für die militärische Aufgabe der Kleinkampfschiffe aus«. Der berichtende Marineoberstabsarzt Dr. Rasor, von Oktober 1942 bis Januar 1945 Verbandsarzt beim B.S.N., erinnerte an einen Vorschlag (1. Sich.Div. G.Kdos. vom 23.1.1942), Spezialschiffe, »Arztschnellboote«, einzusetzen. Als vorläufige Lösung des Problems verwies er auf die Flugsicherungsboote der Luftwaffe, »in deren Liegehäfen der jeweilige Hafenarzt im Anforderungsfall zur Verfügung steht«. Über die »Zusammenarbeit zwischen dem Arzt im Standort Terschelling (Abt.Arzt MFlA 246) und dem auf Terschelling stationierten Flugsicherungsboot FlB 539«[165] vom 2. Mai 1944 wurde angeführt: Das Boot wurde zu Fahrten von Terschelling nach Harlingen (50 Min. bei 22 kn Fahrt) eingesetzt, wenn Verwundete in ein Lazarett eingewiesen werden sollten. Von dort führte der Transport mittels Krankenkraftwagen zum Luftwaffenlazarett Leuwarden (30 Min. = 26 Kilometer). FlB 539 stand auch bereit, um den Arzt in Seenotfällen oder nach Gefechten zu den betroffenen Booten zu bringen. Undatiert ist ein Erfahrungsbericht des Feldwebels Ackermann, Bootsführer FlB 508, der Verwundete tags und nachts bis Seegang 4 übernommen hat. Als maximale Beladung nannte er zehn Schwer- und fünfzehn Leichtverletzte, dazu zwanzig gesunde Soldaten und sechs Tote.

Im Jahre 1943 bewertete der B.S.N. den Einsatz dieser der Luftwaffe unterstehenden Boote: »Die Heranziehung von Flugsicherungsbooten der Luftwaffe hat sich als sehr segensreich erwiesen. Die Boote setzten entweder den von Land mitgebrachten Arzt an Bord des betroffenen Fahrzeuges zur Versorgung der Verwundeten über, oder sie nahmen die Verwundeten auch gleich mit an Land zurück«.[166] Im darauffolgenden Jahr wurden im B.S.N.-Bereich 22 Einsätze der Flugsicherungsboote aufgeführt, die zwanzigmal sehr wirksam erste Hilfe und Abtransport-Möglichkeiten erbrachten. Zusammenfassend hieß es: »Sehr gut funktionierte immer wieder die Organisation des Transports und der Verwundetensichtung in den Bereichen der Hafenärzte Den Helder, Hoek v.H., Borkum. Von Terschelling und Borkum aus fuhren die Abteilungsärzte mehrfach mit den dort stationierten Fl.Booten aus zur Versorgung der Verwundeten an der Stelle des Bedarfs, was besonders den auf Position stehenden Einheiten ohne Arzt zugute kam«.[167]

Die Flugsicherungsboote gehörten zu den Seenotverbänden der Luftwaffe. Organisation, Einsatz und Leistungen dieser Seenotverbände wurden ausführlich von Max Matthes, Carl Heß, Erich Püschel und neuerdings auch Karl Born beschrieben.[168] An dieser Stelle sollen noch einmal die Grundzüge der sanitätsdienstlichen Besonderheiten dieser von der Marine zwar unabhängigen, aber eng auch mit dem Seekriegsgeschehen verbundenen Luftwaffen-Fahrzeuge skizziert werden. Neben den Seenotflugzeugen (zumeist Heinkel He 59 und später Dornier Do 24) kamen

Ein Boot hat im Stützpunkt Verwundete übergeben. Sammlung Hartmann

Ein Verwunderter wird
von dem Boot Mars in einem Hafen
der Kanalküste ausgeschifft.

Erste Sichtung durch den
zuständigen Sanitätsoffizier.

Fotos
Sammlung Hartmann

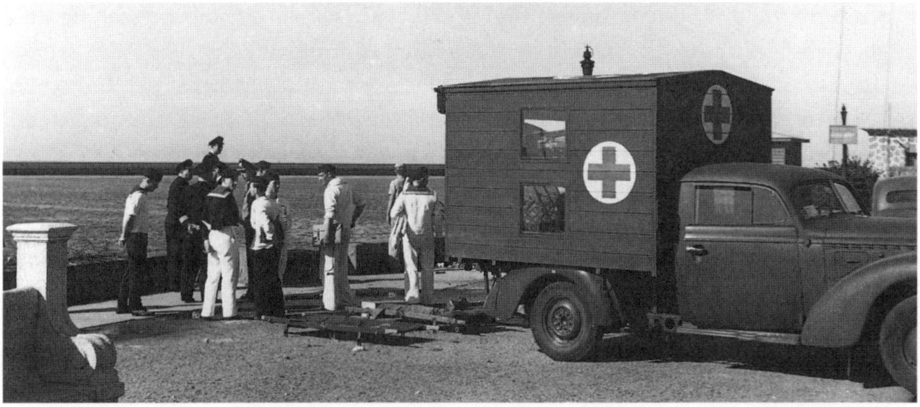

War das Einlaufen von Fahrzeugen mit Verwundeten gemeldet, stand der Krankenwagen an der Pier bereit.

im Küstenvorfeld Flugsicherungsschiffe und -boote, Hilfsflugsicherungsschiffe und Flugbetriebsboote zum Einsatz, mit dem primären Auftrag, über See abgestürzte Piloten zu retten – ohne Ansehen der Nation. Der Seenotrettungsdienst der Luftwaffe war geographisch in Anlehnung an die Küstenlinie in Seenotkommandos unterteilt. Beispielsweise besaß das Seenotkommando 7 in verschiedenen Häfen zwischen Dünkirchen und Cap Griz Nez elf verschiedene Bootseinheiten. Solche Seenotfahrzeuge waren von unterschiedlicher Größe, hatten teilweise eine zivile Besatzung, aber auch ein bis zwei Luftwaffensanitäter und gelegentlich einen Sanitätsoffizier an Bord. Während diesem auf den großen Einheiten sogar ein eigenes Schiffslazarett zur Verfügung stand, mußte auf den kleineren mit sehr beengten Verhältnissen vorlieb genommen werden. Die Fl.B-Boote (die Luftwaffe klassifizierte ihre Boote nach Buchstaben) hatten eine Tonnage von bis zu 60 Tonnen Wasserverdrängung, liefen 24 Seemeilen, manche sogar 36 bis 40 Knoten und waren mit starker Flak bestückt. Die Besatzungen dieser neun bis fünfzehn Mann starken Boote entwickelten im Laufe der Zeit erstaunliche Fähigkeiten bei der Bergung von abgestürzten Piloten aber auch von schiffbrüchigen Marineangehörigen: »Es war möglich, vom Boot aus Schiffbrüchige an Bord zu hieven. Wenn viele Rettungsfälle vorlagen, so benutzte man auch Schlauchboote oder eine zu beiden Seiten des Bootes ausgebrachte Rettungsleine, an der man sich so lange festhalten konnte, bis die Rettung vorgenommen wurde. Auch das Rettungsnetz war eine wichtige Hilfe, besonders dann, wenn die zu Rettenden entkräftet waren. War das weniger der Fall, so gestatteten die Rettungsleitern ein leichteres Anbordkommen. Auch für die Übernahme aus dem Schlauchboot waren die Leitern zu beiden Seiten des Bootes sehr vorteilhaft.«[169] An allen Fronten standen insgesamt 170 Fl.B-Boote zur Verfügung. Ab dem Jahre 1943 konnten im Kanal wegen der gegnerischen Luftüberlegenheit praktisch keine Seenotrettungsflugzeuge mehr operieren. Lediglich die Flugsicherungsboote fuhren ohne Rücksicht auf Verluste in die einzelnen Planquadrate. Wie schwer aber auch die Einsätze für diese Fahrzeuge geworden waren, zeigt das K.T.B. des Fl.B.-Bootes 5004 vom 5. Februar 1943: »10. Seenoteinsatz, werden durch feindlichen Jäger etwa zwei Seemeilen nordwestlich Boulogne angegriffen. Ruder und F.T.-Anlage ausgefallen. Feldwebel S. schwer verwundet und mehrere Stunden später gestorben. Gefallen: Funkobergefreiter L., Obergefreiter L., Obergefreiter F., Sanitätsgefreiter F., verwundet Obergefreiter H. und ich selbst (der Bootsführer oder Kommandant, Stabsfeldwebel M.). Ich bringe das Boot noch zurück nach Boulogne, da Motoren nicht beschädigt. Obergefreiter Helfrich und ich werden in das Luftwaffenlazarett Samer überführt. Bei mir Operation des rechten Kniegelenks, Geschoßsplitterentfernung.«[170] Die Sanitätsdienstgrade auf den Seenotfahrzeugen wurden anfangs von ihren zuständigen Ärzten in Eigenregie ausgebildet. Der Luftwaffen-Stabsarzt Dr. Julius Doerfler, der sich im Sommer 1940 in Cherbourg beim Seenotdienstführer 3 meldete, berichtete über die Anfänge des Sanitätsdienstes während der Luftschlacht um England. Er hatte den Auftrag, eine kleine Flotte zumeist beschlagnahmter Schiffe, die während der Flüge nach England gestaffelt auf Position im Kanal lagen, um notgelandete Flieger zu retten, mit Sanitätsdienstgraden zu besetzen. »Ich beschlagnahmte eine kleine Privatklinik in Cherbourg, richtete dort das Revier für den Seenotdienst ein und bekam ungefähr 20 Sanitätsdienstgrade zugeteilt. Ich hatte Revierstunden für die Staffel und das Schiffspersonal abzuhalten und begann meine Sanitätsdienstgrade in erster Hilfe und Wiederbelebung von über See abgeschossenen Fliegern auszubilden. Vorschriften für diese Ausbildung gab es nicht. Die Sanitätsdienstgrade waren mit großer Begeisterung bei der Sache und mit noch größerem Einsatz auf Booten und in Flugzeugen, um ihre Kameraden zu retten und sich dabei auszuzeichnen. Der Einsatz war nicht so einfach, da das Sanitätspersonal aus ganz Deutschland zusammengewürfelt war, ohne je zur See gefahren zu sein. Teilweise wurden die Leute so seekrank, daß sie auf den Booten nicht eingesetzt werden konnten. ... Natürlich konnten wir die Einsätze nicht üben; man besprach alles theoretisch und mußte aus der Praxis lernen. ... Soweit es sich bei den Booten um ordnungsgemäße Flugsicherungsboote (Fl.B.-Boote) handelte, war Sanitätspersonal an Bord, das mir unterstellt wurde. Auf die requirierten Boote wurden die Schiffsführer von der Marine zur Luftwaffe abgestellt. In den ersten Monaten war ich häufig mit den Schiffen auf Position. Bei den kleineren Besatzungen und den beengten Verhältnissen an Bord war es natürlich, daß der Sanitätsdienstgrad überall mit eingreifen mußte. Ich legte großen Wert darauf, daß er auch eine Waffe übernehmen konnte, wenn ein Boot angegriffen wurde.«[171] In späteren Jahren wurde die Ausbildung vereinheitlicht. Beispielsweise fand auf Anweisung des Leitenden Sanitätsoffiziers beim Seenotdienstführer 1 (Mitte) im Sommer 1944 ein Seenoteinweisungslehrgang für Sanitätsoffiziere in Aalborg statt. Auf diesem ein wöchigen Lehrgang, der von Stabsarzt Dr. H. Winkler ausgerichtet wurde, fanden neben Unterrichten über Auskühlung, allgemeinen Seenotfragen auch verschiedene praktische Einweisungen in die Anwendung der Seenothilfsmittel und Rettungsgeräte statt. Den Höhepunkt des Kurses stellte eine Übung mit Fallschirmgurt, Schwimmweste und Schlauchboot im Schwimmbad Aarhus dar. Eine detailliert ausgearbeitete ›Dienstanweisung für die Sanitätsdienstgrade auf Seenotfahrzeugen‹ ist im Militärarchiv vorhanden[172] und kann als Anlage 2 im Anhang eingesehen werden. Gegen Kriegsende beteiligten sich die Flugsicherungsboote bei den großen Evakuierungsoperationen über die Ostsee und retteten zahlreiche Flüchtlinge. Beispielsweise evakuierten sechs Fl.B.-Boote der Seenotflottille 81 in der Nacht vom 17. zum 18. März 1945 die 5 200 Mann starke Besatzung von Kolberg unter dem Schutz von Zerstörern der Kriegsmarine. Nach Heß wurden durch den Seenotdienst der Luftwaffe insgesamt 7 746 eigene Soldaten und 3 815 gegnerische Schiffbrüchige gerettet.[173]

Verluste

Bei der Betrachtung des Kriegsgeschehens zeigte sich schnell, daß unmittelbare bordärztliche Erfahrungen, aus denen sich Konsequenzen ergaben, mehr bei den Bootsverbänden als bei den schweren Einheiten gemacht wurden. Dies hatte seinen Grund darin, daß von den sechzehn größeren Kriegsschiffen, nämlich Panzerschiffen, Schlachtschiffen, Schweren und Leichten Kreuzern, die bei oder bald nach Kriegsbeginn einsatzbereit waren, fünf bereits innerhalb der ersten neun Monate verlorengingen, eins (GNEISENAU) unter Berücksichtigung von Werftliegezeiten nur etwa fünfzehn Monate einsatzfähig war, ein weiteres (TIRPITZ) etwa 24 Monate.[174] Sieht man von den alten Linienschiffen SCHLESIEN und SCHLESWIG-HOLSTEIN ab, betrugen die Einsatzzeiten der restlichen neun Einheiten tatsächlich zwischen 38 und 63 Monate, nur drei waren länger als 60 Monate einsatzbereit (ADMIRAL SCHEER, EMDEN, LEIPZIG). Verantwortlich dafür waren Beschädigungen im Kampf, Havarien, Umrüstungsplanungen und resultierende Außerdienststellungen und langwierige Instandsetzungen.
Im ›II. Kriegsanitätsbericht, abgeschlossen am 31.8.1941‹[175] – der erste ist nicht erhalten -, sind die Erfahrungen aus der frühen Kriegszeit zusammengefaßt. Der Bericht stellte zunächst fest, daß auf den zur Flotte gehörenden Schiffen die Betreuung der Kranken und Verwundeten in allen Fällen durch Sanitätsoffiziere sichergestellt war. Allerdings wurde im Hinblick auf die besonderen Verhältnisse des Kampfes zur See eingeräumt, »... daß nur etwa ein Drittel (1 779 der Verwundeten) der ärztlichen Behandlung zugeführt und wiederhergestellt werden konnten. Bei 3 935 Verwundeten war infolge Schiffsuntergangs, Ertrinkens oder der Schwere der Verwundung eine ärztliche Hilfe von vornherein unmöglich oder aussichtslos.«[176]
Speziell für die Situation bei den Bootsflottillen hieß es:
»Die erste ärztliche Versorgung der Verwundeten der zu den Sicherungsverbänden gehörenden Boote konnte in vielen Fällen nicht von Sanitätsoffizieren durchgeführt werden. Der Grund lag darin, daß es innerhalb der einzelnen Verbände immer wieder vorkam, daß Flottillen getrennt, in einzelnen, oder in Rotten fahrenden Booten eingesetzt wurden. Dadurch war es unmöglich, daß immer gerade bei der Rotte, die in Gefechtsberührung kam, ein Sanitätsoffizier an Bord war.«[177] In solchen Fällen habe sich das Setzen der Arztflagge zur Kennzeichnung der Arztboote außerordentlich bewährt.
Der Sanitätsbericht führte die im Berichtszeitraum angefallenen Personalverluste der Flotte auf und stellte sie denen der Sicherungskräfte gegenüber. Bereits Ende 1941 waren die entscheidenden Trends beim Verwundetenanfall erkennbar, die sich in den folgenden Kriegsjahren verstärken sollten. Die Ausdehnung und Intensivierung des Kriegsgeschehens bewirkte bereits im zweiten Kriegsjahr eine Erhöhung der Gesamtverluste um 129,1 Prozent.

Die Flotte verlor infolge von Verwundung	
im ersten Kriegsjahr	1 010 Soldaten,
im zweiten Kriegsjahr	2 627 Soldaten.
Der Bereich des B.S.N. zur gleichen Zeit	384 Soldaten,
beziehungsweise	183 Soldaten.
Der B.S.W. hatte außerhalb der Flotte die größten Verluste:	
Verwundet wurden im zweiten Kriegsjahr	546 Soldaten.
Wesentlich geringere Ausfälle durch Verwundung erlitt der	
B.S.O.; im ersten Kriegsjahr waren dies	212 Soldaten,
im zweiten Kriegsjahr	20 Soldaten.

Bei den der Marinestation der Ostsee, dem Kommandierenden Admiral Norwegen zugeteilten Schiffen und bei den Verbänden, die der Marinestation der Nordsee unterstellt waren, gab es 129 bzw. 71 Verwundete.

Die Gesamtverlustrate bei der Flotte lag somit in den ersten beiden Kriegsjahren etwa zweieinhalbfach höher als bei den Sicherungskräften. Sieht man allerdings von diesen vor allem durch Schiffsuntergänge verursachten Verlusten der Flotte ab, waren die Einsätze der kleineren Fahrzeuge bereits zu diesem Zeitpunkt verlustreicher. 953 Verwundete der Flotte standen nun 1 388 Verwundeten der Sicherungsstreitkräfte gegenüber.

Die Hauptursache der Verwundungen sowohl der schweren Einheiten, als auch der Kleinboote, lag bereits zu diesem Zeitpunkt in der Einwirkung von Luftstreitkräften. »Während in den vier Jahren des Weltkrieges nur 51 Soldaten auf Schiffen infolge Bombeneinwirkung ausfielen, betrugen die Verluste infolge Fliegereinwirkung bei den schwimmenden Verbänden während der ersten zwei Kriegsjahre des jetzigen Krieges 1 096 Soldaten. Von diesen wurden allein durch Bombeneinwirkung 749 verwundet. Besonders die kleinen Verbände hatten im Laufe des Krieges immer mehr unter der Einwirkung feindlicher Flieger zu leiden. ... Die große Bedeutung der Schußwaffen von Flugzeugen für die Schiffe der kleinen Verbände geht auch daraus hervor, daß z.B. der B.S.W. im zweiten Kriegsjahr 257 Besatzungsangehörige allein durch Bordwaffen englischer Flugzeuge verlor«.[178]

Der Berichterstatter stellte fest, daß bei insgesamt 147 Fliegerangriffen auf Kleinboote in den ersten beiden Kriegsjahren, bei denen die Notwendigkeit zu ärztlicher Hilfe bestand, in 75 Fällen ein Sanitätsoffizier nicht unmittelbar erreicht werden konnte. Auch bei 72 Minentreffern gelang es in 35 Fällen nicht, einen Sanitätsoffizier herbeizuschaffen. In weiteren 78 Fällen unterschiedlicher gegnerischer Einwirkung auf kleine Seefahrzeuge ließ sich die erste Verwundetenversorgung 41 mal nicht durch Sanitätsoffiziere vornehmen. Zusammenfassend mußte also bei ca. 40 Prozent der Verwundungen durch Fliegereinwirkung auf Booten der kleinen Flottillen die

so wichtige Erste Hilfe durch Sanitätspersonal, Krankenträger, Hilfskrankenträger und andere Besatzungsangehörige sichergestellt werden.
Diese hier beschriebenen großen Verluste auf den Kleinbooten erforderten die Kommandierung zusätzlichen Sanitätspersonals. Sanitätsoffiziere auf jedes Boot zu schicken, war von vorneherein illusorisch. Aber es gelang der Kriegsmarine infolge der Personallage auch nicht, jedes Fahrzeug mit einem Sanitätssoldaten zu besetzen. Deshalb wurde die Unterrichtung der Kranken- und Hilfskrankenträger und der Besatzungsangehörigen in erster Hilfeleistung weiter intensiviert. Trotz einzelner Fehler in der Versorgung Verwundeter durch Laien ließ sich bis Ende 1941 kein Fall einer Schädigung eines Verwundeten durch fehlerhafte Erste Hilfe nachweisen.
Die relativ seltene Verfügbarkeit sofortiger ärztlicher Hilfe bei Verwundungen in o.g. Berichtszeitraum sollte sich auch in den kommenden Jahren fortsetzen. Im Jahre 1942 lauteten für den B.S.N.-Bereich die entsprechenden Zahlen aus 75 vorliegenden Ärztlichen Gefechtsberichten:[179]

Erste Hilfe wurde 1942 geleistet

durch Ärzte	25 mal,
durch Sanitätspersonal	27 mal,
durch Hilfskrankenträger	5 mal,
durch Kameraden	17 mal.

Für 1943 liegen folgende Zahlen aus 113 ärztlichen Gefechtsberichten mit 43 feindlichen Angriffen auf Geleite, 22 auf Positionen, 37 auf Fahrzeuge mit Wegeaufgaben und elf in Häfen vor:[180]

Dabei erhielten Verwundete und Schiffbrüchige die erste Versorgung

durch Ärzte	25 mal entscheidend und
	26 mal kontrollierend/überwachend,
durch Sanitätspersonal	52 mal,
durch Hilfskrankenträger	
und Kameraden	54 mal.

(Bei der ärztlichen Überwachung ergeben sich Doppelzählungen).
In 16 Fällen wurden Flugsicherungsboote, in zwei Fällen Flugzeuge eingesetzt.

Im Jahre 1944 wurden im Bereich B.S.N. 167 Ärztliche Gefechtsberichte eingereicht, womit fast alle Fälle von Feindeinwirkung auf die unterstellten Einheiten erfaßt wurden, bei denen es zu Verlusten kam.[181] Der Einsatzraum der betroffenen Flottillen war überwiegend Holland und die Deutsche Bucht; nur eine MS-Flottille stand im Finnischen Meerbusen. Angriffe erfolgten auf Geleite in 47, auf Positionen in 59, bei Räum- und Wegeaufgaben in 47, im Hafen und auf Reede in neun Fällen, außerdem ereigneten sich fünf Havarien. Als Angreifer wurden genannt 105 mal Flugzeuge, 42 mal Schnellboote, 14 mal Minen und einmal Landstreitkräfte.

Bei den 167 Ereignissen erhielten die Besatzungsangehörigen die erste sanitätsdienstliche Versorgung

durch Ärzte	90 mal,
durch Sanitätspersonal	75 mal (»wesentlich … beteiligt«),
durch Kameraden	60 mal. (»bezw. wurde dies besonders erwähnt«).

Um dem Leser trotz Fehlens offizieller Verlustquoten die ungefähre Größenordnung der Gesamtverluste bei den Kleinbootsverbänden auch in den späteren Kriegsjahren nahezubringen, seien hier die erhaltenen Zahlen im B.S.N.-Bereich für die Jahre 1943 und 1944 aufgeführt:

1943	• Kriegsmarine	276 Tote,	122 Vermißte,	1 052 Verwundete,
	• Handelsmarine	6 Tote,	39 Vermißte,	29 Verwundete.
1944	• Kriegsmarine	505 Tote,	406 Vermißte,	1 909 Verwundete,
	• Handelsmarine	6 Tote,	24 Vermißte,	21 Verwundete.

Unter den Sanitätsoffizieren gab es 1943 zwei Verwundete, dreimal ging der Arzt über Bord. Bei den Sanitätsdienstgraden waren ein Toter und fünf Verwundete zu beklagen. 1944 fiel Marinestabsarzt d.R. Dr. Martin Lentrodt am 19. September 1944 an Bord seines durch mehrere Fliegerangriffe schwer getroffenen Bootes, während der Versorgung der Verwundeten. Vier Flottillenärzte wurden verwundet, von denen zwei mehrere Monate ausfielen. Mehrfach gingen Sanitätsoffiziere über Bord. Darüber hinaus fielen vier Sanitätsdienstgrade, einer verunglückte tödlich.

Für den Bereich des B.S.W. nannte Ruge die folgenden Verluste[182]:

1941 301 Tote und Vermißte,
694 Verwundete, davon waren
216 Tote und
611 Verwundete Opfer von Luftangriffen.

1942 576 Tote und Vermißte
1 071 Verwundete

1943 458 Tote und Vermißte
965 Verwundete.

Für 1944 finden sich bei Ruge keine Angaben zu den personellen Verlusten. Die Dienststelle B.S.W. wurde mit dem 30. September 1944 aufgelöst.

Im F.d.Z.-Verband zeigen die Vergleichszahlen der Jahre 1942 und 1944 eine außerordentliche Steigerung der Personalverluste:

1942 30 Offiziere, 907 Unteroffiziere und Mannschaften gefallen.

1944 elf Offiziere, 209 Unteroffiziere/Mannschaften in Gefangenschaft, 19 Offiziere und 632 Unteroffiziere/Mannschaften gefallen, 59 Offiziere und 1 407 Unteroffiziere und Mannschaften vermißt.

Die Schnellbootwaffe umfaßte Anfang November 1943 eine Personalstärke von 223 Offizieren, 1794 Unteroffizieren und 4758 Mannschaften. Die Verluste betrugen bis dahin 249 Tote, 74 Vermißte, 309 Verwundete und 106 Gefangene. Den Hauptanteil hatten die im Westraum eingesetzten Einheiten mit 162 Toten, 49 Vermißten, 197 Verwundeten und 91 Gefangenen. Im Schwarzen Meer wurden 42 Tote und 49 Verwundete registriert und im Mittelmeer 37 Tote, 25 Vermißte, 53 Verwundete und 15 Gefangene.

Bis zum Kriegsende stiegen die Personalverluste nach nicht ganz vollständig erfaßten Zahlen[183]:

Mittelmeer	105 Tote und Vermißte
	114 Verwundete
	15 Gefangene
Ostsee	45 Tote
	20 Verwundete
Westen	557 Tote und Vermißte
	422 Verwundete
	307 Gefangene
Schwarzes Meer	60 Tote
	64 Verwundete
Summe	767 Tote und Vermißte,
	620 Verwundete, 322 Gefangene,
	zusammen 1 697 Mann.

Diese Zahlen der einzelnen Typkommandos seien hier in Relation gesetzt zu den Gesamtverlusten der Kriegsmarine infolge Feindeinwirkung beispielhaft in einem Kriegsmonat, nämlich dem Februar 1944. Diese hier aufgeführten Zahlen sind einer regelmäßig erstellten monatlichen ›Krankenbewegung der Kriegsmarine‹ entnommen, die im Militärarchiv aber nur für den Zeitraum Januar und Februar 1944 vorhanden ist.[184]

Feb. 1944	1 532 Tote –	darunter 207 durch Fliegereinwirkung
		137 durch Artillerie/Minen/Torpedo
		1 188 durch ungeklärte Ursachen (v.a. U-Boot-Verluste)
	468 Verwundete –	darunter 198 durch Fliegereinwirkung
		270 durch Artillerie/Minen/Torpedo

Diese hohen Personalverluste mit dem Verhältnis ›Tote : Verwundete = 3 : 1‹ waren ganz überwiegend auf Untergänge von U-Booten zurückzuführen, bei denen es häufig kaum Überlebende gab.

In einer zusammenfassenden Betrachtung der gesamten personellen Verluste der Kriegsmarine kommt einer der Verfasser für den Zeitraum vom 1. September 1939 bis 30. April 1945, ohne die letzten verlustreichen Kriegstage, für die keine offiziellen Zahlen vorliegen, zu folgender Bilanz:[185]

Tote:	65 029
Vermißte und Kriegsgefangene:	105 256
als dauernd untauglich entlassen:	12 859
Fahnenflüchtige:	259

Da viele Quellen jedoch bei Kriegsende verloren gegangen sind, können diese Angaben auch heute nur als Anhaltspunkte gewertet werden. Exaktere Zahlen sind nicht mehr zu erwarten.

Ausstattung der Fahrzeuge mit Sanitätsmaterial

Die Ausstattung der Schiffe und Boote war im ›Soll der Sanitätsausrüstungen (S.d.S.)‹ festgelegt, das in verschiedenen Teilen der M.Dv.Nr. 271 ab 1939 bis spätestens 1943 vorlag.[186] Sie wurde im Laufe des Krieges immer wieder durch ›Deckblätter‹ und ›Handschriftliche Berichtigungen‹ ergänzt. Die M.Dv.Nr. 271/1, ›Allgemeine Bestimmungen‹ von 1939, nachgedruckt 1943, verpflichtete die Schiffs- und Flottillenärzte zur vierteljährlichen Überprüfung des Bestandes. »Ältere Bestände und Muster« waren zunächst an Bord zu geben und vorrangig zu verbrauchen. Der Sanitätsoffizier konnte zusätzlich zu den für seinen Bereich vorgesehenen Arzneimitteln auch solche mit vorheriger Genehmigung durch das Sanitätsamt anfordern, die in der ›Zusammenstellung für Marinelazarette‹[187] enthalten waren. Besondere Hinweise bezogen sich auf den Verkehr mit Betäubungsmitteln, die Pflichtschutzbehandlung gegen Geschlechtskrankheiten und den ›Gasschutz‹. Zusätzlich wurde angeordnet: »Versuche mit neuen Erfindungen, Mustern, Zusammensetzungen von Geräten und Gebrauchsgegenständen dürfen nur mit Genehmigung des Oberbefehlshabers der Kriegsmarine gemacht werden. Leistungsbescheinigungen, Werturteile, Mitteilungen über Heilerfolge und dergleichen an die Herstellungs- oder Lieferfirma sind den Dienststellen, den einzelnen Sanitätsoffizieren, Beamten und Angestellten verboten.«[188]

Die M.Dv.Nr. 271/2 von 1939 mit Nachdruck von 1943 legte die ›Sanitätsausrüstungen der Schiffe mit Apothekeneinrichtung‹ fest. Eine solche Einrichtung stand Schiffen mit eingeschifftem Sanitätsoffizier zu, im Umfang abgestuft nach einer Besatzungsstärke von »unter 400« bis »über 1 500«. Dazu gehörten alle Instrumente und Einrichtungen für ein chirurgisches Vorgehen, für die Narkose, Röntgendiagnostik und zahnärztliche Behandlung.

Schiffe ohne Apothekeneinrichtung wurden nach der M.Dv.Nr. 271/3 (1940, Nachdruck 1943) ausgerüstet. In dieser Dienstvorschrift sind getrennt aufgeführt die Sanitätsschrankausrüstung für

- Flottillen,
- Zerstörer,
- Sonderfahrzeuge,
- Schiffe ohne Sanitätsoffizier, aber mit Sanitätsdienstgrad,
- Schiffe ohne Sanitätsdienstgrad,
- Fahrzeuge für den Fischereischutz,
- Truppentransporte auf Handelsschiffen,

• Unterseeboote,
• Unterseeboote bei Fernfahrten.

Auch die Arztboote erhielten danach je einen Operationstisch in einer eigenen Packtasche, einen Sanitätsschrank und eine Sanitätstasche für Sanitätsoffiziere. So konnte der Arzt auch hier kleinere chirurgische Eingriffe vornehmen. Die Sanitätsausrüstung für Zerstörer entsprach im Großen und Ganzen der der Arztboote in den Flottillen. Als ›Sonderfahrzeuge‹ galten Schiffe/Boote mit Sanitätsoffizier, denen infolge der geringen Besatzungsstärke eine Apothekenausrüstung nicht zustand. Auch diese Fahrzeuge wurden ausgerüstet, wie die vorgenannten.

Für die ›Sanitätsausrüstung für Schiffe ohne Sanitätsoffizier, aber mit Sanitätsdienstgrad‹, bestand die folgende Weisung:

1. »Eine Krankenhängematte mit Rahmen zum Zusammenklappen und mit Zubehör (Matratze, Tragestäbe) ist von der ausrüstenden Kriegsmarinewerft anzufordern.
2. Der Kommandant des Schiffes erhält vom Marinesanitätslager zehn Ampullen Morphiumlösung zu 0,02 g in ein ccm, die er persönlich unter Verschluß aufzubewahren hat. § 18 der »Anleitung zur ersten Hilfeleistung bei Unfällen und Kampfstoffverletzungen (A.z.H. – M.Dv. Nr. 269) unterrichtet, in welchen Fällen Morphiumlösung angewandt wird, wie die Lösung einzuspritzen ist und welche Verbrauchsmeldungen zu erstatten sind.
3. Bei Abwesenheit des Sanitätsdienstgrades ist der Kasten zur Pflichtschutzbehandlung einem vertrauenswürdigen und in der Handhabung der Pflichtschutzbehandlung besonders vorgebildeten Mann zu übergeben. Die in dem Kasten enthaltenen Sublimatpastillen sind vom Kommandanten unter Verschluß zu halten.
4. Ergänzung der Pflichtschutzbehandlungsmittel ist durch den zuständigen Sanitätsoffizier anzufordern (vgl. M.Dv. Nr. 271/5).«[189]

Für diese Boote war lediglich der Kasten zur Pflichtschutzbehandlung, ein Sauerstoffbehandlungsgerät, eine Transporthängematte und eine Sanitätskiste vorgesehen, die nur einfache Geräte, Instrumente und Medikamente enthielt. Ihr Inhalt ist in der M.Dv.Nr. 271/5, ›Sanitätsbehältnisse‹ (1939, Nachdruck 1941) angegeben. Die ›Sanitätsausstattung für Schiffe ohne Sanitätsdienstgrad‹ war naturgemäß noch einfacher. Sie zeigte nur geringe Unterschiede zwischen den einzelnen Bootstypen, verschieden »je nach Verwendung und Besatzung«. Ab 15 Mann Besatzung erhielten sie einen Verbandkasten Nr. II, »und zwar für je angefangene 60 Mann je ein(en) Verbandkasten«. Krankentransporthängematten standen zwar Minensuchbooten, Geleitbooten und Torpedobooten zu, nicht aber Räumbooten, Schnellbooten und U-Booten.[190]

Die ›Sanitätsausrüstungen für Truppentransport auf Handelsschiffen‹ waren unterschiedlich, je nach Bestimmung und Dauer (bis zu vier Tagen) des Transportes, für Transporte ohne Sanitätsoffizier außerhalb von Nord- und Ostsee, und für Transporte mit Sanitätsoffizier. Im letzten Falle sollte das zuständige Marinesanitätslager eine ›Erweiterte Sanitätsschrankausrüstung‹, je ein Instrumentenbesteck Nr. I und Nr. II und eine Krankentrage liefern.[191]

Der Inhalt der ›Sanitätsbehältnisse‹ war im Soll der Sanitätsausrüstungen (S.d.S.), Teil 5, zugleich M.Dv.Nr. 271/5 (1939, Nachdruck 1941), beschrieben, die »Instrumentenbestecke und ärztlichen Geräte« im Teil 6 des S.d.S., zugleich M.Dv.Nr. 271/6 (1941, Nachdruck 1943). Schließlich vermittelte Teil 7 des S.d.S., M.Dv.Nr. 271/7 (1940, Nachdruck 1943) tabellarisch das Ausstattungssoll für Geräte und Verbrauchsgegenstände aller aufgeführten Schiffe und Boote, und ein Anhang gab im gleichen Sinne eine Übersicht über die auf den verschiedenen Fahrzeugen vorgesehenen »Sanitätsbehältnisse«. Zu den Verbandkästen heißt es hier:

»Jeder Zerstörer, jedes Torpedoboot, Geleit- und Minensuchboot erhalten einen Verbandkasten I, und für je angefangene 60 Köpfe Besatzungsstärke einen Verbandkasten II. Über den dritten Kasten II hinaus erst dann, wenn von den nächsten 60 Köpfen Besatzungsstärke mehr als 30 vorhanden sind. Ferner erhalten jeder Zerstörer je einen Verbandkasten III und IV, jedes Torpedo- und Geleitboot einen Verbandkasten III und jedes Minensuchboot einen Verbandkasten IV. ... Der Inhalt des Kastens I dient für den laufenden Bedarf. Die Verbandkästen II, III und IV sind nur für besondere Fälle bestimmt und vom Bootskommandanten unter Siegelverschluß zu halten. Auf Zerstörern und Booten mit Arzt ist dieser auch für die Verwahrung der Kästen II bis IV verantwortlich. Der Inhalt der Kästen III und IV ist ausschließlich zum Füllen der Gefechtsverbandtaschen bestimmt, die leer in den Verbandkästen sich befinden. Jede Gefechtsverbandtasche ist bei Klarschiff mit folgenden Gegenständen aufzufüllen:

1 emaillierte Flasche mit Borsäurelösung (wenn Augentupfertasche vorhanden, in diese aufzunehmen),
1 Abschnürbinde,
2 Brandbinden,
1 Schnellverband B,
2 kleine Verbandpäckchen,
1 mittleres Verbandpäckchen,
1 großes Verbandpäckchen,
100 g entfettete Watte in Bindenform.«[192]

Im gleichen Zusammenhang ist festgelegt, daß die Kommandanten dieser Boote 50 Ampullen Morphiumlösung 0,02 g in ein ccm »persönlich unter Verschluß aufzubewahren« haben. Damit sind die materiellen Voraussetzungen für die erste Hilfeleistung nach dem Gefecht angesprochen.

Schließlich war die ›Zahnärztliche Ausrüstung‹ im Teil 8 des S.d.S., M.Dv.Nr. 271/8, von 1943 aufgeführt. Und einige Ergänzungen bot das ›Soll der Kriegssanitätsausrüstungen‹, M.Dv. Nr. 216/1,[193] vor allem bei der unterschiedlichen sanitätsdienstlichen Versorgung der U-Boote (vorübergehend oder ständig eingeschiffter Sanitätsoffizier, Sanitätsunteroffizier mit Sonderausbildung) und als Zusatz für ›Schiffe bei Atlantikverwendung‹.

Vorbereitung und Stellung der Schiffs- und Flottillenärzte

Die Ausbildung der aktiven Marinesanitätsoffiziere der Crews 1935–1938 erfolgte bis 1940 gemeinsam mit den Sanitätsoffizieranwärtern von Heer und Luftwaffe an der Militärärztlichen Akademie in Berlin, ab 1940 eigenständig an der Marineärztlichen Akademie in Kiel, die im Frühjahr 1941 endgültig nach Tübingen verlegte. Marinesanitätsoffizieranwärter der Reserve waren zunächst in Königsberg zusammengefaßt und ab März 1941 nach Freiburg versetzt und dort als 2. Abteilung der Marineärztlichen Akademie im Katholischen Konvikt untergebracht. Später wurde auch in Straßburg und in Wien studiert. Enstehung und Wirken dieser Ausbildungsstätten sind ausführlich im Rahmen einer Dissertation von Stefan Apel[194] untersucht worden. Eine detaillierte Betrachtung der Erziehung und Ausbildung zum Marinesanitätsoffizier in der Kriegsmarine anhand der Crew XII/39 San stammt von Hans-Joachim Maurer[195]. Die Stärke der Crew 39a (San) betrug sechsunddreißig Sanitätsoffizieranwärter, die Crew 39b (San) umfaßte sechzig Personen. Während der Semesterferien wurden die Sanitätsoffizieranwärter, wie auch der Großteil der Gruppenoffiziere und Kompaniechefs der Marineärztlichen Akademie in Marinelazaretten und auf fahrenden Einheiten an der Front fachdienstlich eingesetzt. Die Crew 39 ging so am Ende des Trimesters 1941 (Vorlesungsende 29. März 1941) in den Fronteinsatz. Die Sanitätsoffizieranwärter hatten schließlich ein normales Medizinstudium mit Vorphysikum (nach zwei Semestern), Physikum (nach vier Semestern) und Staatsexamen (nach zehn bis elf Semestern) absolviert. Allerdings endete das Wintersemester 1939/40 bereits am 31. Dezember 1939, 1940 wurden kriegsbedingt Trimester eingeführt, so daß z.B. die Sanitätsoffiziere der Crew 36 von April 1936 bis August 1940 insgesamt zehn Semester studiert und das Staatsexamen abgelegt hatten. Die an der Militärärztlichen Akademie in Berlin und der Marineärztlichen Akademie in Tübingen Studierenden konnten zusätzlich zu den vorgeschriebenen Kursen und Praktika auch spezielle Unterrichte in Kriegschirurgie, Tropenmedizin und Hygiene belegen. Ebenfalls gab es in den letzten Semestern Kurse über Kampfstoffe, Verbandlehre mit praktischen Übungen und bei der Marine theoretische Unterweisungen in Revierführung und Krankentransporte.

Die vorgeschriebenen Zeiten im Krankenpflegedienst und für Famulaturen führten zu den erwähnten Kommandierungen in Marinelazarette oder auf Lazarettschiffe. Nach bestandenem Zugführerlehrgang und Vorphysikum erfolgte die Beförderung zum Marinesanitätsfähnrich, nach dem Physikum die zum Marinesanitätsoberfähnrich und nach absolviertem Staatsexamen wurde man zum Marineassistenz-

arzt ernannt. Danach schloß sich bis zur Vollapprobation eine Tätigkeit in Lazaretten an, die die noch geringen praktischen Fertigkeiten ausbilden sollte. Kamen diese jungen Sanitätsoffiziere früh in relativ selbständige Dienststellungen, so konnte es vorkommen, daß Reservisten im gleichen Dienstgrad ihnen in der Berufserfahrung überlegen waren. Dem steht entgegen, daß diese Marineärzte, wenn sie auf ihre Aufgabe hinreichend vorbereitet waren, unter großem persönlichen Einsatz Vorbildliches geleistet haben. Beispiele hierfür finden sich in den folgenden Passagen.
Unter normalen Verhältnissen erhielt der aktive Sanitätsoffizier seine klinische Weiterbildung in Form von ›kleinen‹ und ›großen‹ Kommandos an Fachabteilungen der Lazarette oder der Universitätskliniken, die bis zur Anerkennung als Facharzt gingen. Von dieser Möglichkeit ist auch im Kriege in erstaunlichem Umfange noch Gebrauch gemacht worden. Andererseits kam es vor, daß vor allem jüngere, die ihr Studium erst im Kriege abschlossen, die notwendige praktische Erfahrung nicht erwarben. Dies war sicherlich die Folge des großen Bedarfs an Ärzten auf allen Kriegsschauplätzen. Es gelang häufig nicht, die personellen Lücken qualitativ befriedigend zu schließen. So notierte der ›Leitende Sanitätsoffizier beim Admiral norwegische Nordküste‹, Marineoberstabsarzt Dr. Conrädel, in seinem Ärztlichen Kriegstagebuch am 26. Februar 1945 (!): »Es hat sich bei den Dienstreisen als sehr wünschenswert erwiesen, einen Teil der San.Offz. zur medizinischen Auffrischung für kürzere Zeit an die Lazarette zu kommandieren. Die San.Offiziere sind z.T. seit Beginn des Krieges im Truppendienst eingesetzt, zum Teil haben sie während des Krieges ihr Studium beendet und verfügen über eine geringe klinische Erfahrung. Da Lehrgänge in der Form wie sie geplant waren und im Herbst letzten Jahres von hier vorgeschlagen wurden, bei der derzeitigen Lage nicht durchführbar sind, wird in der kurzfristigen Kommandierung, Dauer etwa drei bis vier Wochen, einzelner San.Offz. mit Vertretungsregelung im Bereich, die z.T. einzig mögliche Form zur Weiterbildung gesehen. Der Anfang wurde bereits gemacht. Im Austausch mit Marinelazarett Drontheim wurde ein Marinestabsarzt, dem jegliche chirurgische Ausbildung fehlt, für die Dauer von vier Wochen ins Marinelazarett Drontheim kommandiert. Im Laufe der nächsten Monate sollen weitere Kommandierungen folgen.«[196]
Nach Beendigung ihres Studiums und nach ihrer Assistenzarztzeit von ein bis zwei Jahren wurden die Sanitätsoffiziere gewöhnlich zu schwimmenden Verbänden oder zu Marineartillerie- und Marine-Flakabteilungen versetzt. Sie waren zu diesem Zeitpunkt nicht älter als 25 Jahre.
Unter welchen Gesichtspunkten die Kommandierung eines Sanitätsoffiziers zu der jeweiligen Fronteinheit verlief, läßt sich im einzelnen nicht mehr nachvollziehen. Arnfried Kleemann stellte eine Synopse der Kriegsverwendung von neun Angehörigen seiner Crew 36 dar[197]. Danach legten diese im Herbst 1940 das Staatsexamen ab und wurden zunächst auf Marinelazarette im Westen verteilt. Ein Jahr später, im Herbst 1941 wurden die ersten drei zu Frontflottillen versetzt (Schnellboot- und Unterseebootflottillen), während der Rest weiter in ihren Lazaretten praktizierte.

Die letzten Crewmitglieder traten nach zweijähriger Weiterbildung erst im September 1942 ihre Bordkommandos an.
Marineoberassistenzarzt Dr. Georg Hoffmann, Mitglied der Crew 35, absolvierte vor seiner Flottillenarztzeit in der 2. S-Flottille sogar 27 Monate Weiterbildung, darunter ein Jahr Innere Medizin und sieben Monate Chirurgie. Allerdings bestanden in dieser Zeit kaum Möglichkeiten zur Verwundetenversorgung, der Tätigkeit, die später für ihn zur größten Herausforderung werden sollte. Er half diesem Mangel ab, indem er zeitweise bei niedergelassenen Unfallärzten praktizierte. Der Stellenwert der Unfallchirurgie, der Katastrophen- und Rettungsmedizin war in den dreißiger und vierziger Jahren noch nicht so hoch wie heute, so daß zwangsläufig eine gewisse Unsicherheit beim Umgang mit akut Verletzten resultierte. »Zum Glück haben die von uns Betreuten nichts davon gemerkt, und wir wuchsen durch do it yourself zwangsläufig in unsere Position hinein.« [198]

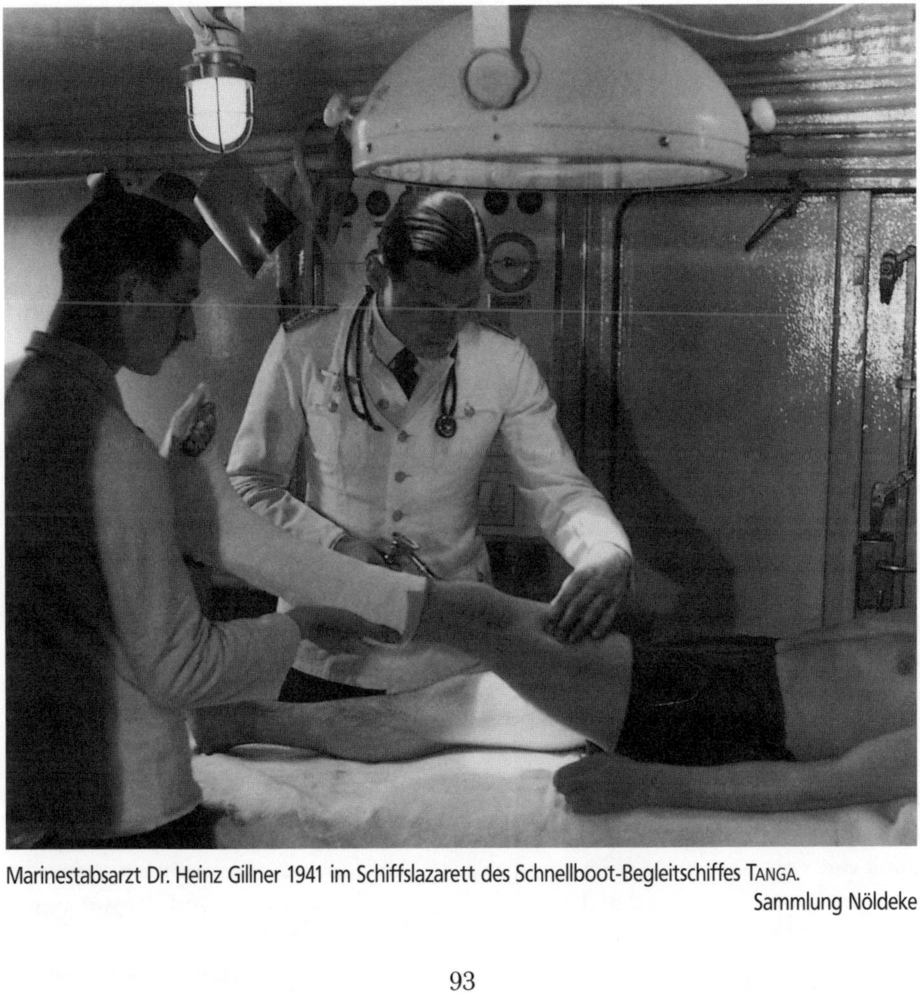

Marinestabsarzt Dr. Heinz Gillner 1941 im Schiffslazarett des Schnellboot-Begleitschiffes TANGA.
Sammlung Nöldeke

Die in den Frontflottillen eintreffenden, jungen Marineassistenz- und Marineoberassistenzärzte hatten also außer ihrem gedrängten Studium und einer forcierten Assistenzarztzeit an den Marinelazaretten kaum praktische Erfahrungen in der Versorgung von in kurzer Zeit anfallenden zahlreichen Verwundeten. Kleemann bemerkte später zu den unmittelbaren Folgen: »Sie vermochten auch kaum die bösscherzhaften Witze zu parieren, die in Offiziermessen üblich waren, wie ›Keine Krankheit ist so harmlos, daß sie nicht durch Hinzuziehung eines Marinearztes zum sicheren Tode führt!‹ Ein Schiffs- oder Flottillenarzt mußte geradezu wünschen, daß möglichst bald der Ernstfall einträte, damit er sich durch Leistung Achtung verschaffen konnte.«[199] Auch gewisse Unterschiede zwischen Marineärzten der Reserve und Aktiven wirkten sich auf die Arbeit in der Flottille aus: »Ich hatte einen MObAssArzt d.R. abzulösen, der im Zivilberuf eine große Praxis hatte. Sein berechtigtes Selbstvertrauen hatte ihm eine exklusive Stellung in Messe und bei Besatzungen geebnet. Als ich auch noch sofort mit Verbesserungsvorschlägen und Raum- und Materialforderungen kam, war nicht zu übersehen, daß mein Ansehen gleich Null war.«[200]

Doch die Vorbehalte und herablassende Haltung mancher Seeoffiziere änderten sich rasch nach den ersten Gefechten, in denen die Bordärzte zwangsläufig gefordert wurden. »Mit Zunahme der Kriegshandlungen für die Marine (ab Sommer 1940) und Erleben der ersten Verluste und Verwundungen änderte sich die gelegentliche Arroganz in Verlegenheit, in verwunderte Anerkennung.«[201] Heinz Gillner, der als Flottillenarzt der 6. S-Flottille auch zeitweise die Funktion eines Verbandsarztes beim F.d.S. versah, faßte zusammen, daß »die Anerkennung seitens der Besatzungen und Vorgesetzten … bei uns geradezu einmalig und vorbildlich gewesen ist.«[202] Da die eigentliche ärztliche Leistung in See von Laien, und um solche handelte es sich bei den Offizieren der Boote, nur schwer bewertet werden konnte, wurden die Sanitätsoffiziere an Bord auch an anderen Gesichtspunkten gemessen. Die persönliche Integrität, ein fester Charakter und ethische Eigenschaften und selbstverständlich auch die allgemeinen soldatischen Tugenden wie Kameradschaft, Tapferkeit, Mut und patriotische Motivation des Sanitätsoffiziers spielten in den Flottillen eine bedeutende Rolle.

Wie in der U-Boot-Waffe[203] wurde der Einsatz von Ärzten auch auf den kleineren Überwasserfahrzeugen sehr kontrovers diskutiert. Die Gegner einer Verwendung von Sanitätsoffizieren an Bord führten immer wieder an, daß die Möglichkeiten ärztlichen Handelns z.B. auf Schnellbooten während der Einsätze doch sehr beschränkt sind. Es konnte gewöhnlich nur auf *einem* Boot eine ausreichende Versorgung sichergestellt werden, da ein Übersteigen des Sanitätsoffiziers vom Arztboot auf eine Einheit mit Verwundeten oder Kranken sich aus operativen Gründen oder auch wegen der Wetterbedingungen häufig verbat. Lediglich auf dem Arztboot ließ sich somit eine wirksame Erste Hilfe gewährleisten. Aber auch dort waren weitergehende ärztliche Maßnahmen infolge der eingeschränkten Infrastruktur und der nur weni-

ge Stunden andauernden nächtlichen Einsatzphasen kaum durchzuführen. Aus diesen Gründen sah vor allem die Führung des Marinesanitätsdienstes sinnvolle Einsätze von Ärzten eher in den Marinelazaretten als an Bord von Kleinbooten. Für die dortige Sanitätsversorgung wurde im Laufe der Zeit der Einsatz von speziell ausgebildeten Sanitätsunteroffizieren mit Sonderausbildung erwogen. Ähnlich drängend wie bei der U-Boot-Waffe wurden diese Überlegungen allerdings nicht, da die Verluste der Ärzte auf U-Booten wesentlich höher gewesen sind, als bei den Überwassereinheiten. Der ›Führer der Schnellboote‹, Kommodore Rudolf Petersen, der den Sanitätsdienst und die Sanitätsoffiziere seines Befehlsbereiches ohnehin hoch schätzte[204], hatte jedoch die Einschiffung der Ärzte, auch aus Gründen der moralischen und psychologischen Unterstützung der Besatzungen, befohlen. Ebenso hielt das Gros der Flottillenchefs und Kommandanten die Mitnahme der Sanitätsoffiziere während der Einsätze für unbedingt notwendig, in vielen Fällen ›riß‹ man sich geradezu um den Arzt. »Rührend die Rangelei bei den Kommandanten, wessen Boot den Doktor zum Einsatz mitnimmt, wenn das feste ›Doktor-Boot‹ ausgefallen war.«[205]
Während seiner dreijährigen Tätigkeit als Flottillenarzt nahm Gillner an allen (56) Feindfahrten seiner Flottille teil. In dieser Zeit gelang es ihm, zu den Kommandanten ein Vertrauensverhältnis von außerordentlich hohem Wert aufzubauen. Für die Besatzungen ergab sich ein Gefühl der Sicherheit und Geborgenheit, wenn der Flottillenarzt beim Einsatz auf einem der Boote mitfuhr. Gillner selbst war gelegentlich ärztlich sehr gefordert. »Zwei solcher besonderen Einsatzmöglichkeiten sind mir besonders in Erinnerung geblieben: Nach dem Angriff auf einen Geleitzug und erfolgreichem Torpedoschuß auf einen Dampfer mitten heraus mußten die Boote mit A.K. abdrehen; die Begleitzerstörer hatten uns aber schnell erfaßt und mit Artilleriefeuer gut eingedeckt. Trotz der überlegenen Schnelligkeit der S-Boote wurde die Situation bedrohlich, da bei stärkerem Seegang die Zerstörer mit ihrer höheren Back im Vorteil sind, außerdem begann die Radar-Überlegenheit des Gegners sich unangenehm auszuwirken; wir mußten uns ablaufend einnebeln, dabei blieb ein Nebeltopf an der Seereling hängen, und beim Versuch, diesen zu lösen, erlitt ein Obermaat schwerste Verätzungen im Gesicht, beiden Augen und Händen. Hier war die Lokal- und Schockbehandlung während der Heimfahrt zum Stützpunkt ein echtes ärztliches Anliegen. Der zweite Fall passierte bei ähnlichem Anlaß, wieder beim Ablaufen in Höchstfahrt mußten wir die Besatzung eines sinkenden Bootes retten; das Boot war verloren, die Männer konnten trotz Feindeinwirkung geborgen werden – trotz der Enge konnte die ärztliche Behandlung der Verwundeten, Unterkühlten und Schockpatienten durchgeführt werden.«[206]
Hoffmann, der in drei Jahren 90 Fronteinsätze im Kanal erlebte, unterstrich, seine ärztliche Rolle etwas untertreibend, die psychologische Bedeutung der Einschiffung des Sanitätsoffiziers: »Entscheidend für unseren Einsatz an Bord war nur in zweiter Linie die Versorgung der Verwundeten, die von einem guten und geschulten San.Maat hätte ebensogut ausgeführt werden können. In erster Linie spielte

der psychologische Faktor eine viel stärkere Rolle bei den Mannschaften, die Gewißheit, daß bei uns der Doktor mitfährt. ... Rückblickend entschied im Gefecht die Schwere der Verletzung über das Schicksal des Verwundeten. Auch wenn mir einmal die Laudatio zuteil wurde, daß ohne mein Eingreifen viele Kameraden das Leben verloren hätten, so kann ich mich nicht an einen Fall erinnern, wo das tatsächlich der Fall gewesen ist.«[207]

Kleemann, der in einem Jahr flottillenärztlicher Tätigkeit am Kanal immerhin 77 Schnellboot-Einsätze mitfuhr, ging sogar noch weiter und berichtete, er habe an Bord während der gesamten Zeit nichts geleistet, als nur da zu sein.[208]

Auf den zahlreichen Feindfahrten gelang es den Flottillenärzten, sich zusätzlich gute seemännische und gewisse taktische Kenntnisse anzueignen. »Auch sehr wichtig, wenn der Doktor als erster den Zerstörer zwei Strich an Backbord aussingen konnte.«[209] In Einzelfällen besaßen die Ärzte eine größere Seefahrtspraxis als manche Kommandanten. In diesen Zusammenhang bedarf auch die besondere Vertrauensstellung und Unterstützungsfunktion des Sanitätsoffiziers für den Kommandanten der Erwähnung, die sich aus der Tatsache ergab, daß der Arzt als einziger Offizier neben dem Kommandanten einen vertraulichen Ansprechpartner darstellte. In einzelnen Fällen wurden Flottillenärzte jüngeren Kommandanten als W.O. oder als sog. ›Einpeitscher‹ zur Hilfe mitgegeben. Hierunter verstand man Offiziere mit der Erfahrung vieler Feindfahrten, die jüngeren, neu an die Front kommandierten Schnellbootkommandanten beratend zur Seite gestellt wurden. In der Personalakte von Gillner heißt es beispielsweise: »... ist ein begeisterter Seefahrer; bei seinem Einsatz in der Flottille, besonders im Kanal, hat er sich auf 56 Feindfahrten in seemännischer und nautischer Beziehung soviel Kenntnisse angeeignet, daß er ein Schnellboot selbst fahren kann. Er wurde deshalb jung zur Flottille kommandierten Kommandanten als Beifahrer mitgegeben.«[210] Gillner ließ sich außerdem mit Zustimmung des Flottillen- und Verbands-Ingenieurs jeweils auf der Marschfahrt als sog. ›Fahrmaat‹ einsetzen, um die gerade vom Maschinenpersonal der Schnellboote immer wieder geklagten Belastungen psychischer und nervlicher Art nachzuvollziehen. Allerdings überließ er bei Feindberührung diesen Arbeitsplatz sofort wieder dem dafür ausgebildeten und vorgesehenen Soldaten, da die prompte Reaktion des eingefahrenen Maschinenpersonals oft schicksalentscheidend für Boot und Besatzung war.

In der Beurteilung von Marineoberassistenzarzt Dr. Ralf Wendt beschrieb der Flottillenchef seinen Arzt als »nicht nur gern gesehener Gast, sondern dem jeweiligen Kommandanten eine tatsächliche Stütze. Er wurde zuletzt auf Grund seiner Erfahrungen jüngeren Kommandanten als W.O. beigegeben.«[211] Die Frage der Übereinstimmung solcher nicht berufsspezifischer Einsätze von Ärzten mit der Genfer Konvention war vorher mit dem F.d.S. und dessen Rechtsberater, dem Marinekriegsgerichtsrat vom Stabe, geklärt worden, um mögliche Vorwürfe wegen Verletzung der Bestimmungen ausschließen zu können. Demnach sollte ein aktives, nicht-

fachliches Eingreifen des Arztes erst nach Ausfall des Führungspersonals umgesetzt werden. Eine regelrechte Fahrausbildung erhielten Schnellbootärzte erst in den letzten Kriegsjahren vor Antritt des eigentlichen Kommandos im Rahmen einer Kurzkommandierung zur Schnellbootslehrdivision nach Swinemünde[212]. Im Rahmen dieser Lehrdivision erfolgte auch auf sanitätsdienstlichem Gebiet eine gezielte Ausbildung für den Einsatz durch fronterfahrenes Personal. Zur Einsatzklarheit eines Schnellboots vor der Zuführung in eine Frontflottille gehörte routinemäßig auch die Überprüfung des Bordsanitätsdienstes.
Die bereits angesprochene knappe Personaldecke im Marinesanitätsdienst führte zunehmend in allen Bereichen dazu, daß Marinesanitätsoberfähnriche -zumindestens vertretungsweise- als Flottillenärzte, als Abteilungsärzte bei Marine-Artillerie-Abteilungen oder im ›hilfsärztlichen Dienst‹ an Bord von Lazarett- oder Verwundetentransportschiffen verwandt wurden, wo sie sich durchsetzen und bewähren mußten. So wurden die Mitglieder der Crew 40 von August bis November 1944 als ›Hilfsärzte‹ in den Fronteinsatz geschickt.
S. Schneider, 1942 Marinesanitätsoberfähnrich d.R. im 7. Semester, berichtete den Verfassern[213] über seinen Einsatz bei einer in St. Nazaire stationierten Flottille, deren Flottillenarzt zu Schneiders Überraschung sich bei seinem Eintreffen auf Urlaub befand. Er erkannte eine Durchfallerkrankung bei der 2. M-Flottille an Bord des Tenders Königin Luise als Typhus, und es gelang ihm gegen den Widerstand der örtlichen Verwaltung, trotz anfänglichen Widerstandes alles zur Diagnostik erforderliche Material herbeizuschaffen. Schneider war es zuvor gelungen, während einer Famulatur in einem großen Königsberger Lazarett chirurgische Fertigkeiten zu erwerben. Im folgenden Frühjahr diente er, wieder als stellvertretender Flottillenarzt, nun nach Absolvieren des 8. Semesters, an Bord des Schnelles Geleitboot 3. Die dem Flottillenarzt zustehende Einzelkammer mußte er sich erkämpfen. Als sein Kommandant während einer Geleitzugfahrt von der Biskaya nach Brest an einer schweren Angina lacunaris erkrankte, gelang es ihm natürlich nicht, diesen, der auch Geleitzugführer war, an die Koje zu fesseln. Es entwickelte sich ein bedrohlicher Tonsillarabszeß, den er nicht zu inzidieren wagte. Er hielt die Erkrankung mit Eis und einigen Medikamenten stabil, war aber froh, als beim Einlaufen in den Hafen von Brest der angeforderte Krankenwagen an der Pier stand und der Kommandant in fachärztliche Behandlung kam. – Das Kriegsende erlebte Schneider, der sein Studium im November 1944 hatte beenden können, als ›letzter Hafenarzt von Swinemünde‹. Er verließ die Insel Usedom mit den letzten evakuierten Soldaten am 5. Mai 1945 an Bord von drei Fährprämen, die wohlbehalten Kopenhagen erreichten.
Auch Hans Schadewaldt, Angehöriger der Crew 40, wurde mehrfach auf Kleinbooten an der Front eingesetzt und schilderte seine Eindrücke: »Ich erlebte meine erste Bordzeit als Sanitätskadett auf Minenräumschiff 12, das vor der Küste von Blankenberge seine Barkassen zum Räumen von Ankertauminen aussetzte, eine

damals geradezu idyllische Art der Seekriegführung. Das sollte sich freilich bald ändern. Inzwischen, zum Marinesanitätsfähnrich befördert, folgte ein Jahr später ein sehr viel ernsteres Seefahrtskapitel auf Sperrbrechern der in Vlaardingen stationierten Sperrbrecherflottille, die den Geleitzügen um Terschelling nach Emden oder Bremen vorausgeschickt wurden. Ständiger Fliegerbeschuß, Schnellbootangriffe und die immer tückischer werdenden Grundminen hielten die Besatzung in Atem und ließen kaum noch einen Schimmer der jugendlichen Romantik aufkommen. Dennoch war das Erlebnis des ersten durch eine Minendetonation ausgelösten Schiffsunterganges eher das Erstaunen über die unerwartete Rettung, die der junge Fähnrich (Schadewaldt, d. Verf.) wohl zum Teil seiner an die Schwimmweste angebändelten Signalpfeife in einem nächtlichen Inferno verdankte, als direkte Angst vor dem drohenden ›Absaufen‹. Spätere Einsätze an der norwegischen Küste von Bergen bis Christiansand etwa auf dem KANONENBOOT 2 oder den jeweils zum Arztboot deklarierten und dann an einer relativ sicheren Position fahrenden Geleitfahrzeugen zeigen die See eher von ihrer Schattenseite. Stürmisches Wetter, sobald man die Fjorde verließ oder des Schutzes der Schären entbehrte, Torpedoangriffe getauchter U-Boote von der norwegischen Küste aus und die ständige Minen- und Fliegerbedrohung zermürbten den ewig unausgeschlafenen Marinesanitätsoberfähnrich, der sich nun schon stolz ›Hilfsarzt‹ nennen durfte, aber auch die Ohnmacht erkannte, die einen an Bord eines kleinen Geleitbootes eingeschifften Sanitätsstudenten befiel, wenn er etwa auf andere Schiffe übersetzen sollte oder hilflos dem Untergang der torpedierten Erzfrachter zusehen gezwungen war.« [214]

Die verantwortungsreiche Verwendung von Medizinstudenten bereits nach dem 5. Semester dokumentiert der Einsatz von Angehörigen des Sanitätsoffizieranwärterjahrganges 1937 (Crew 37b) als Hafenärzte an der Kanalküste. Gustav Notter, später Schnellbootsarzt, notierte im Marineteil des Jahrgangsalbums nicht ohne Stolz: »Dann sind wir am Kanal. Die Einsatzhäfen werden uns zugewiesen, unsere Aufgaben umrissen, Befehle erteilt. Wir sind entlassen. Hafenärzte! Gestern noch unbedeutende Oberfähnriche, heute Hafenärzte. Eine Organisation größten Stiles beginnt. Mir sind zwei kleine Häfen zugeteilt, Grandcamp les Bains und Port en Bassin, zwischen Le Havre und Cherbourg. Vati, Karl und Wolf sitzen in Cherbourg, Tilli in Boulogne, so geht es hinauf über Dieppe (Werner Wicht), Le Fréport (Hans), Dünkirchen (Werner Herrberg, Axel und Fritz) bis Calais (Ulli) und weiter nach Belgien hinein (Schorsch). Verhandlungen mit Ortskommandanturen, Präfekten und Privatiers schaffen das Nötige bald herbei. ›Médecin du port‹ ist das Schlagwort, das uns Tor und Tür öffnet. Mit großer Generalstabskarte erforsche ich das Hinterland, besuche Lazarette, verhandle mit San.Parks, dringe verwegen bis zu Armeeärzten vor und werde in Audienz empfangen. Besondere Aufgaben erfordern besondere Maßnahmen, in diesem Fall eben Auftreten. Es klappt alles wunderbar. An den Häfen richten wir Reviere ein, schaffen Verbandsplätze, improvisieren und organisieren und warten auf den großen Augenblick. Warten … Sind dann aber nicht einmal sehr enttäuscht, als die Unternehmung verschoben wird, denn unabhängig vom eigentlichen Zweck unseres Daseins haben sich viele Einheiten an uns gewöhnt und werden von uns ärztlich versorgt. Infanterie, Pioniere, Zollschutz, je nach Bedarf. Schließlich kommen auch die alten französischen Fischer und Frauen mit Kind und Kegel. Zuerst scheu und abwartend, dann aber bald schon zutraulicher. Ab und zu macht man Visite im Dorf. Die Praxis floriert glänzend. Motto: Collaboration! Viel zu schnell geht der Sommer vorüber und kommt die Stunde des Abschieds. Glanz und Ehren bleiben mit der Erinnerung zurück. Kilometer um Kilometer, und in Kiel kommen nur mehr kleine unbedeutende Oberfähnriche an, die sich morgen ihren Stundenplan für das 6. Semester zusammenstellen.«[215]

Wesentlich schlechter erging es vielen Medizinstudenten in den letzten Kriegsmonaten. Marinesanitätsoberfähnrich Rudolf v. Scheel schilderte seine Erlebnisse bei dem Einsatz im Marinelazarett Libau und in einer 8,8-cm-Abteilung, deren Batterien am Rigaer Meerbusen verteilt waren (MAA 532, Rojen). Im Zeitraum August 1944 bis Januar 1945 erlebte er dort die sowjetische Großoffensive und die Einkesselung der Heeresgruppe Nord in Kurland. »So wurde aus dem ›Etappenlazarett‹ über Nacht ein Frontlazarett. Tag und Nacht trafen Lazarettzüge, bzw. Sanka-Kolonnen voller Verwundeter ein, Verwundete, die in Hauptverbandsplätzen hinter der Front – so gut es eben ging – notdürftig versorgt worden waren, verdreckt, verlaust, manche im Transport-Gips, viele schwerstverwundet, manche moribund. Ich habe damals in mein Tagebuch eingetragen: Man könnte zum Pazifisten werden, wenn man das ganze Elend sieht! Das Lazarett war im Grunde für diese Aufgabe nicht vorbereitet, der Chefarzt zugleich der einzige Chirurg! Aber durch den unermüdlichen Einsatz aller, ob Schwestern, Sanitäter oder Ärzte, gefordert von der Aufgabe, diesen armen Menschen zu helfen, ist es uns überwiegend gelungen, dieser ungeheuren Herausforderung gerecht zu werden. Die Internisten machten Schockbekämpfung, gingen immer wieder prüfend durch die langen Reihen der in der großen Eingangshalle aufgestellten Krankentragen, setzten Prioritäten, wer am dringendsten zu versorgen bzw. zu operieren sei. Wir drei Oberfähnriche halfen dabei oder assistierten dem Chefarzt bei größeren Operationen, machten kleinere Eingriffe selbständig. Die OP-Schwestern instrumentierten an zwei Tischen gleichzeitig. Und wenn dringend Blut zur Transfusion benötigt wurde, dann hielt man schnell den Arm zur Entnahme hin. Nicht selten dauerte solch ein Einsatz 24, oder auch bis zu 36 Stunden, ohne Schlaf, kaum Zeit, etwas zu essen. … Man hatte das Gefühl, an einer ganz wichtigen Stelle seine Pflicht zu tun, helfen zu können, das Leid, das dieser Krieg mit sich brachte, zu lindern. Man hatte mir die Schwerkranken-Abteilung als Stationsarzt anvertraut, eine besonders verantwortungsvolle Aufgabe. Dies beinhaltete unter anderem, bei Fliegeralarm bei meinen Schwerverwundeten zu bleiben, soweit sie mangels Lift nicht in den Luftschutzkeller transportiert werden konnten (Beckengipse, Streckverbände). Und je näher die Front rückte, um so häufiger ertönten die Sirenen. Ich habe so manchen Angriff vom Fenster beobachten kön-

nen; am eindruckvollsten war es, als am Bahnhof ein Munitions-Zug getroffen wurde. In kurzen Abständen flog ein Waggon nach dem anderen mit entsetzlichem Getöse in die Luft. Unser ganzer Bau wankte in seinen Grundfesten, und anschließend fand ich einen meiner Patienten mit Beckengips neben seinem Bett liegen; wie er das in seiner Todesangst geschafft hatte, wußte er nachher selber nicht. ... Eines Tages erfolgte ein schwerer Angriff bei Tage mit nur geringerer Vorwarnzeit auf das Gelände des Kriegshafens, also ganz in unserer Nähe. Sehr bald wurden wir alarmiert: schwere Verluste, wir würden an Ort und Stelle gebraucht. Es bot sich uns ein entsetzliches Bild: sehr viele Tote und Schwerverletzte, eng beieinander, offensichtlich ein Volltreffer in eine dichte Ansammlung. Wir mußten improvisieren. Je ein Arzt und ein Sanitätsgast: Morphium-Spritze, mit Fettstift ›M‹ auf die Stirn, Tetanus-Prophylaxe, ›T‹ auf die Stirn, Schockbekämpfung, Notverbände, Schienen anlegen, u.s.w., aber bei nicht wenigen kam das alles zu spät, sie waren sofort ihren schweren Verletzungen erlegen. Für uns war dies ein ungewöhnlicher, sehr belastender Einsatz.[216] Gegen den Widerstand vorgesetzter Kommandobehörden wurde v. Scheel nach Tübingen zurückbeordert, damit er sein Studium abschließen konnte.
Ein Extrem bietet gegen Kriegsende der Einsatz des Marinesanitätsoberfähnrichs K.-W. Wedel, der, mit bestandenem Physikum zu diesem Dienstgrad befördert, auf das Verwundetentransportschiff General San Martin befohlen wurde, das in Kopenhagen gerade mit 2 861 Verwundeten aus dem Osten eingetroffen war, und das sofort entladen werden mußte, weil ein weiterer Einsatz unmittelbar bevorstand. Das Entladen war am 23. März 1945 beendet, am 25. März lief das Schiff im Geleit in die Danziger Bucht, wo Verwundete aus Booten übernommen werden mußten. Wedel stand als ›Übernahmeoffizier‹ eine Nacht lang fast ohne Unterbrechung regelnd an Oberdeck. Die Verwundeten wurden nach Kopenhagen transportiert und dort ausgeladen, bevor es am 4. April erneut Richtung Hela ging, wo unter immer schwieriger werdenden Umständen Verwundete und Flüchtlinge zu übernehmen waren. Während der Rückfahrt war Wedel dann für zahlreiche Verwundete zuständig bis zum erneuten Anlaufen des Hafens von Kopenhagen, wo mittlerweile das zügige Entladen an fehlenden Transportmitteln haperte. Die letzten Tage des Krieges verbrachte Wedel an Bord des Lazarettschiffes Monte Rosa, auch hier stark eingespannt und für bis zu 352 Patienten zuständig, nach denen der Stabsarzt »nur alle paar Tage sah«.[217]
In der ersten Hälfte des Krieges diente die Kommandierung der angehenden Marineärzte sicher mit Bedacht deren Vorbereitung auf ihren Beruf, und sie wurden je nach Möglichkeit in Lazaretten oder auf Einheiten der Flotte oder der Sicherungsstreitkräfte eingesetzt. Einen Eindruck gibt die »Chronik der Marineärztlichen Akademie«[218], in der der damalige Marinesanitätsfähnrich Adolf Miehlke (Crew 37a) berichtete, daß der Einsatz auf ›Dickschiffen‹ wenig Gelegenheit zum Hervortun bot, während auf den kleineren Fahrzeugen neben dem noch schmalen Fachwissen allerlei Nebenaufgaben wahrgenommen werden konnten. Er nannte als Beispiele:

»Dürre,	Schiffsarzt, Bootsmaat der Wache, W.O.Schüler,
Essig,	zwoter Schiffsarzt, Korporal und FT-Schlüsseloffizier,
Lixfeld,	Bootsmaat der Wache GNEISENAU,
Siebert,	Koppelmaat,
Notter,	Wachtmeister M 10,
Rosenmeyer,	Divisionsfeldwebel Kreuzer KÖLN,
Rudolf,	Hilfsarzt Kreuzer KARLSRUHE,
Hegler,	Schiffsarzt, Scheibenoffizier und Gelegenheitsarbeiter Torpedoboot MÖVE,
Henker,	Wachoffizicr und Artillerieoffizier,
Exter,	Schiffsarzt Torpedoboot SEEADLER,
Miehlke,	2. W.O., Schiffsarzt und Geschützführer,
Torge,	Hilfsarzt und Gefangenenaufseher ADMIRAL HIPPER.

Fast alle von uns nahmen während dieses Unternehmens (Besetzung Norwegens; Verf.) an irgendwelchen Kampfhandlungen teil. An regulären Gefechten, Truppenlandungen, Minenunternehmen, Sperrbrechunternehmen, Geleitdienst, U-Jagddienst u.a.m. ... Narvik forderte auch von uns das Höchste. Der Crewälteste 37a, Walter Schults, der auf dem Zerstörer ANTON SCHMIDT fuhr, kam in Narvik mit dem Lazarett in britische Gefangenschaft. Karl Heinz Richter ließ an Bord des Zerstörers ERICH GIESE sein Leben. Mit ihm verliert die Crew 37a einen sehr lieben Kameraden. Sein selbstloses Leben wie sein Tod werden uns immer Mahnung sein.«[219] Im Sommer 1940, nach Beendigung des Frankreichfeldzuges, wurde die Crew 37a (San) zu den verschiedensten Sanitätsdienststellen im Westen kommandiert, im Sommer 1941 famulierten die Oberfähnriche der Crew 37a in Heimatlazaretten, die der Crew 37b in Frontlazaretten, während die Crew 39a drei Monate lang auf Sperrbrechern fuhr.

Erlebnisberichte über den Einsatz von angehenden Marineärzten an Bord konnten, ohne Nennung von Ort, Zeit und Bootsnamen, noch während des Krieges in Tageszeitungen veröffentlicht werden. Beispielsweise schilderte der damalige Marinesanitätsfähnrich Helmut Fritsch in der ›Tübinger Chronik‹ vom 26. Februar 1944 ein mehrere Stunden andauerndes Gefecht zwischen deutschen Sicherungsstreitkräften und britischen S-Booten aus eigenem Erleben, bei dem es Verluste auf beiden Seiten gab. Nach dem Untergang eines eigenen Bootes hielt er befriedigt fest: »Fast alle sind gerettet. Ihre Verwundungen sind nur leichterer Art ...«[220]. In der gleichen Zeitung beschrieb er am 12. April 1944 ein ›Nachtgefecht im Kanal‹[221], bei dem es trotz heftigen Feuerwechsels ohne Verluste abging, und am 23. Juli 1944 berichtete er unter der Überschrift ›Männer am Feind‹ über das Leben der Bordgemeinschaft auf Vorpostenbooten, mit denen er »so manch schwere, einsame Nacht, doch auch vom Gefechtslärm erfüllte Stunden« erlebte. In diesen drei Berichten ist von hilfsärztlicher Tätigkeit nicht die Rede. Den Auftrag der jungen Marinesoldaten bezeichnete Fritsch folgendermaßen: »Sie alle stehen Nacht für Nacht im Einsatz, zu einer Gemeinschaft verschworen: die Küste und damit die Heimat, ja Europa zu schützen«[222].

Die jüngeren Semester waren, entsprechend ihrem Ausbildungsstand, wie Sanitätsdienstgrade eingesetzt, wenn sie auch eine Krankenpflegeausbildung nicht genossen hatten. Ihr Bordeinsatz erfolgte überwiegend auf Lazarett- und Verwundetentransportschiffen, nur im Einzelfall auf Kriegsschiffen und Frontbooten. Ein Auszug des Berichtes eines Marinesanitätskadetten der Crew X/43, H.P. Engels, gibt einen Eindruck vom harten Einsatz auf einem Verwundetentransportschiff, in diesem Falle auf der ROBERT MÖHRING. Dieses 3 500 BRT große, 1927 gebaute, kohlebefeuerte Frachtschiff war seit 1941 mit Unterbrechungen als Verwundetentransporter eingesetzt, bis es am 6. März 1945 in Saßnitz durch Fliegerbomben versenkt wurde. In vier Ladeluken konnten je bis zu 120 liegende Verwundete notdürftig untergebracht werden, zusätzlich saßen zwischen den Bretterkojen noch zahlreiche Leichtverwundete. Zu den Arbeitsbedingungen an Bord bemerkte Engels: »In jeder Luke taten vier Sanitäter von morgens um 6.00 bis abends um 22.00 Uhr Dienst. Nachts hatten sie zusätzlich zwei Stunden Stationswache. Sie hatten 120 Lieger und ca. 30 Geher zu versorgen. Die Versorgung bestand aus Beschaffung und Verteilung des Essens (oft auch Fütterung der Verwundeten), Wechsel der Verbände, Versorgung mit Medikamenten, Spritzen und dergleichen, Transport in den OP, Assistenz im OP, Abholung aus dem OP, Entsorgung von Stuhl und Urin, Säuberungs- und Aufräumungsarbeiten. Die Arbeitsbedingungen waren katastrophal. Es gab in der Luke weder Bulleyes noch Be- oder Entlüftungsanlagen. Die einzige Verbindung nach außen war eine schmale Tür im Deckshaus, über die man in die Luke hinuntersteigen konnte. Dieser Niedergang war sehr steil, und es war fast eine lebensgefährliche Operation, wenn wir bei Seegang und starkem Überholen des Schiffes auf diesem Weg die Verwundeten mittels einer Trage in den OP und zurück schaffen mußten. In der Luke, wo 150 Personen schwitzten, eiterten, ihre Notdurft verrichteten, war ein schier unerträglicher Gestank, der sich noch verstärkte, wenn bei Seegang sich die Leute hemmungslos in den Raum erbrachen. Die Beleuchtung des Raumes war völlig unzureichend, beim Verbandswechsel, Spritzen und anderen Arbeiten waren wir ständig auf unsere Kabellampen angewiesen. Die anfallende Arbeit war weitaus umfangreicher als wir sie zu leisten im Stande waren, daher ging es praktisch den ganzen Tag im Laufschritt. Wir waren nie auch nur halbwegs ausgeschlafen, da unsere Nachtruhe oft durch Alarme gestört wurde. Dieser oder jener schlief oft im Stehen und war dann für die Kameraden nicht ansprechbar.«[223]

Die angespannte Kriegslage gab im Frühjahr 1945 zu weitergehenden Überlegungen zum Einsatz von Sanitätsoffizieranwärtern Anlaß. Flottenarzt Dr. Eckmann, L.S.O. beim Marineoberkommando in Norwegen, schlug am 2. Februar 1945 dem O.K.M. vor, »die Mar.San.Offz. Anwärter in Anbetracht der augenblicklichen Kriegslage als Gruppen- bezw. Zugführer mit der Waffe einzusetzen.«[224] Gleichzeitig gab

Eckmann nach telefonischer Rücksprache mit dem Sanitätschef 58 Sanitätsoffizieranwärter, die in Norwegen bei Batterien, in Lazaretten sowie auf Lazarett- und Verwundetentransportschiffen eingesetzt waren, als überzählig an den Marine-Ergänzungszug Nordholz ab. Obwohl die Reaktion des Sanitätschefs der Kriegsmarine auf diesen Vorschlag nicht mehr erhalten ist, ist davon auszugehen, daß es zu solchen Einsätzen, die in Anbetracht des immensen Bedarfs an Verwundetenbetreuung während der Evakuierungsoperationen in der Ostsee nicht im Interesse des Marinesanitätsdienstes lagen, wohl kaum gekommen ist. Im Norwegen-Raum verblieben lediglich alle 32 Sanitätsoffizieranwärter, die zu schwimmenden Verbänden (Minensuch-, Vorposten- und Flottillenverbänden) kommandiert waren.

Kriegserfahrungen bei den verschiedenen Typ-Flottillen

Die sich auf allen Kriegsschauplätzen ausweitenden Gefechte zur See verhinderten schon nach kurzer Zeit eine umfassende Information aller Sanitätsoffiziere über den Inhalt der jeweils angelegten ärztlichen Gefechtsberichte. Deshalb sah sich im Sommer 1942 der Arzt beim Flottenkommando, Admiralarzt Dr. Gerhard Müller, veranlaßt, eine kurze Zusammenfassung der wichtigsten ärztlichen Erkenntnisse aus den Gefechten zu verfassen und dem unterstellten Bereich in Form von Richtlinien zur Kenntnis zu geben.[225] Diese entstanden unter Berücksichtigung aller bis zu diesem Zeitpunkt erstellten Gefechtsberichte und hatten auf der einen Seite den Zweck, grundlegende Weisungen zu erteilen, auf der anderen Seite den an Bord eingesetzten Sanitätsoffizier zu animieren »seine Gefechtsvorbereitungen je nach Art und Größe des Schiffes möglichst umfassend und zweckentsprechend zu treffen, um allen Situationen gewachsen zu sein.«[226] Denn es hatte sich gezeigt, daß die Berichte nur sehr schwer untereinander vergleichbar waren und je nach Art der gegnerischen Einwirkung, der jeweiligen Lage, Uhrzeit, Bootstyp erheblich voneinander differierten. Der jeweilige Bordarzt hatte sich daher bei jedem Gefecht auf eine neue Situation einzustellen und das Beste daraus zu machen. Das Schema eines ›Ärztlichen Gefechtsberichtes‹, wie er für den Bereich des B.S.N. im März 1943 verbindlich festgelegt wurde, ist als Anlage 1 wiedergegeben.

Nach Angaben des Arztes beim Flottenkommando wurden folgende Körperschäden durch gegnerische Einwirkung verursacht:

a) Verwundungen durch Geschoßwirkung,
b) Verbrennungen, Verbrühungen, Verkohlungen und Verätzungen,
c) Schädigung der Atmungsorgane durch heiße Luft bzw. Dampf,
d) Rauch- und Gasvergiftungen (Rauchgase, Öldämpfe, Kohlenoxyd, Kohlendioxyd, Nitrosegase),
e) Unterkühlungskrankheit,
f) Schädigung durch Treiböl.

Zunächst wurde hinsichtlich der Häufigkeit des Aufkommens solcher Schädigungen die Erfahrung gemacht, daß abhängig von der Art des jeweiligen Treffers auf einer Einheit, eine bestimmte Art von Körperschäden in großer Zahl auftrat. Kombinationsverletzungen waren demnach eine Seltenheit. Einem Massenanfall von Verbrennungen auf einem von Bomben getroffenen Schiff stand beispielsweise die Aufnahme von zahlreichen Schiffbrüchigen auf manchen Booten gegenüber. Es galt deshalb, sich bei der Gefechtsvorbereitung von vorneherein auf die Möglichkeit von

Massenanfällen einzustellen und individualmedizinische chirurgisch-operative Vorbereitungen zugunsten einer »geeigneten Organisation für die Lagerung und Sortierung der Geschädigten und Maßnahmen für eine Massenschmerzstillung und für erste Hilfe jeder Art«[227] zurückzustellen.

Ferner beobachtete man, daß Verwundungen durch Geschosse oder Splitter relativ selten anfielen. Lediglich bei kleineren Seefahrzeugen, denen kein Panzerschutz zur Verfügung stand, erwiesen sich die Verwundungen, die durch die von britischen Fliegern verwandte 2-cm-Panzersprengmunition und neu verwandte Brandmunition hervorgerufen wurden, als außerordentlich schwer. Bei relativ kleinem Einschuß kam es durch Explosion des Geschosses im Innern des Körpers zu schweren ausgedehnten Zertrümmerungen und Zerreißungen. Da die Geschosse auch die nichtgepanzerten Schiffswände der kleineren Schiffe durchschlugen, wurden bei Verwendung dieser Munition bei Fliegerangriffen oft zahlreiche Soldaten verwundet, viele davon tödlich.

Besonderes Schwergewicht in den Richtlinien des Arztes beim Flottenkommando nahmen Maßnahmen zur Verhütung solcher Schädigungen ein. Präventiv wurde empfohlen, wenn möglich jegliche Massenansammlungen von Soldaten zu vermeiden, da hier eine besonders große Gefährdung bestand. Bei allen Fliegerangriffen sollte zudem der Stahlhelm getragen werden, ebenso wurde zum Schutz vor Splittereinwirkung und zum Brandschutz bereits auf dem Kriegsmarsch das Tragen ausreichend dicker Kleidung und fester Schuhe angeordnet. Auch das Anhäufen von Sandsäcken oder das Aufstellen von Panzerplatten etc. auf der Brücke kleinerer Fahrzeuge diente der Prävention vor direktem Fliegerbeschuß. Ebenso hatte sich zur Prophylaxe von Inhalationschäden durch heiße Luft das Tragen der Schutzmaske zumindestens in der Anfangsphase bewährt. »Ein Klarhalten der Maske genügt nicht, da die Ereignisse bei Bombentreffern derart rasch ablaufen, so daß im Augenblick der Explosion ein Aufsetzen der Gasmaske nicht mehr möglich ist.«[228] Ein Schutz gegen Rauchvergiftungen bot die Schutzmaske allerdings nicht. Während chemische Kampfstoffe und auch zeitlich begrenzt Nitrosegase, die bei der Deflagration eigener Munition entstanden, durch die Schutzmaske abgehalten wurden, schützte der Filter nicht gegen das in Pulver- und Brandgasen enthaltene Kohlen(di)oxyd oder verstopfte leicht infolge Ruß und Staub. Durch Belehrungen der Besatzungen war deshalb sicherzustellen, daß die Maske bei Bränden und Verqualmungen lediglich als erster Schutz und als Fluchtgerät zu nutzen war. In solchen Fällen hatte das Schiffssicherungspersonal den Flottenatmer als komplettes Isoliergerät oder auch ausnahmsweise den Tauchretter zu nutzen.

Daß dieser Problembereich auch in der zweiten Kriegshälfte nicht grundsätzlich gelöst werden konnte, zeigt ein Blick in die F.d.Z.-Nachrichten Nr. 10 vom 24. August 1944. Hier wird auf die vielen Verbrennungen bei leichtgekleideten Soldaten hingewiesen und das Tragen eines vollständigen Gefechtsanzuges angemahnt. Zusätzlich zitiert das Papier einen Befehl der Flotte, in dem angeordnet wurde, bei Flie-

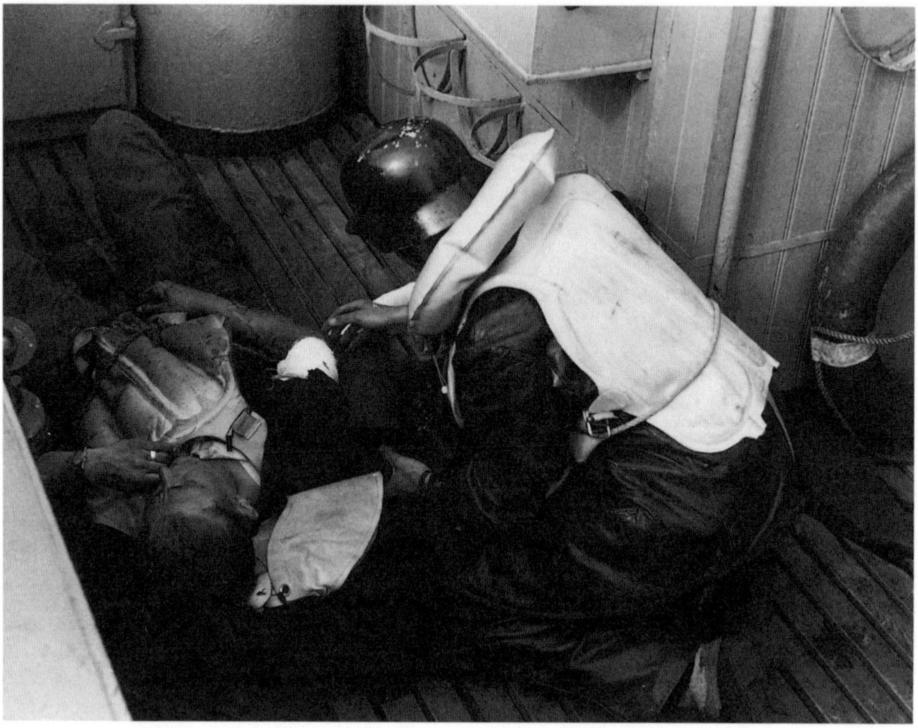

»Selbst- und Kameradenhilfe«. Ein frisch Verwundeter erhält die erste Versorgung. Sammlung Hartmann

geralarm Handschuhe anzulegen, die Gasmaske bereits außerhalb der Büchse bereitzuhalten und abgelegte ›Oberkleider‹ so zu lagern, daß ein Anziehen noch während des Alarms möglich wäre. Allen an den Abwehrmaßnahmen nicht unmittelbar beteiligten Soldaten wurde befohlen, sich bäuchlings an Deck zu legen.[229]
Hinsichtlich der eigentlichen Behandlung von Verwundungen an Bord bestätigten sich nach der Auswertung der Gefechtsberichte der ersten drei Kriegsjahre die in der Vergangenheit gemachten Erfahrungen des Gefechstsanitätsdienstes. Wie erwartet, hatten sich die Sanitätsoffiziere bei einem größeren Anfall von Verletzten zunächst auf die Schmerzstillung mittels Morphium zu beschränken. Auch die Hilfskrankenträger mußten solche Injektionen beherrschen, ihre Umhängetasche war dementsprechend zu befüllen. Die weitere Versorgung diente vor allem dem Zweck der Herstellung der Transportfähigkeit. Verschmutzte Wunden waren auszuschneiden, nicht aber zu nähen. Auch bei Notamputationen an Bord wurde vorgeschrieben, die Wunde nicht definitiv zu nähen, um die Möglichkeit einer Nachamputation unter strenger Asepsis an günstiger Stelle zu schaffen. Den Schiffsärzten wurde außerdem auferlegt, die von Hilfskrankenträgern den Verletzten häufig angelegten Abschnürbinden (Feder- bzw. Gummibinde, Blutleereschlauch) regelmäßig

zu kontrollieren, »die in sehr vielen Fällen nach ärztlicher Einsicht nicht erforderlich sind und nur Schmerzen verursachen, in anderen Fällen zu locker angelegt sind, so daß sie nur stauen und stärkere venöse Blutungen hervorrufen oder endlich bei arteriellen Blutungen wegen lockeren Sitzes ihren Zweck verfehlen.«[230] Die oftmals nicht korrekte Erste-Hilfeleistung bei Blutungen nahm das Marinemedizinalamt zum Anlaß, noch im gleichen Jahr ein entsprechendes Merkblatt für das Sanitätspersonal herauszugeben, in dem die anzuwendenen therapeutischen Maßnahmen in kurzer Form unter Zuhilfenahme von Abbildungen erläutert wurden.[231] Wie oben angegeben, hatte bereits im Jahre 1940 Marineoberstabsarzt Prof. Dr. Goetze im Auftrag des Marinemedizinalamtes ›Richtlinien für die Behandlung von Brandverletzungen für Marinesanitätsoffiziere‹[232] verfaßt. Admiralarzt Müller nahm in seiner Zusammenfassung der wichtigsten Kriegserfahrungen auch zum Vorgehen beim Massenanfall von Verbrennungen an Bord Stellung. Er bewertete die bereits von Magnus und Goetze vorgesehenen therapeutischen Verfahren auf ihre Praktikabilität im Gefecht und kam zum gleichen Ergebnis wie Goetze, daß vor Ort sich neben dem Anlegen der Brandwundenbinden die Lebertransalbenbehandlung als Erstversorgung am Besten bewährt habe. Zeitraubende Behandlungen wie die Tannin-Gerbung, das Auflegen von Silberfolien und das Bürstenverfahren ließen sich unter Bordverhältnissen beim Massenanfall kaum durchführen. Müllers Empfehlungen zur Verbrennungsbehandlung beruhten auf einer wenige Wochen zuvor vom Sanitätschef der Kriegsmarine erlassenen Weisung zum Vorgehen bei Verbrennungen an Bord[233]. Hierin war erwähnt, daß aufgrund kriegsbedingter Einschränkungen eine erneute Drucklegung von Goetzes Richtlinien nicht möglich sei, die dort empfohlenen Therapiekonzepte sich aber bewährt haben. Ergänzend wurde in dieser Weisung auf die bei Schwerverbrannten notwendige Schmerzbekämpfung, Wärmezufuhr und die Volumensubstitution hingewiesen.

Bei der Akut-Versorgung von Inhalationstraumen durch heißen Dampf empfahl der Arzt beim Flottenkommando eine vorsichtige Sauerstoff- und Morphiumgabe. In jedem Fall mußten entsprechend beeinträchtigte Soldaten als Schwerverletzte angesehen werden, auch wenn im Anfangsstadium oftmals noch keine Atemnot zu beobachten war.

Hinsichtlich der bis zu diesem Zeitpunkt gemachten Erfahrungen bei Schiffbruch und Unterkühlung wird auf das entsprechende Kapitel verwiesen.

Im Folgenden möchten die Verfasser persönliche Berichte von Sanitätsoffizieren oder auch Truppenoffizieren mit Bezug zu sanitätsdienstlichen Besonderheiten an Bord ihrer Einheiten -gestaffelt nach Typklassen- wiedergegeben. Ziel ist es, besondere Momente wie Schiffsuntergänge oder Artillerietreffer aus der persönlichen Sichtweise des damals Handelnden darzustellen, darüberhinaus aber auch einen Blick auf den Alltag der medizinischen Versorgung in den Flottillen zu werfen.

Zerstörer und Torpedoboote

Die Dienststelle ›Führer der Torpedoboote‹ (F.d.T.) wurde im September 1933 mit Sitz in Swinemünde aufgestellt. Dem F.d.T. unterstanden die Zerstörer, Torpedoboote und Schnellboote. Im November 1939 erfolgte eine Umorganisation. Der F.d.T.-Stab nannte sich seither ›Führer der Zerstörer‹ (F.d.Z.), ein neuer F.d.T.-Stab war nur noch für Torpedo- und Schnellboote zuständig. Im Mai 1942 wurde der F.d.T.-Stab endgültig aufgelöst. Die Torpedoboots-Flottillen traten unter den F.d.Z., die Schnellboote unter den neuen ›Führer der Schnellboote‹ (F.d.S.).
Die Verbandsärzte beim F.d.T. waren von Oktober 1933–1935 Marinestabsarzt Dr. Frido Schrader, von 1935 bis März 1937 Marinestabsarzt Dr. Hans-Jochen Witte, von März 1937 bis Januar 1940 Marinestabsarzt Dr. Klaus Goder, von Januar 1940 bis Juli 1941 Dr. Hartwig Göttsch (in Peronalunion Flottillenarzt der 5. T-Flottille) und von Juli 1941 bis zur Auflösung der Dienststelle im April 1942 Marinestabsarzt Dr. Karl-Heinz Blaas (in Personalunion Flottillenarzt der 5. T-Flottille). Während die Dienstgeschäfte des Verbandsarztes beim F.d.Z. vom 27. November 1939 bis Juli 1944 von den jeweils ältesten Sanitätsoffizieren des Verbandes wahrgenommen worden waren, fungierte ab Juli 1944 bis zum 29. Mai 1945 Marineoberstabsarzt Dr. Siegfried Held als hauptamtlicher Verbandsarzt beim F.d.Z.
Alle Einsätze dieser Boote – auch die Zerstörer wurden stets als ›Boot‹ bezeichnet – sind wiederholt sehr detailliert beschrieben worden, so erstmals von Kühn[234] und später von Harnack[235]. In beiden Büchern sind die Einsätze aller beteiligten Boote sorgfältig und sachlich anhand objektiver Unterlagen wiedergegeben. Sie liefern daher ein vollständiges Bild von dem harten Einsatz der Zerstörer und Torpedoboote auf den verschiedenen Kriegsschauplätzen, wobei der Verlauf des Krieges zu Schwerpunktbildungen in wechselnden Gewässern führte. Güth hat am Beispiel des Narvik-Zerstörers Z 34 das Leben an Bord und das Schicksal eines solchen Schiffes im ›Alltag an Bord‹ und im besonders harten Einsatz anhand des K.T.B. und ergänzender Mitteilungen geschildert.[236] Fock bereitete das K.T.B. des Zerstörers ZG 3 Hermes auf.[237] Birnbaum und v. Gartzen beschrieben die Einsätze der 9. und 10. T-Flottille, Graumann et al. stellten eine Chronik der 1., 2. und 3. Torpedobootsbootflottille auf.[238]
Aus den zahlreichen Einsätzen und Gefechten, in die deutsche Zerstörer und Torpedoboote während des Krieges verwickelt waren, sollen nun einzelne Ereignisse herausgegriffen werden, zu denen auch ärztliche Aussagen vorliegen oder bei denen der Sanitätsdienst besonders betroffen war.
In den ersten Monaten des Krieges haben deutsche Zerstörer wiederholt und ohne eigene Verluste Minensperren vor der englischen Küste gelegt.
Marineoberassistenzarzt Dr. Kurt Schmidt war von April 1939 bis April 1940 Schiffsarzt des Zerstörers Erich Steinbrink, der in diesem Zeitraum bei Unternehmun-

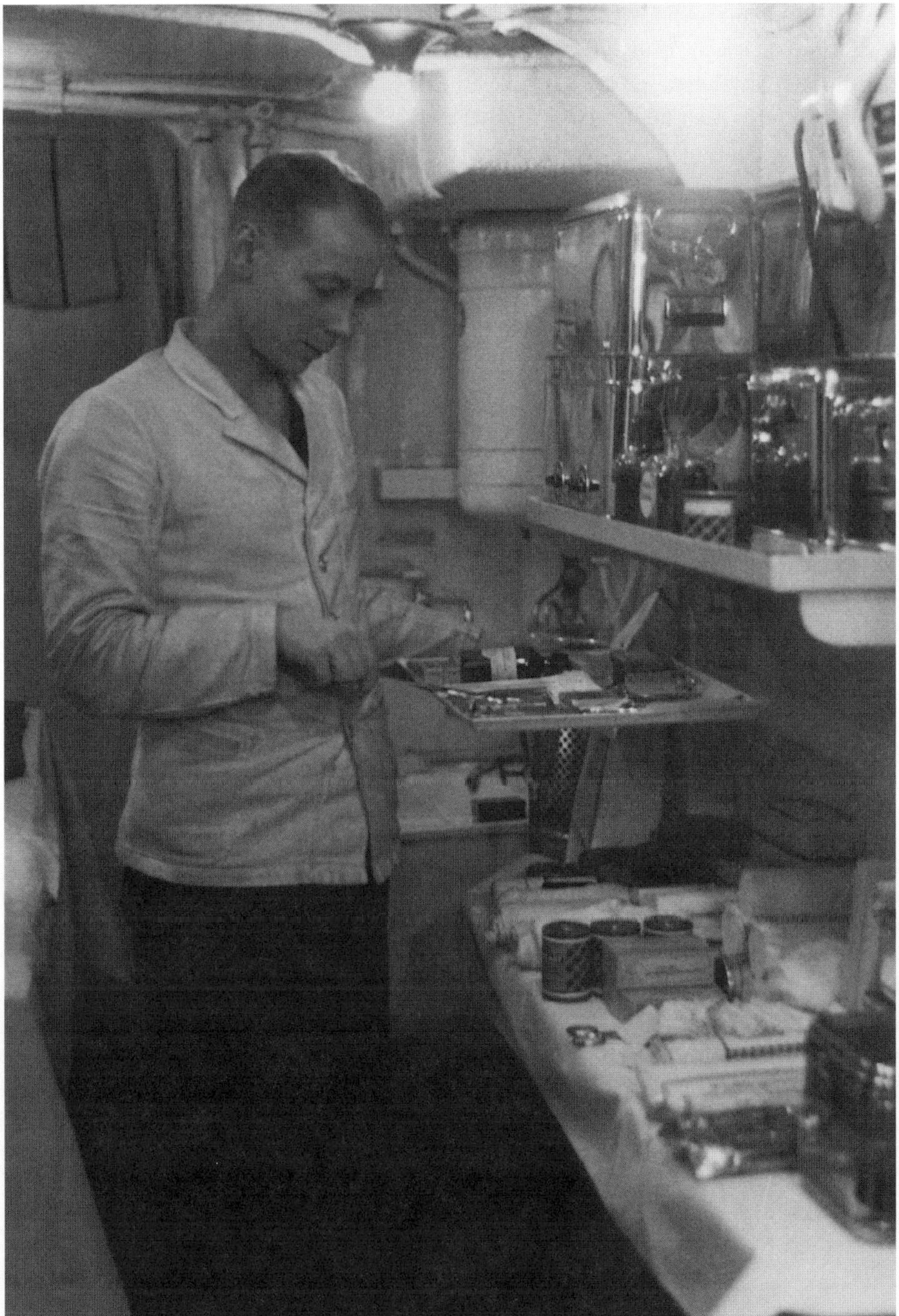

Im Schiffslazarett eines Zerstörers. Sammlung Hartmann

gen zum Legen von Minen in der Themsemündung und vor der englischen Ostküste eingesetzt war. Eine Feindberührung erlebte der Sanitätsoffizier nicht. Wegen der räumlichen Verhältnisse und wegen der mangelnden Erfahrung der jungen Sanitätsoffiziere hielt Schmidt die ärztlichen Maßnahmen an Bord auf die Erstversorgung wie auf einem Truppenverbandplatz des Heeres beschränkt.[239]
Am 22. Februar 1940 liefen die Zerstörer Friedrich Eckoldt, Richard Beitzen, Erich Koellner, Theodor Riedel, Max Schultz und Leberecht Maass mit Enterkommandos an Bord aus Wilhelmshaven aus, um gegen britische Fischdampfer auf der Doggerbank zu operieren. Unglücklicherweise war diese Unternehmung dem zuständigen Fliegerkorps X nicht rechtzeitig bekannt geworden. Ein Kampfflugzeug vom Typ He 111 griff daher die Boote an und traf die Leberecht Maass mit einer Bombe zwischen Brücke und vorderem Schornstein. Der Verband machte sofort kehrt, bevor wenige Minuten später Explosionen auf Leberecht Maass und Max Schultz erfolgten, die – irrtümlich, wie sich herausstellte – auf einen Angriff durch Unterseeboote zurückgeführt wurden. Tatsächlich ist heute bekannt, daß beide Zerstörer infolge ihrer Ausweichkurse auf englische Minen gelaufen waren. Bei dem Untergang von Max Schultz ging die gesamte Besatzung verloren, von Leberecht Maass konnten 24 Mann durch Erich Koellner gerettet werden, von denen einer auf dem Wege nach Wilhelmshaven verstarb. Friedrich Eckoldt übernahm 19 Mann, Richard Beitzen weitere 17. – 308 Mann der Besatzung gingen mit ihrem Zerstörer unter. Beide Schiffsärzte, die aktiven Marineoberassistenzärzte Dr. Otto Meyer und Dr. Viktor Busch verloren bei diesem Einsatz ihr Leben. Der Rest des Verbandes lief am 23. Februar 1940 wieder in Wilhelmshaven ein.

Ein weiterer massiver Einsatz der Zerstörer ergab sich bei der Einnahme Norwegens. Insbesondere bei der Besetzung Narviks spielten sie eine wesentliche Rolle, die mit schweren Verlusten verbunden war: Alle zehn deutschen Zerstörer gingen bei den Gefechten am 10. und 13. April 1940 verloren.
Beim Einlaufen der deutschen Zerstörer in den Hafen von Narvik leistete der norwegische Küstenpanzer Norge Widerstand. Er wurde daher durch den deutschen Zerstörer Bernd von Arnim versenkt. An der Bergung der norwegischen Besatzung beteiligten sich Boote mehrerer im Hafen liegender Schiffe. Das Verkehrsboot der Bernd von Arnim konnte noch neun Besatzungsangehörige bergen, darunter den norwegischen Kommandanten. Er wurde völlig erschöpft an Bord genommen und erhielt sofort erste ärztliche Hilfe, bevor ein Krankenwagen des norwegischen Lazarettes die Männer in das Krankenhaus transportierte.[240]
Dr. Rudolf Probst diente ab 10. März 1940 als Schiffsarzt des Zerstörers Hans Lüdemann, der am 13. April 1940 nach mehreren Gefechten mit überlegenen englischen Seestreitkräften bei Narvik verlorenging.[241] Hier gab es vergleichsweise geringe Verluste: Zwei Tote und nur wenige Leichtverwundete, die an Bord erstversorgt und dann im Krankenhaus Narvik endgültig behandelt wurden.

An Bord eines deutschen Zerstörers: Der Schiffsarzt versorgt unter Assistenz des Sanitätsmaaten eine Handverletzung. Historische Sammlung Marineschule Mürwik

Leichtverwundete an Bord eines deutschen Kriegsschiffes. Oslo, April 1940.

Sammlung Hartmann

Schiffsarzt auf dem Zerstörer ERICH GIESE war seit dem 12. Dezember 1939 Marinestabsarzt Dr. Theo Fischer, der seine Erlebnisse nach der Heimkehr aus Lazaretten um die Jahreswende 1944/45 niedergeschrieben hat[242], bevor er am 22. Dezember 1945 an den Folgen erlittener Verwundungen verstarb. Fischer berichtete, wie auf dem Wege nach Norwegen ein Gebirgsjäger über Bord gespült wurde, der aber rasch wieder geborgen werden konnte. Eine sieben cm lange Schnittwunde, durch die Schiffsschraube verursacht, zog er mit Leukoplast zusammen. Im offiziellen Bericht des F.d.Z. wird bestätigt, daß Bergungsversuche beim Überbordgehen eines Soldaten grundsätzlich nicht unternommen werden konnten, daß aber ein Unteroffizier der Gebirgsjäger »mit dem ganzen Zerstörer nach sechs Minuten gefischt«[243] worden ist.
Während des ersten Gefechtes mit britischen Zerstörern am 10. April 1940 nahm ERICH GIESE 16 Schiffbrüchige des britischen Zerstörers HUNTER auf. Fünf von ihnen waren bereits gestorben, zwei weitere starben an Bord. Der Rest fürchtete an Bord des deutschen Schiffes getötet zu werden, war über die fürsorgliche Behandlung überrascht. Die neun Überlebenden wurden an den Tanker JAN WELLEM abgegeben. Das Gefecht am 13. April führte auch zum Verlust der ERICH GIESE. Fischer berichtete: »Bekomme fortlaufend Schwerverwundete auf den Gefechtsverbandplatz ... Befehl: Schiff verlassen. Kann selbst die Verwundeten nicht verlassen ... Kopfverletzungen, Splitterverletzungen an Armen, Durchschlagung der Lendenwirbelsäule (freiliegende Niere) usw. Habe keine Hilfe mehr, da Sanitätspersonal über Bord ist. Werde mehrmals von Jemandem angebrüllt, ich solle das Schiff verlassen. Schmeisse ihn heraus. Lege einige Verbände an und gebe Morphium. An die Verwundeten, die vor der Pantry quer durch- und übereinander liegen, kann ich nicht heran. Versuche, die Verwundeten, die schreien, ich solle sie nicht verlassen, zu trösten. Gehe an Deck, finde außer Schwerverwundeten auf dem Achter- und Mitteldeck niemanden mehr ... Gehe nochmals auf den Gefechtsverbandplatz und versuche, einen Leichtverletzten über Bord zu bekommen. Jetzt springe ich selbst über Bord, da ich sehe, daß einige Männer von uns schon an Land klettern. Entdecke in 30–40 Meter ein Floß, das ich nach kurzer Zeit erreiche.«[244] Dem Floß, auf dem sich zunächst zehn Männer befanden, gelang es nicht, das Ufer zu erreichen. Die Soldaten wurden von Maschinengewehren beschossen, bis schließlich noch drei von ihnen vom Zerstörer FOXHOUND aufgenommen wurden, wo man sie zuvorkommend behandelte. Der Weg in die Gefangenschaft führte über das Schlachtschiff WARSPITE und den Truppentransporter FRANCONIA. Den weiteren Lebensweg des Dr. Fischer hat einer der Autoren detailliert nachgezeichnet.[245].
Auf dem ebenfalls nach Narvik in Marsch gesetzten Zerstörer THEODOR RIEDEL war Marineoberassistenzarzt Dr. Hans-Werner Fischbach Schiffsarzt. Bei dem schweren Wetter drohten zwei Backschafter außenbords zu fallen. Sie verfingen sich aber mit den Füßen in der niedergelegten Reeling und konnten im letzten Augenblick an Oberbeck gezogen werden. Beide hatten dabei Oberschenkelbrüche erlitten, zu

deren Schienung die an Bord befindlichen Kramerschienen nicht ausreichten, »sodaß der Schiffszimmermann in Aktion treten mußte«[246].
Auch Marineoberassistenzarzt Dr. Cornelius Büchler, der vom 16. August bis 28. Dezember 1939 als Schiffsarzt auf dem Troßschiff WESTERWALD eingesetzt war, erlebte in seiner Eigenschaft als Schiffsarzt des Zerstörers Z 10 BERND VON ARNIM den Einsatz der Zerstörerkampfgruppe um Narvik mit. »Mir fiel auf, daß ich eines Tages den Befehl bekam, übergroße Mengen von Medikamenten gegen Seekrankheit an Bord zu nehmen. Und das ohne nähere Begründung. Das Rätsel löste sich, als eines Morgens 200 österreichische Gebirgsjäger auf der Pier standen und von uns aufgenommen wurden. Den Gebirgsjägern standen an Bord natürlich keine Betten zur Verfügung, sondern sie lagerten, saßen und schliefen überall: in den Gängen, Decks, kurzum an jeder Stelle, wo ein Mann sich ausstrecken konnte. Zuerst waren die Gäste sehr begeistert über die Aussicht, nun eine Seereise machen zu dürfen. Nach dem Auslaufen wandelte sich die Freude rasch: sie wurden seekrank und erbrachen sich, wo sie gingen und standen. Man trat auf dem gesamten Schiff in die glitschige Masse.«[247] Bereits am 8. April 1940 geriet BERND VON ARNIM vor der norwegischen Westküste in ein Gefecht mit dem britischen Zerstörer GLOWWORM. Aus Büchlers persönlichen Berichten[248] und dem Inhalt seiner Beurteilung, die sein Kommandant wenige Wochen nach den Ereignissen erstellte[249], läßt sich die schwierige Situation eines Sanitätsoffiziers nachvollziehen, der, selbst verletzt und handlungsunfähig, nur noch als Beobachtender den Gang der Ereignisse verfolgen kann. »Während des Gefechts mit der GLOWWORM wurde einem Matrosen, der an einem der vorderen Geschütze eingesetzt war, der Arm abgerissen. Gemeinsam mit einem Sanitätsdienstgrad eilte ich trotz der schweren See über Oberdeck zu dem Verwundeten, um Erste Hilfe zu leisten und ihn in den achtern gelegenen Verbandsplatz zu bringen. Plötzlich machte Z 10 bei hoher Fahrt eine Kursänderung nach Backbord und schnitt unter. Ich sah die hohe See drohend auf uns zukommen, preßte den Verletzten zwischen den Armen des Sanitäters an ein festes Stahlpodest, hatte aber nun selbst keine Zeit mehr, Halt zu finden. Als die Welle über mich gelaufen war, waren die beiden Männer verschwunden. Ich selbst wurde von den Wassermassen zwischen einem Torpedofahrwagen und den Aufbauten eingeklemmt. Man fand mich 20 cm von der Reling enfernt bewußtlos. Im Schiffslazarett kam ich wieder zu Bewußtsein. Meine Hosenbeine und die Ärmel fehlten, aber am Rumpf war ich geschützt durch die aufgeblasene Schwimmweste. Mein Kopf war aber rundum schwarz von Blutergüssen.«[250]
Nach der Rettung notierte der Kommandant der BERND VON ARNIM, Korvettenkapitän Kurt Rechel: »Hierdurch hat er sich erhebliche äußere und innere Verletzungen zugezogen, u.a. eine Gehirnerschütterung. Diese Verletzungen und zwei Gefechte (am 9. und 10. April die er unfähig sich auch nur im geringsten bewegen zu können, in der Koje liegend miterlebt, haben ihn seelisch derart mitgenommen, daß er zweifelsohne in der Folgezeit in Narvik noch stark unter einer gewissen Schock-

wirkung litt. Er hat die ungeheure seelische Belastung, bedingt durch seine Untätigkeit infolge seiner Verletzungen nicht vertragen. Ich habe Büchler am 10.April 1940 in das Landlazarett Narvik einliefern lassen.«[251] Das letzte Gefecht und die Selbstversenkung seines Zerstörers im Rombaksbotten am 13. April erlebte Büchler somit nicht mehr an Bord. Nach der Landung der Alliierten in Narvik wurde er aus dem dortigen Lazarett im Hotel ›Royal‹ evakuiert und begab sich, nur unvollkommen ausgeheilt, mit der aus den Besatzungen der Zerstörer und den gelandeten Gebirgsjägern gebildeten Kampfgruppe Dietl in Richtung schwedische Grenze. In einem ca. 40 Kilometer langen Fußmarsch durch die Berglandschaft Nordnorwegens erreichte er schließlich in angeschlagenem Zustand Björnfjell an der norwegisch-schwedischen Grenze und konnte dort wieder ärztlich praktizieren. Die erlittenen Verletzungen behinderten ihn jedoch auch noch nach Wochen an der Ausübung der ärztlichen Tätigkeit.

Wie Hubatsch in seiner grundlegenden Analyse über die militärischen Ereignisse bei der deutschen Besetzung von Dänemark und Norwegen ausführt, waren die infanteristisch eingesetzten Marineangehörigen schon nach kurzer Zeit den ungewohnten klimatischen und geographischen Verhältnissen nicht mehr gewachsen und am Ende ihrer Kräfte. In dem bei Hubatsch wiedergegebenen Kriegstagebuch des Marinebataillons ›Erdmenger‹, benannt nach dem Kommandanten des bei den Kämpfen um Narvik torpedierten Zerstörers Wilhelm Heidkamp, heißt es: »16. Mai: Ärztliche Untersuchung. 50 Proz. der Kompanie sind kampfunfähig und müssen … zurückgeschafft werden (Lungenentzündung, Magenerkrankung, Furunkulose, Frostschäden und Fußverletzungen)«[252]

Zahlreiche an Land geschwommene Besatzungsangehörige des am 13. April 1940 im Ofotenfjord versenkten Zerstörers Z 13 Erich Koellner gerieten völlig erschöpft und zum großen Teil unterkühlt in norwegische Gefangenschaft. Auch der Schiffsarzt, Marineoberassistenzarzt Dr. Rolf Kuhlo, war unter den Gefangenen und richtete in den kommenden Wochen in einem norwegischen Lager ein behelfsmäßiges Lazarett ein. Die Internierung der Besatzung endete am 13. Juni 1940.[253] Laut dem Kriegstagebuch Erich Koellner hatte der Zerstörer am 13. April beim letzten Gefecht im Ofotenfjord 36 Gefallene und 38 Verwundete.[254] In einer dem K.T.B. angehängten Liste sind jedoch 40 Tote verzeichnet. Vermutlich sind vier Schwerverwundete in den folgenden Tagen ihren Verletzungen erlegen.

Marineoberassistenzarzt Dr. Hermann Wellein diente während der Norwegen-Unternehmung auf dem Zerstörer Anton Schmidt. Er stellte in einem persönlichen Bericht zusammenfassend fest, auf seinem Schiff sei anfangs eigentlich nicht viel passiert. »Auf einer so kleinen Einheit mit einem so kleinen Lazarettraum kann man doch recht wenig machen. Die psychologische Wirkung ist die größere Kraft, nicht das eingeschränkte ärztliche Handeln«.[255] Auf der anderen Seite gab Wellein aber die durchaus schwierige Situation für den Sanitätsdienst vor und während der Operationen um Narvik eindrucksvoll wieder: »Wir wußten von nichts. Wir lagen, alle

Leichtverwundete werden im Hafen von Bord eines Kriegsschiffes gebracht. Oslo, April 1940.
Sammlung Hartmann

Zerstörer, an der Pier von Cuxhaven. Am 6. April 1940 ging es dann los. Bei stürmischer See ging es im Marsch gen Norden. Der deutsche Flottenverband verlor manchen durch die stürmische See. Ein Manöver ›Mann über Bord‹ gab es auf dem Kriegsmarsch nicht. Auf den Zerstörern waren die Reelings eingelegt, und es waren nur Strecktaue gespannt ... Nach der Mobrolle sollte das ›Hilfslazarett‹ oder der Hauptverbandplatz in der Offiziersmesse aufgebaut sein. Ich glaube aber, wir haben das auf dem Hinmarsch nicht getan. Die See war viel zu stürmisch ... Wir hatten damals als Passagiere noch 200 Mann Gebirgstruppen (General Dietl) an Bord. Die armen Kerle kotzten sich die Seele aus dem Leib ... Chirurgisch tätig bin ich auf dem Kriegsmarsch nur einmal geworden. An dem Stander eines Strecktaues riß sich ein Mann das Ohr ab. Wir versorgten das Ohr bei krängendem Schiff unter Lokalanästhesie chirurgisch, und ich habe später sogar eine pp Heilung sehen können. In Narvik selbst ging es zunächst recht friedlich zu ... Am 9. April 1940 kam es dann in den frühen Morgenstunden bei Schneetreiben zu dem von den Briten schneidig geführten Torpedoangriff im Hafen von Narvik. Ich lag in meiner Kammer, befehlsgemäß mit Schwimmweste angezogen in der Koje. Es tat einen lauten Schlag, das Schiff neigte sich nach steuerbord, und das Licht ging sofort aus. Ich ging aufs Oberdeck. Es war eine wilde Schießerei im Gange. Ich traf den Artillerieoffizier, der auch nicht wußte, woher die Feindeinwirkung kam. Unser Zerstö-

rer neigte sich noch mehr nach steuerbord. Über die Außenhaut des Schiffes rutschte ich dann mit aufgeblasener Schwimmweste, nur im Hemd, blauem Pulli und dünnen Schuhen bekleidet ins Wasser. Im Wasser trieben und schwammen viele von uns. Zunächst mußte man sich an die Kälte gewöhnen. Ich empfand diese damals aber nicht so unausstehlich. Ich denke, das Wasser hatte etwa fünf Grad plus. Ich schwamm bei ständig zu fühlenden Einschüssen im Wasser auf einen schwedischen Frachter zu. Der hatte Jakobsleitern ausgebracht. Es war aber so ein Gedränge am Schiff, daß ich mich wieder abwandte und auf ein Boot zuschwamm. Unterwegs merkte ich dann noch, daß mich die Kräfte verließen, und ich wollte aufgeben. Da schwamm einer unserer Unteroffiziere neben mir auf und sagte: ›Oberassi! Nicht schlapp machen! Jetzt weiterschwimmen!‹ Ich tat es auch. Ich konnte noch das Boot anrufen. Im Boot saß mein Kommandant und einige Männer unserer Besatzung ... Die Fahrt im Boot war nur minutenlang ... In einem kleinen Häuschen waren schon schiffbrüchige Marinesoldaten ... In dem Hause, das von den norwegischen Bewohnern sicher wegen der Schießerei verlassen war, glühte der von unseren Männern beheizte Kanonenofen ... Es lagen am Fußboden zwei Männer in Lederpäckchen. Den einen konnten wir noch rechtzeitig ausziehen und abreiben, der andere starb mir aber unter den Händen ... Ich hatte keine Medikamente, keine Spritze ...«[256]
Nach nur kurzfristiger Erholung meldete sich Wellein erneut beim Stabe der Gebirgsjäger, wo er erfuhr, im Seemannsheim sei ein Gefechtsverbandplatz eingerichtet worden. Auch Reste seiner Besatzung traf er dort. Mit Borwasserspülungen behandelte er Heizöl-Conjunktivitiden; viele Soldaten erbrachen, nachdem sie viel Wasser und Heizöl geschluckt hatten. Abends legte sich Wellein erschöpft schlafen, aber schon gegen 23 Uhr wurde er geweckt, weil er für den ausgefallenen Schiffsarzt des Zerstörers Bernd von Arnim dort einsteigen sollte. »Ich war nicht gerade in heldenhafter Verfassung, als ich das hörte. Aber was nützten meine defaitistischen Gedanken?«[257]
Als Ersatz für den verwundeten Dr. Büchler (s.o.) erlebte Dr. Wellein an Bord dieses Schiffes alsbald den zweiten Schiffsuntergang innerhalb kurzer Zeit mit: »Am 13. April 1940 war es dann so weit: Der englische Verband mit mehreren Zerstörern war in den Fjord eingefahren, und wir liefen aus zum Gefecht. Ich stand mit meinen Sanitätsunteroffizieren in der Messe und guckte durch das einzige noch offene Bullauge. Es trieben tote deutsche Matrosen, in ihren Schwimmwesten hängend, an uns vorbei. Wir machten volle Fahrt. Wir waren noch vier Zerstörer. Die Gefechtsberührung mit dem Gegner war bald da, und unser Kommandant fuhr unseren Kahn wie ein Equilibrist, immer hinein in die Aufschläge der feindlichen Artillerie. Wir hatten während des vielleicht eine Stunde dauernden Gefechtes keine Verwundeten und auch keine Einschüsse an Bord unseres Zerstörers. Wir hatten aber auch keine Munition, und die Brücke gab durch: ›Schiff klarmachen zur Versenkung! Alle Mann von Bord!‹ Es war etwas friedlicher als vor vier Tagen. Ich hatte ein Lederpäckchen an und festere Schuhe und Hosenträger. Ich hatte für diese Uten-

silien vorher schon Reklame gemacht. Denn wenn man ohne Hosenträger ins Wasser sprang, dann konnte es einem die Hose ausziehen. Wir hatten die vier Zerstörer auf Grund gefahren, und man konnte leicht im Wasser (wieder sehr kalt) an Land waten. Wir kletterten dann durch eine tief verschneite Schlucht hinauf zur Bahnstation Björnfell, unmittelbar an der schwedischen Grenze. Ich hatte mir diesmal wohlweislich eine kleine Verbandstasche umgehängt. Ich war nicht bester Stimmung. Es ist nicht gut, innerhalb von vier Tagen seine Schiffe zu verlieren.«[258]
Ein Signalmeister, der aufgeben wollte, und für den seine Kameraden um eine Spritze baten, »damit er leichter sterben könne«[259], erhielt von Wellein 0,01 g Morphium unter die Haut. Daraufhin wurde der Signalmeister so euphorisch, daß er Björnfell vor dem Arzt erreichte... Die Marineangehörigen wurden zunächst der Gebirgstruppe unterstellt. »Ich übernahm ein Feldlazarett. Es wurden Chirurgen eingeflogen und kamen über Schweden per Bahn. Der ausgezeichnete norwegische Chirurg am Krankenhaus in Narvik war in den ersten Tagen unser einziger Vollchirurg. Die Op.-Tische wurden nicht leer in diesem Hause und an diesen Tagen. Bis zum Rückzug der Alliierten aus Narvik und nach der Kapitulation Frankreichs blieben wir in Björnfell und holten die Verwundeten mit primitiven Schlitten von der Front in unser Lazarett. Die Kameradschaft unter den Truppen und der Kampfgeist der Truppe war 1940 noch beispielhaft. General Dietl war ein hervorragender Offizierssoldat, der wie ein Vater zu seinen Soldaten war«.[260]
Der bereits zitierte ›Bericht des Führers der Zerstörer über den Kampf um Narvik 6.–13. Appril 1940‹ nennt die folgenden Verlustzahlen:

1. am 10. April 1940:

Anton Schmitt gesunken,	50 Tote,
Wilhelm Heidkamp verwendungsunfähig,	81 Tote, gesunken 11.4.40.
Diether v. Roeder	13 Tote,
Hans Lüdemann	2 Tote,
Hermann Künne	9 Tote,
Georg Thiele	13 Tote,
Bernd v. Arnim	2 Tote,

Wolfgang Zenker, Erich Giese, Erich Koellner keine Verluste.

2. am 13. April 1940:

Erich Koellner 3 Offiziere verwundet, davon 2 schwer,
31 Unteroffiziere und Mannschaften gefallen,
31 verwundet, davon 12 schwer.

Erich Giese zahlreiche Verwundete.
Gefallen 3 Offiziere, 80 Unteroffiziere und Mannschaften
Gefangen 2 Offiziere, sieben Unteroffiziere und Mannschaften.

Von ärztlichen Maßnahmen ist in diesem Zusammenhang nicht die Rede. Unter den Gefallenen des Zerstörers Wilhelm Heidkamp befand sich auch der Schiffsarzt, Marineoberassistenzarzt Dr. Rudolf Schmidt.

Schon wenige Tage nach den Gefechten bei Narvik gingen Meldungen von Überlebenden über völkerrechtswidriges Beschießen deutscher Seeleute bei Narvik ein. Das ›Gericht des Führers der Zerstörer‹ unter Marinekriegsgerichtsrat Sieber führte die weiteren Recherchen. Die Untersuchungen ergaben zunächst, daß der Beschuß, von dem Schiffbrüchige betroffen wurden, wohl doch den deutschen Schiffen gegolten habe, während der abschließende Bericht es für erwiesen hielt, die Brriten hätten bewußt auf »sich rettende, waffenlose und völlig durchnäßte« Besatzungsangehörige an den Bergwänden von Syldvik geschossen, die auch ihre Verwundeten mit sich schleppten.[261]

Nach dem Kriege sind die erhaltenen Akten über die Frage der Beschießung deutscher Schiffbrüchiger bei Narvik von dem amerikanischen Völkerrechtler Prof. Alfred M. de Zayas gründlich untersucht worden. Er gab Teile von Siebers Protokoll wieder, welches er als »gekennzeichnet durch Zurückhaltung«[262] zitierte, und feststellte, daß »... lediglich im Falle des Zerstörers Erich Giese eine klare Völkerrechtsverletzung vorlag. In den meisten anderen Fällen, bei der Georg Thiele, Anton Schmitt, Bernd von Arnim und Wolfgang Zenker, handelte es sich um englisches Artilleriefeuer, welches vermutlich den Zerstörern gegolten hatte...«[263]

Zur Beschießung der Schiffbrüchigen des Zerstörers Georg Thiele sagte dessen Kommandant, Korvettenkapitän Max Eckart Wolff, am 10. September 1940 aus, daß bei einer Entfernung von mehr als vier Kilometer die feindlichen Granaten nicht nur sein Schiff treffen konnten, da diese zu weit oder auch zu kurz liegen konnten, und daß daher »die im Wasser schwimmenden Soldaten von den Granatenaufschlägen gefährdet waren.«[264] Anders sei die Situation gewesen, als sich die bereits an Land befindliche Besatzung zu retten suchte. Dann war »das Feuer der Zerstörer offensichtlich nicht mehr auf den bereits brennenden und sinkenden Zerstörer gerichtet, sondern weit oberhalb der Strandungsstelle in die verstreut in den Felsen kletternden und deckungssuchenden Soldaten. ... Eine 12-cm-Granate traf ... in eine Gruppe von Soldaten und tötete sechs von ihnen. Es ist also klar erwiesen, daß der Engländer es mit diesem Feuer nicht mehr auf den bereits verlassenen Zerstörer, sondern auf die sich weit oberhalb der Strandungsstelle in die Felsen rettenden Besatzungsmitglieder abgesehen hatte. Es ist hierbei zum Ausdruck zu bringen, daß die gesamte Besatzung waffenlos war und in den Felsen nur ihr nacktes Leben rettete, dabei auch ihre Verwundeten mitschleppend«.[265]

De Zayas bemerkte dazu, »daß die Beschießung der waffenlosen Flüchtenden in den Felsen zweifelsohne unmenschlich war, jedoch keinen Völkerrechtsbruch darstellte«[266]. Hingegen sah er im Fall des Zerstörers Erich Giese durchaus die Kriterien eines Falles völkerrechtswidriger Beschießung von im Wasser schwimmenden Schiffbrüchigen als gegeben an. Der Kommandant dieses Zerstörers, Korvettenkapitän

Karl Smidt, machte bereits am 23. August 1940 und später in Gesprächen[267] in den Jahren 1974, 1976 und 1977 geltend, das Feuer auf die im Wasser schwimmende Besatzung, insgesamt etwa 200 Mann, sei von den britischen Zerstörern aus Geschützen und Maschinengewehren eröffnet worden, als »nach dem Verlassen des Schiffes von deutscher Seite auch von Land aus keinerlei Kampftätigkeit herrschte«, und daher »wäre es für die Engländer ein leichtes gewesen, die Überlebenden aus dem Wasser zu retten und somit ihren weiteren Einsatz in Narvik zu verhindern.«[268] Abschließend zu diesen Vorkommnissen, an die hier ohne weitere Einzelheiten erinnert werden soll, heißt es bei de Zayas: »An der Tatsache der Beschießung kann ... kaum gezweifelt werden.«[269] Ihm und der Wehrmacht-Untersuchungsstelle ist allerdings nicht bekannt geworden, »ob die deutsche Reichsregierung Protestschritte über die Schutzmacht unternommen hat.«[270]
Nach Rohwer haben »435 Norweger, 321 Deutsche und 188 Briten ... die Seegefechte am 10. und 13. April (1940) nicht überlebt.«[271] Guth, der sich mit der sanitätsdienstlichen Versorgung der Truppen in und um Narvik befaßt hat, bezifferte die Heeres-Verluste bei der Eroberung und Verteidigung von Narvik mit 130 Gefallenen, 241 Verwundeten und 74 Vermißten. Bei der Eroberung Norwegens insgesamt verlor die Wehrmacht (!) 1 317 Gefallene, 2 375 auf dem Seetransport oder anderweitig Vermißte, die aber als tot zu betrachten sind, und 1 604 Verwundete. Aus diesen Zahlen wird deutlich, daß nicht die Kämpfe zu Lande oder in der Luft besonders verlustreich waren, sondern daß die Verluste der Marine und der Heeresverbände auf dem Seetransport den Hauptanteil an den Verlusten darstellen.[272] Guth verwies auch auf die außergewöhnlichen Schwierigkeiten, die sich für den Sanitätsdienst der 3. Gebirgsdivision (General Dietl) – wie den der anderen Divisionen – dadurch ergaben, daß die Leitenden Sanitätsoffiziere aus Gründen der Geheimhaltung keine Informationen über Art und Ort des geplanten Einsatzes erhielten. Sie hatten »lediglich erfahren, daß die Sanitätsdienste Gepäck nur in begrenztem Umfang mitführen dürften, und daß ein Einsatz bevorstände, der ohne Feldlazarette, Sanitätskompanien und Krankenkraftwagenzüge ablaufen würde.«[273] Die Folgen sind bekannt. Mehr von der Truppenführung, als vom Sanitätsdienst selbst beklagt, war die Tatsache, daß

- Verbandmaterial nur in geringen Mengen vorhanden war, und es daher zusätzlich aus dem Lande besorgt werden mußte,
- die Truppenärzte mit dem Material ihrer Truppensanitätsausrüstung (T.S.A.) nicht auskamen,
- die deutschen Verwundeten in den genutzten norwegischen Krankenhäusern ohne deutsche Betreuung blieben. Ohne die Inanspruchnahme der norwegischen Einrichtungen wäre aber, insbesondere in Narvik, die notwendige chirurgische Versorgung der Soldaten nicht sicherzustellen gewesen.

Auch nach Ende der Kämpfe in Narvik im Juni 1940 wurden Zerstörer und Torpedoboote der Kriegsmarine in den norwegischen Fjorden häufiger in Gefechte verwickelt. Vor allem die Geleitaufgaben forderten hohe Verluste. Bereits am 26. Juli 1940 wurde das Torpedoboot LUCHS, an der Backbordseite des Schlachtschiffes GNEISENAU laufend, im Skagerrak von einem britischen Unterseeboot torpediert, brach auseinander und versank mit 103 Soldaten. 53 Mann wurden von den begleitenden Torpedobooten ILTIS und JAGUAR gerettet.

Am 2. September 1940 sicherten T 4 und weitere Geleitfahrzeuge den Truppentransporter PIONIER auf dem Weg von Frederikshavn in den Oslofjord. 15 Seemeilen nördlich von Skagen explodierte PIONIER plötzlich, mehr als 400 Soldaten starben, 72 Mann wurden noch gerettet. Am 3. September lief T 4 wieder in Frederikshavn ein und gab dort Tote, Verwundete und Gerettete ab. Am 7. November 1940 lief T 6 vor der norwegischen Westküste auf eine britische Mine und sank in wenigen Minuten. Die Überlebenden trieben auf fünf Schlauchbooten, Verwundete und Nichtschwimmer wurden durch andere Besatzungsangehörige bis zur Rettung durch andere T-Boote über Wasser gehalten. 69 Mann konnten lebend geborgen werden. 48 Mann waren gefallen oder blieben vermißt. Der Verband ging nach der Bergung der Schiffbrüchigen auf 30 Knoten Fahrt Richtung Stavanger, um schnellste Versorgung der Verwundeten zu gewährleisten.

Nach der Besetzung Norwegens und dem Beginn des Krieges gegen Sowjetrußland entwickelten sich die dortigen Stützpunkte für die deutsche Seekriegsführung immer mehr als Ausgangspunkte für den Kampf gegen den alliierten Geleitzugverkehr in der Barentsee. Insbesondere die deutschen Zerstörer waren in diese Gefechte verwickelt.

Am 1. Mai 1942 lief die 8. Z.-Flottille mit den Zerstörern HERMANN SCHOEMANN, Z 24 und Z 25 von Kirkenes zu einem Vorstoß gegen den im Nordmeer gemeldeten Geleitzug PQ 15 aus, der durch mehrere britische und kanadische Zerstörer und weitere kleinere Kriegsschiffe gesichert war. Gleichzeitig lief auch der Geleitzug QP 11 von Murmansk kommend durch das Eismeer westwärts. Dieses Geleit war neben Zerstörern auch durch den britischen Kreuzer EDINBURGH gesichert, den am Vortage bereits das deutsche U-Boot U 456 durch Torpedos schwer beschädigt hatte. Der Angriff auf das Geleit war wetterbedingt (Treibeis, Schneeschauer, Nordnordwestwind Stärke 7, entsprechender Seegang) wenig erfolgreich. Am 2. Mai wurde das Gefecht mit der beschädigten EDINBURGH gesucht, die weiterhin von vier britischen Zerstörern gesichert wurde. Der Kreuzer erzielte auf HERMANN SCHOEMANN folgenschwere Treffer, die das Boot bewegungsunfähig machten. Unter großen Schwierigkeiten gelang es Z 24, vor allem aber Z 25, den größten Teil der Besatzung, darunter vier Schwer- und mehrere Leichtverwundete, zu übernehmen. HERMANN SCHOEMANN sank nach der Zündung von zwei Wasserbomben. Z 24 und Z 25 liefen mit 254 Geretteten nach Kirkenes zurück. Sie übermittelten den Standort des Untergangs an U 88, das weitere Überlebende, die in Kuttern und Flößen in der See trieben, bergen konnte. Insgesamt hatten nur acht Mann der Besatzung den Tod gefunden.[274]

Der damalige Schiffsarzt von HERMANN SCHOEMANN, Marineoberassistenzarzt Dr. Karl Wilhelm Reinke, berichtete über dieses Ereignis[275]: »Wir hatten in den letzten Apriltagen 1942 Gefechtsberührung mit englischen Zerstörern, die von Murmansk kommende Geleitzüge sicherten. Am Morgen des 2. Mai hatten wir die Aufgabe, einen angeblich havarierten, schweren englischen Kreuzer anzugreifen und zu torpedieren. Beim Anlauf zu diesem Angriff erhielten wir Treffer in beide Maschinenräume, so daß die Antriebsanlage ausfiel und unser Schiff gestoppt im Artilleriefeuer des Kreuzers lag. Durch die ersten Treffer war bereits die Beleuchtungsanlage ausgefallen. Die Notstromanlage reichte nicht aus, um irgendwelche Versorgungen unter Deck durchzuführen. Beide Gefechtsverbandplätze fielen durch Treffer in den ersten Minuten des Gefechtsbeginnes aus. Die Verwundetenlagerungsplätze wurden durch ausströmende Nebelsäure unbrauchbar. Transporthängematten standen nicht in ausreichendem Umfang zur Verfügung. Die als Hilfskrankenträger ausgebildeten Soldaten waren kopflos und unbrauchbar. Dagegen hatte ich gute Hilfe von Seiten der seemännischen Besatzung, soweit sie nicht im Einsatz war. Die systematische Unterrichtung und Ausbildung in erster Hilfe und im Krankentransport hatte sich in dieser Richtung bewährt. Die an Deck liegenden Verwundeten wurden notdürftig mit Verbänden versorgt und erhielten, soweit erforderlich, Analgetica, insbesondere Morphium. Wolldecken und Pelzmäntel standen in ausreichender Menge zum Zudecken zur Verfügung. Da das Schiff sank, wurden die Rettungsmittel besetzt. Später kam der Zerstörer Z 24 längsseits und übernahm die Verwundeten, die ich zusammen mit dem Kollegen Holley dort versorgen konnte, wobei die Maßnahmen den Rahmen der ersten Hilfe nicht wesentlich überstiegen. Die weitere Versorgung sollte im Heereskriegslazarett Svanvik erfolgen, das aber durch die Kämpfe an der Petsamo-Front so überlastet war, daß eine Behandlung dort unmöglich war. Zehn Schwerstverletzte wurden mit einem Sanitätsflugzeug nach Kemi in Finnland transportiert und dort etwa 15 Std. nach der Verwundung fachgerecht versorgt. Eine größere Anzahl Schiffbrüchiger wurde, nachdem sie drei bis sechs Stunden auf Flößen und im Kutter getrieben waren, von U 88 übernommen. Sie hatten Erfrierungen 1. bis 3. Grades an Händen und Füßen, die dann später auch im Heereslazarett Kemi behandelt wurden. Todesfälle durch Unterkühlung traten nicht ein.«[276] Reinke wies abschließend darauf hin, er habe bis zum Ende des Gefechtes nur sehr wenig tun können; anschließend sei seine wesentliche Leistung gewesen, den möglichst schnellen Abtransport in geeignete Kriegslazarette zu erreichen.
Sein nächstes Kommando war der in französischen Gewässern eingesetzte Zerstörer Z 37, der zur 8. Zerstörerflottille gehörte und 1943/44 von Bordeaux aus über die Gironde auslief und in der südlichen Biskaya operierte. Am 30. Januar 1944 wurde Z 37 in der Biscaya von Z 32 gerammt und schwer beschädigt. Bis dahin hatte es auf dem Boot bei zahlreichen Gefechten 1943 keine schweren Treffer gegeben, lediglich durch Bordwaffenbeschuß waren einige leichtere Verletzungen aufgetreten, die der Schiffsarzt fachgerecht behandeln konnte. Diesmal gelang es, die Verletzten

an Bord von Z 32 zu bringen und sie dort vorläufig zu versorgen, bevor sie in Bordeaux ihre endgültige Behandlung erhalten konnten. Das Schiff erlitt durch die Detonation der 3,7-cm-Munition und Brände erhebliche Schäden. Es gelang jedoch, Z 37 nach Bordeaux einzuschleppen, wo das Schiff am 24. August 1944 offiziell außer Dienst gestellt und von der Besatzung unbrauchbar gemacht wurde.[277]

Bei anderer Gelegenheit unterstrich Reinke die wesentliche Bedeutung des Schiffsarztes bei der Gesundheitsprävention und dem Management von infektiösen Krankheiten. So hatte er an Bord eine Ruhrepidemie mit mehr als 50 Erkrankungen und eine Diptherieepidemie mit mehr als 40 Kranken zu bewältigen.[278] Solche gefährlichen Infektionskrankheiten, die bei den beengten Verhältnissen an Bord Anlaß zu weitreichenden Maßnahmen geben mußten, kamen auf den Einheiten durchaus häufiger vor. Beispielsweise veranlaßte ein am 26. Mai 1942 in Narvik auf T 7 festgestellter Diphterie-Fall den Schiffsarzt des S-Bootsbegleitschiffes Tanga, an Bord zu kommen und die gesamte T 7-Besatzung zu impfen. Als Folge der Schutzimpfung erlitten drei Soldaten allerdings dramatisch verlaufende Erstickungsanfälle, weil ein falscher Impfstoff verwendet worden war. Die Schiffsärzte der Tanga und der Dithmarschen behandelten die Fälle weiter.

Ebenfalls wegen eines Diphteriefalles wurde die Besatzung von T 9 im Zeitraum von 27. Juli bis 7. August 1943 während eines Werftaufenthaltes in den Schichau-Werken in Elbing in Quarantäne gelegt. Am 2. Juli 1944 mußte die Besatzung von T 4, das zu diesem Zeitpunkt im Stadtkanal in Libau vertäut war, eine Quarantänestation in einer Kaserne belegen, da an Bord zwei Fälle der Weil'schen Krankheit diagnostiziert worden waren. Das Boot wurde a.K.B gemeldet und am 5. Juli entseucht; vier Tage später konnten die Soldaten nach erfolgreicher Entseuchung wieder eingeschifft werden.

Zu den im norwegischen Raum stationierten deutschen Zerstörern gehörte auch der erst im August 1940 in Dienst gestellte Zerstörer Z 27. Von Oktober 1940 bis zum Winter 1942 diente Marineoberassistenzarzt Dr. Friedhelm Otto als Schiffsarzt an Bord. Zugehörig zu der im Altafjord liegenden II. Kampfgruppe unternahm Z 27 mehrere Vorstöße gegen Geleitzüge im Nordmeer. Am 5. November 1942 operierte der Zerstörer im Weißen Meer und versenkte dort den sowjetischen Ujäger Bo-78 und den dahinter laufenden Tanker Donbass durch Artilleriebeschuß. Otto schilderte den Verlauf der Rettungsaktion für die bei schwerer See und kalten Temperaturen im Meer schwimmenden russischen Schiffbrüchigen: »Zahlreiche deutsche Besatzungsangehörige standen angeseilt auf dem achtern gelegenen Schraubenschutz etwa einen halben Meter über der See. Sie packten die zumeist Verwundeten am Kragen, zogen sie auf die Back und trugen sie dann auf den vorderen Gefechtsverbandplatz in der Offiziermesse. Unterkühlte wurden in Kojen verbracht, manche starben in den folgenden Stunden oder auch plötzlich am nächsten Morgen. Auf dem Gefechtsverbandplatz begann ich, nach der Festlegung der Priorität, unterstützt von meinem Sanitätspersonal mit der Behandlung. Die Messe selbst besaß nur eine primitive Notsanitätseinrichtung, dar-

Nach einem Gefecht mit überlegenen britischen Seestreitkräften im Juni 1942 werden eigene Verwundete zur weiteren Versorgung an Land abgegeben. Sammlung Hartmann

Auf Zerstörer Z 5, Paul Jacobi, im Mai 1940. Von links der Kommandant Karl Hetz, der Leitende Ingenieur Kapitätnleutnant (Ing.) Eddicks, der Schiffsarzt, Marinestabsarzt Dr. Herbert Vehse.

Sammlung W. Harnack

unter einen transportablen OP-Tisch, der am Boden festgeschraubt war. Besonders in Erinnerung ist mir das Schicksal eines aufgefischten Kommissars, erkenntlich an seinem Lederzeug und der Pistole. Ihm waren beide Arme durchschossen, große Fleischwunden erforderten eine umgehende Behandlung. Als ich ihn für die Operation vorbereitete und ihm Evipan intravenös zur Narkose injizierte, dachte er, er würde nun getötet. Nach dem Aufwachen sah er seine Arme in Gipsschienen und umarmte mich. Die Schiffbrüchigen wurden nach dem Einlaufen in Alta abgegeben.«[279] Otto teilte bei anderer Gelegenheit den Verfassern mit, nach einem Luft-Seegefecht auch abgeschossene britische Flieger ärztlich betreut zu haben.[280] Sein Zerstörer Z 27 geriet am 17. Mai 1942 in ein Gefecht mit britischen Torpedo- und Bombenflugzeugen, die den deutschen Verband, bestehend aus den Schweren Kreuzern Lützow und Prinz Eugen sowie mehreren Zerstörern, angriffen, der zu einer Minenunternehmung (Burgund) in den Westteil des Skagerraks ausgelaufen war. Es gelang den britischen Flugzeugen nicht, Treffer zu erzielen. Z 29 schoß eine britische Boston-Maschine ab, deren Besatzung von Z 27 geborgen und von Otto an Bord medizinisch versorgt wurde.
Als Schiffsarzt des Zerstörers Z 5 Paul Jacobi, war vom 24. August 1942 bis 28. Oktober 1943 der damalige Marinestabsarzt Dr. Helmut Brahms eingesetzt, der den Verfassern über diese Zeit berichtet hat.[281] Er schilderte zunächst die Regelung des Sanitätsdienstes an Bord eines Zerstörers mit einem kleinem, gut ausgestatteten Krankenrevier, in dem der Schiffsarzt von einem Sanitätsobermaat und einem Sanitätsgefreiten unterstützt wurde. Zu den Aufgaben des Arztes gehörte die Unterrichtung der Besatzung in Verbandlehre, Lagerung und Transport der Verwundeten. Besonderen Wert legte Brahms auf das Üben des Transportes auf Niedergängen, vor allem über die senkrechten Niedergänge zu den Maschinen- und Kesselräumen, da hier wegen der Enge der Luken der Transport ohne Hängematten erfolgen muß. Als der Zerstörer im März 1943 nach Nordnorwegen verlegt wurde und in den Sommermonaten im Alta-Fjord lag, fand Brahms dort guten Kontakt zu den Ärzten im etwas entfernt liegenden Heereslazarett, wo er auch internistischen Rat anläßlich der Erkrankung des Kommandanten an Hepatitis erhielt. In dieser Zeit war Paul Jacobi an Gefechten nicht beteiligt, aber er war bei schwerem Wetter – vergeblich – bemüht, Blockadebrecher bei der Heimkehr in Empfang zu nehmen. Auch solche Einsätze strengten die Soldaten wegen der ungünstigen Witterung sehr an. Brahms berichtete, das Maschinenpersonal habe mehr als 24 Stunden nicht abgelöst werden können, da die Einstiegsluks ständig von Brechern überspült wurden. Im Wechsel mit dem Versorgungsoffizier ging er alle zwei Stunden durch das Schiff, nicht so sehr, um nach Ordnung und Sauberkeit zu sehen, sondern es ging um »Information und Zuspruch, denn was ist schlimmer als Unsicherheit und Ungewißheit, eben nicht zu wissen, was los ist und worum es geht. Für mich ergab sich hierbei oft die Möglichkeit eines Gespräches und vielleicht mal die Hilfe bei Blessuren oder gestörtem Wohlbefinden. Hier war nach unserem Wahlspruch der Militärärztlichen Akademie nicht ›Scientiae‹ und ›Patriae‹, sondern ganz einfach ›Humanitati‹ gefragt!«[282]

Ein Problem für die Führung war, die Soldaten außerhalb der Dienstzeit zu beschäftigen, wenn beispielsweise mehrere Zerstörer im Alta-Fjord vor Anker lagen. Ein Sportplatz lud zum Fußballspiel ein, bis eine Häufung von Sportverletzungen (Wunden, Blutergüsse, Prellungen und Verstauchungen) die Gefechtsbereitschaft zu gefährden drohten. Ernsthafte Verletzungen blieben aus, allerdings mußte Brahms eine habituelle Schulterluxation in Evipan-Kurznarkose einrenken.
Für die Sanitätsoffiziere wurden Fortbildungsveranstaltungen durchgeführt, zu denen der Verbandsarzt, Dr. Hilmers, zugleich Schiffsarzt des Zerstörers KARL GALSTER, aufforderte. Die Treffen fanden an Bord eines in der Nähe ankernden Kreuzers auf Einladung dessen Schiffsarztes statt, wo es nach den Vorträgen noch zu kameradschaftlichen Gesprächen und feucht-fröhlichem Beisammensein kam. Nach diesem Kommando als Zerstörerarzt wurde Brahms als Gruppenoffizier an die Marineärztliche Akademie in Tübingen versetzt. Noch einmal tat er, im März/April 1944, Dienst an Bord eines Zerstörers, auf Z 31, ohne hier besonders gefordert zu sein.
Auf dem Zerstörer Z 31, der im Dezember 1942 nach Norwegen verlegt hatte, war Marineoberassistenzarzt Dr. Hubert Bongen Schiffsarzt, der eine »eisenharte« chirurgische Assistenzarztzeit bei Flottenarzt Dozent Dr. Heim im Marinelazarett Hardinghen durchlaufen hatte. Bongen nahm vom 6. bis 9. September 1943 mit seiner Einheit am Flottenvorstoß auf Barentsburg/Spitzbergen teil. Beim Einlaufen geriet

Auszeichnung des Schiffsarztes Z 31, Marineoberassistenzarzt Dr. Hubert Bongen (vorn) mit dem eisernen Kreuz II. Klasse durch den Kommandanten, Korvettenkapitän K. Paul. Dazwischen der namentlich nicht genannte Wachhabende Offizier. Ganz links der I.O., Kapitänleutnant C. Vorsteher. Sammlung Harnack

Z 31 unter Beschuß und erhielt acht Artillerietreffer in das Oberdeck, die mehrere Tote und Verletzte forderten. Bongen gelangen aufgrund seiner chirurgischen Vorbildung an Bord mehrere operative Eingriffe, darunter, einmalig für die Verhältnisse auf Zerstörern, die erfolgreiche Operation von Schwerverletzten mit Bauchschüssen im Schiffslazarett.[283]

Mit der im Spätsommer 1940 erfolgten Verlegung der 5. Zerstörerflottille und verschiedener Torpedoboote in französische Atlantikhäfen begannen auch im Seegebiet Kanal und Biskaya die Unternehmungen dieser Einheiten.

Bereits am 13. September 1940 gerieten die Torpedoboote T 1, T 2, T 3, Iltis und Seeadler vor Vlissingen in einen Bombenangriff. Auf T 2 fielen sechs Verwundete an, darunter der L.I. Kapitänleutnant (Ing) Peters, dessen Fuß amputiert werden mußte.

Am 18. September 1940 befand sich die komplette 1. T-Flottille in Cherbourg. Gegen Mitternacht erfolgte ein schwerer Luftangriff der Briten. Das K.T.B. verzeichnete: »Besatzungen der T-Boote während des britischen Luftangriffes an Bord geblieben, da wegen des ›Seelöwe‹-Befehls die Zuflucht in Schutzbunkern verboten war. T 11 bei dem Luftangriff zwei Bombentreffer in T 2 erhalten, die elf Tote, fünf Schwer- und 15 Leichtverwundete zur Folge hatten. Die Verletzten wurden alsbald in das Marinelazarett in Cherbourg gebracht.«[284] Die chaotischen Momente bei der Verwundetenversorgung nach dem Luftangriff gibt der persönliche Bericht eines Besatzungsangehörigen von T 5, Heinz Decker, wieder: »Ein wüster Zustand. Keine Sanitäter, kein Arzt. Einigen Kameraden ist das Bein abgerissen. Renne an Land, um Sanis zu finden. Finde einen alten Sani-Uffz, der schon im Ersten Weltkrieg dabei war. Er hat zwei Koffer mit Medikamenten und hilft uns, wo er nur kann. Ohne ihn wären viele verblutet.«[285]

Am gleichen Tag gerieten auch die in Le Havre am Quai des Florides liegenden T-Boote T 1, T 3, und Iltis in einen schweren Bombenangriff. Die von Graumann et al. verfaßte Chronik der T-Flottille geht auf die drama-

An Bord von T 8, 1940 oder 1941: Vorne r
2. Torpedobootflottille, daneben Kapitänle

›berstabsarzt Dr. Julius Zahn, Flottillenarzt der
n Erdmann, Kommandant T 8.
Sammlung Harnack

tischen Momente ein: »T 3 wenige Sekunden später durch eine Bombe zwischen dem 10,5-cm-Geschütz und der Winsch, etwas an Bb. versetzt, in L.I.-Kammer getroffen. Bei der Bombenexplosion Boot schwer erschüttert, Deck an Bb.-Seite hochaufgerissen, an Stb.-Seite nach oben gewölbt. ... Achterdeck sofort unter Wasser gestanden. Abteilungen I bis V innerhalb einer Minute vollgelaufen. Die Geschützbesatzung der 10,5-cm-Kanone aus dem Luk in Abt. I herausgekrochen und auf das Vorschiff gelaufen. Der Kommandant befand sich zur Zeit der Bombeneinschläge in Abt. II, wo er verwundet wurde. Er wurde durch den Oberfähnrich z.S. Geißler geborgen und auf ein Gummiboot geschafft. ... Schließlich ragt nur noch das Vorschiff aus dem Wasser, von dem aus die überlebende Besatzung an Land überstieg oder in das Wasser sprang. In Höhe des seemännischen U.-Raumes öffnete sich plötzlich ein Bullauge, durch das der Masch.Mt. Thiel um Hilfe rief. Von dem vor T 3 liegenden T-Boot T 1 wurde sofort ein Schneidbrenner geholt und mit dem Aufschweißen der Bordwand begonnen. Da aber T 3 immer weiter sank, wurden die Schweißstellen immer wieder überspült. Der Versuch mit Meißel und Vorschlaghammer ein Stück aus der Bordwand zu schlagen, mißlang. Der Rettungsversuch mußte aufgegeben werden. Kurz vor 23.00 Uhr Boot völlig unter Wasser. Im Wasser Schwimmende durch Helfer von T 1 teils in Gummiboote geholt, teils mit Tampen und Leitern auf die Pier gezogen. Versorgung der Verwundeten durch Schiffsarzt des Minenschiffes Skagerrak, das im Hafenbecken schräg gegenüber von T 3 lag. Auf Skagerrak zunächst auch die Geretteten untergebracht. Insgesamt waren zehn Tote zu beklagen.«[286]

Am Beispiel des Verlustes des Zerstörers Bruno Heinemann nach zwei schnell aufeinander folgenden Minentreffern in der Nordsee erörterte

Ostertag 1978 das Ereignis, die Folgen und die ergriffenen Maßnahmen. Die Ausführungen werden hier wiedergegeben, so weit sie sich mit den Verwundungen, sanitätsdienstlichen Maßnahmen und der Bergung von Schiffbrüchigen befassen. Die 5. Zerstörerflottille war mit RICHARD BEITZEN, HERMANN SCHOEMANN, PAUL JACOBI UND BRUNO HEINEMANN am 24. Januar 1942 von Kiel durch den Nord-Ostseekanal nach Brest ausgelaufen, um von dort aus die Rückführung der Schlachtschiffe SCHARNHORST und GNEISENAU sowie des Schweren Kreuzers PRINZ EUGEN zu sichern. Am 25. Januar abends wurde der Marsch nach Westen von Vlissingen-Reede aus fortgesetzt. Der Wind wehte aus Südwesten mit 6–7, der Seegang betrug 4–5. Um 21.13 Uhr erfolgte ein erster Minentreffer: »Das Vorschiff bäumt sich unter heftigem Schütteln ruckartig auf, fällt nieder, wird noch einmal wenig angehoben und sinkt dann langsam mit leichter Steuerbord-Schlagseite nach vorn weg ... Bei den Soldaten auf der Brücke, den vorderen Geschützen und dem vorderen Torpedorohrsatz treten Prellungen und Verstauchungen auf. Nach einer Schockphase, die bei den einen wenige Sekunden, bei anderen bis zu einer Minute dauerte, wird wieder ruhig und sicher gehandelt ... ein Leckabwehrposten in Abteilung XIII wird ... schwer verletzt, ein Maat im E-Hellegat kann den Raum nicht mehr rechtzeitig verlassen. Der Geschützführer des ersten Geschützes wird außenbords geschleudert. In der Offiziermesse beginnen der Sanitätsoffizier (Anm. d. Verf.: Marineoberassistenzarzt d.R. Josef Schmied) und seine Soldaten, unterstützt vom Verwaltungsoffizier und den Stewards, für die Verwundeten zu sorgen. Notverbände legen die Kameraden auf den Gefechtsstationen an, so gut sie können ...Im Vorschiff werden schwere Stauchungen und Verformungen der Deckplatten festgestellt. Das Oberdeck über Kesselraum 2 ist über die ganze Breite des Schiffes gerissen. Im Lazarett hat sich das Deck so stark angehoben, daß die Höhe bis zur Decke nur noch etwa ein Meter beträgt«.[287] Während zunächst das Abschleppen des Schiffes über das Heck vorbereitet wird, kann der L.I. acht Minuten nach dem Treffer melden, das Schiff sei mit Kesselraum 1, Turbinenraum 1 und 2, sowie den E-Werken 1 und 2 wieder klar für 21 Knoten. Aber noch während das Schiff Fahrt aufnimmt, wird es um 21.25 Uhr erneut von einer Mine getroffen. Der Treffer »liegt etwa in Höhe der Abteilung XII ... Einige Brückenfenster gehen zu Bruch. Schnittwunden und vor allem Fuß- und Beinbrüche treten auf. Auch der Kommandant und der I.O. sind davon betroffen. Im Steuerstand, Kartenhaus und Funkraum überwiegen die Kopf-, Arm- und Rumpfverletzungen«.[288] Das Vollaufen des Vorschiffes bis Abteilung VIII ist nicht zu verhindern. Der Befehl ›Alle Mann von Bord‹ muß durch Läufer übermittelt werden, was zu Verzögerungen führt. Das seemännische Personal trägt blaue Uniform, zum Teil mit Mantel oder Jacke, das technische trägt Uniform oder Lederzeug. Fast alle tragen die Schwimmweste aus Gummi mit Luftkammern, Halskragen und Trillerpfeife. »Befragte haben auch noch Soldaten ohne Schwimmweste gesehen. Der I.O. läßt die Wasserbomben entschärfen und befiehlt das Aussetzen der Flöße an Backbord und Steuerbord; sie treiben an der Bordwand entlang in die dunk-

le Nacht. Einige springen noch hinterher. Als das letzte gegen 22.05 Uhr ablegt, ragt das Heck schon zwei Meter aus dem Wasser. Der Kutter hat schon frühzeitig abgelegt, während das V-Boot an der Luvseite kentert und kieloben davonschwimmt. In der Offiziermesse werden bei ›alle Mann von Bord‹ noch etwa 20 Verwundete ärztlich versorgt. Ein Teil erreicht die Flöße. Das leicht bekleidete Sanitäts- und Hilfspersonal springt erst beim Aufrichten des Achterschiffes ins Wasser; niemand überlebte von ihnen. Gegen 22.15 Uhr sinkt der Bug von BRUNO HEINEMANN bei etwa 35 Meter Wassertiefe auf Grund ... Etwa fünf Minuten später brechen die Schotten zum Achterschiff und das Schiff gleitet ohne erkennbaren Sog ... ziemlich schnell in die Tiefe«.[289]
In der dunklen Nacht bleiben die Rettungsmittel ziemlich eng zusammen. »Viele hängen nur außen an den Flößen. Die Hilfsbereitschaft läßt zum Teil mit längerer Dauer der Rettungsaktion nach. Der gemeinsame Gesang in den ersten Minuten nach dem Untergang verstummt schon bald«.[290] Der Zerstörer HERMANN SCHOEMANN wird zur Hilfeleistung befohlen. Beim Aussetzen seiner Motorpinaß gibt es aber anhaltende Schwierigkeiten, so daß RICHARD BEITZEN und PAUL JACOBI die Rettungsaktion übernehmen müssen. Wenige Lichtsignale von den Flößen erleichtern ihnen das Auffinden. Nach etwa eineinhalb Stunden retten sie viele der Soldaten; ein Teil der Flöße ist aber so weit abgetrieben, daß sie nicht mehr gefunden werden. »Die Übernahme der Männer aus den Rettungsmitteln gestaltet sich schwierig. Sie sind erschöpft und steif von dem kalten Wasser. Bei dem herrschenden Seegang und den dauernden Stößen der Flöße gegen die Bordwand des Zerstörers verlieren viele das Gleichgewicht. Wer abrutscht und sich nicht festhalten kann, treibt weg und ist oft verloren. Manche verläßt kurz vor der Rettung die letzte Kraft. RICHARD BEITZEN rettet nach Angaben eines Befragten 169 Mann, PAUL JACOBI demnach 70, sieben Mann nimmt nach zwölf Stunden ein Boot der Hafenschutzflottille Ostende auf. 94 Soldaten sind laut K.T.B. BRUNO HEINEMANN gefallen, darunter alle 15 Seekadetten einer Gruppe von Offizieranwärtern, die erst kurz vor dem Auslaufen zu dieser Unternehmung an Bord gekommen waren. Die Betreuung der Geretteten ist in Anbetracht der großen Zahl sehr gut. Alle erhalten schnell trockene Kleidung und ärztliche Hilfe, soweit erforderlich. Keiner berichtet über ernste Folgen durch Unterkühlung nach der Rettung. Die Ausschiffung erfolgt erst am anderen Morgen in Le Havre. Etwa zwanzig Soldaten, meist mit Knochenbrüchen, werden für vier bis acht Wochen in ein Lazarett eingeliefert.«[291]
Ostertag zog abschließend ein Fazit, in dem überwiegend Fragen der Schiffsführung und der Navigation in minengefährdeten Gebieten, aber auch die Rolle des Menschen-Führens in der Ausnahmesituation erörtert wurden. Zum Anfall von Verwundeten hielt er fest, daß sich die Besatzung auf den Gefechtsstation befand, daß sich auch nur wenige Männer in der unmittelbaren Gefährdungszone befanden, und daß daher die Zahl der Toten bis zum Untergang des Schiffes sehr gering war. Er bekräftigte zudem die alte Erfahrung, daß Minentreffer häufig zu Stauchungen

der Fuß- und Kniegelenke führen, und er stellt die Frage, warum bis heute noch kein ›Überschuh‹ entwickelt worden sei, der solche Stöße auf ein erträgliches Maß zurückführt. Schließlich erinnerte er anhand der Erfahrungen beim Verlust des Zerstörers BRUNO HEINEMANN an den Wert der Schiffskunde. Ein Befragter hatte ihm bestätigt, wie schwierig es gewesen sei, sich unter den schwierigen Umständen, bei Nacht, Seegang, fehlender Beleuchtung, Ausfall einzelner Räume und Abteilungen, zurechtzufinden. Mehrere Soldaten hätten sich nur durch ihre Kenntnis der Notausgänge und Verbindungswege retten können. »Wie viele aus Unkenntnis den Tod fanden, ist nicht bekannt.«[292] Ostertag stellte aber auch fest, daß die Rettungsaktion der beteiligten Einheiten seemännisch ausgezeichnet vorgenommen worden war.
Auf dem zur 5. Torpedobootflottille gehörenden T-Boot ILTIS war 1942 Marinestabsarzt Dr. Karl-Heinz Blaas eingeschifft. Er war verantwortlich für fünf Boote der Flottille, auf denen es keine Krankenkojen und keine Operationsmöglichkeit gab.
Auf der Fahrt durch den Ärmelkanal erfolgte am 11. Februar 1942 bei Ostende ein Spitfire-Fliegerangriff auf das benachbarte Torpedoboot JAGUAR. Ein Besatzungsangehöriger starb, 17 Verwundete wurden zunächst von dem Sanitätsgefreiten und dem W.O. erstversorgt. Schon bald waren die Verbandstoffe knapp geworden, der Kommandant, Kapitänleutnant F.K. Paul, forderte Unterstützung durch den auf ILTIS eingeschifften Flottillenarzt an.[293] Blaas konnte erst auf der Außenreede Vlissingen von ILTIS mit einem Kutter übergesetzt werden, legte dort Notverbände an, schnürte Extremitäten ab und applizierte Morphium. Das Boot lief schließlich Vlissingen an, wo bereits Krankenwagen an der Pier bereitstanden.[294] Allerdings starben drei Schwerverletzte im Marinelazarett Vlissingen. Die Torpedoboote befanden sich im Geleiteinsatz anläßlich des Unternehmens ›Cerberus‹, der Verlegung der Schlachtschiffe SCHARNHORST und GNEISENAU sowie des Schweren Kreuzers PRINZ EUGEN durch den Englischen Kanal. Bereits am nächsten Tag, dem 12. Februar, geriet JAGUAR erneut in einen Fliegerangriff und erlitt beim Naheinschlag einer Bombe schwere Beschädigungen. Zwei Soldaten starben und vier wurden verwundet und wiederum durch die eigene Besatzung erstversorgt. Das Boot lief daraufhin Rotterdam an und gab dort die Verwundeten und Toten an Land.
Beim Angriff der Briten auf die Schleuse von St. Nazaire am 27. März 1942 enterte JAGUAR das britische Motor Gun Boat (MGB) 14.[295] Drei Schwerverwundete blieben an Bord, 23 teils verwundete britische Gefangene wurden auf JAGUAR verbracht. Zur sanitätsdienstlichen Versorgung kam Dr. Blaas wieder von der ILTIS und behandelte gemeinsam mit dem Sanitätsgefreiten der JAGUAR und einem englischen Medizinstudenten etwa fünf deutsche und zehn britische Verletzte, wovon der englische Kommandant allerdings noch an Bord verstarb. Das Gefecht hatte gegen 5–6 Uhr früh stattgefunden, die Verwundeten wurden gegen Mittag nach Einlaufen in St. Nazaire an einen Hafenschlepper abgegeben.
Am 13. Mai 1942 fuhr Blaas auf ILTIS von Hoek van Holland aus nach Boulogne, von dort aus sollte der Hilfskreuzer STIER in die Biscaya geleitet werden. Die Bri-

ten waren jedoch vorgewarnt und attackierten das Geleit mit allen zur Verfügung stehenden Mitteln. Die ILTIS erhielt einen Torpedotreffer, brach auseinander und versank gegen 4.05 Uhr vor Boulogne. Auch die SEEADLER wurde zur gleichen Zeit in Höhe des achteren Schornsteins torpediert und sank in zwei Teile zerbrochen südwestlich von Kap Griz Nez. 85 Besatzungsangehörige konnten nicht mehr gerettet werden. Auf der ILTIS gingen 115 Besatzungsangehörige mit ihrem Boot unter oder konnten nur noch tot geborgen werden. »Wir fielen einfach ins Wasser«.[296] Von ILTIS kamen nur drei Flöße frei. Blaas war der einzige überlebende Offizier, schluckte viel Öl und Wasser. 33 Überlebende schwammen drei Stunden bei Temperaturen von 12–13 Grad C im Wasser, bevor sie schließlich von deutschen Schnellbooten geborgen werden konnten. Die Übernahme war schwierig und noch während der Bergung ertranken zwei Erschöpfte. So auch der Kommandant, Kapitänleutnant Walter Jacobsen, der einen Platz auf einem Schlauchboot abgelehnt hatte und bei dem Versuch, Soldaten zu helfen, ums Leben kam.[297] Der Kommandant der SEEADLER konnte mit 50 Schiffbrüchigen seines Bootes durch die Schnellboote der 4. S-Flottille geborgen werden und zollte dem Einsatz der Besatzungen besondere Anerkennung. »Das Ausschiffen der Geretteten erfolgt in Boulogne. Ärztliche Versorgung setzt bereits im Hafen ein. Die Schwerverwundeten werden in ein Lazarett gebracht. Die Leichtverwundeten bleiben im Hafenlazarett unter Betreuung des Standortarztes.«[298] Daß die Rettungsmaßnahmen für die Schiffbrüchigen trotzdem nicht optimal koordiniert worden sind, ist einem Hinweis in dem erhaltenen ärztlichen Kriegstagebuch des Flottillenarztes der 2. R-Flottille zu entnehmen.[299] Der zum Zeitpunkt der Versenkung der Torpedoboote mit seiner Flottille in Boulogne liegende Marineoberassistenzarzt Dr. Führ bot Hilfeleistung für die versenkten Torpedoboote an, die aber nicht in Anspruch genommen wurde. »Die Hilfeleistung von der 2. R.-Flottille wurde abgelehnt (es schien, als sei die Bergung der Schiffbrüchigen beendet), obwohl, wie sich nach Einlaufen der Flottille in Boulogne herausstellte, niemand für die Bergung der Schiffbrüchigen eingesetzt worden war. Außerdem sind R.-Boote nach den bisherigen Erfahrungen für derartige Aufgaben gut geeignet. Die ersten Schiffbrüchigen wurden mehrere Stunden nach dem Ereignis von Schnellbooten aufgenommen, die schon Boulogne angelaufen hatten und dann erneut in See gingen, um aus eigener Initiative heraus Hilfe zu leisten. Gemäß Besprechung mit dem Flottillenchef wird die Flottille in Zukunft bei Zwischenfällen nach Sprengung des Geleites von sich aus Hilfe leisten, auch dann, wenn sie dafür nicht besonders angesetzt werden sollte. In dem geschilderten Fall hätte bei Ansetzen der 2. R.-Flottille für die Bergung der Schiffbrüchigen, den Betroffenen mindestens zwei Stunden früher Hilfe gebracht werden können. Die Verluste wären dann entsprechend geringer gewesen.«[300]

Ostertag vertrat später die Auffassung, der Verlust der beiden Torpedoboote »lag an ihrem tödlichen Fehler, mit dem Scheinwerfer zu leuchten«[301], da sie nur dadurch im Nebel von den gegnerischen Booten erkannt worden seien.

In der Nacht zum 14. Oktober 1942 fuhren T 10, T 14 und T 19 im Kanal für den auslaufenden Hilfskreuzer Komet Geleit.[302] In dem schweren Nachtgefecht, das schließlich auch zum Totalverlust des Hilfskreuzers führte, wurde T 1o durch britische Artillerie beschädigt. Am Morgen des Tages lief das Torpedoboot mit zahlreichen Toten und Verwundeten an Bord in St. Malo ein und verbrachte sie auf das im Hafen liegende Lazarettschiff Hüxter. Verluste und Schäden an T 10: elf Tote, und zwar im Turbinenraum 2 der L.I., Oblt. (Ing.) Dörscheln und drei Mann verbrüht, zwei Mann auf dem Niedergang vom mittleren Deckshaus verbrannt, der 3. Wachmaschinist verbrüht und nach sechs Stunden gestorben, zwei Mann am 2-cm-Fla-M.G. auf dem mittleren Deckshaus durch explodierende Bereitschaftsmunition getötet, weitere zwei Mann gefallen an nicht genanntem Ort und ein Mann vermißt. Schwer verwundet wurden der 2. Wachmaschinist, der auf dem Mitteldeck an Stb.-Seite zwischen den Minenschienen liegend gefunden wurde und drei Maate. Einer von ihnen, der Obermaat Schindel, wurde erst nach sechseinhalb Stunden aufgefunden. Ferner erlitten ein Maat und fünf Mann leichte Verwundungen.

T 14 geriet während des unübersichtlichen Nachtgefechts in das Artilleriefeuer des eigenen Hilfskreuzers. Hierbei fielen der Flottillenchef, Korvettenkapitän Wilcke, während der Kommandant, der Obersteuermann, der Obersignalmeister, ein Signalmaat und zwei weitere Soldaten teils schwere Verwundungen erlitten. Der Sanitätsgefreite Kratzer, obgleich selbst an der Hand verletzt, versorgte die Verwundeten vorbildlich. Auch T 14 lief am nächsten Morgen in St. Malo ein, verbrachte die Verletzten an die Hüxter, ebenso wie T 19, das drei Tote und drei Verletzte an dieses Lazarettschiff übergab. Die Verwundeten wurden schließlich in Landlazarette in St. Malo und Rennes verbracht, wo sie der F.d.Z. einen Tag später besuchte.

Nachdem sich ab Spätjahr 1942 deutsche Hilfskreuzer infolge der gegnerischen Luft- und Seeüberlegenheit nicht mehr durchschleusen ließen, hatten die in den französischen Häfen liegenden deutschen Zerstörer und Torpe-

Auf Z 23, 1943 in der Biscaya:
Links der Schiffsarzt, Marinestabsarzt Dr.
Kapitänleutnant Voss.

laneben der Artillerieoffizier,
Sammlung Nöldeke

doboote vor allem den Auftrag, die aus Fernost anlaufenden mit kriegswichtiger Fracht beladenen Blockadebrecher in sichere Gewässer einzubringen. Auch diese Einsätze waren sehr gefährlich, zudem gelang es der gegnerischen Aufklärung meistens, den Standort der Blockadebrecher ausfindig zu machen und überlegene Streitkräfte rechtzeitig zur Jagd in das entsprechende Seegebiet auszusenden.

Am 10. April 1943 erfaßte die britische Luftaufklärung einen Verband der 8. Z-Flottille, der gemeinsam mit Torpedobooten den Blockadebrecher Himalaya in die Gironde geleiten wollte. Durch Bordwaffenbeschuß und Bombentreffer gab es auf Z 24 fünf Tote, fünf Schwerverletzte und 26 Mittel- bis Leichtverletzte. Zum Wirken des Schiffsarztes, Marinestabsarzt Dr. Richard Holley, bei diesem Massenanfall von Verwundeten liegen allerdings keine Angaben vor.

Am Morgen des 27. Dezember 1943 unternahmen die 8. Z-Flottille und die 4. T-Flottille abermals einen Vorstoß in die Biskaya, um den aus Japan anlaufenden deutschen Blockadebrecher Alsterufer zu sichern und nach Brest einzubringen. Bereits vom 23. bis 26. Dezember hatten die Einheiten trotz heftiger britischer Luftangriffe den Blockadebrecher Osorno erfolgreich durch die Biskaya in die Gironde gebracht. An diesem Einsatz war auch der Zerstörer Z 23 beteiligt, dessen Schiffsarzt vom 10. April 1942 bis 24. Februar 1944 Marinestabsarzt Dr. Werner Wiese gewesen ist. Wiese berichtete den Autoren, daß Z 23 bereits am 23. Dezember einen schweren Wassereinbruch erlitt, der zur Entlassung aus dem Verband führte. Auf der Rückfahrt wurden bei schwerer See vier Mann über Bord gespült, an deren Bergung nicht zu denken war. Er selbst wurde an Oberdeck von überkommender See erfaßt und trotz ausgespannter Strecktaue gegen den Torpedorohrsatz geschleudert; wegen einer schweren Rückenprellung mußten ihn Soldaten in seine Kammer tragen. Erst nach dem Kriege ergab die Röntgenuntersuchung, daß Wiese sich bei diesem Sturz einen Lendenwirbelkörper gebrochen hatte.[303]

Bei dem erneuten Einsatz der Zerstörerflottille waren die Briten gewarnt und erwarteten die deutschen Boote. Zwei britische Kreuzer versenkten den Zerstörer Z 27 und die Flottentorpedoboote T 25 und T 26. Wieses Zerstörer Z 23 erlitt nur leichte Beschädigungen durch Bordwaffenbeschuß, der einige Leichtverwundete und einen Lungensteckschuß forderte. Dieser Schwerverwundete konnte nach vorsichtigem Transport in das Schiffslazarett dort vorläufig versorgt und nach dem Einlaufen in St. Jean de Luz ausgeschifft werden.

Kommandant auf dem Flottentorpedoboot T 25 war Kapitänleutnant Wirich v. Gartzen, der das letzte Gefecht seines Bootes überlebte und in seinen Erinnerungen auch einige Anmerkungen zum Wirken des auf seinem Boot eingeschifften Flottillenarztes, Marineoberassistenzarzt Dr. Adalbert Herzog, geben konnte. Am Nachmittag des 28. Dezembers ließ sich T 25 infolge schwerer Treffer nicht mehr halten. Das Wrack lag etwa 400 Kilometer nördlich der spanischen Küste und 700 Kilometer westlich der Bretagne. »Als die Schiffe weitab sind, prüfe ich meine Lage: Von eigenen Streitkräften ist nur einer unserer Zerstörer treibend im Norden zu sehen. Unser Oberdeck ist im Bereich des vorderen Kessels völlig nach oben gerissen. Im Raum darunter sind Öl und Wasser, in dem verbrühte Kameraden treiben.

Achterkante Brücke, die Niedergänge, alles zerstört. Der Kutter liegt nicht waagrecht, sondern steht zerbrochen senkrecht auf dem Oberdeck, das voller Gefallener und Verwundeter ist, die von unserem Bordarzt versorgt werden. Ich muntere die Verletzten auf und lasse mich dann vom Leitenden Ingenieur über die Situation und unsere Chancen unterrichten. … Die Meldung, daß die beiden Kreuzer wieder in Sicht kommen und mit hoher Fahrt auf uns zuhalten, bringt mich zu dem Entschluß, einen Teil der Besatzung, die nicht unbedingt in diesem zweifelsohne letzten Gefechtsabschnitt benötigt werden, zu retten und in noch vorhandenen brauchbaren Flößen und der Jolle von Bord zu schicken. … Unter großen Schwierigkeiten wird die Jolle ausgebracht, und rund 70 Kameraden … gehen befehlsgemäß von Bord. Die Jolle und einige heile Flöße kommen schnell weitab, da unser Boot durch den Wind stark treibt.

Nun wird das Ende unseres Bootes kommen. Einige Soldaten verteilen Zigaretten und Äpfel. Alle sind ruhig und gefaßt. Ernste, aber gute Stimmung. Ich gebe den Befehl, um gegen alle Möglichkeiten – etwa eines Versuchs, unser Boot aufzubringen – gesichert zu sein, das Boot klarzumachen zum Versenken. … Der Leitende Ingenieur meldet mir, daß alles klar zum Versenken ist. Die letzten Versuche, den Kutter klar zu bekommen, mißlingen, und es können nur noch einige wenige Flöße benutzt werden, da alle anderen Rettungsmittel im Gefecht zerstört oder über Bord gefetzt worden sind. Die Kreuzer schießen immer noch weiter. Ich gehe noch einmal von vorn nach achtern und wieder zurück. Wortlos begleitet mich der Leiten-

Auf Z 30 im Sommer oder Frühherbst 1944: Ganz hinten der Schiffsarzt, Marineoberassistenzarzt d.R. Dr. August-Wilhelm Anschütz (der am 6. März 1945 als Schiffsarzt Z 28 gefallen ist), davor der II.W.O., Leutnant z.S. Arp, vor ihm der I.W.O., Kapitänleutnant Dietrich Hoffmann, davor ein namentlich nicht genannter Obermaat. Sammlung Harnack

de Ingenieur. Es sind für uns die schlimmsten Minuten des Tages. Zwischen den um uns zusammenschlagenden Wassermassen der gegnerischen Artillerieaufschläge sage ich ihm: ›Sprengen!‹ Wenig später verlassen der LI, der Schiffsarzt, zwei Wachmaschinisten, der Obersteuermann und einige Unteroffiziere als letzte mit mir das Boot unter unserer Flagge am Heck.

Wir alle sind ohne Rettungsfloß und haben nur Schwimmwesten angezogen. Als wir uns einige hundert Meter von T 25 frei geschwommen haben, beobachten wir noch einige Treffer im Boot. ... Ich treibe einige Stunden allein im Wasser. Es ist kalt. Das Lederzeug hält die Körperwärme einige Zeit, aber nicht lange. See und Dünung rollen über mich hinweg. Immer und immer wieder muß man Wasser schlucken und es wieder hinauswürgen. Die vergangenen Stunden laufen mehrfach vor mir ab, dann auch das ganze Leben. Ich habe intensiv darüber nachgedacht, wer nun bald traurig über meinen Tod sein würde. Die Situation ist doch ebenso klar wie aussichtslos. Hoffnung könnte nur durch ein Wunder erfüllt werden. Es wird dunkel. Die spanische Küste ist etwa 400 Kilometer, die französische Küste mehr als 700 Kilometer entfernt!

Plötzlich werde ich einsamer Schwimmer von drei niedrig fliegenden britischen Bombern lautstark ›geweckt‹. Stunden später, im letzten Abendlicht, treiben sechs Flöße

auf mich zu, die Insassen entdecken mich, und ich werde von meinen Männern aus dem Wasser gezogen. Die Flöße sind voll, übervoll. Sie sind fast nicht zu sehen. Die Kameraden sitzen zwar im Floß und doch unter Wasser. Auch hier schlägt die See über uns, und wir kämpfen darum, uns auf den Flößen zu halten.
Während der dunklen, sehr kalten Nacht können wir in allen Richtungen, aber meist sehr weitab, rote Sterne und Rettungsbojenlichter sehen, haben aber mächtig mit uns zu tun, um nicht aus den Flößen herausgespült zu werden. Wir sind mit uns beschäftigt, das ist wichtig. Wir machen uns aber auch noch trotz des Halb-unter-Wasser-Liegens Bewegung, singen sogar und besprechen die Aussichten einer Rettung. In der Gemeinschaft wird man positiver, als wenn man allein mit sich ringt. Hier sieht niemand schwarz. ... Unser kleiner Haufen auf sieben kaputten Flößen treibt weiter durch die Nacht. Und friert gottsjämmerlich. Und schwimmt im Sitzen – immer bemüht, daß alle zusammenbleiben. Morgens gegen 5.00 Uhr werden wir alle ganz schnell hellwach. Wir sichten im Westen einen kleinen, das Wasser absuchenden Scheinwerfer. Alle haben ihn gesehen – Hoffnung auf Rettung steigt zur Gewißheit. Nun erst lasse ich das erste und dann ein zweites Kalziumlicht anzünden. Das Fahrzeug mit dem Scheinwerfer kommt näher und schließlich auf dichteste Nähe heran. Als eine Vartalampe aufleuchtet, erkennen wir ein U-Boot.«[304] Am Morgen des 29. Dezembers wurden Kapitänleutnant v. Gartzen und 28 Besatzungsangehörige seines Torpedobootes in Quadrat 4745 von U 505, Kommandant Oblt. z.S. Lange, an Bord genommen. Bereits eine Stunde zuvor hatte das U-Boot mehrere Schiffbrüchige auf Flößen gerettet. Am Abend dieses Tages gelang es, nochmals fünf nunmehr seit 30 Stunden im Wasser treibende Soldaten lebend zu bergen und sicher nach Brest zu bringen. Der mit dem Kommandanten als einer der letzten über Bord gesprungene Flottillenarzt der 4. T-Flottille, Marineoberassistenzarzt Dr. Herzog, wurde nicht mehr gefunden.
Auch das Torpedoboot T 26 wurde während des Gefechts von den überlegenen britischen Einheiten schwer getroffen. Der Kommandant, Kapitänleutnant Quedenfeldt, berichtete später: »Die Besatzung steigt aus. Wir haben eine grobe See bei Windstärke 7. Während der Kutter beim Zuwasserlassen kentert, kommt die Jolle heil zu Wasser. Auch die großen Flöße sind meist noch heil und brauchbar. ... Nachdem die Besatzung bis auf das Sprengkommando von Bord ist, gebe ich Befehl zum Sprengen des Bootes, verlasse die Brücke und gehe auf das Oberdeck. Überall liegen hier Tote und Schwerverwundete. ... Zusammen mit einem Maaten werfe ich eine Rettungsleiter über Bord, und wir springen hinterher. An der Leiter hängend machen wir uns vom Bootskörper frei. Um uns herum schlagen Granatsplitter ein. ... Ein Floß nimmt mich auf. Später treibt die Jolle, die voll beladen ist, in unsere Nähe, und man nimmt uns an Bord. Unser Oberbootsmann hat die Führung übernommen. Im Boot sind verschiedene Schwerverwundete, worunter auch mein LI ist, der Oblt. Ing. Braetz, der auf seiner ganzen Vorderseite schwere Verbrennungen hat. Auch ein Maat hat im Gesicht und an den Händen Verbrennungen,

einen anderen Unteroffizier sind beide Füße zerschlagen. Wir sind mit 36 Mann an Bord. Weil wir bei den Flößen bleiben wollen, benutzen wir den Motor nicht. Einer der beiden Kreuzer kommt bis auf 30 hm heran und ändert dann seinen Kurs. Kein Versuch einer Rettungsaktion! Nun können wir nur noch hoffen. Die Stille bringt uns unsere Einsamkeit auf dem weiten Meer irgendwie besonders zum Bewußtsein. Was wird aus uns wohl werden? Wir sind ja mehr als 350 Seemeilen von der französischen Küste entfernt am äußersten Rand der Biskaya. Langsam wird es dunkel, eine lange Nacht steht uns bevor. Dann und wann schießen wir einen Notstern. Irgendwann glauben wir auch Lichter von Positionslaternen gesehen zu haben. Sie kommen aber nicht näher. Man döst im Stehen dahin. Vom Notproviant lasse ich kleine Portionen verteilen, Zwieback und Schokolade.
Endlich beginnt der Tag. Wir sind noch immer allein. Die Stimmung ist zuversichtlich. Im Laufe des Vormittags tauchen weit entfernt zwei Flugzeuge am Horizont auf, die wir später als eigene Maschinen erkennen. Sie umkreisen die Untergangsstelle und morsen uns herunter, daß sie Hilfe schicken wollen. Um Mittag herum entdeckt unser Ausguck, der vorn steht, im Westen Masten eines Fahrzeugs. Es kommt näher. Wir schießen einen Stern. Erst nachmittags hat sich das Schiff so weit genähert, daß wir alle es erkennen können. Es sieht uns und steuert uns an. Es ist ein kleines Küstenschiff. An Bord erkennen wir eine ganze Anzahl Männer unserer Besatzung, darunter auch die beiden Wachoffiziere, Oblt. z.S. Nitz und Lt.z.S. Soltow. Dann steigen wir über. Die ziemlich starke See macht den Transport der Verwundeten nicht so ganz einfach.«[305] Das Schiff war der irische Frachtdampfer KERLOGUE auf dem Weg von Lissabon nach Dublin, dessen Besatzung bis zur Kapazitätsgrenze deutsche Schiffbrüchige aufnahm, versorgte und nach Cork verbrachte.

Von den ca. 740 Besatzungsangehörigen der drei am 28. Dezember 1943 versenkten deutschen Fahrzeuge konnten insgesamt 293 Mann durch die KERLOGUE, U 505, U 618, den britischen Minensucher SEAHAM und zwei spanische Zerstörer gerettet werden.

Fünf Monate zuvor, in der Nacht zum 3. August 1943, hatte v. Gartzen in dem gleichen Seegebiet die schiffbrüchige Besatzung des versenkten U-Bootes U 106 (Kdt. Oblt. z.S. Damerow) gerettet. »Um 22.47 sind wir inmitten von Kalzium-Leuchtbojen und hören Signalpfeifen und Rufe von Menschen. Man kann aber kaum etwas sehen. ›Äußerste Kraft zurück!‹ kommandiere ich. Und T 24 und T 25 stehen. Sie beginnen sofort mit der oft geübten Rettung von Schiffbrüchigen.... T 22 sichert während der Rettungsaktion den Verband. Es ist eine Bergung mit vielen Schwierigkeiten, weil sich viele Schiffbrüchige – schon mehr oder weniger durch das lange Im-Wasser-Liegen benommen – nicht von ihren Brettern und Flößen trennen wollen, weil viele außerdem verwundet sind und weil sie zum anderen weit auseinandergetrieben sind. Aber nach einstündigen Bemühungen haben wir 36 Marinekameraden aus dem Wasser geborgen.«[306] Die Verwundeten wurden am Abend in Brest an bereitstehende Sanitätskraftwagen abgegeben.

Schiffsarzt auf Z 32 war seit der Indienststellung am 15. September 1942 Marineoberassistenzarzt Dr. Helmut Langguth.[307] Nach der Ausbildungsphase in der Ostsee wurde der Zerstörer ab Frühjahr 1943 der 8. Zerstörer-Flottille in Bordeaux zugeordnet. Bei der zunehmenden Luftüberlegenheit des Gegners bestanden die Einsätze in Sicherungsaufgaben, also gelegentlichen Vorstößen in die Biscaya, in Minen- und Geleitunternehmen. Langguth beschrieb den Autoren seine Arbeitsbedingungen: Das kleine Krankenrevier des Schiffes befand sich vorn gegenüber der Kombüse. Es enthielt lediglich einen Schreibtisch, eine Verbandsecke und eine schmale Untersuchungsliege. Im Gefecht sollte die Versorgung der Verwundeten in der Offiziermesse, eingerichtet als Hauptverbandplatz, erfolgen. Personell standen ein Sanitätsunteroffizier, ein Sanitätsgast und ein Hilfssanitäter (der ›Aufklarer‹ des Schiffsarztes) zur Verfügung. Der fachliche Vorgesetzte, der Verbandsarzt beim Führer der Zerstörer, erst ab Mitte 1944 mit Marineoberstabsarzt Dr. Siegfried Held hauptamtlich wahrgenommen, war jeweils weit entfernt. Die Versorgung mit Sanitätsmaterial stellte meistens das Marinelazarett Bordeaux sicher, es gingen aber nach Langguths Erinnerung auch Anforderungen über den Verbandsarzt an das Marinesanitätsdepot in Paris. Besondere Ereignisse aus der Sicht des Arztes waren zunächst selten. Bei Gelegenheit spaltete er bei einem der Offiziere einen periproktitischen Abszeß; nach einem schweren Unfall an Bord mußte er die aufgerissene Kopfschwarte eines Soldaten nähen.

Im K.T.B. der 8. Z-Flottille wird der Verlust von Z 32 am 9. Juni 1944 nach dem Gefecht mit feindlichen Kreuzern und Zerstörern beschrieben. Gemeinsam mit Z 24, ZH 1 und T 24 war das Boot bei der Isle de Bas auf die 10. britische Zerstörerflottille geraten, zu der vier britische, zwei kanadische und zwei polnische Zerstörer gehörten. ZH 1 wurde bewegungsunfähig geschossen und dann durch Torpedos des britischen Zerstörers Ashanti versenkt, Z 32 wurde »im Artilleriegefecht mit Haida und Huron (den kanad. Zerstörern; Verf.) schwer zusammengeschossen.«[308] Nach dem Aufbrauchen der Artilleriemunition wurde der Befehl zum Aufsetzen und Sprengen des Bootes vor der Isle de Bas gegeben:

»5.20 Isle de Bas. Z 32 aufgesetzt. Das feindliche Feuer dauert noch an und zieht auch die im Wasser schwimmende Besatzung in Mitleidenschaft.

5.50 Fltl-Chef geht als Letzter von Bord des brennenden Zerstörers. Etwa ab 7.00 werden die Schiffbrüchigen von Booten der 2. Vp-Fltl (B-Gruppe Morleix, Oblt. z.S. Pluns) aufgenommen.

10.00 Morleix. Aufnahme der Verwundeten im Lazarett und der Schiffbrüchigen durch 2. Vp-Fltl vorzüglich vorbereitet.

Gegen Abend trifft auf der Isle de Bas ein Kutter von ZH 1 mit 28 Überlebenden unter Führung des AO, Oblt. z.S. Hansen nach 15-stündigem Pullen ein.«[309]

Nach Langguths persönlichem Bericht an die Verfasser explodierte eine 15-cm-Granate im Hauptverbandplatz, wobei der Sanitätsgast und der Hilfssanitäter ihr Leben verloren. Er selbst überlebte, da er sich zufällig im Mittelgang vor der Offi-

ziermesse aufhielt. Einem schwerverwundeten Fähnrich stand er mit Morphiumgabe bei. Beim Verlassen des Schiffes konnte er noch einen Verwundeten in ein Floß befördern, bevor auch er selbst auf dieses Rettungsmittel sprang. 26 Soldaten des Schiffes fanden den Tod, ein Teil von ihnen noch nach der Bergung infolge der erlittenen Erschöpfung und Unterkühlung. Die überlebenden Verwundeten fanden Aufnahme in einem Feldlazarett.
Ab 6. Juni 1944 standen die Torpedoboote T 28, JAGUAR, MÖWE und FALKE im harten Einsatz gegen die Invasionsflotte. Schon am frühen Morgen dieses Tages liefen die Boote aus Le Havre aus, um sich dem Gegner zu stellen. Sie wurden sofort von feindlichen Flugzeugen angegriffen, und der Flottillenchef, Korvettenkapitän Hoffmann, meldete um 5.31 Uhr im Seegebiet Ouistreham feindliche Schlachtschiffe und Kreuzer. Die Boote versuchten, die gegnerischen Schiffe mit Torpedos anzugreifen, sie brachten jedoch nur den norwegischen Zerstörer SVENNER zum Sinken. Am nächsten Morgen gelang es, durch Torpedotreffer zwei gegnerische Zerstörer zu treffen. Am 8. Juni kam es in den frühen Morgenstunden zu heftigen Gefechten mit Flugzeugen und gegnerischen Schnellbooten. Ohne eigene Verluste kehrten die Boote nach Le Havre zurück. Am 9. Juni übernahmen T 28, MÖWE und JAGUAR je 20 Minen; schon bald nach dem Auslaufen griffen britische Schnellboote an, wobei die Torpedoboote in außerordentlich starken Beschuß gerieten. Treffer rissen Lücken in die Besatzung, und Hoffmann entschloß sich zur Umkehr. Er meldete mit Funkspruch: »Aufgabe abgebrochen. Erbitte Sanka«[310] und erreichte Le Havre mit zwei Toten, vier Schwer- und zehn Leichtverletzten.
Diese Situation wird hier als Beispiel dafür wiedergegen, in welcher verzweifelten Lage sich Schiffe und Boote mit ihren Besatzungen zu Beginn der Invasion befanden, und mit welcher Verbissenheit sie sich trotzdem bemühten, den Angriff des überlegenen Gegners abzuwehren. Die Boote gingen bei dem schweren Luftangriff auf Le Havre am 15. Juni 1944 verloren. Das Kriegstagebuch der 5. T-Flottille vermerkte:
»15.6. Es werden laufend Leuchtgranaten über das Hafengebiet geschossen … Ich übernehme die Leitung der Bergung und des Verwundetentransports, der unter Ausnutzung aller verfügbaren Soldaten erfolgt …
2.00 Sanitätsbunker ist überfüllt von Verwundeten und wird an einer Stelle von einer schweren Bombe durchschlagen, sodaß Räumung des Bunkers notwendig wird.
Gegen 8.00 Hauptrettungs- und Bergungsaktion beendet. Etwa 80 Tote bzw. Vermißte, 70–80 Verwundete bei 5. T-Fltl.«[311] Der Verwundetentransport wurde von allen Soldaten mit großer Bereitschaft unterstützt, auch verweist das K.T.B. auf die besondere Einsatz- und Verantwortungsfreude des Flottillenarztes, Marinestabsarzt Dr. Stork, mit seinem Sanitätspersonal.
Am 24. August 1944 ging T 24 auf Royan-Reede nach einem Luftangriff verloren. Darüber hat der Kommandant, Kapitänleutnant Wilhelm Meentzen, in seinem K.T.B. berichtet:

»19.02 Uhr. Stb. achteraus werden ca. 18–20 Moskitos ausgemacht, die geschlossen auf ungefähr parallelem Kurs fliegen … Leider kann ich mit der Fahrt noch nicht hoch gehen, da ich mich erst einmal von der Netzschutzsperre und einem vor mir getauchten U-Boot freimanövrieren muß.
19.03 Uhr. Die Feindmaschinen sind jetzt Stb.-querab von mir. Sie teilen sich in drei Gruppen und fliegen an … Die ersten beiden Maschinen erhalten Treffer und ziehen mit langer Rauchfahne nach oben weg. Gleichzeitig wird aber das Boot von allen übrigen Maschinen mit einem unvorstellbaren M.G.-Feuer und Raketen überschüttet. Sämtliche Flakbedienungen fallen schlagartig aus, es gibt an Oberdeck kaum noch einen Unverwundeten. Bombenvolltreffer auf den achteren, gefechtsklaren Rohrsatz. Die Torpedokessel gehen hoch und schlagen das gesamte Oberdeck zum Turbinenraum hinten durch … alle Befehlselemente sind ausgefallen … Überall an Oberdeck brennt es von achtern bis zum 2-cm-Geschütz auf der unteren Brücke. Munitionskammer achtern hat Raketenvolltreffer und brennt. Erhalte Meldung vom Pumpenmeister und L.I., daß Brände nicht gelöscht werden können … Es gibt keinen Tropfen Wasser mehr an Bord. Das bedeutet das Ende für mein stolzes und erfolgreiches Boot. Damit ich mit dem starken Strom nicht ganz die Gironde raustreibe, lasse ich ankern. So kann die Übernahme der Verletzten durch die herankommenden HS-Boote ohne Störung über die Back erfolgen. Ein Längsseitsgehen achterlich der Brücke ist unmöglich. Laufend geht die Bereitschaftsmunition an den Flakwaffen und Kanonen hoch. Die Haltung der Besatzung ist vorzüglich. Ohne ein lautes Wort, völlig reibungslos geht der Verwundetentransport vor sich … Ich lasse die gesamte Besatzung aussteigen und bleibe selbst mit dem L.I. und einem Sprengkommando auf der Back. Der II.W.O. erhält Befehl, die Unterbringung der Verwundeten und Restbesatzung an Land durchzuführen … .
21.05. Das Boot kentert um 180 Grad und versinkt. Wenige Minuten ist noch der Kiel zu sehen, dann ist alles vorbei«.[312] Beim Untergang von T 24 sterben 18 Besatzungsangehörige.

Beim deutschen Einmarsch in Griechenland wurde in einem beschädigten Schwimmdock in Salamis der griechische Zerstörer Vasilefs Georgios erbeutet und am 21. März 1942 als einziger deutscher Zerstörer im Mittelmeer mit dem Namen ZG 3 Hermes in Dienst gestellt. Das publizierte Kriegstagebuch der Hermes[313] wies auf die folgenden pausenlosen Einsätze hin, denen Material und Menschen unter den klimatischen Verhältnissen des Mittelmeeres ausgesetzt waren. Das Boot operierte überwiegend im Geleitdienst zwischen Griechenland (Salamis) und Kreta, beziehungsweise nach Nordafrika (Tobruk), verbunden mit erfolgreicher U-Jagd, später von Salerno aus an die Küste vor Tunis. Im K.T.B. hieß es, daß »… das Maschinenpersonal auf die Dauer diesen Anstrengungen nicht gewachsen ist. Die Leute sehen schlecht und abgezehrt aus. Es sind Anträge gestellt auf Erhöhung des Solls (zwölf U.O. und 36 Mann), um sechs U.O. und neun Mann, von deren Bewilligung die Aufrechterhaltung der Einsatzbereitschaft abhängt. Bei den hohen Raumtemperaturen, dem südlichen Klima, ist das deutsche Personal den Anstrengungen nur gewachsen, wenn ein Teil stets zum Gewinnen frischer Kräfte vorübergehend ausgeschifft wird.«[314]

Dazu nahm der Admiral Ägäis, Vizeadmiral Förste, wie folgt Stellung: »Die Besatzung, insbesondere das Maschinenpersonal, ist durch den pausenlosen Einsatz unter tropischen Verhältnissen auf einem Zerstörer, dessen Belüftung nach deutschen Maßstäben unzureichend ist, bis an die Grenze seiner Leistungsfähigkeit beansprucht. Werftliegezeiten, Maschinenreparaturen und damit Ausspannungsmöglichkeiten hat der Zerstörer nicht gehabt. Die Lage der Panzerarmee (in Nordafrika; Verf.) verlangte dauernden Einsatz. Die im Mittelmeerraum stark auftretenden Krankheiten (Pappataci-Fieber, Durchfall, allgemeine Ermüdungserscheinungen infolge großer Hitze und aus den anderen oben erwähnten Gründen) machen den geforderten Personalzuschlag dringend notwendig, der erforderlich ist, um die durch Krankheit ausfallenden Soldaten laufend zu ergänzen und auszuwechseln.«[315] Am 30. September 1942 vermerkte das K.T.B. der Hermes: »Einer gesundheitlichen Krise des Maschinenpersonals (Zweiwachsystem bei 60–70 Grad Maschinenraumtemperatur) ist durch rechtzeitiges persönliches Eingreifen des Admirals Ägäis durch zusätzliche Kommandierung von Personal der Laufbahn II vorgebeugt. Der Zerstörer ist personell und materiell klar.«[316] Zusätzlich vermerkte das Kriegstagebuch für den Zeitraum 14.–22. Oktober, das Maschinenpersonal sei in Salamis über fünf Tage ununterbrochen mit Reinigungs- und Reparaturarbeiten beschäftigt gewesen, so daß nach der Ablösung durch Personal der 12. Küstensicherungsflottille nach ärztlicher Auswahl etwa 10–14 Besatzungsangehörige in zwei Törns in ein Erholungsheim auf dem mehr als 1 000 Meter hohen Parnaß geschickt wurden.

Nur gelegentlich finden sich im K.T.B. Hinweise auf die Tätigkeit des Schiffsarztes der Hermes, zunächst Marinestabsarzt d.R. Dr. Zimmermann, seit dem 6. Dezember 1942 Marineoberassistenzarzt Dr. Jaenicke: Am 31. Oktober 1942 erlitt auf dem italienischen Dampfer Col de Lana infolge eines Rohrkrepierers beim Einschießen der Fla-Maschinengewehre ein Soldat schwere Verletzungen; er wurde auf Hermes übernommen und behandelt. Am 21. April 1943 entdeckte sie vor Capri das britische U-Boot Splendid, vernichtete es und übernahm die 32 Überlebenden. Ein Fernschreiben gab Aufschluß über die weitere Absicht: »Abholung Gefangener (Verwundete) 12.00 Uhr Pozzuoli sicherstellen«[317] Am gleichen Tage sollten auch drei an Gelbsucht erkrankte Soldaten ausgeschifft werden. Da es aber nicht gelang, hierfür einen Krankenwagen zu bekommen, konnten die Kranken erst in dem 100 Kilometer südlich gelegenen Salerno unter großen Schwierigkeiten ausgeschifft werden. Dagegen wurden die verwundeten gefangenen Briten innerhalb einer Stunde durch zwei italienische Sankas abgeholt.

Vor der Selbstversenkung des Zerstörers nach wiederholten massiven Luftangriffen während der Überfahrt von Italien nach Tunis am 29. und 30. April 1943 kam es zu materiellen und personellen Ausfällen. Vorsorglich wurde ein Teil der eingeschifften Soldaten des Heeres mit Rettungsflößen von Bord gegeben. Sieben Verwundete der HERMES-Besatzung übernahm das Lazarettschiff AQUILEJA. In seinem Gefechtsbericht schrieb der Kommandant: »Es ist unmöglich, auch nur annähernd einen lebendigen Bericht über diesen Bombenhöllentag aufzuzeichnen, selbst für die geübteste Feder bliebe es immer nur ein Versuch.«[318] Am 7. Mai 1943 versenkte die Besatzung das Boot befehlsgemäß vor der Einfahrt des tunesischen Hafens La Goulette. Ein großer Teil der Besatzung erreichte Italien auf Schleppern, einige Verwundete blieben im Lazarett Hamman-Lif. Der Schlepper SOUSSE erreichte am 8. Mai 1943 mit 80 Mann, darunter 22 Mann der HERMES-Besatzung einschließlich des Schiffsarztes, die unbewohnte Insel Zembra, wo sich bereits 30 Soldaten von Heer und Luftwaffe aufhielten. Von dort aus gelang es einem Sturmboot der Luftwaffe, bei der italienischen Funkstelle auf der Insel Marettimo ein Fernschreiben an das Deutsche Oberkommando in Rom aufzugeben, in dem es hieß: »Auf der Insel Zembra befinden sich rund 120 Schiffbrüchige, darunter zehn Verletzte sowie zwei Offiziere mit 14 Mann vom Zerstörer HERMES. Es wird dringend gebeten, den Schiffbrüchigen Proviant zu schicken. Vorhandener Proviant reicht höchstens bis zum 14. Mai 1943.« Damit endet der Bericht des Stabsobermaschinisten Herbert Spohr über die Rückkehr von Afrika nach Italien.[319]

Nach dem Verlust des Zerstörers HERMES stellte die deutsche Kriegsmarine im Mittelmeerraum größere deutsche Torpedobootsverbände auf. Aber auch diese Bootsflottillen erlitten infolge der gegnerischen Überlegenheit hohe Verluste. Mehrere Torpedoboote sanken vor der italienischen Küste. Verschiedene Berichte gehen auch auf sanitätsdienstliche Maßnahmen ein und verdeutlichen vor allem die Besonderheiten der Rettung von Schiffbrüchigen auf diesem Kriegsschauplatz.

Die 10. T-Flottille wurde im Januar 1944 in Oberitalien aufgestellt. Sie bestand aus den bisher zur 3. Geleitflottille gehörenden bzw. neu in Dienst gestellten ehemals italienischen Booten TA 23, TA 24, TA 27 und TA 28. Fünf weitere Boote (TA 29-TA 33) traten im Laufe des Jahres hinzu. Das Operationsgebiet der Torpedoboote erstreckte sich von der italienisch-französischen Grenze bis auf die Höhe von Elba. Flottillenarzt war Marineoberassistenzarzt d.R. Dr. Johann Schadlbauer, der zumeist mit seinem Flottillenchef, Korvettenkapitän Wirich v. Gartzen, dem bereits erwähnten ehemaligen Kommandanten von T 25, auf verschiedenen Booten der Flottille einstieg und je nach Lage auf Einheiten mit Verwundeten verbracht werden konnte.[320] Ein festes Arztboot gab es nicht. Dr. Schadlbauer nahm an allen Unternehmungen der Flottille teil. Nach Rückkehr von den Einsätzen arbeitete der Stab, d.h. Flottillenchef, Flottilleningenieur und Arzt mit ihrem jeweiligen Personal, in einem gemeinsamen Stabsgebäude.

Während des gesamten Jahres stand die Flottille in schweren Kämpfen mit weit überlegenen gegnerischen Einheiten zur See und in der Luft. Bei den Unternehmungen fielen häufig Verwundete an, die entweder durch Umsteigen des eingeschiff-

ten Flottillenarztes versorgt wurden oder nach dem Einlaufen direkt im Hafen an angeforderte Sanitätskräfte abgegeben wurden (z.B. am 26. Februar 1944 neun Schwer- und 21 Leichtverletzte in La Spezia an vorher durch Funkspruch angeforderte Ärzte und Sanitätswagen). In der Nacht zum 25. April 1944 befand sich Schadlbauer während einer Unternehmung im Seegebiet Elba auf TA 23 eingeschifft. Das Boot erhielt einen Unterwassertreffer durch eine Mine und mußte schließlich aufgegeben werden. Die Besatzung und wichtige Ausrüstungsgegenstände, darunter auch ärztliches und sanitätsdienstliches Material, wurden rechtzeitig an TA 26 abgegeben, das Boot schließlich selbstversenkt. Das sich anschließend mit gegnerischen Luftstreitkräften entwickelnde Gefecht von TA 26 und TA 29 wurde von den auf Elba stationierten deutschen Marineeinheiten beobachtet. Vorsorglich wurde der dort stationierte Marinestabsarzt Dr. Nußbaum zur Pier in Porto Ferraio geschickt, um nach dem Einlaufen der beiden Boote die 16 Schwer- und 14 Leichtverwundeten sofort zu betreuen. Diese waren mit einem Fährprahm angelandet worden. Nach dem Festmachen der Boote halfen alle verfügbaren Sanitätskräfte, aber auch hilfswillige Seeoffiziere, u.a. der Flottillenchef, in dem kleinen Krankenrevier der Hafenstadt bei der medizinischen Versorgung.
Im Juni 1944 wurden die Torpedoboote TA 30 und TA 26 etwa 14 Kilometer vor La Spezia torpediert und sanken. Der Kommandant von TA 30, Kapitänleutnant Kopka, der am Morgen des 15. Juni 1944 hinter TA 26 fuhr und gegen 4.14 plötzlich einen Luftschwall 400 Meter vom Boot entfernt sah, berichtete über die Ereignisse in seinem K.T.B.: »Etwa vier bis sechs Minuten nach meinem Alarm fliegt TA 26 in die Luft. Der Torpedo traf ungefähr mittschiffs. Das Vorschiff geht sofort unter, das Achterschiff schwimmt noch etwa zwei Minuten. Etwa zwei Sekunden nach Treffer TA 26 erhält TA 30 einen Torpedotreffer in Abt. II. Boot lag auf 330 Grad C. Das Heck bis Achterkante Aufbauten Offz.-Niedergang bricht ab. Alle elektrischen Anlagen fallen aus. …
4.20 Meldung von Maschine: Beide Maschinen ausgefallen. Kessel Feuer aus. Feuer im Achterschiff. Ich lasse die achtere Munitionskammer fluten. Wegen Ausfall F.T. kann ich kein F.T. absetzen. Ich lasse mit der Vartalampe SOS an das etwa 6–8 Seemeilen östlich von mir fahrende Lazarettschiff ERLANGEN … geben und gleichzeitig rote Sterne schießen. … ERLANGEN kommt jedoch nicht zu Hilfe, sondern hält Kurs bei.
4.25. … Da ich nun das Gefühl habe, daß das Boot nicht zu halten ist, befehle ich: Alle Rettungsmittel klar! …
4.31 Boot taucht Bb. achtern mit Oberdeck unter Wasser. Befehl: Alle Mann mit allen Rettungmitteln von Bord. Von den 14 Flößen sind elf zu gebrauchen, drei durch Splitter zerfetzt. Weiter werden Jolle und Dingi, zwei Schlauchboote, acht Leitern, 14 Rettungsringe und vier breite Seefallreeps zu Wasser gebracht. Mit äußerster Ruhe, Haltung und Disziplin springen die Soldaten ins Wasser und erreichen die Flöße und Leitern. Sie müssen dabei durch dickes Öl schwimmen.

04.33 TA 30 kentert nach Bb. Ich verlasse in diesem Augenblick das Boot von der Stb.-Brückennock, schwimme vom kieloben liegenden Boot durch das Öl und werde nach etwa 20–30 Minuten von dem Dingi aufgenommen. … Das Rettungsfeld wird immer größer, da sich die Soldaten mit ihren Rettungsmitteln nach allen Seiten aus dem Öl retten. Durch das schnelle Sinken von TA 26 sind dort nur wenige Flöße ausgebracht worden. Die im Wasser schwimmenden Soldaten von TA 26 retten sich daher zum Teil auf die Flöße von TA 30, wodurch die Flöße sehr stark besetzt werden (14–16 Mann). Ich erreiche die Küste bei Levanto gegen 11.00 Uhr, benachrichtige Spezia, veranlasse, daß Fischerboote auslaufen zum Retten, die jedoch der starken Jaboangriffe wegen bald zurückkommen bzw. nicht auslaufen wollen und deren Besatzungen in die Berge verschwinden. In Levanto wie auch in Monte Rosso ist kein Motorboot vorhanden. Die Telefonleitungen sind zerstört, Verbindung zum Hafenkapitän Sestri-Levante ist nicht zu bekommen. Am Abend laufen dann Fischerboote aus Monte Rosso aus, die bis gegen 2.00 Uhr ca. 60 Soldaten an Land bringen. Bis 16. Juni 1944 18.00 sind von meiner Besatzung (142 Mann) 122 gerettet. Darunter befinden sich etwa zehn mit leichten Ölbrandwunden. Obwohl die Soldaten teils bis zu 30 Stunden im Wasser waren, sind ihre Haltung und ihr Geist zu bewundern. Sie haben im Wasser schwimmend gesehen, wie ein Seenotboot der Luftwaffe und das Lazarettschiff ERLANGEN, die beide die Untergangsstelle ansteuerten, von Jagdbombern angegriffen wurden und daher von der Rettung absahen, weil sie Beschädigungen erlitten und sich auf Strand setzen mußten.«[321] Neben den italienischen Fischerbooten beteiligten sich auch Seenotflieger der Luftwaffe, die 2. L-Flottille und die 70. MS-Flottille an dem Rettungswerk. Einen Tag später traf ein angeforderter Lazarettzug in Monte Rosso ein, der 90 Schiffbrüchige, darunter 30 teils Schwerverwundete aufnahm und nach La Spezia verbrachte. Neben den 20 Vermißten von TA 30 fielen auf TA 26 an diesem Tag 90 Soldaten.
Im Laufe des Jahres verlegte die Flottille infolge des Vordringens der Alliierten von La Spezia in den Hafen von Genua. Doch auch hier waren die Einheiten permanenten Bombenangriffen ausgesetzt. Am 4. September 1944 griffen 140 alliierte Bomber Genua an und vernichteten die im Dock liegenden Torpedoboote TA 28 und TA 33. Der größte Teil der Besatzung des im Trockendock liegenden TA 28 hatte sich entgegen den Befehlen nicht in die Hafenbunker begeben, sondern in Nischen des Trockendocks Schutz gesucht. TA 28 kippte im Dock, brennendes Öl ergoß sich aus den Bunkern in das Dock, das sich infolge der Hitze entzündete. Trotz sofortigen Eintreffens des Flottillenarztes Dr. Schadlbauer, der in Anbetracht der katastrophalen Situation völlig überfordert war, starben 107 Soldaten in dem Dock, weitere 13 wurden schwerverletzt in das Landlazarett eingeliefert.
Am 18. März 1945 gerieten die drei letzten Boote der Flottille, TA 24, TA 29 und TA 33 etwa 60 Seemeilen südlich von Genua in ein Gefecht mit gegnerischen Zerstörern. TA 24 und TA 29 sanken unter hohen Personalverlusten, 233 deutsche Schiffbrüchige wurden von britischen Einheiten gerettet. Marineoberassistenzarzt d.R.

Dr. Schadlbauer befand sich während der Unternehmung auf TA 24. Der Leitende Ingenieur des Bootes berichtete über die Ereignisse bei dem Untergang: »Ich versuchte nach dem Torpedotreffer, zusammen mit einem Maschinengefreiten die Heizölzufuhr neben dem Maschinenleitstand abzustellen, was auch gelang. Hierbei wurden dem Maschinengefreiten der rechte Arm abgerissen und mir der linke Ellenbogen zerschossen. Danach kam das Ende. Der Gefreite und ich wurden von unserem Arzt versorgt, das heißt, es wurden mit vorhandenen Verbandpäckchen unsere Oberarme abgebunden. ... Den Untergang von TA 24 erlebte ich auf dem Backbordschraubenschutz. Nach kurzem Untertauchen kam ich schnell wieder an die Oberfläche. In meiner Nähe schwamm eine Holzgräting. Auf die legte ich meinen zerschossenen linken Arm. Die italienische Kapok-Schwimmweste hielt gut. ... Nach etwa einer halben Stunde kam unser Flottillenchef in einem Schlauchboot bei mir längsseits und nahm mich auf. Auf diesem Schlauchboot waren noch sechs Schiffbrüchige, unter ihnen auch unser Arzt und ein Funker mit Beckenschuß. Zwischen 5.00 Uhr und 6.00 Uhr wurden wir von einem britischen Zerstörer aufgefischt. Jakobsleitern hingen über Bord. Die Verwundeten wurden angeleint und an Bord gehoben. Wir wurden gut behandelt. Große Waschbaljen, Seife und Handtücher standen an Oberdeck bereit. Die Verwundeten wurden auf dem Achterdeck des Zerstörers von dem englischen Schiffsarzt, unserem Dr. Schadlbauer und Sanitätsgasten gemeinsam versorgt. Für jeden schwerer Verwundeten war ein Mann zur Hilfeleistung abgestellt. Zwei unserer Kameraden starben noch an Bord und erhielten ein Seemannsgrab mit entsprechendem Zeremoniell. Unsere nicht verwundeten Offiziere wurden in die Offizier-Messe zum Mittagessen eingeladen.«[322] Die schiffbrüchige deutsche Besatzung verließ auf der Reede von Cannes den britischen Zerstörer Meteor. Die Verwundeten kamen zunächst in ein amerikanisches Lazarett in Cannes und wurden später in das ehemalige deutsche Marinelazarett Marseille verlegt. Schadlbauer erlitt bei dem Gefecht eine Zertrümmerung des Fersenbeins. Wie Paetzold d. Verf. berichtete[323], hatten Dr. Schadlbauer, der englische Schiffsarzt der Meteor und der amerikanische Stationsarzt in Cannes, Dr. Lukas, vor dem Kriege, wenn auch zu verschiedenen Zeiten, in dem Londoner St. Pauls-Krankenhaus famuliert und machten in Cannes bei den deutschen Verwundeten gemeinsam Visite.

Bereits im September 1943 war im Mittelmeer die 9. T-Flottille aufgestellt worden, die bis zu ihrer Auflösung im Oktober 1944 existierte. Ihr Einsatzgebiet lag in der Ägäis, ihre Aufgaben erstreckten sich auf Landungsunternehmungen, Geleitdienst, Truppen- und Gefangenentransporte und defensive Minenaufgaben. Die Flottille war personell dem Führer der Zerstörer, truppendienstlich und einsatzmäßig dem Kommandierenden Admiral Ägäis unterstellt. Noch im Februar 1945 wurde die Flottille in der Nordadria neu aufgestellt, sie unterstand hier dem Marineoberkommando Süd, taktisch der 11. Sicherungsdivision. Die folgenden sanitätsdienstlichen Ausführungen sind im wesentlichen dem Bericht des ehemaligen Flottillenchefs Korvettenkapitän Birnbaum entnommen.[324]

Vom 20. September 1943 bis 25. Oktober 1944 war Marineoberstabsarzt Dr. Werner Boese, vom 9. Februar bis 2. Mai 1945 Marineoberstabsarzt Dr. Adalbert Kloebe Flottillenarzt der 9. T-Flottille. Dr. Kloebe erlebte das Kriegsende am 1. Mai 1945 in Triest und geriet mit einem Sanitätsmaat in jugoslawische Gefangenschaft. Über sein weiteres Schicksal ist nichts mehr bekannt geworden.

Auch auf diesem abgelegenen Kriegsschauplatz, der ägäischen See, besaß der Gegner die absolute Luft- und auch Seeüberlegenheit. Sämtliche deutsche Schiffsbewegungen wurden bereits bei Auslaufen aus den Häfen von der britischen Luftaufklärung erfaßt und konnten anschließend wirkungsvoll bekämpft werden. Nach der Kapitulation der Italiener befahl die deutsche Führung den Abtransport der zahlreichen italienischen Militärinternierten, die auf den griechischen Inseln nicht mehr ernährt werden konnten und dem Arbeitseinsatz im Reich zugeführt werden sollten. Die deutschen Torpedoboote hatten die Aufgabe, manche dieser Gefangenentransporte zu sichern, die als risikoreich galten und oft – bei Fehlen von ausreichenden Rettungsmitteln – unter Inkaufnahme von hohen Verlusten durchgeführt wurden.

Bei der Sicherung eines Geleitzugs mit italienischen Militärinternierten aus Rhodos gingen bereits am 23. September 1943 das Torpedoboot T 10 und die Dampfer DITHMARSCHEN und DONIZETTI verloren. Der Untergang dieser Schiffe war eine Katastrophe bis dahin nicht gekannten Ausmaßes, da auf der DONIZETTI neben der Besatzung und der Wachmannschaft mehr als 1 500 Italiener eingeschifft waren, von denen trotz Rettungsbooten und ausreichenden anderen Rettungsmitteln kein einziger überlebte.[325] »Es ist nicht bekannt, welches Drama sich auf der DONIZETTI abspielte. Sicher ist lediglich, daß zwei britische Zerstörer den Gefangenentransport am 23. September um 0.28 Uhr erfaßten und unter Feuer nahmen. Nach dem Gefechtsbericht des Kommandanten von TA 10, das Geleitschutz fuhr, versuchte das Torpedoboot sich zunächst zwischen die DONIZETTI und den Gegner zu schieben, um diesen abzuwehren. Die Zerstörer nahmen allerdings eine Zielaufteilung vor. Einer beschoß das Handelsschiff, während der andere TA 10 bekämpfte. Das Torpedoboot war um 1.08 Uhr durch schwerste Treffer außer Gefecht gesetzt, es brannte und blieb manövrierunfähig liegen. Später vermochte das Boot zwar noch nach Kap Prasonesion zu verholen, mußte dort aber aufgegeben werden. Seine Besatzung beklagte fünf Tote. Offensichtlich hielten die Kommandanten der Zerstörer ECLIPSE und FURY das Torpedoboot für ohnehin verloren und konzentrierten sich vollkommen auf die DONIZETTI. Seit 1.25 Uhr beschossen sie das bereits brennende Schiff, das allerdings noch Fahrt machte, auf kurze Entfernung. Die Gruppe soll sich schnell von der Position des TA 10 entfernt haben, so daß dessen Kommandant mehr über den Verbleib des Gefangenentransporters nicht zu sagen wußte.«[326] Ein noch größeres Desaster ereignete sich in der Nacht zum 12. Februar 1944, als die drei Torpedoboote TA 16, TA 17 und TA 19 das mit fast 4 200 Italienern belegte Gefangenenschiff ORIA von Rhodos nach Piräus eskortierten. Bei ungünstiger Wetterlage lief die ORIA an der Südostecke der Insel Giadaros auf Grund und zerbarst in der schweren See. »Das abgerissene Heck kenterte, vom Vorschiff ragten beim Einsetzen der Rettungsversuche lediglich noch der vordere Mast und ein Teil des Bugs aus dem Wasser. Schiffbrüchige wurden in der tosenden Brandung von aufgeschwommenen Fässern und anderen Gegenständen erschlagen. Fünf im Bugraum eingeschlossene Gefangene sowie zwei Deutsche und sechs Italiener, die sich auf den Mast zu retten vermochten, konnten erst am 13. und 14. Februar geborgen werden. Sie zählten zu den glücklichen Ausnahmen, denn ansonsten spülte die See von der ORIA fast nur Leichen an den Strand – Opfer eines Navigationsfehlers.«[327]

Während der Wiedereroberung der von Italienern und Briten besetzten Inselfestung Leros im November 1943 sicherten T-Boote die Operationen und transportierten nach Abschluß der Gefechte Gefangene und Verwundete beider Seiten zurück. Beispielsweise transportierte TA 15 in der Nacht zum 18. November 1943 unter anderem 38 teilweise schwerverletzte Deutsche und 26 Italiener von Leros nach Piräus. Während eines Geleites am 3. Februar 1944 nordöstlich von Amorgos zur Sicherung des Dampfers LEDA gerieten TA 14, TA 15 und TA 16 und das Räumboot R 195 in einen schweren Bombenangriff. Die Fahrzeuge wurden mehr oder weniger stark beschädigt, der auf TA 14 eingeschiffte Flottillenarzt Dr. Boese wurde von R 195 übernommen und von dort an Bord TA 15 zur Versorgung von mehreren Schwerverletzten verbracht.

Am 8. März 1944 wurde TA 15 vor der kretischen Nordküste von drei Raketenbomben getroffen und stand sofort in Flammen. Explodierende Munition zerstörte die gesamten Rettungsmittel, vor allem die empfindlichen Gummiflöße. »Die Männer, die sich achteraus von dem Brand befanden, mußten wegen der Hitze über Bord springen. Die anderen versammelten sich auf der Back, wo sie durch den Brückenaufbau vor den Splittern und den brennend umherfliegenden Hülsen der Munition etwas geschützt waren. Auch eine Anzahl Verwundeter wurde auf die Back gebracht. Die Besatzung war äußerst ruhig und diszipliniert. Zu tun war nichts mehr. Der Kommandant befahl dann, auszusteigen und blieb nur noch selber mit seinen Wachoffizieren, einigen Oberfeldwebeln und etwa 15 Mann an Bord – und mit den Verwundeten, weil niemand das Herz hatte, sie mangels Rettungmitteln einfach über Bord zu werfen; lieber überließ man sie an Bord ihrem Schicksal. ... Dann krängte das Boot plötzlich nach Backbord. Nun befahl der Kommandant alle Mann von Bord. Die ersten konnten noch von der Back ins Wasser springen, die späteren mußten sich schon die schräge Bordwand hinunterrutschen lassen. Der Kommandant wußte, daß auch er das Boot verlassen durfte, sofern er nur als Letzter von Bord ging. Hier aber konnte er nicht der Letzte sein, weil die Verwundeten ja noch an Bord waren. Also blieb er an Bord. Er begab sich ganz an den Bug und setzte sich, am Göschstock sich festhaltend, von außenbords auf die Reeling. Dann richtete sich das Boot wieder auf ebenen Kiel auf. Der Brand tobte immer noch mit den Explosionen und Stichflammen, und das Öl brannte auf dem Wasser rings um das Boot. Und plötzlich sackte das Heck weg. Das Vorschiff reckte sich fast mit halber Bootslänge senkrecht aus dem Wasser, der Kommandant ganz oben am Göschstock. Dann glitt das Boot ab. Der Kommandant kam mitten in dem auf dem Wasser weiter brennenden Heizöl wieder hoch, doch der leichte Wind trieb bald das Öl fort und er gelangte ins freie Wasser.«[328] Die Verluste der Besatzung betrugen 13 Gefallene und Vermißte und 32 teils Schwerverletzte.

Chef der im gleichen Seegebiet wirkenden und häufig gemeinsam mit den Torpedobooten operierenden 21. U-Jagdflottille war der einzige Arzt der Kriegsmarine, der als Offizier und Chef einer Flottille wirkte: Korvettenkapitän d.R. Dr. med. Brandt, ausgezeichnet mit dem Ritterkreuz des Eisernen Kreuzes. Während eines Geleitunternehmens geriet er mit einigen Fahrzeugen seines Kommandos am 1. Juni 1944 in einen Luftangriff, ausgeführt von 21 Beaufightern. Hierbei erlitt TA 16 zahlreiche Beschädigungen, drei Tote und zehn teils Schwerverletzte, auf UJ 2101 mit dem Flottillenchef an Bord fielen ebenfalls zahlreiche Verwundete an. Dr. Brandt wurde ebenfalls schwer verletzt.

Die schweren Verluste der 9. T-Flottille im Jahre 1944 sind in den F.d.Z.-Nachrichten Nr. 1/1945 zusammenfassend aufgeführt:

»TA 15 durch Raketenbombentreffer vor Iraklion (Kreta) am 8.3.44 versenkt. 15 Soldaten gefallen.

TA 16 in Iraklion am 2.6.44 nach zahlreichen Raketenbombentreffern und Einbringen des Bootes in den Hafen durch Auswirkung einer Explosion gesunken. Vier Soldaten gefallen.

TA 19 vor Karlovassi am 9.8.44 durch U-Boots-Torpedo gesunken. Fünf Soldaten gefallen.

TA 14 in Salamis am 15.9.44 durch Fliegerbombe gesunken. Sechs Soldaten gefallen.

TA 17 Skaramanga am 18.9.44 außer Dienst gestellt.

TA 37 im Gefecht mit zwei britischen Zerstörern am 7.10.44 vor Kassandra gesunken. Zwei Offiziere, 96 Soldaten gefallen.

TA 38 vor Hafeneinfahrt Volos am 13.10.44 nach Jabo-Nahtreffern gesprengt.

TA 39 Westküste Golf von Saloniki am 16.10.44 durch treibende Mine gesunken. Keine Personalausfälle.

TA 18 Am 19.10.44 Saloniki ausgelaufen zur Bergungsaktion Schiffbrüchiger auf Argyronisos, seitdem vermißt. Vermißt: drei Offiziere, 129 Unteroffiziere und Mannschaften.«[329]

Schnellboote

Nachdem im Jahre 1932 neuerbaute Lürssen-Schnellboote zur 1. Schnellboot-Halbflottille, ab 1935 zur 1. Schnellbootflottille zusammengefaßt worden waren, ermöglichte der Zulauf weiterer Boote am 1. August 1938 die Aufstellung der 2. S-Flottille in Wilhelmshaven. In diesen ersten Friedensjahren standen intensive Fahrübungen und Langstreckenfahrten in den heimischen Gewässern auf dem Programm, um die Leistungsfähigkeit und Ausdauer der Fahrzeuge und ihrer Besatzungen zu erproben. Die Flottillenärzte waren während der Übungen auf Arztbooten eingeschifft, in den Stützpunkten standen für die ärztliche Behandlung feste Reviere zur Verfügung. In den Jahren 1934 und 1939 liefen den beiden Flottillen die Schnellbootbegleitschiffe TSINGTAU und TANGA zu. Wie der Sanitätsbericht 1934 bemerkte, besserten sich bei der 1. Schnellbootshalbflottille die Wohnverhältnisse für die Besatzungsangehörigen nach der Indienststellung des Tenders TSINGTAU erheblich. »Das Fachpersonal, die Bootsbesatzungen sowie die Unteroffiziere sind für sich in einzelnen Räumen, die Oberfeldwebel in Doppel- und die Offiziere in Einzelkammern untergebracht. Die Lüftung der Wohnräume geschieht durch 23 Lüftungsmaschinen; außerdem sind für die Maschinenräume noch besonders große Lüftungsanlagen im Betrieb. Die Beheizung erfolgt entweder an dem Pier durch Fernheizung oder in See durch besondere Heizkessel. Beim Längsseitsliegen der Boote am Mutterschiff werden diese ebenfalls von TSINGTAU aus beheizt. Auch die Wasch-, Dusch- und Badeanlagen sind hygienisch einwandfrei.«[330] Ferner besaß die TSINGTAU in der Proviantlast eine große Eislast und war mit sechs Eisschränken zum Aufbewahren von Speisen ausgerüstet. Das Schiffslazarett der TSINGTAU war zweckmäßig mit Apotheke, Kojenraum, Abort, Baderaum und Behandlungsraum und Gefechtsverbandplätzen eingerichtet. Zusätzlich stand eine Reserve-Sanitätsausrüstung mit bis zu zwei vollständigen Landungsausrüstungen zur Verfügung, die in etwa dem materiellen Potential eines Feldlazaretts entsprachen.

Erster Flottillenarzt der 2. S-Flottille (Chef Kapitänleutnant Rudolf Petersen) war ab 1. August 1938 Marineoberassistenzarzt Dr. Jürgen Baron von Schilling. Er führte Behandlungen im Schiffslazarett der TANGA durch. Bei Kriegsausbruch lag die Flottille im Hafen von Helgoland und unternahm von dort aus zunächst einen Aufklärungsvorstoß in die Nordsee. Danach folgten Übungen in der Ostsee und schließlich Einsätze im Kattegat und Skagerrak. Dr. Baron von Schilling verließ im Februar 1940 die 2. S-Flottille und wurde zur Weiterbildung an das Marinelazarett Wilhelmshaven versetzt. Zum Nachfolger avancierte Marineassistenzarzt Dr. Walter Tischer.

Die medizinische Versorgung der Besatzungsangehörigen verlagerte sich nach Kriegsbeginn schnell von den Begleitschiffen weg zu festen Landquartieren. Infolge der Luftgefährdung der Tender war in deren Schiffslazaretten eine Behandlung nur noch

in deutschen oder in relativ sicheren Ostseehäfen möglich. In den Frontstützpunkten der Flottillen standen zumeist an die Stäbe angegliedert Krankenreviere zur täglichen Krankenversorgung zur Verfügung. Später schützten insbesondere an der Kanalküste schwere Bunkeranlagen die Boote. Bei den häufigen kurzfristig anberaumten Verlegungen der Boote mußten die Ambulanzen in den neuen Einsatzhäfen oft improvisiert eingerichtet werden. Im weiteren Verlauf des Krieges kam es dazu, daß Stützpunkte mit der gesamten Ausrüstung verlorengingen, oder soweit noch möglich, im Landtransport verlegt werden mußten, so daß eine ausreichende sanitätsdienstliche Versorgung zumindest kurzfristig kaum noch gewährleistet war. Daher ging man bei den oft weiträumigen Einsätzen einzelner Schnellboote oder einzelner Rotten dazu über, den Booten eine angemessene Ausrüstung zur Verfügung zu stellen. Die Sanitätsoffiziere sollten in die Lage versetzt werden, sich in jedem Falle auf eine Bord-Sanitätsausrüstung zu stützen. Im Rahmen des Stützpunktsystems besaßen die S-Flottillen eigene Sanitätskraftwagen, unabhängig von den Fahrbereitschaften der Marinestützpunkte. Dies versetzte die Flottillen in die Lage, bei kurzfristigen Verlegungen schnell und unbürokratisch Material verlegen zu können.
Die Kriegssanitätsausrüstung eines Schnellboots bestand laut M.Dv. Nr. 216/1 aus folgenden Bedarfsmitteln:[331] An Verbandsmitteln griff man auf den Inhalt der Kriegsverbandtasche zurück. Dort befanden sich verschiedene Verbandpäckchen, Mullbinden, Abschnürbinden. Bei Alarm, Gefechtsberührung oder Befahren besonders gefährdeter Gebiete wurde die Tasche einem Holzkasten entnommen und einem Soldaten umgehängt. Eine »Zusatzausrüstung für alleinfahrendes Boot« ennthielt zudem neben gepolsterten Schienen diverse Arzneimittel. Beispielsweise standen fiebersenkende, schmerzstillende und abführende Mittel sowie Medikamente gegen Erkältungkrankheiten zur Verfügung. Bei Verbrennungen und zum Verbinden von Wunden nutzte man Lebertransalbe. Eine Krankentransporthängematte diente dem Abbergen von Verletzten, jedes S-Boot war mit einem Exemplar nebst dazugehörigen Tragegurten ausgerüstet.
Die Kommandanten erhielten von den zuständigen Marinesanitätslagern an Betäubungsmitteln je fünf Ampullen Morphiumlösung zu 0,02g in 1 ccm ausgehändigt, die sie persönlich unter Verschluß zu halten hatten. Das Sanitätsmaterial war grundsätzlich im Vorschiff zu verschließen, entweder bei dem Kommandanten oder an Festplätzen im Mannschaftswohnraum. Dieser stellte wegen der etwas geschützteren Lage auch den Gefechtsverbandplatz dar.
Ab 1941 bestand für die Kommandanten die Möglichkeit, das Amphetamin-Präparat ›Pervitin‹ zu erhalten. Die Einnahme dieser leistungssteigernden Substanz wurde in den Bootsflottillen, die über Monate in permanentem Einsatz gegen überlegene gegnerische Streitkräfte standen, sehr unterschiedlich gehandhabt, wie einer der Verfasser bereits 1994 beschrieb.[332]
Zur Verhinderung eines Mißbrauches des Arzneimittels bei der Ermüdungsbekämpfung waren in der Marine strenge Dienstvorschriften erlassen.[333] Darin

forderte der Sanitätschef der Marine: »Es wird von jedem Marinesanitätsoffizier erwartet, daß er sich nach den in der medizinischen Literatur laufend erscheinenden Erfahrungsberichten über leistungssteigernde Mittel ein eigenes kritisches Urteil zu bilden versucht und daß er bei praktischer Anwendung ... im gesundheitlichen Interesse der von ihm zu betreuenden Soldaten stets größte Vorsicht walten läßt.«[334] In der Vorschrift war festgelegt, daß der Marinesanitätsoffizier das Entscheidungsrecht und die alleinige Verantwortung der Pervitinausgabe besaß, die nur in Sonderfällen vorgenommen werden durfte. Es hieß, »der Personenkreis, der Pervitin erhält, kann immer nur klein sein, wenn nicht jede Übersicht und jegliches Verantwortungsgefühl des zuständigen Sanitätsoffiziers verloren gehen soll.«[335] Den Flottillenärzten kam somit vor Ort eine hohe Verantwortung bei der Aufklärung der gelegentlich nach ›Pervitin‹ verlangenden Besatzungsangehörigen zu. Vor den Feindfahrten erhielten Kommandanten, die ohne Arzt zur See fuhren, von ihren Sanitätsoffizieren auf Wunsch eine Dose mit 30 Tabletten Pervitin, aus der sie die Substanz an Besatzungsangehörige, die danach verlangten, austeilen konnten. Auf dem Arztboot stand dies dem Sanitätsoffizier zu. Beispielsweise sah sich im Spätjahr 1941 Marineoberassistenzarzt Dr. Arnfried Kleemann, gerade zur 4. Schnellbootflottille versetzt, drängenden Pervitin-Wünschen des Flottillenchefs und mancher Kommandanten gegenüber, die offenbar durch eine freizügigere Vergabepraxis des Amtsvorgängers geweckt worden waren. Nach kurzer Zeit reduzierte sich jedoch die Begeisterung für das Pervitin, da gerade bei den besonders beanspruchten Brückenbesatzungen charakteristische Nebenwirkungen beobachtet werden mußten. Vielfach bemerkten die Soldaten während der Einsätze, die volle Konzentration erforderten, eine innere Unrast. Sie sahen Schatten, Bugwellen und vermeintliche Ziele, ihre Sinne schienen überfordert.[336] »Pervitin verursachte eine überreizte Wachheit, in der man unter Umständen nachts Phantasieobjekte erblickte, z.B. Schiffe am Horizont, die nicht da waren.«[337] Bei den Anfangseinnahmen herrschte zudem die Meinung, Pervitin beseitige die Angst. Sehr schnell stellten die Besatzungen jeoch das Gegenteil fest, mit den Sinnestäuschungen lief parallel der Eindruck, von überall bedroht zu sein. Nach Ende der zumeist nächtlichen Einsätze resultierten hartnäckige Schlafstörungen bei dem ohnehin von chronischer Müdigkeit heimgesuchten Funktionspersonal. Zusätzlich konstatierte man ein Stadium eigentümlicher Erregtheit, eine Verschlechterung der Denkabläufe bis hin zu einer geradezu euphorischen Stimmungslage. Leider entsprach diesem Zustand positiver Selbsteinschätzung keineswegs ein objektives Korrelat. Vielmehr folgte nach der Einnahme eine deutliche Verminderung des Konzentrationsvermögens. Sehr schnell kam man im Bereich der Schnellbootflottille deshalb von dem häufigen Gebrauch des Pervitins ab. »Jeder konnte über mich und den San-Gast Pervitin erhalten, doch es wurde kaum etwas ausgegeben. die allgemeine Meinung ging dahin, daß man die Finger von dem Zeug ließ.«[338] Auch die ersatzweise Verabreichung von Coffeintabletten verminderte den Wunsch nach Pervitin weiter. Marineoberassistenzarzt Dr. Wer-

ner Herrberg, Flottillenarzt der 8. S-Flottille, beobachtete, daß bei ruhigeren Unternehmungen auch der starke als ›Mitternachtswächter‹ angebotene Bohnenkaffee zur Bekämpfung der Müdigkeit ausreichte. Er schrieb allerdings seine Rettung bei dem Untergang seines Arztbootes im Januar 1945 auch der Einnahme von Pervitin zu. Zwei Stunden vor dem Schiffbruch hatte er das Medikament eingenommen, fünf Stunden Aufenthalt im eiskalten Wasser der Außenthemse folgten. »Es besteht die Möglichkeit, daß das Weckamin einen gewissen Anteil am kreislaufmäßigen Durchhalten hatte, denn ich war an Bord des Briten noch gezwungen, die luxierte Schulter unseres Steuermannes schulmäßig einzurenken, was sogar gelang.«[339] Trotzdem muß davon ausgegangen werden, daß im Bereich der Schnellbootwaffe in einzelnen Fällen eine chronische Pervitineinnahme gemeinsam mit anderen Faktoren, wie anhaltenden Ermüdungszuständen, psychischen Störungen und Verminderungen der Nachtsehfähigkeit, zu Gefährdungen und auch Verlusten bei Feindfahrten geführt hat. In einer S-Flottille erwarb sich ausgerechnet ein Sanitätsoffizier eine Pervitinsucht und mußte als Flottillenarzt abgelöst werden. Aufgrund der Nebenwirkungen des Pervitins wurde sehr gerne auf die coffeinhaltige und stimulierende Schokolade Schoka-Cola der Firma Hildebrandt zurückgegriffen. Die 100-Gramm-Packung enthielt zwischen 0,1275 und 0,2g Coffein und konnte nach Vorschlag der Sanitätsoffiziere bei langanhaltenden Gefechtszuständen verausgabt werden.
Die ersten Verluste erlitt die Schnellbootwaffe im April 1940 während der Besetzung Norwegens. Am 25. April wurden S 21 (Kommandant: Oberleutnant z.S. Klug) und S 25 (Kommandant: Oberleutnant z.S. Büchting) im Hardangerfjord auf Ulvik Reede von Land aus mit Maschinenwaffen beschossen. Zwölf Besatzungsangehörige einschließlich des Flottillenschefs Kapitänleutnant Birnbacher und der beiden Komandanten erlitten Verletzungen, ein Oberfähnrich z.S. starb.[340]
Im Mai und Juni 1940 wurde das Gros der deutschen Schnellboote in die mittlerweilen besetzten holländischen, belgischen und französischen Atlantikhäfen verlegt. Der Kampf im Küstenvorfeld und im Englischen Kanal zur Unterbindung des britischen Schiffsverkehrs begann. Bis zum Kriegsende lag in diesem Seegebiet der Haupteinsatzraum der deutschen Schnellboote. Neben Torpedo-Angriffen auf Frachter und Tanker lagen die Aufgaben der S-Boote vor allem im Minenwerfen vor der britischen Ostküste und auch in der Sicherung eigener Geleitzüge. Die Einsätze wurden fast ausschließlich nachts durchgeführt. Unterstützt von Funkmeßortungen der Befehlsstelle Wimereux unternahmen die Schnellboote Angriffe gegen die gegnerischen Küstenkonvois. Ihre Hauptgegner waren dabei britische Zerstörer und Motortorpedo- bzw. Motorkanonenboote (M.T.B, M.G.B.), sowie Küstenartillerie und später Flieger. Die im Vergleich zu den Briten schwächere Bewaffnung und die fehlende Panzerung erschwerten den Kampf gegen den Gegner.
Während in der ersten Zeit infolge der eigenen Luftherrschaft und der geplanten Invasion Großbritanniens eine gewisse Überlegenheit auf deutscher Seite zu beobachten war, änderte sich dies spätestens ab Mitte 1941 rasch. Die ständig erstarkende

gegnerische Luftwaffe, britische Seestreitkräfte in großer Zahl und die Radar-Aufklärung, die die Schnellbootsangriffe zeitig bemerkte, führten immer mehr zur Erfolglosigkeit und eigenen großen Verlusten. In den ausgewerteten sanitätsdienstlichen Quellen finden sich dazu zahlreiche Beispiele.
Schon kurz nach Verlegung der S-Bootflottillen an die Kanalküste zeigte sich die Gefährlichkeit der britischen Luftwaffe, besonders während der Ruhephasen der Bootsbesatzungen in den Häfen.
Am 12. Juni 1940 griffen britische Sturzbomber Schnellboote im Hafen von Boulogne an. Acht Tote und zehn verwundete Schnellbootmänner waren die Folge.[341]
Am 22. Juni 1940, kurz nach Mitternacht, kam es zum ersten Totalverlust eines S-Bootes. Während eines Einsatzes im Seegebiet Dungeness lief S 32 auf eine Mine und ging kurze Zeit später unter. Zwei andere Boote retteten einige Überlebende, für sieben Besatzungsangehörige kam aber jede Hilfe zu spät.[342]
Minenexplosionen entwickelten sich neben den Fliegerangriffen zu einer großen Gefährdung der S-Booteinsätze. Am 8. Oktober 1940 lief S 37 ca. 40 Seemeilen östlich Ofordness auf eine Mine und wurde in zwei Teile zerrissen. 15 Besatzungsangehörige fielen, elf konnten, teils schwerverletzt, von anderen Booten gerettet werden.
Im Winter 1940 kam es zu ersten Gefechten mit britischen Seestreitkräften. Während eines Einsatzes der 3. S-Flottille, an dem drei Boote beteiligt waren, ging S 38 am 20. November 1940 vor Lowestoft verloren. Nach Feindberührung war das Schnellboot nicht in den Heimathafen Rotterdam zurückgekehrt. Über den Verbleib war die Flottille sich zunächst nicht im klaren. Schließlich erfuhr man aus dem britischen Rundfunksender Daventry, daß das Boot in ein Gefecht mit britischen Seestreitkräften geraten war und hierbei versenkt wurde. Ein Teil der Besatzung, darunter auch der Flottillenarzt, Marinestabsarzt Dr. Karl-Heinz Brandt, konnte von den Briten gerettet werden und geriet in Kriegsgefangenschaft. Sein Nachfolger wurde Marineoberassistenzarzt Dr. Joachim Nickol. Im Rahmen eines durch das Internationale Rote Kreuz im Herbst 1943 vermittelten Gefangenenaustausches gelangte Brandt in die Heimat und stattete im O.K.M. über die Ereignisse jener Novembernacht Bericht. Danach war S 38 aus dem Nebel heraus von einem Zerstörer gerammt und mit Maschinenwaffen zusammengeschossen worden. 18 Mann gerieten, größtenteils verwundet, in Gefangenschaft, fünf Besatzungsangehörige fielen.
In eine ähnliche Situation kam S 53 am 20. Februar 1942 bei einem Einsatz vor der englischen Ostküste. Nach einer Kollision mit S 39 war das Boot nicht mehr manövrierfähig und wurde von einem britischen Zerstörer gestellt. Dem britischen Funkverkehr entnahm der deutsche B-Dienst, daß das Boot geentert und in Schlepp genommen werden sollte, aber kurze Zeit später sank. 18 überlebende, teils verwundete Besatzungsangehörige wurden von den Briten an Bord genommen.

Vom 19. November 1941 bis 13. September 1942 befand sich Marineoberassistenzarzt Dr. Ralf Wendt als Flottillenarzt bei der 2. S-Flottille. Er nahm in dieser Zeit an

27 Torpedo- und Minenunternehmungen an die englische Südostküste und in den Kanal teil. Viele dieser Operationen waren von heftigen Zerstörerjagden, Schnellbootsgefechten und Flugzeugangriffen geprägt. Ein regelrechtes See-Luftgefecht entwickelte sich am 15. März 1942 etwa 20 Seemeilen vor der holländischen Küste. Drei britische Schnellboote nahmen zunächst S 111 unter konzentrisches Feuer und schossen es mit Maschinenwaffen manövrierunfähig. Ein Enterkommando stieg über und hißte die britische Flagge. Plötzlich erschienen ihrerseits drei deutsche S-Boote und eröffneten das Feuer auf die Briten, die daraufhin abdrehten. In Stand und Ruderhaus des stark beschädigten S 111 fand man sieben Tote, die anderen 18 Mann waren vermißt, wahrscheinlich in Gefangenschaft geraten. Die drei Boote der 2. S-Flottille versammelten sich um den Havaristen und trafen Vorbereitungen zum Einschleppen. Kurze Zeit später tauchten elf britische Jagdflugzeuge am Himmel auf und stürzten sich auf die deutschen Boote. In einem halbstündigen Gefecht entstanden auf den deutschen Fahrzeugen starke Schäden, vier Schwer- und acht Leichtverwundete waren zu beklagen. Eigene Flugzeuge erschienen erst nach den Angriffen zu spät zur Hilfeleistung. Während des Gefechts befand sich auch Dr. Wendt an Bord eines der deutschen Boote. Wie später in seiner militärischen Beurteilung, die der Flottillenchef Kapitänleutnant Klaus Feldt erstellt hatte, verzeichnet war, bewies Wendt an diesem Tag außergewöhnliche Tapferkeit und Einsatzbereitschaft während der laufenden Luftangriffe, indem er ohne auf eigene Belange Rücksicht zu nehmen, noch während des Beschusses mittels einer Seilleiter von Boot zu Boot überstieg und die Verwundeten mit Verbänden und Schmerzspritzen versorgte.[343] Nachfolger von Wendt wurde Marineoberassistenzarzt Dr. Georg Hoffmann. Er blieb fast drei Jahre Flottillenarzt der 2. S-Flottille und nahm im Seegebiet ›Englischer Kanal‹ an über 90 Fronteinsätzen teil, bei denen zahlreiche Verwundete anfielen.[344] Aufgrund außergewöhnlicher persönlicher Tapferkeit gehörte er zu den vier Marinesanitätsoffizieren, die mit dem Deutschen Kreuz in Gold (23. August 1944) ausgezeichnet wurden. Hoffmann beschrieb seine Erfahrungen auf Schnellbooten: »An Bord eines Schnellbootes gab es vordringlich die Aufgabe für den Arzt, die Verwundeten im Mannschaftsraum zu lagern und für Schmerzausschaltung zu sorgen. Auffallend immer die natürliche Schmerzausschaltung nach einer Verwundung durch den Schock, so daß man mit einmaligen Morphingaben fast immer auskam. Auch hier war vorrangig, Schmerzen zu nehmen und einen ›ruhigen‹ Verbandsplatz schaffen. Wichtig, daß der Arzt bei den Verwundeten unter Deck blieb und sich bemühte, seine meist nicht vorhandene innere Ruhe auf seine Umgebung ausstrahlen zu lassen. Da wir ja im Einsatz damit rechnen konnten, in zwei bis sechs Stunden den Einsatzhafen zu erreichen, konnte sich die Behandlung an Bord darauf beschränken, die Wundversorgung und Schockbekämpfung vorzunehmen und die Schmerzen auszuschalten. Ein- bzw. Durchschüsse wurden verbunden. Durch Schock und Gewebszerreißung trat im Allgemeinen eine spontane Blutstillung auf. Unterbindungen brachten nach meinen Erfahrungen nichts, nur erneute Blutung und schmerzhafte, venöse Stauungen. Frak-

turen wurden nicht geschient, d.h. eine Schienung verbot sich bei Seegang, schlechter Beleuchtung und den engen Verhältnissen. Es genügte Ruhigstellung durch Lagerung zwischen Sandsäcken bzw. Fixierung der Arme an den Leib. Gelegentlich wurden Havaristen aufgenommen, ein sehr seltenes Ereignis. Durch Minen-, Granat- und Bombentreffer trat fast immer ein Totalverlust des Bootes auf. Lediglich bei Minentreffern wurden Havaristen geborgen. Lagen wir unter Beschuß, so verbot sich jedes Rettungsmanöver, um nicht noch das eigene Boot in Gefahr zu bringen.«[345]
Marineoberassistenzarzt Dr. Arnfried Kleemann wurde im Oktober 1941 zur 4. S-Flottille kommandiert, die ihre Boote zunächst in den Bunkern am Walhafen in Rotterdam stationiert hatte. Die Besatzungen und der Stab wohnten im Oranje-Hotel an der Promenade von Scheveningen.

Während seiner Zeit als Flottillenarzt von Oktober 1941 bis September 1942 nahm er an 77 Einsätzen seiner Flottille in folgenden Seegebieten teil: 14 an der englischen Ostküste, 16 im Kanal, 23 vor der englischen Südküste, zwölf vor der englischen Südostküste, drei im Seegebiet Plymouth. Davon waren 27 Torpedo-, 30 Minenwurf-, neun Sicherungseinsätze, bei denen er 23 Gefechte mit 123 Verwundeten bzw. Unterkühlten und 19 Gefallenen notierte. Für die Zeit vom 9. Oktober 1941 bis 30. November 1941, vom 1. Dezember 1941 bis 28. Februar 1942 und vom 1. Juni 1941 bis 31. August 1942 ist sein Ärztliches Kriegstagebuch erhalten[346], aus dem wichtige Einzelheiten des Sanitätsdienstes der S-Bootwaffe gewonnen werden können.

Kleemann traf zu Beginn seiner Tätigkeit in der 4. S-Flottille auf ein nur provisorisch eingerichtetes Revier, das sein Vorgänger im Badezimmer seiner Hotelsuite eingerichtet hatte.[347] Ein Krankenzimmer mit sechs Betten lag zur Seeseite und besaß keine Heizmöglichkeit. Der Antrag auf eine vorschriftsmäßige ärztliche Ausstattung wurde von dem Flottillenchef Kapitänleutnant Bethke zunächst abgelehnt, dann aber von dem Leitenden Sanitätsoffizier beim Kommandierenden Admiral Frankreich in Paris genehmigt. Von der Ortskommandantur in Scheveningen erwirkte Kleemann am 19. Oktober die Beschlagnahmung eines separaten Hauses in unmittelbarer Nähe des Oranje-Hotels. Das Reihenhaus ›Zeekant 104‹ diente seither als Flottillenlazarett, in dem fünf Räume und Nebengelasse zur sanitätsdienstlichen Nutzung angetroffen wurden. Die notwendige materielle Ausrüstung und die Medikamente konnten im Sanitätsdepot 111 in Utrecht in Empfang genommen werden, so daß bereits am 30. Oktober das neue Flottillenlazarett voll funktionsfähig war.

Wie bei den anderen Verbänden und Flottillen gehörten neben der Teilnahme an den Unternehmungen der S-Boote die Kontrolle und Ergänzung der Sanitätsausrüstungen auf den Fahrzeugen und die Ausbildung des gesamten Funkpersonals in ›Erster Hilfe‹ zu den Aufgaben des Flottillenarztes. Kleemann bildete in regelmäßigen Abständen das Sanitätspersonal in notfallmedizinischen Fragestellungen fort. Hinzu traten Gesundheitsbesichtigungen und -belehrungen einzelner Schnellbootsbesatzungen zur Wahrung der hygienischen Erfordernisse und zur Vermeidung von übertragbaren Krankheiten.

Die Schnellboote starteten zumeist abends zu Minen- und Torpedoeinsätzen an die englische Ostküste. Kleemann selbst stieg hierbei gewöhnlich auf S 52 ein, der San-Gefreite Kölbel wurde auf S 50 oder S 51 eingeschifft. In der Nacht zum 20. November operierten die 2. und 4. S-Flottille gemeinsam gegen einen britischen Konvoi. Die 2. S-Flottille geriet unter schweren Beschuß, jedes der sechs Boote erlitt Beschädigungen. Kleemann notierte in seinem K.T.B.: »Schwere Feindberührung der 2. S-Flottille mit Zerstörern. Die Flottille hatte zwölf Verwundete und einen Toten. S 52 mit dem Flottillenarzt suchte vier Stunden nach den beschädigten Booten mit den Verwundeten, um Hilfe zu leisten, konnte aber wegen starken Nebels die Boote nicht finden. Ausschiffung der Verwundeten in Hoek van Holland. Dort eigener Flottillenarzt.«[348] Am 28. November war Kleemann erneut auf S 52 in See und geriet in ein Gefecht mit gegnerischen Schnellbooten. »Gefechtsentfernung anfänglich 50 m. Matr.Ob.Gefr. Schönlein, Karl, wurde durch mehrere Geschoßsplitter einer englischen Schnellfeuerwaffe unbekannnten Kalibers am unteren Sprunggelenk medial getroffen, außerdem an beiden Oberschenkeln. Sch. stand noch etwa 15 Minnuten trotz seiner Verwundung am M.G. Kurze Zeit später griff S 52 in das Gefecht ein, zwei englische Schnellboote wurden in Brand geschossen, eines schwer, das 4. leicht beschädigt. Die Verwundungen wurden vom San.Gefr. Kölbel versorgt. Durch U.K. berichtete der Kommandant über die Art der Verwundung an Flottillenarzt. Übersteigen auf See auf S 51. Da die Verletzung sich als nicht lebensgefährlich erwies, keine weitere Behandlung notwendig. Abtransport vom Stützpunkt mit Sankr. ins Lazarett. Ein ärztlicher Gefechtsbericht wurde nicht angefertigt, da nach K.B.A.M. Nr. 28 (4) keine Verluste oder schwere Verwundungen eingetreten sind.«[349]

Am 17. Januar 1942 zwang die drohende Vereisungsgefahr des Hafens eine Verlegung der Boote nach Boulogne. Die notwendigsten Sanitätsgeräte und Medikamente wurden dem Revier entnommen, verpackt und auf dem Landwege nach Frankreich verschickt. Die ärztliche Versorgung des in Scheveningen verbleibenden Stabes des Führers der Torpedoboote (F.d.T.) und des Reserveverbandes übernahm der 2. Arzt beim Marinebefehlshaber in den Niederlanden, Marineoberassistenzarzt Dr. Hinrichs, unterstützt von dem Sanitätsgefreiten Ahlborn, der zurückgelassen wurde. Der Flottillenarzt fuhr auf einem Schnellboot in den neuen Einsatzhafen, in dem für die Boote ein Schnellbootbunker zur Verfügung stand. Als Unterkunft für die Besatzungen wurde das Hotel Bellevue in acht Kilometer entfernten Wimereux requiriert. Die Flottille traf dort anfänglich auf sehr spartanische und provisorische Verhältnisse. Beispielsweise fand die Revierstunde zunächst in Kleemanns Hotelzimmer statt, später konnte der Sanitätsbereich der Marineartillerieabteilung 240 genutzt werden. Schon einen Tag nach dem Festmachen in Boulogne lief die Flottille zu einem nächtlichen Torpedoeinsatz an der englischen Südküste aus. Arzt und Sanitäter wurden auf drei verschiedenen S-Booten eingeschifft. Zwei auf einen britischen Zerstörer abgegebene Torpedos trafen ihr Ziel nicht.

Im Laufe der folgenden Tage knüpfte Kleemann Kontakte zu anderen Sanitätsdienststellen, die sich vor Ort befanden. Nach Rücksprache mit dem Sanitätsoffizier beim Stabe des Marinebefehlshabers Kanalküste ließen sich größere Mengen Sanitätsmaterial aus dem großen Marinesanitätslager Wimereux beschaffen. Auch verausgabte die Apotheke des Marinelazarettes Hardinghen Chinin-Päparate, die der Prophylaxe von Grippeerkrankungen dienten. Nach den ersten Erkrankungswellen wurde die Verausgabung von 0,025 g Chinin für alle Angehörigen der Flottille und des F.d.T.-Stabes abgeordnet.
Am 10. Februar 1942 erhielt Kleemann vom Flottillenchef den Befehl, die Sanitätsausrüstung der Boote zu vervollständigen bzw. aufzustocken. Verbandmittel, Schienen und Kreislaufmittel wurden eingelagert. Eine größere Unternehmung kündigte sich an: Die Rückführung deutscher Großkampfschiffe aus Brest in Heimathäfen. Bereits in der ersten Februarwoche war die Flottille auf zehn Boote verstärkt und voll ausgerüstet worden, ebenso die in Ijmuiden stationierte 2. S-Flottille. Auf jedes Boot kamen zusätzlich zwei Soldaten, Teile der Schiffsaufbauten wurden zur Identifizierung gelb gepönt. Außerdem kamen in großer Zahl Munition, Brennstoff und für drei Tage Stehzeit in See Verpflegung an Bord. Zur Sicherung des Durchbruchs der Schlachtschiffe GNEISENAU und SCHARNHORST sowie des Schweren Kreuzers PRINZ EUGEN durch den Englischen Kanal war, unter Einsatz aller Mittel, am 12. Februar 1942 eine der seltenen Operationen bei Tag befohlen. »Die Flottille ist auf zehn Boote verstärkt worden. Der Flottillenarzt nimmt auf S 52, San. Gefr. Kölbel auf S 64 am Einsatz teil. Kurz nach Einnahme der Position zwischen dem Verband und der englischen Küste wird S 64 von einer SPITFIRE angegriffen. Maschinenanlage, Funkraum, Kartenhaus und Ölbunker wurden beschädigt. Der Rudergänger erhielt einen Wadendurchschuß links. Der Navigationsmatrose wurde durch drei Durchschüsse durch den linken Oberschenkel mit Zertrümmerung des Knochens schwer verwundet. Ein Explosivgeschoß riß einem Matrosen am achteren Geschütz das linke Bein aus der Hüfte. Der Kommandant forderte durch Winkspruch den Flottillenarzt an, dessen Übersteigen jedoch vom Flottillenchef wegen der schweren See und den noch zu erwartenden Kampfhandlungen der übrigen neun Boote abgelehnt wurde. Der San. Gefr. Kölbel rettete dem schwer verwundeten Matrosen durch sofortiges Zupacken das Leben. Er zerrte aus der weitklaffenden Wunde die Arteria femoralis und unterband sie mit einem gedrehten Mullstreifen. Auch die beiden anderen Verwundeten versorgte er fachgerecht und überwachte ihren Transport in das Mar.-Lazarett Hardinghen. Die Flottille hat bei einem anschließenden Gefecht mit britischen Schnellbooten und Torpedoflugzeugen keine weiteren Verluste. Wegen der schweren See läuft die Flottille Ostende an.«[350]
Am 26. Juni 1942 befand sich Kleemann während eines Einsatzes auf S 48, das bei einer Minenoperation der Flottille vor der englischen Südküste beteiligt war. In der gleichen Nacht geriet das aus Rotterdam nach Boulogne verlegende S 78 in einen britischen Jabo-Angriff. Zahlreiche Tote und teils schwerverletzte Soldaten waren zu

beklagen, ärztliche Hilfe konnte in See nicht gewährt werden. Kleemann verzeichnete in seinem K.T.B.: »S 78 wird auf dem Weg von Rotterdam nach Boulogne auf der Höhe von Kap Griz Nez von einem englischen Nachtjäger (Spitfire) angegriffen. Bei dem Angriff fiel der Matr.Gefr. S., Durchschuss der Aorta, und der Verw.Gefr. S., Herzdurchschuß. Schwerverletzt wurden: Fk.Gefr. K., Kopfsteckschuß, Mech.Gefr. P., Bauchschuß, und der Bts.Maat R., Bauchschuß. Leichtverletzt wurden die Matr.Gefr. S., Mech.Gefr. P. und Masch.Ob.Gefr. W.. fünf weitere Soldaten erhielten vereinzelte leichte, oberflächliche Splitterverletzungen. Nach Erreichen des Stützpunktes Boulogne ärztliche Erstversorgung durch den Hafenarzt und Flottillenarzt. Einweisung der Schwerverletzten in das Mar.-Laz. Hardinghen. Die Leichtverletzten werden in das Krankenrevier des Hafen- und Standortarztes eingewiesen.«[351]

Am 27. Juni verlegte die Flottille mit fünf Booten für einige Wochen nach Cherbourg. Die Unterbringung der Besatzungen und des Unterstabes erfolgte in Baracken, die auf dem Gelände des Schlosses Sideville, etwa sechs Kilometer landeinwärts der Stadt, aufgestellt worden waren. Das Lager war durch zahlreiche zusammenstehende Bäume, Tarnmatten und Anstrich der Baracken vor Luftsicht gut getarnt, 20 Französinnen arbeiteten in der Küche. Zentral im Lager befand sich eine Revierbaracke mit einem Behandlungsraum und einem großen zehnbettigen Krankenraum, der zugleich als provisorische Schreibstube diente. Fließendes Wasser gab es nicht, dafür notdürftig elektrisches Licht. Die Stromstärke reichte nicht aus, um einen elektrischen Instrumentenkocher zu benutzen. Trinkwasser wurde aus einer am Schloß befindlichen überdachten Brunnenpumpe gewonnen, aber erst nach einer bakteriologischen Untersuchung durch das Hygieneinstitut in Cherbourg freigegeben. Das Marinelazarett Cherbourg übernahm die ernsteren Erkrankungen.

Am 31. August 1942 endete Kleemanns Zeit als Flottillenarzt der 4. S-Flottille, er erhielt als Abteilungsarzt einer Marineartillerieabteilung in Kopenhagen einen neuen Dienstposten. Die Geschäfte des Verbandsarzt beim F.d.S. übergab er in Kiel-Kitzeberg an Marinestabsarzt Dr. Gillner, den Flottillenarzt der 6. S-Flottille, die gerade von Norwegen nach Scheveningen verlegte.

Ab Spätjahr 1942 war die gesamte britische Ostküste mit Kurzwellen-RADAR-Stationen ausgerüstet, auch die gegnerischen Schnellboote besaßen entsprechende Erfassungsgeräte. Die sich der Küste nähernden S-Flottillen konnten somit rechtzeitig geortet werden. Die Kanalfront sah ab diesem Zeitpunkt eine weitere Verschärfung der Seekriegslage für die deutsche Kriegsmarine, die sich auch im Jahre 1943 weiter ungünstig entwickelte.

In der Nacht zum 25. Juli 1943 trafen S 77 und S 68 auf eine britische Schnellboot-Patrouille. S 77 geriet außer Sicht und wurde, wie der B-Dienst einige Stunden später entschlüsselte, im Gefecht zerstört. Die britischen S-Boote übernahmen vier Verwundete, der Seenotdienst der Luftwaffe rettete aus einem Schlauchboot zwölf schiffbrüchige Seeleute.

In der Nacht zum 25. Oktober 1943 stieg der Flottillenarzt der 6. S-Flottille von S 116 auf S 114 um, um den schwer verwundeten Flottillensteuermann ärztlich zu versorgen. In der gleichen Nacht wurde auf S 74, ebenfalls einem Boot der 6. S-Flottille, der Sanitätsgast, der sich auf S 91 befunden hatte, übergesetzt, um mehrere Verwundete eines Artilleriegefechtes zu behandeln.[352] In den Morgenstunden des 5. Novembers 1943 gerieten die Boote der 6. S-Flottille in einen Angriff britischer Jagdbomber. S 74 mußte nach schweren Beschädigungen selbst versenkt werden, S 116, S 135 und S 91 erhielten Treffer. Insgesamt starben zwei Besatzungsangehörige, zwölf wurden teils schwer verwundet.

Zur Abwehr möglicher gegnerischer Landungen in Nordnorwegen und zu Operationen gegen die alliierten Murmansk-Geleitzüge wurde im Oktober 1941 die 8. S-Flottille in den Nordraum verlegt. Im Frühjahr 1942 folgte die 6. S-Flottille zur weiteren Unterstützung und ging zunächst in den Bereich Lofoten/Narvik.
Die Einsätze der Schnellboote in diesen Gewässern standen von Anfang an unter keinen günstigen Vorzeichen. Die vorherrschenden geographischen (Schären, Untiefen, lange Anmarschwege) und meteorologischen Bedingungen (Nordwinter, Eisgang, Kälte im Winter, Helligkeit im Sommer) behinderten die wenigen Unternehmungen und brachten den Besatzungsangehörigen außergewöhnliche Belastungen.
Bereits im September 1941 war Marinestabsarzt Dr. Heinz Gillner als Flottillenarzt zur 6. S-Flottille versetzt worden, die zu diesem Zeitpunkt ihre Aufstellungs- und Ausbildungszeit beendet hatte. Der bisherige Sanitätsoffizier der Flottille, Dr. Richter, verließ diese, um ein Fachkommando an der Universitätsaugenklinik Leipzig anzutreten.[353] Wie Gillner berichtete,[354] gab es bei dem Norwegeneinsatz ärztlicherseits Probleme zu lösen wegen des veränderten biologischen Rhythmus der Besatzungsangehörigen und vor allem wegen des im Norden weit verbreiteten Alkoholmißbrauches. Im Dezember 1941 stellte auch der II. Kriegssanitätsbericht der Kriegsmarine fest, daß ein sechs Monate übersteigernder Einsatz von Soldaten zwischen Nordkap und 70. Breitengrad gesundheitliche Schäden nach sich ziehen könne. »Bei den klimatischen Verhältnissen und der dargereichten vitamin- und mineralsalzarmen Kost muß der Gesundheitszustand und die Leistungsfähigkeit der Truppe zwangsläufig absinken. Es sei in diesem Zusammenhang über die Auswirkung der Lebensverhältnisse auf den Gesundheitszustand der einheimischen Bevölkerung nach Berichten der norwegischen Distriktsärzte folgendes ausgeführt:

1. Fast alle Menschen über 25 Jahre haben totale Zahnprothese, die Frauen meist schon mit 20 bis 22 Jahren.
2. Lungentuberkulose ist, besonders bei der lappischen Bevölkerung, verhältnismäßig häufig festzustellen.
3. Es kommt in sehr gehäuftem Maße zur Bildung von Magengeschwüren, welche bei normaler Kost ... in vier bis sechs Wochen völlig ausheilen.

4. Besonders im Frühjahr – Februar bis April – treten mehr als sonst in Norwegen Scharlacherkrankungen auf, die jedoch ohne schwere Komplikationen verlaufen.
5. Bei den norwegischen Truppen, die vor dem Norwegenfeldzug in Kirkenes stationiert waren, machten in manchen Wintern in den Monaten Januar und Februar bis zu 60 Prozent der Soldaten eine katarrhalische Lungenentzündung durch.«[355]

Zur Vermeidung dieser im Norden vorkommenden Krankheiten wurde von Seiten des Sanitätsdienstes ein ausreichender Nachschub mit vitamin- und mineralsalzhaltiger Ernährung und der Aufbau geeigneter Proviantlagerungsstätten angemahnt. Jedoch konnten trotz aller Vorbeugungsmaßnahmen (Vitamintabletten, Fetten, Höhensonnenbestrahlung) eine Gewichtsabnahme von im Norden eingesetzten Soldaten nicht verhindert werden. Ebenso bemerkten die Truppenärzte eine schnelle Ermüdbarkeit, Zahnfleischbluten und diverse Darmerkrankungen. Zur Erforschung der weiteren Zusammenhänge zwischen den Gesundheitsstörungen wurde im Marinelazarett Drontheim eine wissenschaftliche Untersuchungsstelle eingerichtet.
Die wenigen Einsätze der Schnellboote im Norden, die noch dazu zumeist nicht von besonderen Erfolgen gekrönt waren, zwangen den Flottillenstab, die Soldaten sinnvoll zu beschäftigen. Hierzu wurden auch die Sanitätsoffiziere mit Nebenaufgaben betraut. Gillner übte beispielsweise die Funktion eines Sportoffiziers der Einheit aus. Als Absolvent der ›Reichsakademie für Leibesübungen‹ in Berlin und Fackelträger des olympischen Feuers 1936 war er für die sportliche Ertüchtigung der in Norwegen infolge der klimatischen Besonderheiten nicht sonderlich geforderten Schnellbootbesatzungen prädestiniert. Noch am 12. Mai 1942 regelte er die Ausgabe von Wintersportgeräten[356] und nahm Prüfungen für das Reichssportabzeichen ab. Im Hochsommer organisierte er die Flottillensportwettkämpfe, in deren Verlauf Mannschaftsspiele (Kutterpullen, Tauziehen, Marineball und Hindernisstaffeln) durchgeführt wurden, aber auch Einzelwettbewerbe stattfanden.[357] Hier wurden Mehrkämpfe mit einem wehrsportlichen Dreikampf (Handgranatenzielwerfen, Kleinkaliberschießen und Hindernislauf) und einem Geräte-Vierkampf sowie Einzelkämpfe unterschieden. Speerwerfen, Diskuswerfen, Schleuderball, Kugelstoßen, Schlauchbootpullen und Schwimmen standen auf dem Programm. Zur Vorbereitung wurden bereits Wochen vorher Übungtermine und regelmäßige Trainingsstunden angeordnet.

Im Sommer 1942 wurde der aus militärischer Sicht unsinnige Einsatz der Schnellboote im Nordraum beendet und beide Flottillen herausgezogen. Zu Beginn des Krieges gegen die Sowjetunion verlegten die 1. bis 3. S-Flottille in die Ostsee, die 5. S-Flottille trat später hinzu. Bei ihrem Kampf gegen die Baltische Flotte traf die S-Bootwaffe, die das Schwergewicht der deutschen maritimen Einheiten darstellte, auf einen nach der Zahl weit überlegenen Gegner.
Die ersten Tage des Kampfes gegen die Sowjets waren für die Schnellboote von Bewachungsaufgaben für Minenschiffe geprägt, die defensive und auch offensive

Minensperren verlegten. Hierbei liefen am 27. Juni S 43 und das zu Hilfe geeilte S 106 auf sowjetische Minen und sanken unter schweren Personalverlusten.[358] Am Morgen des 24. Junis 1941 kam es zwischen S 60 und S 35 sowie dem sowjetischen U-Boot S 3 zu einem Überwassergefecht im Seegebiet Libau. Dieses Ereignis soll hier näher vorgestellt werden, da es einen Eindruck von der außerordentlichen Erbitterung gibt, die die Kämpfe auf dem östlichen Kriegsschauplatz kennzeichnete: »Um 2.44 Uhr griffen die beiden S-Boote das U-Boot mit ihren 2-cm-Kanonen an, solange diese funktionierten. Der Gegner war offenbar tauchunfähig und wehrte sich heftig. Bis 3.20 Uhr gingen die S-Boote bis auf 50 Meter an den Gegner heran und warfen drei Wasserbomben und sogar Handgranaten. Zu diesem Zeitpunkt sprangen bereits einige Besatzungsmitglieder des U-Bootes über Bord. Während S 35 die ersten dieser Seeleute aufgefischt hatte, traf eine Handgranate von S 60 den Turm des U-Bootes und tötete den Kommandanten. Schließlich stellte der Gegner das Feuer ein, lief aber mit hoher Fahrt und leichter Schlagseite weiter. Eine weitere Wasserbombe brachte es dann um 3.39 zum Sinken. 20 Überlebende wurden geborgen. … Auf S 35 gab es vier Verwundete.«[359] Die deutschen Schnellboot-Besatzungen leisteten nach Kämpfen mit sowjetischen Kriegsschiffen den Schiffbrüchigen immer wieder Erste Hilfe. Die ideologische Fanatisierung der Sowjets ging aber soweit, daß viele der im Wasser treibenden Soldaten auch in aussichtsloser Lage Widerstand leisteten. Beispielsweise berichtet Kemnade über ein Gefecht von S 54 und S 58 am 22. Juli 1941 mit einem sowjetischen Schnellboot in der Ostsee. Auf die deutschen Seeleute, die sich um die Überlebenden bemühten, »wobei unsere Matrosen mit einem Palsteg um den Bauch an einer Leine außenbords steigen, wird von den im Wasser Schwimmenden mit Pistolen geschossen. Weitere Rettungsversuche scheitern, weil die Leute wegschwimmen und sich nicht retten lassen wollen.«[360]

Bereits im Herbst 1941 wurde der größte Teil der S-Bootverbände aus der Ostsee abgezogen, lediglich die 1. S-Flottille verblieb noch für einige Wochen in südfinnischen Basen, verlegte aber im Frühsommer 1942 über die Donau in rumänische Schwarzmeerhäfen und stand dort schon bald in schweren Kämpfen. Die weiten Anmarschwege, die schwierigen Wetterverhältnisse, die mangelhafte Unterbringung und das Alter der Boote stellten die Besatzungen vor enorme Schwierigkeiten. Dem Führer der Schnellboote (F.d.S.) wurde schon nach kurzer Zeit gemeldet,[361] daß man durch die Art, wie die S-Boote von Anfang dieses Feldzuges an eingesetzt wurden, die Ermüdung des Personals nicht in Betracht gezogen habe. Die Mannschaft bestehe immer aus den gleichen Leuten, die während der Durchführung der ganzen Operation an ihrem Posten zu stehen habe und nach Beendigung der Aufgabe im Übermaß ermüdet sei. Zusätzlich führe die gleiche Mannschaft im Hafen zahlreiche Arbeiten an Bord aus, ein Umstand, der die hohe Zahl der in letzter Zeit ausgeschifften erkrankten Leute erkläre. Allein an Lungenerkrankungen litte ein Viertel der gesamten Mannschaft. Der Mangel an Ersatzpersonal bewirke, daß

die Aufgaben entweder mit zahlenmäßig geringerem Personal ausgeführt würden oder aber mit unausgebildeten ineffizienten Ersatzmannschaften. Der Berichterstatter wies außerdem auf die schlechten Schlafbedingungen und den fehlenden Unterkunftsraum auf den Schnellbooten hin, die die knapp bemessene Ruhezeit an Bord beeinträchtigten. Die fehlende Kochgelegenheit mache sich vor allem während mehrtägiger Unternehmungen ungünstig bemerkbar. Während einer Operation wurden von vier Nächten drei Nächte zur Fahrt benutzt, und am Tage erhielt die Besatzungsangehörigen höchstens drei bis vier Stunden Ruhezeit, da sie andauernd mit dem Manövrieren der Boote, mit Tanken, Reparaturen, Tarnungsarbeiten usw. beschäftigt waren. In dieser Zwischenspanne konnten die Soldaten ausnahmsweise zweimal warmes Essen erhalten, das am Ufer gekocht wurde. In der einzigen freien Nacht schliefen die Leute an Oberdeck oder am Ufer im Schilf bei niedrigen Temperaturen. Warme und wasserdichte Bekleidung stand bisher noch nicht zur Verfügung. Der Bericht endet mit folgender ernüchternden Meldung:
»1. Die S-Boote können keine Aufgaben mehr außerhalb Konstanza ausführen.
2. Da die S-Boote eine zweijährige Dienstzeit hinter sich haben, so ist es angebracht, ihre gesamte mechanische Einrichtung einer Prüfung zu unterziehen.
3. Dem Personal muß Zeit zum Ausruhen und Erholung gegönnt werden, gleichzeitig soll auch an Ersatzmannschaft gedacht werden. ...«[362]
Unmittelbar nach dem Fall der sowjetischen Seefestung Sewastopol wurden Schnellboote der 1. S-Flottille zur Aufklärung in das Seegebiet vor der Hafenstadt beordert. »Kurz nach 4.00 Uhr des 2.7. trafen die Boote auf zwei sowjetische Motorkanonenboote vom MO-Typ, die um 4.30 Uhr das Feuer eröffneten. Ein 4,5-cm-Treffer brachte auf S 40 den Luftkessel des Backbord-Reservetorpedos zur Explosion. Drei Seeleute, darunter die Seem. Nr. 1, Bootsmannsmaat d.Res. Fanselow, wurden getötet, der Kommandant, Kptl. Schneider-Pungs, der Flottillenarzt MStA Dr. Haenisch, Obermaschinist Jürgensen, zwei Unteroffiziere und fünf Seeleute erlitten Verletzungen. S 40 geriet in Brand und mußte das Gefecht abbrechen. Die übrigen Boote kämpften die beiden artilleristisch überlegenen Kanonenboote nieder, wobei auf S 28 ein weiterer Seemann getötet wurde. Die S-Boote bargen 37 Überlebende, davon S 102 22 und eine Pilotin, S 28 14.«[363]
Ab Juli 1942 stand im Schwarzen Meer der neue Hauptstützpunkt der Schnellboote Iwan Baba, westlich von Feodosija, zur Verfügung. Iwan Baba war in der Folgezeit das Ziel heftigster sowjetischer Angriffe aus der Luft und von See. Bei einem schweren Luftangriff auf Küstenartilleriestellungen, die auf den umliegenden Felsen postiert waren, fielen zahlreiche Verwundete an, zu deren Versorgung nicht nur das Sanitätspersonal der Flottille hinzugezogen wurde. »Wir Kommandanten halfen beim Verbinden und Spritzen von Morphium bei den Schwerstverwundeten. Das waren Selbstverständlichkeiten, da drei junge San.-Gasten beim Anblick abgerissener Glieder umfielen. Auch ich werde diese Bilder nie vergessen können.«[364]

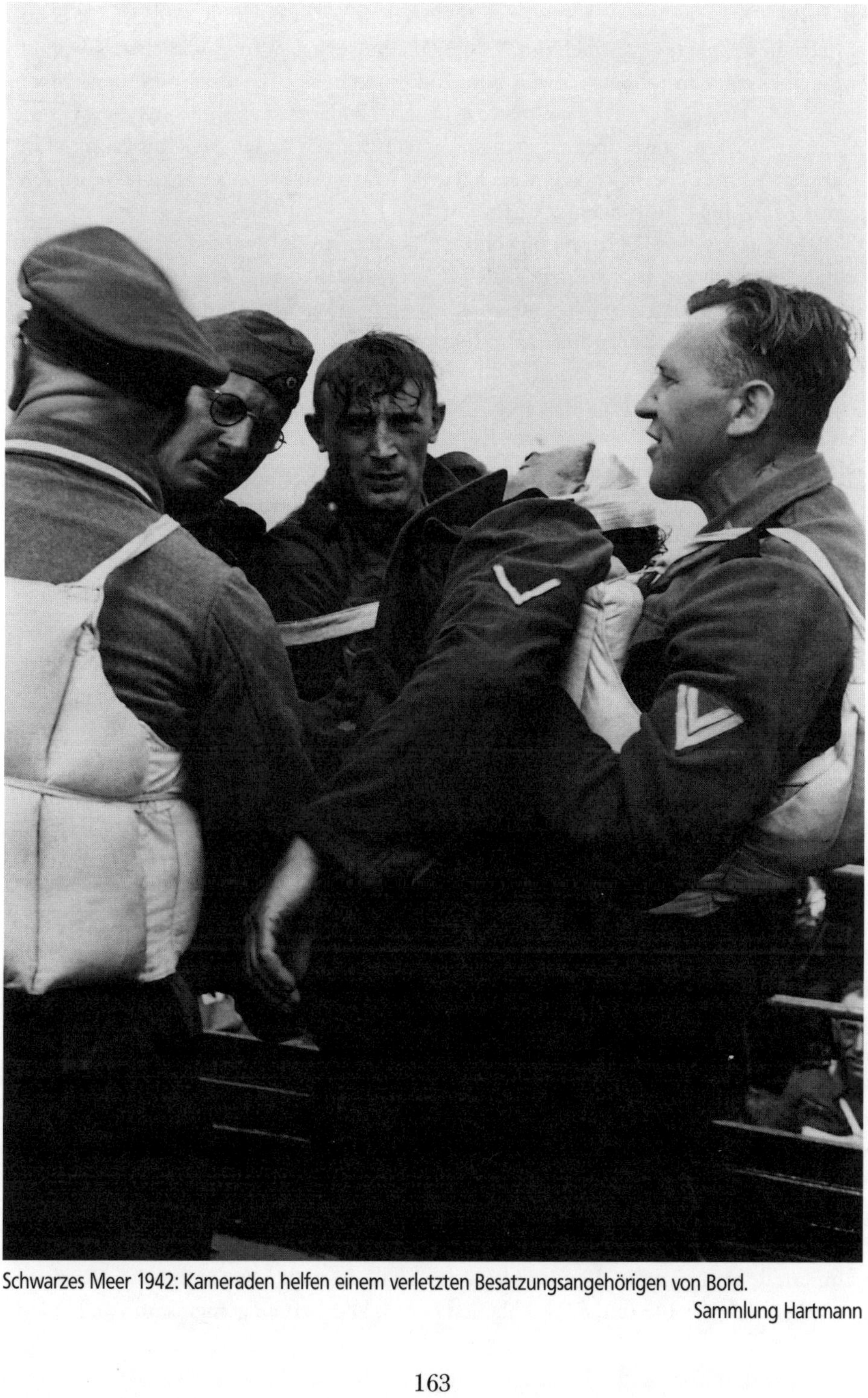

Schwarzes Meer 1942: Kameraden helfen einem verletzten Besatzungsangehörigen von Bord.
Sammlung Hartmann

Am frühen Morgen des 6. September 1942 erhielt S 27 bei einem Angriff auf einen sowjetischen Geleitzug südlich der Taman-Halbinsel einen unglücklichen Torpedotreffer eines eigenen S-Bootes. Zwölf Besatzungsangehörige starben sofort, der schwerverwundete Flottillenarzt Marinestabsarzt Dr. Klaus Haenisch konnte aus dem Wrack geborgen werden, starb aber an seinen Verwundungen am 9. September im Marinelazarett Simferopol. Sein Nachfolger wurde Marinestabsarzt Dr. Erich Neumann, der bis März 1944 Flottillenarzt blieb.

Ab 1943 gab es, wie Behrens berichtete[365], auch im Schwarzen Meer nur noch wenige Feindfahrten, wo ärztliche Hilfe für Verwundete nicht nötig wurde. Während einer Unternehmung vor Noworossisk forderte das Führerboot der ebenfalls in diesem Seegebiet operierenden 3. Räumbootflottille über Sprechfunk ärztliche Hilfe für den verletzten Schmut eines R-Bootes an. Dr. Neumann wurde daraufhin mit dem Schlauchboot zur Hilfeleistung übergesetzt.[366]

Von Anfang April 1944 bis zu seiner Kommandierung zur Donauflottille am 11. Mai 1944 hatte Marinestabsarzt Alexander Graf von Ingelheim, gen. Echter von und zu Mespelbrunn, den Dienstposten des Flottillenarztes der 1. S-Flottille inne. Ihm folgte Marinestabsarzt d.R. Dr. Preuß, der allerdings wegen starker Seekrankheit bereits am 17. Juli 1944 als Truppenarzt zum Admiral Schwarzes Meer versetzt wurde. Letzter Flottillenarzt der 1. S-Flottille wurde Marinestabsarzt d.R. Dr. Scheunemann.[367]

Im Mai 1944 leisteten die Schnellboote der 1. S-Flottille enorme Anstrengungen bei der zu spät angeordneten Evakuierung Sewastopols. Unter starker Luftgefährdung wurden in navigatorisch schwierigen Gewässern zahlreiche deutsche Überlebende an Bord genommen. Beispielsweise nahm S 72 am 10. Mai 1944 vor der Krimküste 120 Heeressoldaten an Bord und verbrachte sie nach Konstanza in Rumänien. Am 12./13. Mai führten die Schnellboote S 28, S 72, S 40 und S 148 den letzten Vorstoß an die bereits von den Sowjets besetzte Südküste der Krim durch, um noch einmal versprengte oder schiffbrüchige deutsche Heeresangehörige zu retten. Der stellvertretende Flottillenchef, Kapitänleutnant Ernst August Seevers, berichtete:

»23.20 Steilküste Krim erreicht. ... Unter Land zunächst keine Lebenszeichen. Wegen der lärmenden Russen oben auf der Steilküste kann ich mit Schleichfahrt ganz dicht unter Land laufen und mit Megaphon auf deutsch an Land rufen, da sich auf irgendwelche Blinkzeichen unsererseits niemand meldet. Schließlich Antwort aus einer Höhle nördlich des noch brennenden Befestigungswerks ›Maxim Gorki II‹ einer Gruppe deutscher Soldaten. Beim vorsichtigen Heranfahren setzt das Boot mehrfach auf, aber kein Schaden. Rufverbindung. Vorher hatten zwei höhere Offiziere versucht, an S 72 heranzuschwimmen, verfehlten aber das Boot und ertranken außer Sichtweite. Langsam auf Wurfleinen-Entfernung herangefahren und sieben Offiziere und einen schwerverwundeten Gefreiten mit Schlauchboot an Bord geholt.

00.55 hören uns die Russen, als ich mit den Maschinen rückwärts aus der Übernahmestelle zurückziehe. Beschuß von der Steilküste aus allen möglichen Richtungen. Abgelaufen. S 148 und S 28 schließen heran. Wir bergen gemeinsam von Flößen,

unklaren Sturmbooten, Balken, aufgeblasenen Autoschläuchen und ähnlichen Fahrzeugen‹ noch 42 Mann. ...
2.55 Uhr Rückmarsch mit S 28 in Dwars-Linie. Dabei findet S 28 noch einen auf einem gekenterten Boot sitzenden Rumänen. Stimmungsbild von der Rückfahrt: Einer der übernommenen deutschen Offiziere, angeblich Kompaniechef, zweimal aus russischer Gefangenschaft ausgebrochen, ohne Rangabzeichen, sehr wortkarg, reagiert auf unsere Hilfsangebote, warme Kleidung, Getränke usw. vollkommen negativ. Als ich ihn auf die Brücke bitte, erklärt er mir, er hielte uns für Sowjets oder Angehörige des ›Freien Deutschlands‹ in deutschen Uniformen. Er glaubt mir erst, als ich ihm durch das Glas Konstanza zeige.«[368]

Nach dem Verlust der Krim sammelten sich die Boote der 1. S-Flottille in Konstanza, zu größeren Einsätzen kam es jedoch infolge der fortschreitenden Kriegsereignisse nicht mehr. Im für den Zeitraum Juni-August 1944 erhaltenen Kriegstagebuch des Leitenden Sanitätsoffiziers beim Admiral Schwarzes Meer findet sich unter dem 12. Juni der Vermerk über eine Dienstfahrt des L.S.O., Flottenarzt Dr. Paul, auf einem Schnellboot von Carmen-Sylva bei Konstanza nach Sulina. Dort wurden sanitätsdienstliche Einrichtungen inspiziert. Im August 1944 wurden im Zuge des sowjetischen Angriffs auf Rumänien die in rumänischen Häfen verbliebenen deutschen Schnellboote durch gegnerische Luftangriffe bzw. durch Selbstversenkungen vernichtet. Hierbei fiel am 15. August auch der Sanitätsobergefreite Günter Bahr auf S 72. Dem Gros der Besatzungen gelang es, sich über Bulgarien und Jugoslawien nach Deutschland durchzuschlagen.

Im Herbst 1941 verlegte die 3. Schnellbootflottille über den Rhein und die Rhône ins Mittelmeer, ein Jahr später auch die 7. S-Flottille. Bereits im Dezember 1941 wurden die ersten Einsätze im neuen Operationsgebiet gegen Malta vorgenommen. Die starke britische Abwehr forderte hohe Verluste.

Wie Kapitänleutnant Johann Döpner, Flottilleningenieur der 3. S-Flottille, berichtete,[369] fielen bei einer Unternehmung vor Malta zahlreiche Verletzte an, der Flottillenarzt und das Sanitätspersonal waren auf dem Rückmarsch pausenlos im Einsatz. Im Stützpunkt festgemacht, konnten sich die meisten Besatzungsmitglieder zur Ruhe begeben. Lediglich der Sanitätsoffizier hatte trotz völliger Erschöpfung noch eine schwierige Beinamputation vorzunehmen.

Der erste Verlust eines Schnellbootes im Mittelmeer betraf am 9. Mai 1942 S 31, das vor La Valetta einen Minentreffer im Maschinenraum erhielt und sofort auseinanderbrach. S 61 mit dem Flottillenchef an Bord ging im letzten Moment längsseits und konnte kurz vor dem Untergang den größten Teil der Besatzung, darunter auch den Kommandanten und den Flottillenarzt, Marinestabsarzt Dr. Heinrich Mehnen, retten. Allerdings waren neun Soldaten auf ihren Gefechtsstationen im Maschinenraum gefallen, drei weitere verwundet. Der noch unter Schock stehende Sanitätsoffizier war hier sofort gefordert. Das Boot lief mit Höchstfahrt den Heimathafen

Augusta an und übergab die Verletzten dem dortigen italienischen Lazarett.
In der Nacht zum 17. Mai erhielt während einer erneuten Minenoperation vor Malta S 34 einen Treffer der britischen Küstenartillerie und mußte selbstversenkt werden. Drei Soldaten kamen im Boot um, der Rest der Besatzung, darunter drei Verwundete, wurde von anderen Booten übernommen. Wie Kemnade ausführte, wirkte sich vor allem der Umstand günstig aus, daß die Besatzungen und die Verwundeten von eigenen Booten gerettet wurden und auch sofortige ärztliche Hilfe zur Verfügung stand.[370]
Ende Mai 1942 verlegte die 3. S-Flottille nach Derna in Nordafrika. Dort war ein neuer behelfsmäßiger Stützpunkt entstanden. Während der Kämpfe um die strategisch wichtige libysche Hafenstadt Tobruk kam es am 21. Juni 1942 im Seegebiet östlich der festungsartig ausgebauten Stadt zu einem Gefecht mehrerer S-Boote mit britischen Einheiten. S 58 wurde dabei von ca. 25 Geschossen getroffen, der Kommandant starb, sieben Soldaten, darunter der Flottillenarzt Dr. Mehnen, erlitten Verwundungen. Diese wurden von S 56 mit Höchstfahrt in das Lazarett nach Derna verbracht, Dr. Mehnen erlag dort am 22. Juni seinem Bauchschuß. Neuer Flottillenarzt wurde Marinestabsarzt Dr. Helmut Heising.
Mitte November 1942 wurden die Schnellboote in die Operationen zur Besetzung und Sicherung von Tunesien gegen die anglo-amerikanische Landung in Französisch-Nordafrika einbezogen. In den folgenden Monaten stiegen die Verluste der deutschen Seestreitkräfte rasch, da die Alliierten auch in den Gewässern um Tunis die Übermacht gewannen und insbesondere den für die Afrika-Truppen lebensnotwendigen Geleitzügen schwer zusetzten. Immer mehr beteiligten sich die Schnellboote an der Rettung von schiffbrüchigen Handesschiffbesatzungen und Soldaten. Am 2. Dezember explodierte das Transportschiff MENES kurz vor Einlaufen in La Goulette, die Schnellboote S 57 und S 59 retteten 38 Verwundete und brachten sie zur medizinischen Versorgung nach Bizerta. In der Nacht zum 13. Dezember nahmen vier Schnellboote 50 Italiener und 31 Deutsche, teils schwer verbrannt, an Bord, Überlebende des durch einen Lufttorpedotreffer in Brand geschossenen Dampfers FOSCOLO. Am 28. Februar 1943 bezog S 35 vor Ferryville mit zwei anderen S-Booten eine Vorpostenlinie. Nach einem kurzen Gefecht liefen die Boote ab, jedoch erreichte S 35 nicht mehr den Heimathafen. Anhand später aufgefundener Trümmer und des leeren Schlauchbootes wurde geschlossen, daß das Boot auf eine Mine gelaufen war und mit der gesamten Besatzung unterging, der erste Totalverlust eines S-Bootes im Mittelmeer. In der Nacht zum 13. März kam es vor der tunesischen Küste zu einem schweren Seegefecht zwischen sechs Schnellbooten und mehreren britischen Kreuzern und Zerstörern. Granatsplitter verletzten auf dem Führerboot und auf S 55 zwei Soldaten schwer, nach Beendigung des Kampfes wurde zur sanitätsdienstlichen Versorgung der Flottillenarzt auf das Führerboot übernommen.[371] Am 7. Mai 1943 verließen die letzten S-Boote Afrika. S 36, S 33, S 153 und S 156 transportierten zusätzlich bis zu 100 Soldaten von Bizerta nach Sizilien zurück. Die Ver-

luste der 3. S-Flottille betrugen im Zeitraum Dezember 1941 bis Mai 1943 vier Boote, 38 Gefallene und 26 Verwundete.

Die neuen Stützpunkte an der sizilianischen Küste waren nicht nur besonders luftgefährdet, sondern auch nicht sehr komfortabel. Die Besatzungen der in Licata liegenden 7. S-Flottille kampierten im freien Zeltlager. Hygienemängel und Infektionskrankheiten (verdorbene Verpflegung, unsichere Wasserversorgung, Süßwasserversalzung, mangelhafte Latrinen und Malaria) bereiteten den Besatzungen große Probleme, riefen Durchfälle oder Hauterkrankungen hervor und beschäftigten das Sanitätspersonal in der einsatzfreien Zeit. Im Juli 1943 erkrankten die Kommandanten von S 33 und S 61 an infektiöser Hepatitis und mußten in ein italienisches Lazarett eingeliefert werden.
In der Nacht zum 20. Juli 1943 fuhren sechs Schnellboote beider Flottillen von Salerno aus zu Angriffen gegen die alliierte Invasionsflotte. Nach Torpedoangriffen auf einen Geleitzug vor Syrakus liefen die Boote mit Höchstfahrt unter gegnerischem Zerstörerbeschuß ab. Während dieser Jagd forderte der Flottillenarzt der 3. S-Flottille, Dr. Heising, der sich auf S 61 befand, den Flottillenarzt der 7. S-Flottille, Marineoberassistenzarzt Dr. Joachim Klotzky, zur Unterstützung an. Ein Granatsplitter hatte einem Oberfähnrich in der Leistenbeuge die Oberschenkelschlagader durchschlagen. Er wurde erst in der Dunkelheit bei Überprüfung der Schäden an Oberdeck aufgefunden und hatte bereits soviel Blut verloren, daß jede Hilfe zu spät kam. Beide Sanitätsoffiziere brachen die bei Notbeleuchtung im Mannschaftswohndeck vorgenommene Versorgung schließlich ab.[372]
Das Sanitätspersonal der 7. S-Flottille wurde bei der Evakuierung Siziliens im August 1943 besonders gefordert. Der letzte noch in deutscher Hand befindliche Hafen Milazzo lag voll von dorthin transportierten Verwundeten und Kranken. In einer eiligen Rettungsaktion wurden die Verwundeten auf drei Marinefahrprähme verladen und nach Vibo Valentino im Golf von Sant'Eufemio an der süditalienischen Westküste transportiert. Unterwegs beschossen Tiefflieger die nur schwach bestückten Prähme, weitere Verletzte fielen an. Nach der Ausladung in Vibo Valentino versorgten die Sanitäter der zu diesem Zeitpunkt noch aus zwei einsatzklaren Booten bestehenden Flottille die Verwundeten am Strand bis zum völligen Aufbrauchen der eigenen Vorräte an Sanitätsmaterial. Die erneut befohlene Verlegung der Marinefahrprähme scheiterte an dauernden Jabo-Angriffen, so daß die Kommandanten die Fahrzeuge in der Bucht auf Grund fuhren und die Besatzungen evakuierten. Durch Funkspruch an den Leitenden Sanitätsoffizier des Marinekommandos Italien wurde schließlich die Entsendung eines Lazarettzuges zum Abtransport der Verwundeten erreicht. In der folgenden Nacht stießen die beiden Boote, S 153 mit Dr. Klotzky an Bord und S 154 als Führerboot mit dem Flottillenchef und dem Sanitätsunteroffizier, an der sizilianischen Nordküste auf amerikanische Schnellboote. Mit dem ersten Schußwechsel auf Nahentfernung fiel auf dem Arztboot

die gesamte Oberdecksbesatzung aus, auf S 154 gab es nur geringe Verluste. Noch an Bord wurde mit der Versorgung der Verwundeten begonnen, die am nächsten Morgen in Salerno ausgeschifft wurden. Die Soldaten wurden von dort aus mit dem flottilleneigenen Sanitätskraftwagen in das Kriegslazarett nach Neapel verbracht. Im Heeressanitätslager Neapel gelang die Neuversorgung der Flottille mit Sanitätsmaterial.[373]

Nach der Landung der Alliierten auf dem italienischen Festland wurden Schnellbootseinsätze nur noch in der Ägäis und in der Adria erfolgsversprechend.
Die jugoslawischen Partisanen unterhielten einen regen Schiffsverkehr zwischen den von ihnen besetzten Inseln, den die S-Boote zu behindern suchten. Die Artillerieduelle mit Partisanenkuttern und ähnlichen Kleinfahrzeugen führten häufig zur Aufnahme von zahlreichen Schiffbrüchigen. Nach einem erfolgreichen Seegefecht vor der jugoslawischen Küste retteten vier S-Boote der 7. S-Flottille am 1. Juni 1944 159 auf der Seite der Partisanen kämpfende uniformierte Briten, Italiener, Kroaten und Serben, sowie einen abgeschossenen amerikanischen Piloten und 37 Frauen und Kinder. Einen Tag später nahmen die Boote nach einem weiteren Seegefecht 77 Partisanen, zwei britische Fallschirmjäger, 50 Frauen und 24 Kinder auf.[374]
Die Hauptgefahr für die Boote kam auch in diesem Seegebiet aus der Luft durch die zahlenmäßig weit überlegenen alliierten Flugzeuge. Am 27. Januar 1944 wurden die technisch nicht ausgereiften und störanfälligen S 601 und S 603 im Seegebiet Korfu von britischen Spitfires angegriffen und beschossen. Nach dem Abschuß einer Maschine drehten die Angreifer ab. »Beide Boote hatten zahlreiche Treffer erhalten. Auf S 601 fielen der MechObGefr. (T) Schulz und der MechGefr. (T) Zill. Der StrmMt Wohlraab wurde als tot von Bord gegeben, war aber nach einem Prellschuß nur bewußtlos geworden und genas bald von seiner Verwundung. Der LM. von S 603, MaschMt. Schröter, und der Matr.I. Karl Müller wurden schwer, der Matr.I. Melasch und der Kommandant von S 603 leicht verwundet.«[375]
Nach einer Reparatur in Korfu stachen die beiden S-Boote am 22. Februar wieder in See. Auf S 603 entstand jedoch ein Vergaserbrand, bei dem zwei Verwundete anfielen. Kaum waren die unmittelbaren Schäden beseitigt, ereignete sich beim Anlassen des Motors eine schwere Explosion. Der Kommandant des Bootes, Obtl.z.S. Hermann Bollenhagen, schilderte die Situation in seinem K.T.B.: »Das Oberdeck ist an der Bb. und besonders an der Stb.-Seite aufgerissen. Der Stb.-Reserve-Torpedo ist mit dem Schwanzende auf die Pier geworfen und hat dabei die Reeling weggerissen. … Die Flurplatten sind z.T. geschmolzen oder beschädigt. Masch.Gefr. Kretzschmer durch Brandwunden schwer verwundet und im H.V. Platz Achilleion eingeliefert. MaschGefr. Hortz und Bartnick erlitten leichtere Brandverletzungen.«[376]
Am 12. Juni 1944 wurde im Seegebiet der Insel Hrvar S 153 von einem britischen Zerstörer versenkt, mit dem größten Teil der Besatzung fiel auch der langjährige Flottillenarzt Dr. Klotzky.

Mitte Oktober 1944 erfolgte die Fusion der drei im Mittelmeer eingesetzten Flottillen. Aus der ursprünglichen 3. S-Flottille wurde die 1. Gruppe der neuen 3. S-Flottille, aus der 7. S-Flottille die 2. Gruppe und aus der 24. S-Flottille, die aus kleinen italienischen Beute-Schnellbooten bestand, die 3. Gruppe. Die Zusammenlegung betraf auch die Flottillenärzte. Der ursprüngliche Flottillenarzt der 3. S-Flottille, Marinestabsarzt Dr. Heising wechselte zum Marinelazarett Stralsund. Sein unmittelbarer Nachfolger als Flottillenarzt und auch für die Betreuung des etwa 250 Mann starken Flottillenstabes in Palmanovo zuständig, wurde Marinestabsarzt Dr. Brandt, der bereits 1940 Flottillenarzt der 3. S-Flottille gewesen war und nach britischer Gefangenschaft im Herbst 1943 im Rahmen eines Austausches nach Deutschland zurückkehren konnte. Brandt hatte seit dem Tod Klotzkys kurzzeitig den Dienstposten des Flottillenarztes der 7. S-Flottille inne. Gruppenarzt der 1. Gruppe (drei Boote) in Pola wurde Marinestabsarzt Dr. Gregor, der 2. Gruppe (sechs Boote) in Pola Marineoberassistenzarzt Dr. Bock und der 3. Gruppe (sechs Boote) Marineoberassistenzarzt Dr. Rosenau. Diese gute personelle Besetzung wurde im Rahmen einer Dienstreise am 19. Januar 1945 durch den Leitenden Sanitätsoffizier beim Marineoberkommando Süd, Geschwaderarzt Dr. Hartmann, als ›ungesund‹ bezeichnet und scharf kritisiert. Er notierte in seinem K.T.B.: »Als ich Brandt auf der Fahrt nach Triest in Palmanovo aufsuchen wollte, stellte ich fest: Brandt auf NSFO-Lehrgang, Gregor beurlaubt, Bock krank an Gelbsucht (trotzdem keiner der beiden anderen SanOffiziere zurückgerufen), Rosenau vertritt nebendienstlich Hafenarzt Pola. Ein Bedürfnis nach vier SanOffizieren kann also kaum vorliegen. Auf meine Vorstellungen am 20.1. bei Chef 1. S-Boots-Division und Flo.Chef 3. S-Flottille wird MStA Dr. Gregor sofort freigestellt. Trotzdem erscheint ein derartiger Personalaufwand bei einer S-Flottille ganz unberechtigt, wenn man an die Unzahl der Kleinfahrzeuge wie M.F.P.'s, Kümos usw. denkt, die Nacht für Nacht fahren, ständig unter Feindeinwirkung liegen und bestenfalls einen San.Gast an Bord haben. Besatzungsstärke eines M.F.P. = einem Schnellboot. Die aktive S-Flottille wird mit San.Offizieren besetzt wie 1940 im Kanal, während L-Flottillen und Transportflottillen mit Kopfstärken bis zu 2 500 Mann nur einen San.Offizier haben, der oft noch nebendienstlich Hafenarzt ist.«[377]

Die Feststellungen Hartmanns führten zu einer Überprüfung und zu einer Reduzierung der Sanitätsoffiziere in der 3. S-Flottille. Am 8. März 1945 wurde folgende Organisationsstruktur festgelegt: Marinestabsarzt Dr. Brandt hatte die medizinische Versorgung in Palmanovo für etwa 1 000 Mann Kriegsmarine und Heer sicherzustellen, Marineoberassistenzarzt Dr. Bock betreute die in Pola liegenden Boote beim Einsatz und Marineoberassistenzarzt Dr. Rosenau sah sich für den Stützpunkt Grado mit etwa 1 200 Mann Personal Kriegsmarine und Heer zuständig.

Die Verluste und der Verwundetenanfall stiegen auch in der nördlichen Adria in dieser letzten Phase des Krieges ständig. Im letzten Quartal 1944 absolvierten die Schnellboote im Zuge der Räumung der dalmatinischen Küste zahlreiche Operationen

zur Sicherung der Rückführung von Truppen nach Pola und Triest. Vor allem gegnerische Luftangriffe führten zu schweren Ausfällen. So wurden sechs Besatzungsangehörige am 25. Oktober 1944 bei einem Angriff von sechs britischen Moskitos auf das im Hafen von Sibenik liegende S-Boot S 158 verwundet.
Die 3. S-Flottille erlitt im Zeitraum 1. Juni 1943 bis 31. Januar 1945 an Verlusten zwölf Gefallene und 37 Verwundete. Am 3. Mai 1945 gelang den letzten sieben deutschen S-Booten kurz vor dem Einmarsch der Tito-Partisanen die Verlegung von Pola nach Ancona. Das gesamte Flottillenpersonal konnte aus Pola mitgenommen werden, entging somit der Ermordung und geriet erst in Ancona in britische Kriegsgefangenschaft.

Gegen die alliierte Invasionsflotte in Stärke von 1 213 Kriegsschiffen und 4 126 Handelsschiffen konnte die deutsche Kriegsmarine im Juni 1944 nebst einigen U-Booten noch fünf Torpedoboote, 31 S-Boote in fünf Flottillen, 163 Minenräumboote, 57 Vorpostenboote und 42 Artillerieträger aufbieten.
Unter erheblichen Opfern gelang es in den ersten acht Tagen nach der Landung der Alliierten in Frankreich, der Invasionsflotte immerhin einige Nadelstiche zu versetzen, auch wenn es infolge der tiefgestaffelten gegnerischen Flottenverbände nicht möglich war, bis zu den unmittelbaren Invasionskräften vorzustoßen. Am 14. Juni 1944 wurden bei einem schweren Bombenangriff auf Le Havre, dem Haupt-Einsatzhafen der Schnellbootwaffe, neben zahlreichen anderen Fahrzeugen insgesamt 14 S-Boote zerstört, ein nicht mehr aufzufrischender Verlust. Die gesamte 2. S-Flottille, langjähriger Hauptträger der Kämpfe im Kanal, wurde praktisch vernichtet. Kommandanten und Besatzungen, die das Inferno größtenteils in den Bunkern überstanden hatten, kehrten nach Deutschland zurück, Flottillenarzt Dr. Wendt, der während und nach dem Angriff die erste ärztliche Versorgung im Hafen von Le Havre leitete, wurde nach Paris an das dortige Marinelazarett Eaubonne versetzt.[378]
Am Tag nach dieser Katastrophe standen dem F.d.S. am Kanal nur noch 13 einsatzbereite Boote zur Verfügung, die einzigen operativen Kräfte der Kriegsmarine, die noch die Seine-Bucht erreichen konnten.
Bei der Verlegung zweier S-Boote von St. Malo nach Brest im Juli 1944 konnten in der Nacht zum 5. Juli 57 deutsche Schiffbrüchige des brennenden V-Boot Vp 715 gerettet werden. Drei Boote der 7. Vp-Flottille waren bei einem Gefecht mit überlegenen britischen Seestreitkräften zerstört worden.
In der Nacht auf den 27. Juli 1944 wurde S 182 nach einem Gefecht mit britischen Schnellbooten aufgegeben. Acht Tage nach dem Untergang des Bootes trieb an der französischen Küste ein Schlauchboot des S-Bootes an, an Bord befand sich noch ein Schiffbrüchiger. Er berichtete, »er und vier andere Männer von S 182, darunter der Kommandant, seien von einem Boot aufgenommen worden, aber wieder über Bord gesprungen, als sie bemerkten, daß es ein britisches war. In der darauffolgenden Woche sei ihr Schlauchboot abgetrieben und die übrigen vier Männer gestorben.«[379]

Zwei Boote der 8. S-Flottille gerieten in der Nacht zum 26. August 1944 bei Cap d'Antifer in ein Gefecht der 8. Artillerieträgerflottille mit alliierten Zerstörern und Schnellbooten. Den deutschen S-Booten gelang es, insgesamt 120 überlebende deutsche Seeleute von vier gesunkenen Artillerieträgern zu übernehmen.[380]
Am 19. September 1944 wurden drei Schnellboote der 10. S-Flottille unter ihrem Flottillenchef Kapitänleutnant Karl Müller von britischen Einheiten vor Ijmuiden gestellt und in ein Gefecht verwickelt. S 183 wurde in Brand geschossen, S 200 und S 702 kollidierten und mußten aufgegeben werden. Die britischen Einheiten retteten zwei Kommandanten und etwa sechzig Mann, darunter auch den Flottillenarzt, Marinestabsarzt Walter Innerebner. Nach elfstündiger Irrfahrt in einem Schlauchboot wurde auch der Flottillenchef von britischen Verbänden aufgenommen, aber bereits am 1. Dezember gegen den in deutsche Kriegsgefangenschaft geratenen britischen Labour-Politiker Michael Foot ausgetauscht. Nach seiner Rückkehr gab Müller der Seekriegsleitung einen detaillierten Bericht über die Umstände des Gefechts und über seine Zeit in der Gefangenschaft.[381] Nachfolger Innerebners als Flottillenarzt der 10. S-Flottille wurde Marineoberassistenzarzt d.R. Dr. Friedrich Klefehn.
Im Dezember 1944 konnten aufgrund der schlechten Wetterlage keine Unternehmungen durchgeführt werden, die allierten Bomber verstärkten ihre Angriffe gegen die verbliebenen S-Boot-Basen. Während eines schweren Luftangriffs durchschlugen überschwere Bomben die Bunkerdecken des S-Bootsbunkers in Ijmuiden. Am 22. Dezember gingen drei Flottillen mit insgesamt 17 Booten aus holländischen Häfen zur Verminung des Geleitzugwegs Themse-Antwerpen in See. Zwei Boote der 10.S-Flottille, S 185 und S 192, gerieten in ein Gefecht mit einer britischen Kampfgruppe und sanken nach schweren Treffern. Die Briten retteten von S 185 22 Soldaten. Acht Besatzungsangehörige, darunter der Kommandant und der neue Flottillenarzt Dr. Klefehn, überlebten nicht. Der Flottillenarzt der 2. S-Flottille, Marineoberassistenzarzt Dr. Gustav Notter, versorgte am 23. Februar auf S 209 einen durch Fliegerbeschuß verletzten Seekadetten, der als MG-Schütze eingesetzt war.
Am Morgen des 23. Januar 1945 kollidierte S 701 mit S 199 nach einem unübersichtlichen Gefecht in der Außenthemse vor Margate Ramsgate. Der erstmals auf S 199 (Kommandant: Oberleutnant z.S. Achim Quistorp) eingeschiffte Flottillenarzt der 8. S-Flottille, Marineoberassistenzarzt Dr. Werner Herrberg, erlebte die dramatischen Momente des Untergangs des Bootes. Er befand sich zum Zeitpunkt der Kollision auf der Brücke, trug neben der Uniform zwei Pullover und darüber das Lederzeug.[382] »In der denkwürdigen Nacht bestand für mich als relativer Schnellbootsneuling eine schwer zu überschauende Whooling. Es wurde von allen Seiten geschossen, dabei häufiges Manövrieren bei sehr wechselnder Sicht zwischen klar, Regen und Schnee. Ich stand mit auf der Brücke und versuchte für mich eine gewisse Übersicht zu behalten, was nicht leicht war. Plötzlich schoß ... von Backbord ein etwa gleich großer Schatten auf uns zu. Es ging alles irrsinnig schnell und gab mit einem Riesenkrach eine wüste Ramming. Ich knallte mit meinem Gesicht bei

erhobenem Doppelglas gegen die Kalotte und war sicher für Sekunden benommen. Dann hatte ich auf der Brücke das Gefühl, wie auf einem Balkon zu stehen, das Vorschiff war weg! Erste Überlegung: ein britisches MTB hat uns gerammt, weil ich wußte, daß wir mit MTB's Feindberührung und Schußwechsel hatten.
Erst jetzt, als ich wieder etwas klarer wurde, dachte ich an meine Pflicht, mich an Bord nach Verletzten und Verwundeten umzusehen. Ich fand in dem verständlichen Durcheinander niemanden und merkte dabei, daß wir keine Fahrt mehr machten, wie weit wir noch manövrierfähig waren oder, ob wir Wasser aufnahmen, konnte ich nicht aus meiner Sicht beurteilen. Jetzt kam von der Brücke das Kommando, wir müssen aussteigen, das Boot wird versenkt.
Sehr diszipliniert und ohne alle Hektik, es war plötzlich sehr still geworden, wurden die Rettungsflöße klar gemacht und ausgestiegen. Der Seegang war vielleicht Stärke 4, später etwas stärker. Als letzter ging Achim Quistorp von Bord, nicht mit der Jakobsleiter, sondern mit einem Kopfsprung, was aus der Situation sicher verständlich ist. Dann sank unser Boot in relativ kurzer Zeit. An einen Knall kann ich mich gar nicht mehr erinnern, vielleicht waren wir auch schon zu weit abgetrieben.
Wir waren drei Flöße, die alle überladen waren, so daß wir am Anfang alle etwa bis zur Gürtellinie, wenn nicht tiefer, auf dem Floß im Wasser saßen. Halt fand man im Fußnetz. Die Kälte kroch an uns, die wir an Oberdeck dick angezogen fuhren, schockbedingt nur relativ langsam hoch. Ich weiß nicht mehr sicher, wer von ›meinem‹ Floß erfror und lautlos abkippte. Ich weiß nur, daß keine Kraftanstrengung von den Nebensitzern mehr in der Lage war, jemanden zurückzuholen.
Ich hatte mir die Signalpistole umgehängt und in regelmäßigen Abständen alles verschossen. Den Rückschlag bekam ich dabei immer wieder auf die schon geschundene Stirn. Mehr aus Beschäftigungstherapie suchten wir Zigaretten und Kekse und bekamen sogar die Zündhölzer an, weil alles wasserdicht in kleinen Päckchen am Floß hing. Das Wetter wurde schlechter, es schneite mehr, langsam verspürten wir die Dämmerung. Nur wenn zufällig zwei Flöße zur gleichen Zeit von einer See angehoben wurden, konnten wir die anderen Flöße noch sehen, wir trieben weiter auseinander. Die Kälte machte uns passiver und forderte weitere Opfer, ich glaube, daß bei mir selbst die Adrenalin-Ausschüttung aufgrund eines gewissen Verantwortungsgefühles zum Überleben beitrug. Vielleicht auch die eine Tablette Pervitin, die ich gegen Mitternacht verteilte und auch selbst nahm?
Es kam wieder Leben auf, als nach vier bis fünf Stunden ein Fahrzeug ausgemacht wurde, das auf uns zuhielt. Bei der Rettung, um die sich die Tommies sehr bemühten, kam unser Floß am Schluß. Zu allem Überfluß riß meine Schwimmweste kurz vor dem Waschbord aus dem englischen Bootshaken. Ich ging noch einmal bei dem Gewicht auf ziemliche Tauchtiefe nach dem Zurückfallen. Vor den Augen dunkelgrün, mittel und wieder hell. Beim Auftauchen sah ich den ersten Briten beidrehen, man zog mich dann auch aus dem Bach. Mein erstes Gefühl: Du lebst noch, dieser Krieg ist jetzt für uns endgültig vorbei.

Gleich gab es Arbeit. Ich glaube, unser Steuermann hatte eine schmerzhafte Schulterluxation, die ich noch mit letzter Kraft einrenken konnte. Wahrscheinlich kam diese Kraft aus dem Glücksgefühl der Lebensrettung, denn innerlich hatte ich wie viele von uns schon abgeschlossen. Wir bekamen trockenes Räuberzivil, wurden aufgewärmt und mußten dann mit verbundenen Augen von Bord.«[383]
Weitere Verluste auch des Sanitätspersonals blieben in dieser letzten Phase des Krieges nicht aus. In der Nacht zum 8. April 1945 fiel bei dem Untergang von S 223 vor Ostende infolge einer Minenexplosion neben 19 anderen Besatzungsangehörigen auch der Sanitätsgefreite der 6. S-Flottille, Joachim Kreutzmann.[384]
Und bei Kriegsende, am 8. Mai 1945, ereignete sich im Hafen von Rotterdam ein tragischer Zwischenfall. Etwa 60 niederländische Partisanen, darunter ein Polizeibeamter, griffen den Stützpunkt der 4. S-Flottille an. Dabei erschoß ein Holländer den Flottillenarzt, Marineoberassistenzarzt Dr. Claus Exter und zwei weitere Flottillenangehörige, als sie vermittelnd eingreifen wollten.[385]

Minensuchboote, Räumboote und Vorpostenboote

Ebenso wie die bereits aufgeführten Zerstörer, Torpedoboote und Schnellboote waren auch die Minensuch-, Räum- und Vorpostenboote unterschiedlicher Bauart während des gesamten Krieges auf allen Kriegsschauplätzen in schwere Gefechte mit gegnerischen See- und Luftstreitkräften verwickelt. Einige Hinweise auf die Regelung des Sanitätsdienstes an Bord dieser Seefahrzeuge finden sich im vorangehenden Text. Von truppendienstlicher Seite ist Ruge bereits 1951 auf die Rolle und die Einsätze der Minensuchflottillen im Rahmen der Sicherungsstreitkräfte eingegangen.[386] Von Ostertag liegt eine Abhandlung über 80 Jahre Minenabwehr vor[387], die er selbst als ›Tatsachenbericht aus der Geschichte der deutschen Minensuchverbände‹ bezeichnet, in der vorrangig ›das tatsächliche Geschehen an Bord‹[388] interessiert. Mit welcher Heftigkeit sich die Auseinandersetzungen zwischen den jeweiligen Kampfbooten gerade im Seegebiet ›Kanal‹ gelegentlich entwickelten und welche hohe Bedeutung der sanitätsdienstlichen Versorgung zufallen konnte, zeigt folgender Bericht von Ostertag:

»In der Nacht vom 28. zum 29. Mai 1943 war die B-Gruppe der 36. Minensuchflottille (vier Boote) mit einem Tonnenleger von Dünkirchen in Richtung Boulogne unterwegs. In der Doverenge wurde das Geleit von Motortorpedobooten angegriffen; eins von ihnen wurde dabei stark beschädigt. M 3619 erhielt den Befehl, das Boot zu vernichten und dann wieder heranzuschließen. Auf dem Rückmarsch nach Ausführung des Befehls wurde M 3619 von fünf britischen Motorkanonenbooten abgefangen und zusammengeschossen. Die Maschine und die Waffen waren ausgefallen. Zwei der Motorkanonenboote versuchten nun, das Minensuchboot zu entern. Als dabei die Maschine plötzlich auf ›Voll zurück‹ ansprang, fiel die Entergruppe ins Wasser, und ein achteraus liegendes Kanonenboot wurde gerammt. Man bewarf sich gegenseitig mit Handgranaten. Die in der Nähe stehende 8. Räumbootflottille kam nun zu Hilfe und beschoß die beiden Angreifer aus nächster Nähe. Das eine durchbrach die Kiellinie der Räumboote fünf Meter vor dem Bug eines Bootes, das andere lief beschädigt nach Norden ab. Bei einem weiteren Angriff auf die 8. Räumbootflottille durch zwei Motorkanonenboote wurde eines in Brand geschossen, das nun versuchte, R 118 zu rammen. Man beschoß sich auf kürzeste Entfernung und bewarf sich mit Handgranaten. R 118 wurde am Heck gerammt, das Kanonenboot explodierte und brannte aus. Einige Überlebende konnten aufgefischt werden.«[389]

Nachfolgend werden verschiedene persönliche Mitteilungen von ehemaligen Flottillenärzten bzw. erhaltene ärztliche (Gefechts)-Berichte wiedergegeben, die Hinweise auf die sanitätsdienstlichen Besonderheiten an Bord erlauben.

So berichtete Marineoberassistenzarzt Dr. Hans Eichner den Verfassern, er sei bei Beginn des Krieges während der Geleitzugfahrten nicht ausgelastet gewesen.[390] Daher

habe er sich als Ausguck beteiligt, habe auch bei stürmischer See ein feindliches U-Boot rechtzeitig entdeckt, so daß das Geleit gewarnt werden konnte. Drei abgeschossene Torpedos verfehlten ihr Ziel, und Eichner erhielt hierfür im April 1940 das Eiserne Kreuz.
Ab Juni 1940 war er bei der 1. Minensuchflottille als Nachfolger des gefallenen Marineassistenzarztes Dr. Willemsen während Geleitschutzfahren und U-Jagd zwischen Norwegen und Südfrankreich eingesetzt. Nach Verlust des Arztbootes infolge Minenexplosion mußte er sein Sanitätsmaterial aus Beutebeständen auffüllen.
Wie einem Gefechtsbericht der 52./54. Minensuchflottille, im Oktober 1940 dem Küstensicherungsverband norwegische Westküste unterstellt, zu entnehmen ist, war auch der Tod des Flottillenarztes dieses Verbandes auf eine Minenexplosion zurückzuführen. Während eines Räummanövers der Flottille am 13. Oktober 1940 vor Haugesund fuhr der Flottillenarzt, Marineoberassistenzarzt Dr. Ihm, auf dem Begleitboot KOBOLD I, das zusammen mit zwei anderen Fahrzeugen innerhalb von 14 Minuten auf eine Minensperre lief und explodierte. Zu den näheren Umständen des Unglückes schrieb der Flottillenchef: »Ich begab mich selbst in das Beiboot des Führerbootes ... Bei dem kieloben treibenden Bug von KOBOLD 1 fand ich noch drei Überlebende in schwerverletztem Zustand. Ich nahm BtsMt. Lemke und Matr. Ostheimer ins Boot, während Mtr. Niedermoser vom Beiboot GNOM 8 aufgenommen wurde und ruderte zurück zur Flottille. Mit den Verletzten an Bord lief ich mit den Booten ein ... Die übrigen Beiboote der Flottille hatten das Trümmerfeld abgesucht, fanden noch drei Tote, darunter den Mar.Ob.Ass.Arzt Dr. Ihm. ... GNOM V hatte in seinem Beiboot Mar.Ob.Ass.Arzt Dr. Ihm im Schlepp, da die hereinbrechende Dunkelheit ein längeres Verweilen im Sperrgebiet nicht zuließ. Während der Fahrt zum Hafen schnitten die zwei im Schlepp befindlichen Beiboote in der Dünung unter und kenterten. Die Boote wurden umgedreht und gelenzt, beide Leichen waren aber verlorengegangen. Das sofortige Absuchen des Gebietes blieb ergebnislos. Die Verletzten konnten Dank der außerordentlichen Organisation des Hafenkommandanten auf dem schnellsten Weg einem Krankenhaus zugeführt werden., wo die alarmierten Ärzte die Verwundeten sofort in Behandlung nahmen.«[391]
Marineoberassistenzarzt Dr. Heinz Gillner[392] gehörte im Sommer 1940 zu einer Einheit, die nach Großbritannien übersetzen sollte, und nahm zur Vorbereitung der Landung in England (Unternehmen Seelöwe) an der Kanalküste bei Gravelines an entsprechenden Übungen teil. Mit einer erste Welle von Landungsbooten, die eine Sturmgeschütz-Abteilung transportierte, sollte er anlanden. Gillner schilderte den in Manövern geübten Ablauf: » ... vom Hafen Gravelines aus ein Stück raus in den Kanal, dann 180 Grad kehrt, zurück zur französischen Küste, Landungsklappen herunter, die Sturmgeschütze brausen auf den Strand«. Diese Manöver verliefen ungestört, solange die eigene Luftwaffe Schutz bot. Nachdem die Jagdgeschwader ›Galland‹ und ›Mölders‹ im Juni 1941 in den Osten verlegt worden waren, griffen tieffliegende Spitfire-Jäger die Boote an, und es gab »schwere Verluste mit Toten

auf der Brücke«.[393] Auch Gillner selbst wurde bei einer solchen Gelegenheit verwundet. Schon am folgenden Tag besuchte ihn im Marinelazarett Idesbaldes der Leitende Sanitätsoffizier beim Marinebefehlshaber Kanalküste, Geschwaderarzt Dr. Würfel, anläßlich dort stattfindender Besprechungen, wie aus dessen Ärztlichen Kriegstagebuch hervorgeht.[394]

Diese Episode findet hier Erwähnung, da Gillner später, zu Beginn der Invasion in der Normandie, pötzlich die Vertretung des ausgefallenen Arztes der 7. Minensuchflottille übernehmen mußte. Er erlebte »... wochenlange pausenlose, schwerste Einsätze«, darunter ein massiver, in mehreren Wellen geführter, Luftangriff der Engländer auf der Reede von Den Helder, bei dem auf mehreren schwer getroffenen Booten eine große Anzahl von Verwundeten anfiel. Das Arztboot, M 23, hatte verhältnismäßig wenig abbekommen; am schlimmsten war das Führerboot betroffen, das sich sinkend auf die Backbordseite legte. »Zusammen mit meinem Sanitätsgasten machte ich ein Schlauchboot klar und paddelte hinüber. Näherkommend hörten wir das Schreien und Stöhnen der Verwundeten; im Kriegstagebuch habe ich dann später den Bericht des Flottillenchefs, Fregattenkapitän Hartrumpf gelesen: ›Als wir den Kopf unseres Doktors über der Reeling auftauchen sahen, verstummte plötzlich das Stöhnen und Jammern; wir spürten – jetzt wird alles gut!‹ Gillner hatte vorsorglich schon im Schlauchboot alle seine Morphium-Ampullen in einer 10-ccm-Spritze aufgezogen und berichtete über seine ersten Eindrücke an Bord: »›Über die in der Wasserlinie hängende Reeling kletterte ich das schräg-geneigte Deck hinauf, erschwert durch Blutrinnsale, Gehirnmasse u.a., ... und dann erhielten die Stöhnenden und Schreienden eine Morphium-Injektion, und dann konnten wir in Ruhe und in richtiger Dringlichkeit die Versorgung der Verwundeten vornehmen und ihr Ausschiffen einleiten.‹«[395]

In seinem offiziellen Erfahrungsbericht behandelte Gillner organistorische und infrastrukturelle Gegebenheiten[396]: »... Der Heimathafen ist Cuxhaven, wo auch Stab und Unterstab der Flottille sitzen. Das Einsatzgebiet erstreckte sich von Rotterdam bis zur Deutschen Bucht. Hauptaufgabe waren Geleitdienst und Minenwerfen und -räumen. Wegen ihrer besonders verstärkten Bewaffnung wurden mehrere Boote zusammen mit R.-Booten als selbständige ›Kampfgruppe‹ gegen feindliche S-Boote eingesetzt. Als Flottillenarzt war ich auf M 23 eingesetzt, das als Arztboot über einen geräumigen, leider im Zwischendeck liegenden, ›Ärztlichen Untersuchungsraum‹ verfügt, dessen Einrichtung und Ausrüstung dem täglichen Revierbetrieb an Bord durchaus genügte. Auf dem Arztboot befinden sich außerdem ein San.Ob.Mt. und ein San.Gast, ebenso war auf jedem anderen Boot ein San.Gast an Bord ... Die verstärkte Bewaffnung der Boote und der erhöhte Bedarf an Bedienungsmannschaften dafür brachten es mit sich, daß die San.Gasten an einer Waffe eingesetzt wurden und in See ihre Kriegswache mitgingen, während sie im Hafen vom militärischen Wachdienst befreit waren und dem Flottillenarzt zur Verfügung standen ... Sie alle haben sich im Einsatz, oft unter schwierigen Bedingungen, voll bewährt; alle,

mit Ausnahme der neu zur Flottille gekommenen Gasten der F-Boote, tragen jetzt das Minensuchabzeichen, zwei von ihnen und der Obermaat das E.K. II, zwei das Verwundetenabzeichen.«[397]
Statt der üblichen Ausbildung einiger Hilfskrankenträger strebte Gillner eine Schulung der gesamten Besatzung an, » ... denn die dauernden Angriffe und Feindeinwirkungen verschiedenster Art erwiesen die Notwendigkeit, daß jeder Mann an Bord hier zupacken können muß. Es ist aber auch hier so, daß die beste Schulung die Praxis selbst ist, denn dann erst lernt der Laie die anfängliche Scheu, bei manchen auch Entsetzen und Grauen, zu überwinden, die ihm beim Anblick eines oder gar vieler Verwundeter befällt, die stöhnend oder stumm, bleich und eingefallen oder blutend und mit zerfetzten Gliedern an Deck liegen. Die letzten Wochen und Monate waren uns darin ein guter Lehrmeister ... Die Gesamtkrankenbewegung war normal, nur die Zahl der Verwundeten und Gefallenen nahm mit der gesteigerten Gefechtstätigkeit zu, während die Zahl der Geschlechtskrankheiten abnahm, eine Folge der vielen Einsätze und der Urlaubssperre ... .«[398]
Vor die Frage gestellt, ob er, Gillner, die Werftliegezeit einiger Boote zur fachlichen Fortbildung in Lazaretten nutzen solle, entschied er sich für das Einsteigen auf einem der auslaufenden Boote:« ... so habe ich es doch immer vorgezogen, an Bord zu bleiben; auch als wir zeitweilig nur mit zwei Booten zur See fuhren, bin ich auf dem einen mitgefahren, und das dankbare Leuchten der Augen der Männer, wenn ich ihnen nach einer Verwundung Linderung brachte oder auch schon das beruhigende Bewußtsein für sie, den Arzt an Bord zu sehen, belohnte mich immer wieder dafür. Und ich bin stolz und glücklich über die Abschiedsworte, die mir der Flottillenchef widmete, als er, an unser schwerstes und verlustreichstes Gefecht erinnernd, sagte: › ... als wir Sie unmittelbar nach dem Angriff zu uns auf M 33 mit unseren zahlreichen Verwundeten an Bord übersteigen sahen, blutbespritzt, wie Sie waren, denn Sie hatten schon vorher viele Verwundete versorgt, da fühlten wir uns plötzlich geborgen, da wußten wir, jetzt muß alles gut werden ...!«[399] Gillner verabschiedete sich von der Flottille in dem Bewußtsein, seine Pflicht getan zu haben und » ... mit dem Dank an den Flottillenchef und die Kommandanten für die ständige restlose Anerkennung und Unterstützung aller ärztlichen und sanitätsdienstlichen Belange«.[400]
Die vielseitigen Aufgaben und Einsätze der Minensuch- und Räumboote, im Verlaufe des Krieges immer gefährlicher und verlustreicher werdend, klangen oben bereits an. G.-D. Schneider, ehemals Kommandant in der 3. R-Flottille, hat schon 1982 eine detaillierte Chronik seiner Flottille verfaßt, die anhand der Kriegstagebücher und eigener Erinnerungen insbesondere die Einsätze des Verbandes im Schwarzen Meer, vor allem Landungs-, Transport-, Geleit- und später auch Rückführungsaktionen, behandelt.[401] Aus diesen Ausführungen lassen sich auch zahlreiche Hinweise auf den Bordsanitätsdienst entnehmen.
Nachdem Ende November 1940 der Flottillenarzt, Marinestabsarzt Dr. Burris, mit dem zukommandierten neuen Flottillenchef, Kapitänleutnant Birr und dem eben-

so neu kommandierten Flottillen-Ingenieur, Leutnant(Ing.) Pietzka, im PKW tödlich verunglückt war, ersetzte ihn Anfang Januar 1941 Marineoberassistenzarzt Dr. Pieczkowski. Am 1. Oktober 1941 geriet die Flottille vor Dieppe in den Angriff gegnerischer Flugzeuge, der zu zahlreichen Verlusten mit 13 Toten, elf Schwer- und 22 Leichtverwundeten führte. »Ich ließ R 35 auf das folgende Arztboot sacken, um den Doktor für unseren verwundeten Rudergänger zu übernehmen. Wenig später kam auch schon der UK-Befehl ›Boote mit Verwundeten mit Höchstfahrt nach Dieppe einlaufen‹ … Vor der ja etwas verzwickten, winkeligen Hafeneinfahrt nahm dann R 36 R 33 längsseits, da die Boote mit Verwundeten vorrangig einlaufen sollten. Dazu waren bereits für die rasche Abgabe der Verwundeten genügend Liegeplätze freigemacht worden. Gegen 20 Uhr waren alle Boote wieder fest. Da gerade Niedrigwasser herrschte, gestaltete sich dieser Transport über rd. sechs Meter Höhenunterschied trotzdem noch schwierig und schmerzhaft genug. Alle Schwerverwundeten sowie die, die die Leitern nicht hochklettern konnten, wurden in Verletzten-Tragen hochgehievt. Auf der Pier standen zahlreiche Sanitätsautos, aber auch neben vielen neugierigen Landsern zahlreiche Franzosen herum. Mit Hilfe von Feldgendarmen wurde daher der ganze Komplex geräumt. Ein Glücksfall wollte es, daß alle Ärzte der in diesem Raum liegenden Heeresdivision gerade zu einem Kameradschaftsabend zusammengekommen waren, der allerdings nun ein jähes Ende fand, da sie sofort ins Lazarett geholt wurden … .«[402]
Der erhaltene ärztliche Bericht über dieses Gefecht geht auf die sanitätsdienstlichen Besonderheiten näher ein.[403] Die Flottille war am 1. Oktober um 18.00 Uhr unter Führung des Flottillenchefs Kapitänleutnant Rossow auf R 38 mit den Booten R 38, 33, 35, 36, 165 und 166 aus Dieppe ausgelaufen. Ebenfalls auf R 38 befand sich der Führer der 2. Sicherungs-Division, Kapitän.z.S. Weniger. Um 18.35 Uhr griffen in der Höhe von Pointe de Ailly, 4,0 Seemeilen von der Küste entfernt, acht Hurricane die Boote an. Die britischen Flieger setzten rottenweise nacheinander im Sturzflug auf die Boote an und überschütteten die Räumboote mit einem Feuerhagel. Innerhalb von wenigen Minuten wurden R 38, 33, 165 schwer beschädigt, R 35, 36 und 166 erhielten leichtere Treffer. Flottillenarzt Marineoberassistenzarzt Dr. Pieczkowski befand sich auf R 33, auf R 166 der Sanitätsmaat und auf R 165 der Sanitätsgast. »Auf R 33 leistete der Flottillenarzt dem schwerverwundeten Kommandanten die Erste Hilfe durch Anlegen von Notverbänden und Verabfolgung von Cardiazol zur Stärkung des Kreislaufes. Anschließend Versorgung des zweiten Schwerverletzten.
Inzwischen waren die Leichtverletzten von in der Ersten Hilfe ausgebildeten Besatzungsmitgliedern versorgt worden. Ein abschließendes Übersteigen des Flottillenarztes auf R 38 oder R 165 erwies sich als nicht mehr notwendig, da diese Boote bereits wieder in den nahegelegenen Hafen Dieppe eingelaufen waren. Auf R 165 hatte in dieser Zeit, da der an Bord befindliche San.Gefreite durch Verwundung aus-

gefallen war, der Hilfskrankenträger Bergmann nach Möglichkeit Erste Hilfe geleistet. Die Versorgung der Leichtverwundeten auf R 35 wurde während des Einlaufens durch in Erster Hilfe ausgebildete Besatzungsmitglieder durchgeführt. Nach dem Festmachen im Hafen von Dieppe wurden die Toten und Verwundeten in Zusammenarbeit mit dem Hafenarzt Dieppe und den Div.-Arzt (Heer) ausgeschifft und dem Ortslazarett Dieppe zur weiteren Versorgung übergeben.«[404]

Pieczkowski stellte zusammenfassend heraus, daß bei der Versorgung von Verletzten an Bord von R-Booten, besonders bei höherem Seegang, der Arzt lediglich eine Erste Hilfe anbieten kann. Besondere Schwierigkeiten ergaben sich bei dem Transport und der Behandlung der Verwundeten in den Unterdecksräumen. Der Transport mit Transporthängematten oder Krankentragen war dort infolge der Enge nahezu unmöglich, vor allem wenn es sich um Bein- oder Bauchverletzte handelte, die für den Transport nicht fest verpackt werden durften. Ebenso wurden die Probleme bei der Vonbordgabe der Verletzten in Dieppe angeführt, verursacht durch den hohen Tidenhub. Alles in allem benötigte man trotzdem nur 37 Minuten, um sämtliche 13 Schwer-, 22 Leichtverletzten und 13 Toten von Bord der Boote zum Ortslazarett Dieppe zu verbringen. Im ärztlichen Gefechtsbericht wurden auch Name, Dienstgrad und Verletzungsmuster der betroffenen Soldaten notiert, die einige Rückschlüsse erlauben:

Gefallene:

R 33 Fähnrich z.S. S. (Bauchschuß)
Matr. IV D. (Halsschuß)

R 35 Fähnrich (W) v. P. (Kopfschuß)

R 38 Kapt.z.S. W. (Kopfschuß)
Kaptl. R. (Kopfschuß)
Matr. B. (Bauchschuß)

R 165 Matr.Gefr. N. (Oberschenkeldurchschuß mit Abriß der Beinschlagader)
Stbs.O.Strm. K. (Kopfschuß)
Ob.Fähnr. (W) V. (Lungensteckschuß)
Mech.Mt. G. (Bauchschuß)
Mech.Gefr. G. (Kopfschuß)
Mtr. K. (Bauch- und Kopfschuß)
FkGefr. S. (Kopfschuß)

Schwerverwundete

R 33 Lt.z.S. W. (Brustschuß rechts oben, Splitterverletzung linkes Fußgelenk, Kopfstreifschuß, Splitterverletzung rechte Schulter)

Mtr.Gefr. S. (Ober- u. Unterschenkeldurchschuß rechts, Splitterverletzung rechter Rücken)

R 38 Oblt.z.S. A. (Schußfraktur rechter Oberarm, Splitterverletzung im rechten Unterarm, rechter Unterschenkel u. Rücken)
Lt.z.S. S. (Amputation rechter Fuß, Brustschuß links)
Masch.Gefr. B. Gerhard (Schußfraktur linker Oberschenkel)
MaschGefr. B. (Splitterverletzungen linke Schulter mit Beteiligung der Wirbelsäule, linker Unterarm und rechter Oberschenkel

R 165 Btsmt. K. (Oberarmdurchschuß rechts, Splitterverletzung rechter Oberschenkel)
Mtsmt. K. (Schußfraktur rechter Oberarm, Splitterverletzung rechter Oberarm und rechte Hüfte)
Mtr.Ob.Gefr. H. (Schlagaderverletzung rechter Arm, Splitterverletzung rechter Ober- u. Unterarm)
Mtr.Gefr. G. (Durch- u. Streifschuß linker Oberschenkel)
SanGefr. T. (Bauchschuß)

Leichtverwundete

R 33 Mtr.Gefr. W. (Splitterverletzung linker Ober- und Unterschenkel)
Mtr. II R. (Splitterverletzung rechter Unterschenkel

R 35 Mtr.Gefr. L. (Splitterverletzung linker Unter- und rechter Oberschenkel)
Mtr.Gefr. P. (Rechter Hacken- und rechter Oberschenkelsteckschuß)
Mtr.Gefr. G. (Steckschuß rechter Unterschenkel)
Mtr. W. (Splitterverletzung beide Oberschenkel)

R 38 Fähnrich z.S. G. (Oberarmsteckschuß)
Btsmt. P. (Durchschuß linker Oberschenkel)
SigMt. B. (Steckschuß rechte Schulter, rechter Oberarmsteckschuß)
Mtr.Gefr. H. (Steckschuß rechte Schulter, Streifschuß rechte Wade und Gesäß)
Mtr.Gefr. S. (Splitterverletzung linke Hüfte, linker Knöchel, rechtes Knie)
Mtr.Gefr. M. (Steckschuß linker Oberarm)
Mtr.Gefr. W. (Splitterverletzung linker Unterarm, linke Hüfte, linker Oberschenkel, linker Fuß)
Mtr. IV M. (Steckschuß linker Ellenbogen und linker Oberschenkel)
Verw.Gefr. W. (Splitterverletzung linker Unterschenkel)
Masch.Gefr. N. (Granatsplitterverletzung linkes Auge, rechte Schulter und rechte Brust)

R 165 Masch.Gefr. H. (Kopfstreifschuß u. Brustkorbprellung
Sig.Gefr. R. (Durchschuß linkes Handgelenk)
Matr.Gefr. B. (Durchschuß linker Oberschenkel und Steckschuß rechter Oberschenkel u. Splitterverletzung rechte Gesäßhälfte)
Mtr.Gefr. B. (Splitterverletzung rechtes Kniegelenk)
Mtr. F. (Steckschuß rechter Oberschenkel)
Mtr. N. (Steckschuß rechter Unterschenkel)[405]

Wenn diese Statistik auch nicht sehr umfangreich ist, so erlaubt sie doch, einige einfache Schlüsse zu ziehen:

1. Zum tödlichen Ausgang führten nur die Schußverletzungen. In sieben von 13 Fällen handelte es sich um Kopfschüsse, in einem weiteren um die Kombination mit einem Bauchschuß.
2. Die elf schweren Verwundungen waren viermal Folge von Schußverletzungen, zweimal Folge von Splitterverletzungen, fünfmal Folge der Kombination beider Verletzungsarten. Betroffen waren achtmal die Extremitäten, dreimal der Rumpf.
3. Bei den 22 leichten Verwundungen handelte es sich zwölfmal um reine Schußverletzungen, die nur die Extremitäten betrafen, neunmal um Splitterverletzungen, die achtmal die Extremitäten, einmal den Rumpf betrafen. Einmal war ein Oberschenkelschuß mit der Splitterverletzung des Gesäßes verbunden.
4. Dies entspricht den Erfahrungen früherer Seekriege, nach denen die Extremitäten auffallend seltener betroffen wurden als der Rumpf.

Wie Schneider in seiner Flottillengeschichte weiter berichtete, kam es nach Verlegung der Boote in das Schwarze Meer im Juli 1942 zunächst noch nicht zu schweren personellen Ausfällen. Er berichtete aber, wie trostlos »Plätze wie Otschakow, Ak-Metchet, Feodosia und Kertsch«[406] den Soldaten vorkamen, wo es auch mit der Bevölkerung nicht zu Kontakten kam. Eine erfreuliche Ausnahme waren einige ›Nuschis‹, russische Frauen, die beim Hafenarzt Feodosia eingesetzt waren. Der Hafenarzt Sewastopol, den der erkrankte Autor (Schneider) konsultierte, stellte eine infektiöse Gelbsucht fest, die »mangels Lazarett aber auch mangels einer Vertretung«[407] als Kommandant mit Schonkost an Bord behandelt wurde. Im Laufe weiterer 14 Tage erkrankten jedoch weitere Soldaten, die Einsatzfähigkeit der Flottille schien ernsthaft beeinträchtigt. In Odessa, wo sich ein Luftwaffenlazarett befand, blieb Schneider dann einige Tage zur Nachbehandlung und Rekonvaleszenz. In der Nacht vom 17. zum 18. April 1943 führte ein Gefecht mit russischen S-Booten zur Verwundung seines Schiffskochs auf R 35. »Da er ärztliche Behandlung nötig hat, setzt sich unser Führerboot über Sprechfunk mit den eigenen S-Booten in Verbindung, die einen Arzt dabei haben … Der Arzt kommt mit dem Schlauchboot an Bord und verbindet unseren Koch, der am nächsten Morgen von Anapa mit einer Ju 52 sofort in ein Heimatlazarett geflogen wird,

Zahnärztliche Behandlung am Oberdeck eines Bootes. Sammlung Hartmann

aber erstaunlich schnell wieder an Bord erscheint und für unser leibliches Wohl sorgen kann.«[408]
Eine erhebliche Herausforderung war für die deutschen Boote im Schwarzen Meer die Unterstützung des Heeres während der Rückzugsbewegungen, bei der Räumung des Kuban-Brückenkopfes und schließlich auch der Halbinsel Krim.
Zu dieser Zeit erlebte die 3. R.-Flottille in Feodosia liegend den 2. Oktober 1943 als schwarzen Tag: Bereits ein erster Angriff von Boston-Bombenflugzeugen traf die Boote schwer: 16 Tote und 24 Verwundete waren zu beklagen, weitere Angriffe waren gemeldet. Schneider befahl seinem Nebenboot, sofort abzulegen und auf Reede zu gehen, aber das »nicht an den Waffen benötigte Personal und seinen Sanitäter zur Bergung der Verwundeten auf die Pier zu schicken«.[409] Der Sanitäter des eigenen Bootes, getroffen durch einen Bauchdurchschuß mit sichtbarem Ein- und Austritt lag am Maschinenoberlicht und rief seinem Kommandanten zu: »Herr Oberleutnant, ich habe einen Splitter durch den Bauch, aber es geht. Lassen Sie die Verwundeten herbringen, ich versorge sie«, und auf die Frage des Kommandanten, was denn aus ihm selber werden solle, erwiderte der Verwundete:« Geben Sie mir hinterher eine Spritze und lassen mich dann ins Lazarett bringen.«[410] Bald brachte ihn ein Sanitätsfahrzeug in das Lazarett Feodosia. Aufgrund glücklicher Umstände war der Darm an keiner Stelle verletzt, so daß er überlebte, schon nach kurzer Zeit wieder einsetzbar war und von seinem Kommandanten für das Eiserne Kreuz I. Klasse vorgeschlagen wurde.
Am 8. November 1943 nahmen R-Boote Überlebende des Dampfers SANTA FÉ auf, der im Geleit auf dem Wege nach Sewastopol nach Minen- oder Torpedotreffer sank. »Dabei fischen wir mit R 197 anfangs ausgerechnet nur Verwundete, die scheußliche Verbrennungen haben, sich aber ungemein tapfer verhalten, nicht einmal um Hilfe rufen. Als wir an einen heranmanövrieren, ruft er uns zu, 50 Meter weiter sei einer, der schwerverletzt sei und zuerst geborgen werden müsse. Das Anbordnehmen ist außerst beschwerlich, da die Soldaten zum Teil von den Detonationen her Bein- und andere Brüche haben, so daß unsere ›Lords‹ sie kaum anpacken und zugreifen können. Sie helfen sich, indem auf der unteren Scheuerleiste stehende Seeleute unsere Leiter unter die Schwimmer dirigieren. Diese wird dann von Deck aus angehievt und wie eine Krankentrage über die Reling gehoben. Auch Schlauchboote werden dazu ausgesetzt, so daß das Achterdeck schnell wie ein Feldlazarett aussieht. Da die Verwundeten auch nicht alle durch unsere steilen Niedergänge unter Deck ins Warme transportiert werden können, werden alle verfügbaren Decken und Matratzen an Deck geholt. Und vom Koch gibt es heiße Getränke und etwas zu essen.«[411] Das Boot lief anschließend Konstanza an, wo die Schiffbrüchigen sicher ihre Versorgung fanden.
Hohe Verluste traten bei der Evakuierung der deutschen Truppen aus Sewastopol über See ein. Mehrere Tausend Soldaten befanden sich auf Transportern, nach deren Untergang zahlreiche aus dem Wasser geborgen werden mußten.

Dienstsitz des Hafenarztes und Krankenrevier in einem der Stützpunkte. Sammlung Hartmann

8. Mai 1944: »Wegen restloser Überfüllung der Boote müssen diese Rettungsarbeiten aber gegen 17.00 Uhr abgebrochen werden ... Allein R 164 hatte 231 Mann an Bord! Insgesamt können von R-Booten 400 Überlebende aufgenommen werden. Berücksichtigt werden muß dabei, daß die Boote auch beschädigt waren...!«[412]

Nach dem Rückzug der Deutschen Wehrmacht aus Südrußland und dem Verlust der Krim im Mai 1944 führte im Sommer des Jahres Flottenarzt Dr. Paul als Leitender Sanitätsoffizier beim Admiral Schwarzes Meer den Sanitätsdienst in diesem Bereich. Sein Stabsquartier lag in Carmen-Sylva in Rumänien. Gemäß seinem K.T.B. unterstanden ihm im Sommer 1944 folgende Sanitätsoffiziere:[413]

- 3. Lande-(L)-Flottille mit Marineoberassistenzarzt Dr. Kümmel in Varna,
- 31. Geleit-(G)-Flottille mit Marineoberassistenzarzt d.R. Dr. Benesch in Varna,
- 1. U.-Jagdflottille mit Marineoberassistenzarzt d.R. Dr. Budde bis zum 12. Juli 1944, dann mit Dr. Kümmel m.d.W.d.G.b.,
- 3. U-Jagdflottille mit Marineoberassistenzarzt d.R. Faust als 1. Flottillenarzt und Marineoberassistenzarzt Dr. Oehlschlägel als 2. Flottillenarzt in Sulina,
- 7. L-Flottille nebendienstlich mit Marinestabsarzt d.R. Dr. Lenz.
- Donauflottille Mai bis Oktober 1944 mit Marinestabsarzt d.R. Dr. Graf von Ingelheim. Sein Vorgänger war Marineoberstabsarzt d.R. Dr. Niedermayr. Die Donauflottille wurde zum 1. Januar 1945 ärztlich-fachlich dem L.S.O. beim Flottenkommando unterstellt.

Über das weitere Schicksal dieser Sanitätsoffiziere nach der fast völligen Vernichtung der deutschen Truppen in Rumänien im August 1944 ist nichts bekannt geworden.

Eine wichtige Quelle für ärztliches Wirken an Bord von Räumbooten stellt das erhaltene Kriegstagebuch von Marineoberassistenzarzt Dr. Jürgen Führ, Flottillenarzt der 2. R.-Flottille, dar. Es enthält die sanitätsdienstlich entscheidenden Ereignisse im Zeitraum 1. März 1942 bis 23. April 1943 im Einsatzraum ›Englischer Kanal‹[414] und ist darüberhinaus eine Fundgrube im Hinblick auf den Einsatz, die Erfahrungen, die persönliche Belastung und Bewährung eines jungen Marinearztes im Bootsverband. Das K.T.B. wird ergänzt von einem ›Erlebnisbericht ... über die Ereignisse am 8. Oktober 1942 bei der 2. R-Flottille‹.[415] Zusätzlich äußerte sich der Autor später in einer persönlichen Mitteilung an die Autoren.[416]
Wie Führ berichtete, legte der Flottillenchef großen Wert darauf, daß der Arzt bei den Einsätzen immer zugegen war. »So mußte ich zeitweilig, wenn die eine Hälfte der Flottille zu einem nächtlichen Unternehmen mit dem Einsatzhafen Dünkirchen und die andere Hälfte in der darauffolgenden Nacht von Boulogne aus in See war, am Tage mit der Küstenbahn zu dem jeweiligen Einsatzort fahren.«[417]
Führ hatte auf jedem Boot einen größeren Sanitätskasten mit reichlich Verbandmaterial, Spritzen und den wichtigsten Medikamenten zur Schmerzbetäubung deponiert, so daß er ohne großen Ballast Übersteigen konnte. Ganz besonders bewährt haben sich die von ihm geschulten Soldaten (überwiegend Maschinenpersonal) bei der Versorgung Verwundeter. In der Flottille gab es nur einen Sanitätsmaat und zwei Gasten, die sich im Lager Dünkirchen um die Personalreserve von etwa 500 Mann kümmerten.
Führ traf am 15. Januar 1941 in Cuxhaven bei der Flottille ein, wo er Marinestabsarzt Dr. Karl Kozmiensky ablöste, der schon am Vortage zu seinem neuen Kommando hatte abreisen müssen, so daß eine Einweisung und Übergabe nicht erfolgte. Ab 18. Januar verlegte die Flottille über Den Helder und Rotterdam nach Dünkirchen, wo sie am 23. Januar 1942 eintraf. Dort war ein kleines vierzimmriges Haus in unmittelbarer Nähe des Kais und eines Luftschutzbunkers als Krankenrevier vorgesehen. Bis zum Abschluß durchzuführender Bauarbeiten führte der Flottillenarzt seine Sprechstunde im Revier der 2. Kompanie der Hafenabteilung durch, deren 500 Soldaten er zugleich betreute, wenn er selbst in Dünkirchen anwesend war. Diese Mehrarbeit bot Gelegenheit, das eigene Sanitätspersonal, das »überhaupt keine Lazarettausbildung genossen«[418] hatte, praktisch fortzubilden. Gleichzeitig erhielten je zwei Mann der Bootsbesatzungen zweimal wöchentlich in zwei Stunden eine Ausbildung in Erster Hilfe bei Anfall von Verwundungen.
Anfang Februar 1942 befanden sich die Boote in See, liefen auch Dieppe, Le Havre und, am 4. Februar, Boulogne an. »Im Hafengelände befindet sich ein gut eingerichteter Sanitätsbunker, der nach Rücksprache mit dem Hafenarzt nur in Ausnahmefällen benutzt werden darf, da der Hafenkommandant der Ansicht ist, daß

In einer Reihe von Marinestützpunkten waren auch für den Sanitätsdienst Schutzbauten errichtet worden.
Sammlung Hartmann

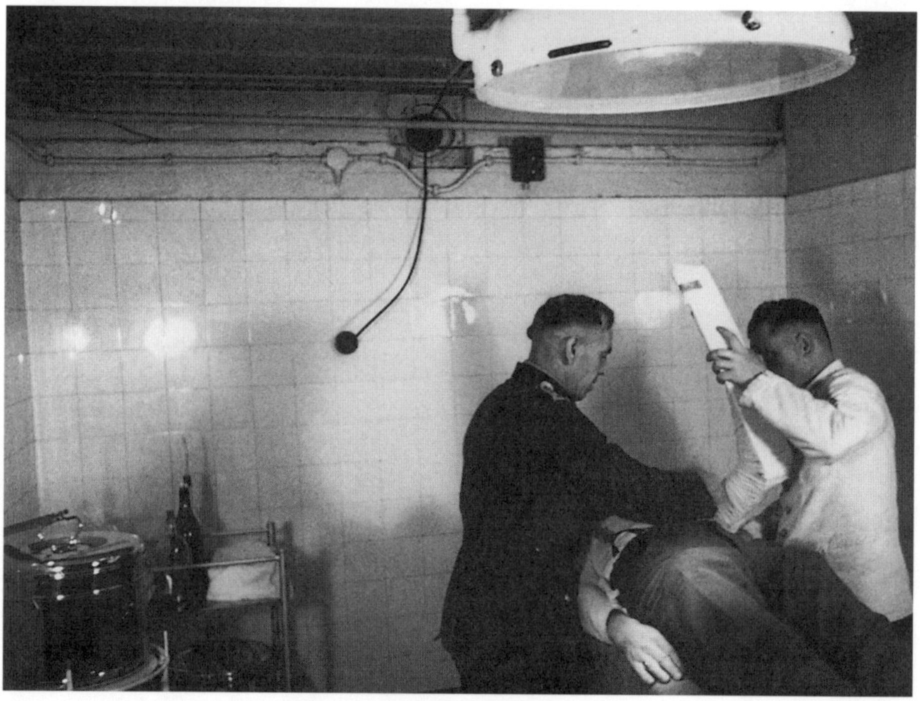
Ärztliche Versorgung eines Verwundeten in einem Sanitätsbunker. Sammlung Hartmann

›sein‹ Bunker leidet, wenn dort täglich Soldaten untersucht oder behandelt werden.«[419] Im Gegensatz dazu stellte Führ (am 7. Februar) in Dieppe fest, daß dort das Krankenrevier des Hafenarztes jederzeit zur Verfügung stand. Wie auch in anderen Mitteilungen, verwies Führ auf Davits am Kai, mit deren Hilfe Transportkästen, für die Aufnahme von Krankentragen eingerichtet, den Transport von Verwundeten über einen Höhenunterschied von acht Meter erschütterungsfrei ermöglichten.
Am 12. Februar 1942 erreichte die Flottille Hoek van Holland, »nachdem für den Durchbruch der Schlachtschiffe durch den Kanal mit Gerät gefahren war. Ärztlich keine Vorkommnisse.«[420] In der folgenden Nacht lief ein Torpedoboot mit Verwundeten ein, das über die Signalstelle einen Arzt angefordert hatte. Dieser Ruf erreichte ihn trotz Präsenz jedoch nicht. »Die Signalstelle und die Hafenkommandantur wußten nicht, daß R.-Boote Flottillenärzte besitzen.«[421]
Am 14. Februar ergänzte Führ von Rotterdam aus sein Sanitätsmaterial im Sanitätspark Utrecht, wo ihm viel Verständnis für seinen Bedarf entgegengebracht wurde. Aber »mit Rücksicht auf Rohstoffersparnis werden auch hier Verbandmittel aus Papier aufgenommen.«[422] Am 23. und 24. Februar führte er eine Gesundheitsbesichtigung der 331 Unteroffiziere und Mannschaften seiner Flottille durch. Es ergaben sich zahlenmäßig folgende krankhaften Befunde: 70 Mann Zahnfleischbluten, 34 Mann Zahnfleischentzündungen, fünf Mann Zahnfleischgeschwüre, 69 Mann Zahnfäule (»bis zu neun Zähne bei einem Mann«[423]).
In der Nacht vom 2. zum 3. März übernahm die 2. R-Flottille gemeinsam mit Vorpostenbooten das Geleit für einen Erzdampfer. Dieser wurde versenkt, die Schiffbrüchigen von VP-Booten geborgen. Die vordere Gruppe der R-Boote geriet ins Gefecht mit britischen Fahrzeugen; R 83 versenkte einen englischen U-Jäger. Die achtere Gruppe, bei der sich an Bord von R 79 auch Dr. Führ befand, schoß einen der angreifenden Bomber ab. Nach dem Einlaufen nach Boulogne begab er sich sofort an Bord eines Vp-Bootes, das mehrere Schiffbrüchige aufgenommen hat. ›Ertrunkenen‹ hätte nach seiner Auffassung rechtzeitige arztliche Hilfe das Leben retten können; wegen anhaltender Gefechte hatte das Boot aber eine entsprechende Forderung nicht abgeben können. Stundenlange Wiederbelebungsversuche blieben nun ohne Erfolg.
Anläßlich einer Reihenuntersuchung am 30. März fand Führ bei vielen Soldaten, die in diesem Monat immerhin 18 Seetage verzeichneten, »Zeichen der erhöhten Nervenbeanspruchung. ... Neben der Schädigung durch das Rauchen wirken sich bestimmt auch die häufigen Nachteinsätze, dauernde Bereitschaft und Schlafstörungen durch Fliegeralarme ungünstig auf die Gesundheit der Kommandanten und Männer aus.«[424] Als Konsequenz ergaben sich Belehrungen der Besatzungen, das Rauchen möglichst einschränken. Zugleich wurde dem Flottillenchef diese Beobachtung mitgeteilt und beschlossen, daß die einzelnen Besatzungen während der Werftliegezeit gemeinsam für zwei Wochen einen Erholungsort aufsuchen und danach Heimaturlaub erhalten sollten.

Ende April 1942 stand der Flottille zeitweilig das Begleitschiff VON DER GROEBEN zur Verfügung, in dessen Krankenrevier das Sanitätsmaterial der Flottille untergebracht wurde. Das Schiff verließ die Flottille allerdings bereits am 4. Mai 1942.
Infolge der heftigen Luftangriffe stand in Dünkirchen ein Bunkerbau für die 2. R.-Flottille an, in dem auf Vorschlag des Flottillenarztes drei Räume als Krankenrevier zur Erstversorgung von Verwundeten reserviert werden sollten.
Bei einem Luftangriff auf Boulogne am 17. Mai 1942 lag ein Teil der 2. R-Flottille im Schnellbootbunker, darunter auch das Arztboot R 80, andere R- Boote der Flottille lagen neben dem durch Bombentreffer versenkten Begleitschiff der 4. R- Flottille, RAULE. Besatzungsangehörige der 2. R-Flottille leisteten Erste Hilfe, die erste ärztliche Versorgung nahm der Hafenarzt bei einem Schwerverletzten vor, ehe Führ vom Bunker aus die Unfallstelle erreichen konnte. Es gelang ihm dann aber an Bord eines Vp-Bootes, einen Schwerverletzten mit Bauchschuß zu versorgen. Wenige Minuten später konnte dieser vom Hafenarzt mit dem Sanka in das Marinelazarett Hardinghen gebracht werden.
Am 20. Mai 1942 erhielt die 2. R.-Flottille als neuen Liegeplatz im Ausgangshafen Dünkirchen den Kai 10 am Silo. Im Silo, als Luftschutzraum gut geeignet, befand sich der Notverbandplatz des Hafenarztes. Führ zog mit seinem Sanitätsmaterial, das bisher im Bunker 10 untergebracht war, in diesen Silo ein. Neben ihm befand sich ein Sanitätsbunker kurz vor der Fertigstellung, »in dem der Flottillenarzt später bei Anwesenheit der Flottille in Dünkirchen die Arztwache übernehmen wird.«[425]
Für den Monat Mai vermerkte Führ in seinem ärztlichen K.T.B. immerhin 22 Seetage und neun Hafentage. In dieser Zeit wurden die folgenden Häfen angelaufen: Caen, Ouistreham, Dieppe, Boulogne, Dünkirchen, Ostende, Zeebrügge und Le Havre.
Am 14. Juni lief die Flottille gemeinsam mit Vorpostenbooten aus, um dem Tanker MEMELLAND, der sich im Schlepp befand, Geleit zu bieten. Gegen 14 Uhr verzeichnete Führ ein Gefecht mit britischen Schnell- und Kanonenbooten. Ein Schlepper, dessen Besatzung zum größten Teil von R 82 aufgefischt werden konnte, sank sofort nach der Torpedierung. Treffer erhielten die Boote R 77 und R 82. »Auf beiden Booten werden je fünf Besatzungsmitglieder leicht verletzt. Der Flottillenarzt steigt in See gleich nach dem Gefecht zuerst auf R 77 und dann auf R 82 über. ... bei zwei Augenverletzten werden sofort verhältnismäßig große Glassplitter aus der Hornhaut entfernt. Es zeigt sich entgegen den Ansichten anderer Flottillenärzte, daß ein Übersteigen in See von einem Boot zum anderen durchaus möglich ist. Das gilt wohl besonders für gut eingefahrene Flottillen und besonders solche mit V.S.-Antrieb. Besonders die moralische Wirkung, die ein sofortiges ärztliches Eingreifen zur Folge hat, erscheint unverkennbar gut zu sein. Männer mit größeren blutenden Weichteilwunden glauben, schwerverletzt zu sein und beunruhigen ihre Umgebung. Der Arzt beruhigt mit seinem Urteil die Gemüter und erspart den Kommandanten, die bei derartigen Gelegenheiten die Brücke nicht verlassen dürfen, zusätzliche Sorgen.«[426]

Der zunehmenden Bedrohung seiner Besatzungsangehörigen durch Geschlechtskrankheiten begegnete Führ durch bootsweisen Unterricht. Ab 15. Juli 1942 führte er solche Belehrungen vor einem relativ kleinen Kreis von Zuhören durch und versprach sich dadurch eine größere Wirkung auf den Einzelnen, »zumal er so Gelegenheit hat, einige anschauliche Bilder von den Erscheinungsformen der Geschlechtskrankheiten zu zeigen. Der Flottillenarzt erstrebt mit dem Unterricht die Stärkung des Verantwortungsbewußtseins des Einzelnen im Sinne einer Verantwortung gegenüber der Gemeinschaft. Der Flottillenarzt erläutert neben dem Aussehen der Geschlechtskrankheiten, ihrer Behandlung und Verhütung die bevölkerungspolitischen Folgen der während des Krieges zunehmenden Fälle von Geschlechtskrankheiten.«[427]

Ab 16. Juli lagen die Boote in Dünkirchen in dem im Bau befindlichen R-Boots-Bunker, der »teilweise schon mit einer drei Meter dicken Eisenbetondecke überdacht ist.«[428] Die Unterrichtung über Geschlechtskrankheiten, an der auch die Kommandanten teilnahmen, wurde hier bis zum 25. Juli durchgeführt. Es folgte eine Gesundheitsbesichtigung, für die sich die Boote jeweils vor den Bunker legen, »damit der Flottillenarzt sich die Männer bei Tageslicht betrachten kann.«[429] Bei der Reihenuntersuchung zeigte sich, daß sich »die Körperpflege gegenüber der letzten Besichtigung wesentlich verbessert hat. Es fallen nur wenige Soldaten mit Zahnschäden auf«.[430] Der Flottillenarzt führte dieses erfreuliche Ergebnis auf seine Weisung zurück, den Zahnarzt schon bei kleineren Schäden aufzusuchen.

Am 12. August notierte Führ die Bestrafung zweier SanGasten, nachdem »Versager auf mangelhafte soldatische Einstellung schließen«[431] ließen. Wie er bemerkte, hätten beide »wenig Neigung für ihre Laufbahn gezeigt, obwohl sie sich freiwillig für die Sanitätslaufbahn entschlossen haben.«[432] Ursächliche Faktoren sah Führ in dem Umstand, daß die SanGasten wegen seiner häufigen Seefahrten tagelang ohne Fachaufsicht bleiben mußten, der Kommandant nicht beurteilen konnte, inwieweit sie durch ihren Fachdienst beansprucht waren, und auch in der Tatsache, daß dem Flottillenarzt disziplinare Befugnisse fehlten. Die betroffenen Soldaten hielten »in ihrer Torheit die Ermahnungen für Strafersatz.«[433] Ein Antrag auf Abkommandierung der Soldaten wurde mit der Begründung abgewiesen, »daß schlechte Soldaten bei dem Kommando zu erziehen sein, wo sie Versagen gezeigt haben.«[434] Führ erzielte mit den Kommandanten eine Vereinbarung, daß die SanGasten bei Abwesenheit des Arztes und ohne Anfall von Verwundeten im seemännischen Dienst einzusetzen waren. und daß »dienstliche Anlandgänge aus sanitätsdienstlichen Gründen lediglich in der Freizeit zu gestatten sind«.[435]

Am 19. August liefen gegen Mittag verschiedene Boote, die Gefechtsberührung mit dem britischen Landungskorps von Dieppe hatten, mit Verwundeten ein. Dr. Führ untersuchte die Verwundeten des Bootes 10 der 40. MS-Flottille. Zwei Tote und 14 Verwundete befanden sich an Bord. Letztere waren von dem mitfahrenden Sanitätsfähnrich Gombert erstversorgt worden. Der Abtransport erfolgte mit einem

Sanka des Hafenarztes, »nachdem die Verwundeten unter Mitwirkung des Flottillen-Sanitätspersonals mit dem ... aus dem Schnellbootsbunker herbeigeschafften Verwundetentransportkasten vermittels eines Krans vom Boot auf die Pier gehoben waren. Das Boot hatte im falschen Hafenbecken festgemacht. Eine Pier in Boulogne ist für den Verwundetentransport vorgesehen und entsprechend eingerichtet.«[436]
In der Nacht zum 8. Oktober stellte die 2. R-Flottille von Vlissingen aus die vordere Sicherung des Geleits für einen »wertvollen Sperrbrecher«. Es handelte sich um SCHIFF 45, den Hilfskreuzer KOMET, der in den Atlantik durchbrechen sollte. Bei diesem Einsatz sanken vier Boote der Flottille nach mehreren Minentreffern: »Als erstes Boot wurde R 82, das Arztboot, betroffen. Der Arzt stieg mit der Sanitätsgefechtsausrüstung von dem sinkenden R 82 auf R 77 über, das zusammen mit R 78 R 82 abzuschleppen versuchte. Nach weiteren Minentreffern wurde die Leinenverbindung gelöst, und es sanken R 82 und R 78 bald danach, während R 77 die Küste erreichte. Außerdem sank R 86 sofort nach Minentreffer und nahm vier Besatzungsmitglieder mit in die Tiefe. Der Flottillenarzt leistete bei den an Bord R 77 befindlichen Verwundeten, zu denen auch die seemännische Nr. I mit schwerer Wirbelsäulenstauchung gehörte, Erste Hilfe. Der Sanitätsobergefreite wurde nach dem Übersteigen von R 82 auf R 77 und anschließend auf R 78 verwundet. Den Hauptanteil an der allerersten Versorgung besonders der vier Schwerverwundeten trugen die Hilfskrankenträger der Boote R 83 und R 88, der Masch.Gefr. Schriever und der Mtr.Gefr. Zimmermann. Bei der Rettung der Schiffbrüchigen hat sich die ausgezeichnete Zusammenarbeit und Einsatzbereitschaft der Kommandanten der 2. R.-Flottille bewährt, so daß bis auf die vier Toten von R 86, dem Boot, das sofort auseinanderbrach und versank, alle Schiffbrüchigen geborgen werden konnten. Bei den Toten handelt es sich um drei Mann Maschinenpersonal und einen Funker, die sich als Maschinen- bzw. Ft.Wachen unter Deck aufhalten mußten. Die stationäre Behandlung der Bettlägerigen, so auch des San.Ob.Gefr. A., übernahm der Hafenarzt von Dünkirchen. Die vier Schwerverwundeten fanden im Marinelazarett Idesbald Aufnahme, und die leichten Fälle behandelt der Flottillenarzt im Lager der 2. R.-Flottille. Insgesamt wurden 52 Mann verwundet. Die meisten Verwundeten wiesen Prellungen und Stauchungen der Gliedmaßen und der Wirbelsäule auf. Die Schwerverwundeten hatten Knochenbrüche und Quetschwunden davongetragen. Die an Bord des Arztbootes befindliche San.-Ausrüstung der Flottille ging verloren. Die Sanitätsgefechtsausrüstung (Sanitätsoffiziertasche und Gefechtsverbandkästen) flogen bei den Minentreffern, die R 77 beschädigten, von Bord.«[437]
Über dieses folgenreiche Gefecht fertigte Dr. Führ für sein Kriegstagebuch einen gesonderten Bericht an. Er beschrieb darin ausführlich seine Erlebnisse: »... Bis Dünkirchen verläuft das Unternehmen planmäßig ohne jeden Zwischenfall ... Der Flottillenarzt setzt sich in die Kommandantenkammer, denn er weiß, daß erfahrungsgemäß erst wieder zwischen Calais und Kap Griz Nez mit Gefechtsberührung zu rechnen ist. Er denkt immer wieder über die Möglichkeiten nach, die ihm für

ärztliche Hilfeleistung an Bord zur Verfügung stehen. Nach so manchem Gefecht ist er dank der guten Manövrierfähigkeit der Boote durch den Voith-Schneider-Antrieb von einem zum anderen Boot zur Verwundetenversorgung übergestiegen. Notoperationen und Verbände können ausgeführt werden ebenso wie Blutersatz und Blutübertragung. Auf jeden Fall kann man das Leben bis zur endgültigen Behandlung im Lazarett erhalten ... Plötzlich ein Krachen. – Das ganze Boot wird wie von unsichtbarer Hand durcheinandergeschüttelt. Der Flottillenarzt fliegt aus seinem Sitz, ihm entgegen ein harter Gegenstand, der Kommandentenlautsprecher. Blitzschnell gelangt er an Oberdeck. Er weiß gar nicht, wie er hinaufkam und ruft: ›Was ist los?‹ Ein Seemann antwortet ihm: ›Entweder Artillerietreffer oder Minentreffer‹. Die Stimme des Kommandanten schreit durch das Sprachrohr: ›Schlauchboote klarmachen‹. Das Boot zieht wirre Kreise. – Der Rudergänger meldet: ›Steigungshebel und Steuergestänge klemmen‹. Die Besatzung bläst die Schwimmwesten auf, – die des Flottillenarztes jedoch ist zerfetzt. Aus dem Vorschiff wird so viel Material geborgen, wie möglich: Abwechselnd reichen Arzt, L.M. und Funker Apparate, Uniformen und andere Gegenstände an Oberdeck ... Inzwischen sind R 77, das Führerboot, und R 78 herbeigeeilt. Die Motoren von R 82 schweigen schon lange. Das Boot wird unterfangen. Der Flottillenarzt steigt mit seinem ärztlichen Material auf R 77 über. Dort meldet ihm ein Sanitätsgast, daß ein Besatzungsmitglied des Bootes R 82 eine Rückenprellung davongetragen habe. Der Flottillenarzt begibt sich mit dem Verwundeten ins Achterdeck. Er beginnt mit der Untersuchung. – Neuerliche heftige Detonationen zwingen, das Achterdeck zu verlassen. Der Flottillenarzt braucht dem Verwundeten kaum behilflich zu sein. Alle Mann sind heraus. Der Flottillenarzt folgt blitzschnell nach.«[438]

Inzwischen war allen Beteiligten klar geworden, daß es sich um britische Minentreffer handeln mußte. »Es ist vielleicht eine Minute vergangen, da werden wir auch schon von drei kurz aufeinander folgenden Detonationen emporgeschleudert. Menschen, Munitions- und Menagekisten fliegen durcheinander. Vieles geht über Bord. So auch die Sanitätsausrüstung. Der Flottillensteuermann und einige andere Soldaten werden aufs Nebenboot geschleudert. – Wie gut sind doch die Boote gebaut, sie schwimmen immer noch. – Ätzender Rauch benimmt uns den Atem. Die Nebelapparate haben sich selbständig gemacht und vernebeln das Boot ...«[439]

Durch die Minentreffer war die Leinenverbindung von R 78 mit R 82 gebrochen. R 78 übernahm die Besatzung des jetzt ziemlich rasch sinkenden R 82. R 77 versuchte, mit R 82 den Strand zu erreichen. »Durch die Minentreffer ist auf R 77 die Backbordmaschine ausgefallen. Der Leitende Maschinist und ein Maschinenmaat dringen in den schon zu zwei Dritteln unter Wasser stehenden Maschinenraum ein und stellen die Steuerbordmaschine auf höchste Tourenzahl ein. Das Rattern und Stampfen unserer Steuerbordmaschine wird immer wieder von neuen Minendetonationen unterbrochen. Wir möchten fast meinen, die ganze Flottille fiele der britischen Sperre zum Opfer. Jedoch haben wir nicht lange Zeit zum Überlegen;

denn plötzlich ertönt das Kommando des Ä.K. (Ältesten Kommandanten, d. Verf.) und Kommandanten R 77 ›Leine kappen!‹ R 82 zieht unser schwer beschädigtes Boot schon bedenklich nach Steuerbord. Jedoch das Kappen ist unmöglich. Den Männern sind bei den Minentreffern die Kappbeile aus der Hand geflogen. Man macht sich daran, die Leinen loszuwerfen, auf denen schon ein ungeheurer Zug lastet. Die Verbindung mittschiffs läßt sich am besten von dem sinkenden R 82 aus lösen. – Es geht um Sekunden. – Der Flottillenarzt schwingt sich auf sein altes Arztboot. Er befreit Part um Part. Der Schweiß steht ihm auf der Stirn. Entweder gelingt es, die vielfache Verbindung zu beseitigen, die dazu bestimmt war, ein beinahe abgesoffenes Boot bis nach Dünkirchen einzuschleppen, oder R 77 wird vorzeitig, ehe der Strand erreicht ist, mit in die Tiefe gerissen. Dann ist das Schicksal besonders der Verwundeten ungewiß; denn weit und breit ist kein Boot in der Finsternis zu sehen .... R 82 sinkt immer rascher. Achtern wird das Oberdeck schon von der See überspült. Der Flottillenarzt wirft die letzte Part los, kann eben noch eine Relingstütze erreichen, da helfen ihm die Männer, die inzwischen die anderen Leinen losgeworfen haben, das Oberdeck von R 77 zu besteigen. Erleichtert meldet sich der Flottillenarzt beim Kommandanten an Bord. Ein Ereignis hatte das andere gejagt. Jetzt können wir uns um die anderen Boote kümmern. – Einige Leichtverletzte melden sich beim Flottillenarzt und werden verbunden. Die seemännische Nr. I liegt mit einer schweren Rückenprellung und Stauchung der Wirbelsäule im Kartenhaus. Eine genaue Untersuchung ist bei der Kälte und den äußeren Umständen unmöglich. Die Beine sind gelähmt. Ein Wirbelbruch ist nicht ausgeschlossen. Alle ärztlichen Vorsichtsmaßnahmen werden für diesen Fall angeordnet ... Der Wind steht günstig, er treibt unser Boot der Küste zu. Bei halber Tide setzt das Boot um 3.10 Uhr auf Strand ... Zwei Bootsscheinwerfer leuchten auf. Da erhalten wir auch schon durch U.K. die Meldung, daß die Boote R 79 und R 83 das Wasser nach den Schiffbrüchigen von R 86 absuchen. Wir bewundern die Kameraden, die uneingedenk der eigenen Gefahr dort, wo eben noch die Hölle los war, planmäßig auf- und ab patrouillieren, um jeden Mann zu fischen. Das Wasser fällt. Bald ist es möglich, in den Bootskörper vorzudringen. Das Gefühl der Geborgenheit und die Erschöpfung lähmen so manchen, der kurz vorher noch eifrig zugepackt hatte. Aber auch die Müden sind rasch aufgemuntert, und das Bootsinnere wird von regem Leben erfüllt. Jedes Besatzungsmitglied, Offizier, Unteroffizier und Mann, hilft mit, alle erreichbaren Gegenstände, Bootsgerät, Uniformen, Wäsche, Konserven, Gasmasken und Munition an Oberdeck zu stauen. Jeder packt seinen Seesack ... Bei Niedrigwasser herrscht noch völlige Dunkelheit. Anlandgehen ist verboten, denn wir wissen nicht, wo die Küste vermint ist ... Es werden einige Konserven geöffnet. Jeder verdrückt einen tüchtigen Schlag, und die Stimmung, die zuletzt ohne Beschäftigung zu sinken drohte, wird wieder ausgezeichnet. Ein Matrose entdeckt einen Kasten mit unversehrtem Flaschenbier, das freudig geköpft wird ... Jeder weiß, die Flottille hatte in der vergangenen Nacht große Verluste, aber das wertvolle Geleitobjekt

ist unversehrt in Dünkirchen eingelaufen, ebenso wie acht unserer Boote. Man tröstet sich damit, die Flottille hat bisher nur Glück gehabt, einmal mußte der schwarze Tag kommen.«[440]
Gegen morgen mißlang der Versuch, das Boot mittels eines Raupenschleppers der Luftwaffe näher an den Strand zu ziehen. Schlepper zum Freischleppen waren in Dünkirchen nicht zu bekommen. So erhielt die Besatzung Befehl, das Boot über die Leinenverbindung zum Raupenschlepper zu verlassen.
»Der Flottillenarzt überwacht von Bord aus das Aussteigen der Besatzung und befiehlt, der L.M. solle mit ihm zusammen bei dem Verwundeten bleiben. Als letzter steigt ein Signalgast aus, auf halbem Wege kehrt er um, hangelt bis in Rufweite an der Leine hoch und schreit: ›Es wird der Versuch gemacht, den Verwundeten im Schlauchboot abzuholen‹. Der Signalgast hatte schwimmend den Winkspruch gelesen. Das Wasser steigt bedenklich. Der Verwundete wird vom Kartenhaus auf den Podest des vorderen 2-cm-MGs verlegt. Rettungsbojen werden miteinander verbunden, um den Verwundeten notfalls in einem System von Rettungsringen aufgehängt möglichst schonend an Land befördern zu können. Schon überspült die Brandung achtern das Boot. Flottillenarzt und L.M. arbeiten fieberhaft, um möglichst viel Material auf das gepanzerte Brückendach, den höchsten Platz des Bootes zu stauen. Seesack auf Seesack wird hochgewuchtet und gezurrt. Doppelgläser und anderes wertvolles Material, womit ein Führerboot besonders reich ausgestattet ist, werden im Innern des Kartenhauses befestigt. Jetzt steht die Brandung schon auf der Brücke. Aber immer noch arbeiten die beiden unentwegt. Sie stehen zeitweilig bis über die Knie im Wasser.
Der Flottillenarzt sieht einen Augenblick auf und erkennt, wie etwa eine Seemeile westlich ein Schlauchboot startet. Die beiden Matrosengefreiten, die Besatzung des Schlauchbootes, haben Glück und erreichen unser Boot. Wie eine Nußschale werfen die Brecher das Boot hin und her. Es gelingt, den Verwundeten im Schlauchboot unterzubringen. Flottillenarzt und L.M. steigen ebenfalls ein. Mit vereinten Kräften kommt das Schlauchboot frei. Einige Male droht die Brandung das Schlauchboot umzuwerfen. Aber endlich glückt das Unternehmen. Kameraden ziehen das Schlauchboot an Land. – Den Verwundeten nimmt ein Sanka des Hafenarztes auf. Während wir in unseren durchnäßten Kleidern der Landstraße zustreben, drängen sich uns Vergleiche zwischen den bei Dieppe gescheiterten Engländern und uns auf. Wir brauchen aber den Kopf nicht hängen zu lassen; denn unser Weg führt zu neuen Aufgaben.«[441]
Das Ärztliche K.T.B. wurde am 12. Oktober 1942 routinemäßig fortgeführt, zwei Tage später wurde Dr. Führ das Eiserne Kreuz I. Klasse verliehen.
Am 25. November notierte Führ, inzwischen wieder in Dünkirchen: »Von heute ab wird in der Sanitätsbaracke Revierstunde abgehalten. Die Sanitätsbaracke besteht aus einem Behandlungszimmer, einem Bestrahlungsraum, einem Arztzimmer, sechs (?) großen Krankenstuben für je acht Einzelbetten, einem Waschraum, einer Schreib-

stube und zwei W.C. Als Warteraum ist der Eingangsflur vorgesehen. – Für den Räumbootsbunker ist auf Vorschlag des Flottillenarztes im Einverständnis mit dem Hafenarzt von Dünkirchen und dem Hafenbauamt Dünkirchen eine gasdichte Anlage vorgesehen, die 70 Meter lang und elf Meter breit sein wird. Von dem Gesamtraum stehen dem Flottillenarzt ein Operationsraum, ein Vorbereitungsraum, ein Schwerkrankenraum und ein großer Krankenraum und ein Sanitätslagerraum ständig zur Verfügung. Die übrigen Räume dienen der Lagerbesatzung als Unterkunftsräume und können bei Bedarf für den Flottillenarzt freigemacht werden. Operations- und Vorbereitungsraum werden mit Wasser- und Kraftanlagen ausgestattet.«[442] Die Krankenräume erhielten sogar Scheinfenster; Holzvertäfelungen mit Fenstern wurden an den Bunkerwänden angebracht und von der Rückseite angestrahlt, um den Patienten die Illusion zu vermitteln, es falle Tageslicht herein.

Am 15. Februar 1943 wurde Dünkirchen mehrfach schwer bombardiert. Wie Führ berichtete, fielen allein auf den neuen R-Bootsbunker elf schwere Bomben, die aber nur unwesentlichen Schaden anrichteten und insbesondere die Boote unversehrt ließen. Allerdings kamen mehrere französische Zivilbedienstete um, andere wurden verletzt. Unter den Verwundeten, die sofort vom deutschen Sanitätspersonal versorgt wurden, befand sich auch ein deutscher Unteroffizier, der am Abend von Führ operiert wurde. Da auch die bisher genutzte Sanitätsbaracke schwer beschädigt worden war, bezog Führ drei Tage später seine Sanitätsanlage im Bunker. Die notwendigen Operationseinrichtungen konnten aber erst Mitte März käuflich erworben werden.

Seinen letzten Gefechtseinsatz in See erlebte Führ am 17. März 1943 vor Boulogne. Die Boote gerieten in eine feindliche ›Antennenminensperre‹. R 177 und R 34 liefen auf Minen. Während das erstere Boot keine Verwundeten zu beklagen hatte, unterfangen und eingeschleppt werden konnte, wurde bei R 34 das Vorschiff völlig zertrümmert. Das Arztboot R 116 mit Dr. Führ an Bord und R 104 umfingen das schwer beschädigte Boot. Führ leistete sofort drei Leichtverwundeten Erste Hilfe. Da die Besatzung glaubte, ein Funker sei aus der Funkkammer nach außenbords geschleudert worden, drang er danach in den fast ganz unter Wasser stehenden Raum ein, um den Vermißten – vergebens – zu suchen. Erst einen Tag später wurde der Soldat in Boulogne tot geborgen. »Sein Schädeldach war eingedellt.«[443]

Am 1. April 1943 wurde Führ zum Marinestabsarzt befördert und Ende des Monats zur R.O.A.-Abteilung Freiburg abkommandiert. Sein Nachfolger wurde Marineoberassistenzarzt d.R. Dr. Kahlen, von dem keine schriftlichen Zeugnisse erhalten sind.

Die 3. Vorpostenflottille wurde im September 1939 in Rostock aufgestellt. Sie bestand mob-mäßig aus acht, später zehn Fischdampfern, die zunächst im Vorpostendienst der westlichen und mittleren Ostsee verwandt wurden. Der erste Todesfall eines Sanitätsoffiziers einer Überwassereinheit im Krieg betraf den Flottillenarzt dieser Flottille, Marineoberassistenzarzt d.R. Dr. Friedhelm Merker, der nach einem Minen-

treffer an Bord VP 301 am 25. November 1939 im Großen Belt fiel. Mit Beginn des Krieges gegen die Sowjetunion verlegte die Flottille zunächst nach Libau, dann nach Helsinki und war im Finnischen Meerbusen für den Geleitdienst zuständig. Marineoberassistenzarzt Dr. Heinz Künstler wurde im Juni 1941 der Flottille als Flottillenarzt zuversetzt, nachdem er bis dahin als Abteilungsarzt einer im Raum Brest stehenden Marineflakabteilung eingesetzt und bei einem Luftangriff auf die im Hafen liegenden deutschen Großkampfschiffe schwer verwundet worden war. In Gotenhafen von einem Vorpostenboot abgeholt, meldete er sich zunächst im Flottillenstab in Helsinki und sah sich dann für die sanitätsdienstliche Versorgung von etwa 1 000 Soldaten verantwortlich. Ein eigentliches ›Arztboot‹ gab es in der 3. Vp-Flottille nicht, vielmehr wurde Künstler je nach Weisung des Flottillenchefs Fregattenkapitän Drenckhan auf verschiedenen Booten eingesetzt. Die Ausstattung mit Sanitätsgerät muß in diesem Verband sehr spärlich gewesen sein: »Kein ärztliches Instrumentarium, keine Lagerungsmöglichkeit für Verwundete. Bei Verletzungen konnte bis zur Ausschiffung nur mit der großzügigen Verabreichung von Betäubungsmitteln geholfen werden.«[444] Die hauptsächliche Gefährdung für die nur schwach bewaffneten Vorpostenboote bestand in den im Laufe der Zeit immer stärker werdenden sowjetischen Seefliegern und in Schnellbooten. Am 23. September 1941 befand sich Künstler während einer Aufklärungsfahrt 20 Seemeilen nördlich der Insel Suursaari im Finnischen Meerbusen an Bord von VP 308. Zwei sowjetische Motortorpedoboote griffen die deutschen Boote an. »Ich befand mich an Oberdeck, als der Kommandant Oblt.z.S. Peschel einen Torpedo auf uns zukommen sah. Das Boot wurde getroffen und sank rasch. Zwölf Soldaten fielen. Ich wurde kurz darauf von Angehörigen eines Begleitbootes aus dem Wasser gezogen. Der schwer am Kopf verletzte Peschel und ich (Prellung und Commotio) kamen in das Lazarett Tilka in Helsinki und wurden nach kurzem Aufenthalt wieder einsatzfähig.«[445] Künstler konnte allerdings daraufhin nicht mehr an Bord eingesetzt werden und wurde bis Kriegsende in Landkommandos eingesetzt.
Von den schweren Gefechten der Kleinbootsverbände im Finnischen Meerbusen berichtet auch Marineoberassistenzarzt Dr. Anton Weinmann.[446] Weinmann war Flottillenarzt der 17. Vorposten- und U-Jagdflottille, die im Jahre 1944 die großen Netz- und Minensperren im Finnenbusen zum Schutz der Narwa-Front zu sichern hatte. Die Sowjets setzten am Tage regelmäßig starke Jagdbomber- und Torpedofliegerverbände gegen die Fahrzeuge der Narwa-Sperrbewachung ein, während nachts Räumboote die Minen-und Sprengsperren zu entfernen suchten, geschützt von zahlreichen Torpedo-Schnellbooten. Weinmann teilte sich die ärztliche Versorgung mit dem Flottillenarzt der 1. Minensuchflottille, einem Frauenarzt aus Danzig. Diese aktive Flottille war erst im Februar 1944 aus dem Sicherungsdienst im Kanal in den Finnenbusen zur Narwa-Bucht-Bewachung verlegt worden. Von Januar bis März 1943 hatte dort Marineoberassistenzarzt Dr. Hans-Peter Kunze als Flottillenarzt gedient. Wie Weinmann berichtete, war stets einer der beiden Sanitätsoffiziere auf einem der

Marinestabsarzt d. R. Dr. Engelbert Kricker hochdekorierter Flottillenarzt der 8. Vorpostenflottille.
Sammlung Kricker

Fahrzeuge des deutschen Verbandes eingeschifft. Ein eigenes ›Arztboot‹ stand jedoch nicht zur Verfügung. Vorpostenboote, Minensuchboote, U-Jäger, K.F.K. und Marinefährpräme bildeten in der Narwa-Bucht einen gemischten Einsatzverband, der sich zur Erhöhung der Feuerkraft zumeist in Ringform bewegte. »Wenn uns im Frühjahr 1944 in der Regel noch zwei Maschinen angegriffen hatten, wurden es im Frühsommer durchschnittlich zwanzig. Bald darauf steigerten sich die Angriffe an Zahl und Dauer. Morgens gab es ein- bis zweimal Angriffe, dann am Nachmittag, und noch in der Dämmerung waren es 20, 40, 60 und mehr Maschinen auf einmal. Zuletzt zählte ich 120 Kampfflugzeuge bei einem einzigen Angriff. Sie kamen im Tiefflug übers Wasser, im Sturzflug aus der Sonne, während zu gleicher Zeit zweimotorige Maschinen aus dem Horizontalflug ihre Bombenteppiche legten. Für die gesamte Verteidigung fast tödlich wurde es durch neue amerikanische Bomben, die über der Wasseroberfläche explodierten. Tausende von Bombensplittern durchbohrten alles an Deck und zerfetzten die Bordwände. Dicke Metallplatten wurden durchsiebt, als ob man mit einem Nagel Löcher in eine Büchse schlägt, um den darin befindlichen Würmern Luft zu geben. Die Verletzungen waren fürchterlich, die Verluste unersetzlich. Außerdem verloren wir durch Volltreffer ein Boot nach dem anderen.... Wir Ärzte waren während der Angriffe ›nur‹ Berater. Unsere Aufgabe kam ja erst danach. Aber der Nervenstreß war bei uns als beim Angriff nicht Handelnde um so größer. Wir standen meistens auf der Brücke, wenn die Feindmaschinen anflogen und ihre ›Katzenaugen‹ glühten. Auf der Brücke fühlte man sich am sichersten wegen der dortigen Panzerung, und wir wollten die Angriffe wenigstens sehen. Einmal bekam ich sogar während des Angriffs eine Aufgabe: Der Rudergänger war ausgefallen, da mußte ›der Doktor‹ das Rad ergreifen. Daß ich nicht selbst verwundet wurde, war für mich fast ein Wunder.«[447]

Nach dem Durchbruch der Sowjets durch die deutsche Front bei Leningrad verlegte im Februar 1944 auch die 6. S-Flottille innerhalb weniger Tage in die östliche Ostsee und griff in die schweren Seegefechte um die deutschen Minensperren vor Reval ein. Marineoberstabsarzt Dr. Busch, zu diesem Zeitpunkt Flottillenarzt der 6. S-Flottille, berichtete über die medizinische Hilfestellung für angegriffene deutsche Sicherungsfahrzeuge durch S-Boote. »Im Finnenbusen stand die 1. MS-Flottille in schwerem Einsatz mit der 34. K.F.K.-Flottille an der berühmten Seeigelsperre. Ständige Luftangriffe der Russen führten zu erheblichen Schäden und Verlusten. Das vom Sinken bedrohte Führerboot wurde von zwei Booten unterfangen und transportiert. Da kein Arzt beim Verband war, wurde die 6. S-Flottille beauftragt, mit zwei Booten, Arzt und Sanitätspersonal an Bord, zur Unterstützung zu kommen. An Bord Sichtung der Verletzungen, Verladung aller Schwerverwundeten auf die S-Boote zur Verbringung nach Reval und Erstversorgung der Verwundeten auf dem M-Boot.«[448]

Auch Meister bestätigt in seiner Dokumentation über den Kampf der Bootsflottillen im Finnischen Meerbusen die überaus hohen deutschen Verluste in diesem Seegebiet.[449] Wie den Kurzberichten des Verbandsarztes beim B.S.N, dem die 1.

Minensuchflottille unterstellt war, zu entnehmen ist, flogen am 10. April 1944 um 10.47 Uhr 70 sowjetische Jagdbomber Angriffe auf die in Position liegenden Boote verschiedener Flottillen. Neben zahlreichen Toten und Verletzten in anderen Flottillen fiel auf dem der 1. Minensuchflottille angehörenden M 20 ein Schwerverletzter an, der nach Erstversorgung durch den SanGasten auf das Arztboot übergesetzt und schließlich zum Marinelazarett Reval verbracht wurde.[450] In der Nacht zum 5. Juni 1944 griffen sowjetische Schnellboote mit Torpedos und Bordwaffen an, versenkten M 37, von dessen siebenundachtzigköpfiger Besatzung nur 75 Mann gerettet werden konnten. Unter den 16 Verletzten befand sich auch der Flottillenarzt, der auf M 25 mit Sanitätsdienstgraden und Hilfkrankenträgern die sanitätsdienstliche Versorgung organisierte und die Verwundeten schließlich dem Lazarettschiff Oberhausen zuführte.[451] Diese rollenden See- und Luftangriffe führten zu einer raschen Erschöpfung der deutschen Besatzungen, die schließlich nur noch in den kurzen Nachtphasen in See stechen konnten. Die Narwa-Bucht-Bewachung verzeichnete im Juni 1944 68 Tote und 144 Verletzte, im Juli wurden 148 Besatzungsangehörige getötet und 269 verwundet. Nach Meister stiegen die personellen Verluste in dem Sperrverband im Spätsommer 1944 auf bis zu 50 Mann pro Tag. Ähnlich schwere Verluste für Überwasserstreitkräfte verzeichneten auch die bereits o.a. ärztlichen Gefechtsberichte aus dem Bereich des B.S.N.[452] aus den Jahren 1943–1944. Der Verbandsarzt beim B.S.N, Geschwaderarzt Dr. Rasor, protokollierte in kurzer Form die sanitätsdienstlichen Besonderheiten bei Gefechten nach ›Feindeinwirkung mit Uhrzeit‹ und geleisteter ›Erster Hilfe und Abtransport‹ der bevorzugt in der Deutschen Bucht und vor der holländischen Küste laufenden Geleitzüge. Beispielsweise findet sich für ein Gefecht am 23. November 1943 folgender Eintrag: »Westgeleit bei Terschelling. 8. Vp u. 21. MS. Verluste: ein Toter, 16 Schwer- und 23 Leichtverletzte. Großangriff um 15.00 Uhr mit Bomben, Torpedo- und Bordwaffen. Tanker Weissenburg schwer getroffen u. später gesunken (nur vier Leichtverletzte). Verluste auf Vp 806, 809, 810, 812, 2017 u. M 305. FlArzt 21. MS übergestiegen u. als Geleitarzt weitergefahren. FlArzt 8. Vp bei havariertem Tanker geblieben. Beide revidierten bereits gemachte Verbände. Verwundete meist von Den Helder nach Heiloo, z.T. von Hoek nach Amsterdam. Im MarLaz Heiloo 19.00 Uhr.«[453]

Bei dem in dieser Notiz erwähnten Flottillenarzt der 8. Vp-Flottille handelte es sich um den Marinestabsarzt d.R. Dr. Engelbert Kricker, der den Verfassern über seine gefahrvolle Tätigkeit berichten konnte.[454] Nach ärztlicher Weiterbildung in den Marinelazaretten Wilhelmshaven, Bremen, Hardinghen und Cherbourg wurde er im Sommer 1943 zur 8. Vp-Flottille versetzt, deren Geleitfahrzeuge, umgebaute Fischdampfer, schwer mit Flak, darunter zwei Vierlingsgeschütze, einem Oerlikon Zwillingsgeschütz und einer 8,8cm Kanone, bestückt waren. Auf jedem Boot befand sich ein besonders ausgebildeter Sanitätsgast. Kricker selbst fuhr ohne festes Arztboot auf wechselnden Einheiten, die mit 6–8 Knoten Marschgeschwindigkeit zumeist nachts Frachtschiffen Geleit gaben und ständig gegnerischen See- und Luftangriffen

ausgesetzt waren. Seine ärztliche Tätigkeit bestand aus Erster Hilfe, Anlegen von Verbänden und Schmerzstillung mit Morphium und Eukodal, zumeist an Oberdeck. Neben der gut bestückten Arzttasche und einem stets verfügbaren Instrumentenbesteck stützte er sich auf die an Bord befindliche Grundsanitätsausrüstung, darunter auch je eine Krankentransporthängematte. Bereits am 26. Juli ging Kricker mit Vp 801 nach einem Torpedotreffer eines britischen Schnellbootes vor Texel unter. Auf der Brücke stehend kam er schnell von dem sinkenden Boot frei und wurde von der Schwimmweste über Wasser gehalten, bis er sich mit anderen Schiffbrüchigen auf das kieloben treibende Boot retten konnte. Dort gelang es ihm während des laufenden Gefechts, mehrere Schwerverwundete zu behandeln, wurde allerdings erst nach einer Stunde durch Vp 803 an Bord genommen, wo sich bereits andere Verletzte befanden, die ebenfalls ärztlicher Hilfe bedurften. Insgesamt elf Verwundete wurden um 8.00 Uhr in Den Helder an Sankas abgeben. Einen besonders schweren Einsatz erlebte Kricker am 25. August 1944 vor Borkum. Das Geleit wurde gegen 21.00 Uhr von britischen Fliegern mit Torpedos, Raketen und Bordwaffen angegriffen, die auf dem Minensuchboot M 347 Verluste verursachten. 41 schwer verbrannte Soldaten mußten zunächst aus brennendem Öl gerettet werden und nach Aufnahme an Bord des Arztbootes im dortigen Waschraum unterhalb der Brücke gereinigt und stabilisiert werden.
Der Flottillenchef der 8. Vp-Flottille, Korvettenkapitän Dr. Stamer, würdigte die ärztlichen Leistungen Krickers in seiner am 1. Mai 1944 erstellten Beurteilung: »Beson-

Der Chef der 17. Minensuchflottille, Korvettenkapitän Victor Siemers, heftet seinem Flottillenarzt eine verliehene Auszeichnung an (1942). Sammlung Hartmann

ders bemüht hat er sich nach einem Großangriff feindlicher Flieger am 23. November 1943. Trotz schwerer See hat er die Verwundeten vorbildlich betreut und ihnen eine sehr gute Erste Hilfe gegeben. Die Besatzungen der Boote haben volles Vertrauen zu ihm und seinem Können.«[455] Dr. Kricker erhielt darüberhinaus am 15. November 1944 wegen Tapferkeit vor dem Feinde das Eiserne Kreuz I. Klasse verliehen. Sogar mit dem Deutschen Kreuz in Gold, einer Tapferkeitsauszeichnung, die während des Krieges nur vier Marinesanitätsoffiziere erhielten, wurde Marinestabsarzt d.R. Dr. Georg Dähne am 30. Januar 1945 ausgezeichnet. Dähne diente als Flottillenarzt der ebenfalls im Bereich des B.S.N. im Geleitdienst Elbe-Rotterdam eingesetzten 11. Vp-Flottille. Auch diese Einheit war in den letzten Kriegsjahren in zahlreiche Gefechte verwickelt, die die Ärzte vor große Herausforderungen stellte, wie zwei Berichte Rasors vom 17. und 18. Mai 1943 verdeutlichen: »11. Vp-Flottille: 16.30 Uhr Großangriff (30–40 Flieger) eines gemischten Verbands mit Bomben und Torpedos. Dampfer KYPHISSA gesunken, Vp 1110 nach T-Treffer gesunken, später auch noch M 414, außerdem Ausfälle auf M 469 und Vp 1111. Insgesamt vier Tote, zwölf Vermißte, 20 Schwer- und 18 Leichtverletzte. Geleitarzt (MStA Arnoldi v. Laz. Cuxhaven) mit Vp 1110 untergegangen, nach Bergung durch Vp 804 Versorgung der Verwundeten trotz eigener Verletzung, steigt über auf Vp 1106. FlB-Boot auf Anforderung von Borkum entgegen, um die Verwundeten zu übernehmen, damit VP 1106 wieder zum Geleit zurückkann. 2.15 Uhr: Bomben oder Torpedotreffer auf das Borkum auslaufende Vp 1106, nach wenigen Minuten gesunken. Zwei Tote, sechs Schwerverletzte. Geleitarzt zum zweiten Mal außenbords. Mit Verwundeten dann aufgenommen vom Rottenführer der 12. Vp-Flottille u. vom Fl.B-Boot (Borkum) mit Arzt, der zur Versorgung übersteigt.«[456]

Auch aus dem Raum Norwegen liegt den Verfassern eine Reihe von Ärztlichen Kriegstagebüchern von Kleinbootsverbänden aus dem Jahre 1944 vor, deren Besonderheiten hier aufgeführt werden sollen.

Am 1. Juni 1944 wurde der ›5. Küstensicherungsverband‹ aufgestellt, der aus der 51. Vorpostenflottille (16 Boote, angegliedert eine S-Boot-Gruppe mit fünf Booten), der 52. Minensuchflottille (vier aktive R-Boote, vier RA-Boote (kleine deutsche R-Boote, in Norwegen gebaut; Verf.), SPERRBRECHER 139, zwei Hilfsminensucher), der 53. Vorpostenflottille (13 Walboote) und der 55. Vorpostenflottille (Vorpostenboote, Kriegsfischkutter, Torpedoträger, insgesamt 32 Boote) bestand. Die Boote hatten ihre Stützpunkte in der Vaagnesbucht, in Floroy, Molöy und einer Bucht der Insel Aaskoy. Verbandsarzt war Marineoberassistenzarzt Dr. Pilz, zugleich Flottillenarzt der 51. Vorpostenflottille. Weder die 53. und die 55. Vp- Flottille, noch die 52. MS-Flottille verfügten über Flottillenärzte. Vielmehr war bei ihnen je ein Sanitätsdienstgrad (S) – mit Sonderausbildung – eingesetzt. Die ärztliche Versorgung der 52. MS-Flottille erfolgte an Land durch einen Sanitätsoffizier des Heeres, der aber »stark überlastet« war. Für die Dauer der Semesterferien wurden dem

Verband daher am 22. August 1944 drei Marinesanitätsoberfähnriche zugewiesen, die wie folgt verteilt wurden:

51. Vp.-Flottille	Marinesanitätsoberfähnrich Köhler,
53. Vp.-Flottille	Marinesanitätsoberfähnriche Bünning und Lange,
52. MS.-Flottille	Marinesanitätsoberfähnrich Bär.

Besondere Ereignisse sind für diese Zeit nicht festgehalten.[457]

Das Ärztliche Kriegstagebuch des Arztes bei der Hafenschutzflottille Oslo-Horten für die Zeit vom 1. März 1944 bis 31. Mai 1944 wurde bis zum 19. März von Marineoberstabsarzt Dr. Jenetzky geführt, anschließend von Marinestabsarzt Dr. Dittmar. Auch dieses K.T.B. dokumentiert nur tägliches Einerlei: Krätze und Filzläuse bei einigen Soldaten, Unterrichtung der Hilfskrankenträger. Dittmer führte das K.T.B. auch vom 1. Juni bis 31. August 1944 fort, beschrieb aber im wesentlichen nur eine Gesundheitsbesichtigung der Mannschaften und eine Belehrung der Kommandanten über den Umgang mit Morphium-Injektionen.[458]

Im Ärztlichen Kriegstagebuch der 57. Vp-Flottille für die Zeit vom 16. März bis 31. Mai 1944, geführt von Marineassistenzarzt Dr. Hernzir, ist ein Angriff britischer Trägerflugzeuge am 8. Mai 1944 bei Aalesund festgehalten. Auf dem Vp-Boot Burgunder vom Kommando Hafenschutzflottille Molde waren drei Tote und sieben Verwundete zu beklagen. Schwerverwundete wurden dem norwegischen Krankenhaus Aalesund überwiesen. Am 15. Mai fielen erneut sieben Tote und acht Verwundete einem Flugzeugangriff auf die Vp.-Boote Markoma und Normanne zum Opfer. Erneut wurden Schwerverwundete in das norwegische Krankenhaus gebracht, Leichtverwundete konnten im ›Marine-Stadt-Revier‹ versorgt werden.[459]

Das Ärztliche K.T.B. des Flottillenarztes der 68. Vp-Flottille für die Zeit vom 1. März 1944 bis 31. Mai 1944 (bis 15. Mai Hafenschutzflottille Molde) hat Marineoberstabsarzt Dr. Bürger geführt.[460] Am 6. Mai wurde in Molde das Vp-Boot Sachse von fünf britischen Flugzeugen angegriffen. Ein Mann fiel durch Kopfschuß, schwerverwundet wurden ein Offizier und zwei Mann, leichtverwundet ein Mann. In Anwesenheit des Flottillenarztes fanden die Verwundeten im norwegischen Krankenhaus Molde ärztliche Hilfe, während ein Schwerverletzter mit dem Seenotflugzeug zum Marinelazarett Drontheim geflogen wurde. Bei einem erneuten Flugzeugangriff auf das Vp-Boot Burgunder am 8. Mai starben ein Unteroffizier und zwei Mann, schwerverwundet wurde ein Mann, leichtverwundet sechs Besatzungsangehörige. Die Schwerverletzten konnten dem norwegischen Krankenhaus in Kristiansund zugeführt werden.

Erst am 16. Mai 1944 wurde die Hafenschutz-Flottille Molde offiziell in 68. Vorpostenflottille umbenannt. Das Ärztliche K.T.B. dieser Flottille führte Marineoberstabsarzt Dr. Bürger für die Zeit vom 1. Juni bis 31. August 1944. Vermerkt ist eine Besichtigung der Sanitätseinrichtungen der im Hafen liegenden Boote am 13. Juni durch den Leitenden Sanitätsoffizier beim Marineoberkommando Norwegen, Flottenarzt Dr. Eckmann.

Am 17. August 1944 hielt der Verfasser fest: »Molde. Totalverlust des Vp.-Bootes Burgunder gegen 1.55 Uhr durch Havarie (Auflaufen auf eine Untiefe) bei Bud. Keine Toten oder Verletzten. An ärztlichen Geräten ging eine Sanitäts-Tasche und ein Prophylaxekasten verloren.«[461]
Das Ärztliche K.T.B. der 11. U-Jagdflottille vom 1. März bis 31. Mai 1944, geführt von Marineoberassistenzarzt Dr. Bokel, berichtete über drei Tote, zwei Schwerverletzte und sechs Leichtverletzte infolge eines Siefliegerangriffes auf Bergen am 6. März.[462] Die Gefallenen wurden auf dem Soldatenfriedhof in Stavanger beigesetzt, nachdem zwei Schwerverletzte und ein Teil der Leichtverletzten im Luftwaffenlazarett Stavanger aufgenommen und weitere Leichtverletzte im Revier der 17. U-Jagdflottille versorgt worden waren.
Dieses Ärztliche Kriegstagebuch enthält wiederholt Aussagen wie die vom 6. März 1944: »Arzt befindet sich dauernd auf See. Er steigt auf die einzelnen Boote über und führt Nachuntersuchungen auf Diensttauglichkeit und Untersuchung des Gesundheitszustandes durch.«
Es endet mit der folgenden Eintragung: »30.5. Kristiansand. Flott.-Stützpunkt wird von Bergen nach Kristiansand verlegt. Die Revierbaracke, vorher Revier der Hafenschutzflottille, wird eingerichtet. Notwendige Geräte und fehlendes Instrumentarium in Oslo/Askim angefordert. Die ärztliche Versorgung des Stützpunktes umfaßt die im Stützpunkt einlaufenden Boote der 11. U-Jagdflottille und nach Vereinbarung mit dem Standortarzt die im Hafen anlegenden U-Boote und die im Stützpunkt ansässigen Einheiten wie Wetterwarte, Mar.-Ausrüstungsstelle. Das nächste Lazarett (Heeresteillazarett mit Abt. I und Abt. II) liegt drei Kilometer vom Stützpunkt entfernt und ist im Ernstfalle mit dem Sanka-Wagen sehr schnell zu erreichen.«[463]
Die bis in die letzten Kriegsmonate bestehende ausgezeichnete Ausstattung der Sanitätseinrichtungen der Bootsflottillen erwähnte Marineoberstabsarzt Dr. Conrädel, L.S.O. beim Admiral norwegische Nordküste. Er schrieb in seinem K.T.B. über eine Besichtigung des in einem früheren O.T.-Lagers untergebrachten Flottillenreviers der 15. Vorpostenflottille in Rörvik am 14./15. Februar 1945: »Gute Revierausrüstung und ausreichende Anzahl von Betten. Auslagerung und Sicherstellung wertvollen SanMaterials bei Brand oder Luftangriffen veranlaßt. Das Revier in Namsos bis jetzt nicht ausgelastet, da lediglich ein Vorkommando mit 25 Mann dort ist. Vier Boote der Flottille befinden sich erst im Nordraum, von diesen wird N. nur wenig angelaufen. Der zur Flottille kommandierte SanFähnr. Willner meldet, daß sich auf dem zur Flottille gehörigen U-Jäger 1431 eine komplette Revierausrüstung befindet. Sofortige Anordnung, daß Revierausrüstung UJ. 1431 beim Marinesanitätszweiglager Drontheim abzugeben ist. Boot soll wie üblich mit Verbandkästen ausgerüstet werden.«[464]

Minenschiffe und Minenräumschiffe

Eine ganze Reihe von ehemaligen Fähr-, Passagier- und Frachtschiffen, zum Teil im besetzten Ausland übernommen, wurde als »Minenschiff« nicht nur zum Werfen offensiver oder defensiver Minensperren eingesetzt, sondern auch für alle möglichen Sonderaufgaben verwandt, wie für Truppentransporte, Geleitfahrten, endlich auch zur Rückführung von Flüchtlingen aus dem Osten. Im Laufe des Krieges gingen etwa 75 Prozent dieser Schiffe verloren, zum Teil mit hohen Verlusten an Personal. Ärztliche Berichte über den Sanitätsdienst auf diesen Schiffen, die ab 10. November 1944 dem Befehlshaber der Sicherungsstreitkräfte (B.d.Sich.) unterstanden, sind rar. Die hier wiedergegebenen Erfahrungen stammen alle aus den Jahren 1944/45, und sie decken jeweils nur kurze Zeiträume ab. Die Autoren v. Kutzleben, Schroeder und Brennecke haben die Einsätze und das Schicksal der Minenschiffe – nicht der Minenräumschiffe – nachgezeichnet,[465] deren Kommandanten zumeist Seeoffiziere der Reserve waren. Der Verlust der Schiffe ist jeweils geschildert, doch scheint, als habe es dabei für den Sanitätsdienst, besonders für den Schiffsarzt, nur wenig Gelegenheit zum Eingreifen gegeben.

Am 9. Juli 1941 gerieten die Minenschiffe Preussen, Tannenberg und Danzig vor der schwedischen Küste in eine schwedische Minensperre, deren Lage der deutschen Seite nicht bekannt war, und die Schiffe gingen verloren. »Die Besatzungen werden von den Räumbooten aufgenommen. Die Schwerverwundeten bringt das schwedische Minensuchboot nach Kalmar. An Toten sind zu beklagen auf der Tannenberg zehn Mann, auf der Preussen vier Mann, auf der Hansestadt Danzig sechs Mann, darunter als einziger Offizier der Schiffsarzt, Marine-Oberassistenzarzt Dr. Wiedenmann«.[466]

Am 25. September 1941 sank in finnischen Gewässern das Minenschiff Königin Luise nach Minentreffer. »Die Überlebenden werden von den Minenschiffen Cobra und Kaiser übernommen, die Verletzten nach ärztlicher Hilfe den Lazaretten zugeführt. 40 Besatzungsmitglieder der Königin Luise fanden den Tod.«[467]

Das Minenschiff Skagerrak ging am 20. Januar 1944 südlich Stavanger nach dem Angriff gegnerischer Torpedoflugzeuge verloren. »Die beiden Minensuchboote retten in vorbildlicher Weise die Besatzung bis auf fehlende sieben Mann, die leider vermißt bleiben. Ein Schwer- und zwölf Leichtverwundete werden in Egersund gelandet.«[468] Auch hier sind keine Hinweise auf ein mögliches Helfen des Schiffsarztes vermerkt.

Über den Untergang des Minenschiffes Roland nach zwei Minentreffern heißt es, die personellen Ausfälle seien sehr groß gewesen: Von den 203 Männern der Besatzung sind 130 gefallen, vermißt oder nach der Bergung an Erschöpfung und Unterkühlung gestorben, darunter auch fünf Offiziere und der namentlich nicht genannte Schiffsarzt, Marinestabsarzt d.R. Dr. Ernst Arndt.[469] Dieses Ereignis leitet über zu den Vorgängen, zu denen auch Ärztliche Berichte oder Kriegstagebücher vorliegen: Das Minenschiff ROLAND, im Frieden im Seebäderdienst des Norddeutschen Lloyd fahrend, wurde während des Krieges in der Nord- und Ostsee überwiegend zum Minenlegen eingesetzt. Bei einer solchen Unternehmung vor der Narwa-Bucht lief das Schiff am 21. April 1944 auf eine Mine. Der ›Ärztliche Bericht über Erfahrungen und Maßnahmen beim Untergang M.S. ROLAND‹ stammt vom Flottillenarzt der 1. Minensuchflottille, Marinestabsarzt d.R. Dr. Limburg, der die Ereignisse wie folgt darstellte: »Am 21. April 1944 befand sich M 37 mit den Minenschiffen BRUMMER, ROLAND und LINZ, der 6. Z.-Flottille mit Z 28, Z 35 und Z 39 sowie T 30 auf dem Marsch von Reval-Reede auf Weg Violett zur Minenunternehmung in die Narwa-Bucht. Um 22.39 Uhr Standort des Verbandes Narwa-Bucht südlich Namsi-Bank. Dumpfe Detonation voraus mit Funkenregen und Rauchwolke. M.S. ROLAND sinkt unmittelbar darauf. Wegen der dunklen Nacht und wegen der Entfernung von über einer Meile können die Ursache der Detonation und das Sinken von ROLAND nicht erkannt werden. Auf Befehl BRUMMER durch Morsespruch: ›Rettungsmaßnahmen einleiten, Boote aussetzen‹ kann erst von M 37 aus die Lage übersehen werden. M 37 geht sofort mit Höchstfahrt zur mutmaßlichen Untergangsstelle, die dann später durch das Schreien und Pfeifen der Schiffbrüchigen zu erkennen ist. M 37 läßt sich von Luv über die Unglücksstelle treiben und setzt Pinnaß aus. Die Rettungsmaßnahmen werden durch im gleichen Moment einsetzendes Schneetreiben und Regenschauer erschwert. An Bb.- und Stb.-Seite des Bootes werden Flöße mit Überlebenden und Einzeltreibende aufgenommen. Außer von der Pinnaß M 37 werden von der Pinnaß BRUMMER, die ebenfalls ausgesetzt ist, Überlebende an Bord M 37 genommen. Um 0.30 Uhr Rettungsmaßnahmen beendet. M 37 wird mit Höchstfahrt nach Reval entlassen. Die Schiffbrüchigen haben im Durchschnitt 45 Minuten bei einer Wassertemperatur von +1 Grad C im Wasser getrieben. Sie kommen zum größten Teil völlig erstarrt, aber bei Bewußtsein, an Bord. Zwei Tote, darunter Schiffsarzt ROLAND, sind ohne Lebenszeichen, die gesamte Muskulatur ist völlig erschlafft. Dreistündige Wiederbelebungsversuche bleiben erfolglos. 32 unverletzte Schiffbrüchige werden sofort zur Aufwärmung in den Maschinenraum gebracht. Dort werden sie ausgezogen, mit Wolldecken frottiert und der Blutkreislauf durch heißen Bohnenkaffee in Gang gebracht. In etwa einer Stunde haben sich alle gut erholt. Acht Schwer- und acht Leichtverletzte werden sofort zur ärztlichen Versorgung unter Deck gebracht. Die Verletzungen bestehen in der Mehrzahl in ein- oder doppelseitigen Stauchungsbrüchen von Unter- und Oberschenkel, Fersenbein- und Fußknöchelbrüchen, ein- oder doppelseitigen Kniegelenksluxationen, einer Schulterluxation und aus schweren Gehirnerschütterungen. Außer einer großen Platzwunde über Stirn- und Gesichtsschädel und einem komplizierten Unterschenkelbruch sind scharfe blutige Verletzungen nicht vorhanden. Als erste Maßnahme wird die Beseitigung der Unterkühlung angestrebt, die durch die geringere Wärme in den Decks etwas langsamer erfolgt. Durch Heizkissen, starkes Frottie-

ren und heißen Kaffee wird im Durchschnitt innerhalb von zwei Stunden Erwärmung erzielt.
Die Knöchelbrüche und sonstigen Verletzungen werden durch Schienenverbände etc. ärztlich versorgt. Nach vier Stunden wird nach völliger Durchwärmung zuerst Morphium gegeben. Nur in zwei Fällen, bei denen durch Rettung auf Flößen kein besonderer Wärmeentzug stattgefunden hat, wird schon vorher Morphium gegeben. Bei Gehirnerschütterungen wird statt Morphium S.E.E. verwendet. In zwei Fällen werden im unterkühlten Zustand Psychosen beobachtet. Die Betreffenden sind verwirrt, über ihre Umgebung nicht orientiert, schlagen mit Armen und Beinen um sich und versuchen wegzulaufen. Nach etwa einer Stunde weicht dieser Zustand, und das Benehmen der Betreffenden wird normal. Bei den Versorgungsmaßnahmen wird der Flottillenarzt durch Sanitätspersonal, Hilfskrankenträger und Besatzungsmitglieder von M 37 bestens unterstützt. M 37 macht 7.00 Uhr im Handelshafen Reval fest. Mit durch F.T. angeforderte Sanitätskraftwagen, die an der Pier bereitstehen, werden die Verletzten sofort in das Marinelazarett Reval gebracht. ...
An Bord, den 27. April 1944.
Dr. Limburg. Marinestabsarzt und Flottillenarzt 1. Minensuchflottille«[470]
Das im ärztlichen Bericht genannte Minenschiff Brummer, im Mai 1940 in Norwegen beschlagnahmt, wurde am 13. April 1945 im Dock V der Deutschen Werke in Kiel durch einen Fliegerangriff irreparabel beschädigt. Bei dem Angriff kam auch der Schiffsarzt Marinestabsarzt d.R. Dr. Fritz Müller ums Leben.
Das Minenschiff Linz war ursprünglich ein Frachtschiff des Norddeutsche Lloyd, das erst im August 1943 von der Kriegsmarine übernommen und ab Januar 1944 zum Legen von Minensperren eingesetzt wurde. In dem Ärztlichen K.T.B., das nur für die Zeit vom 1. September bis 30. November 1944 erhalten ist, wird festgehalten, das Schiff sei am 22. September 1944, im Geleit fahrend, von gegnerischen Flugzeugen mit Bordwaffen beschossen worden, wodurch es bei vier Soldaten zu Verletzungen kam: zwei Streifschüsse des Kopfes, ein Steckschuß im Rücken, ein Steckschuß im linken Ellenbogen. »Bei dem Armverletzten wurde ein Gips angelegt. Es erfolgte völlige Heilung mit Funktionstüchtigkeit.«[471] Unterschrieben ist dieser Bericht am 30. November 1944 von Marinestabsarzt Dr. Schattenberg.
Das Ärztliche K.T.B. des Minenschiffes Lothringen für den Zeitraum vom 1. September bis 30. November 1944 ist zunächst von Marinestabsarzt d.R. Dr. Johannes Reinicke (Minenschiff Elsass), der als Schiffsarzt während der Werftliegezeit eingesetzt ist, dann von Marinestabsarzt Dr. Ernst Reinke geführt. Es gibt keine Auskünfte über eine Tätigkeit des Sanitätsdienstes an Bord des Schiffes.[472]
Dr. Reinicke führte das Ärztliche K.T.B. des Minenschiffes Elsass für den Zeitraum vom 1. September bis 30. November 1944, einer ehemaligen französischen Kanalfähre, die im Oktober 1942 in deutsche Dienste genommen worden war. Ende August 1944 war auf diesem Schiff die aktive Tuberkulose eines Obergefreiten entdeckt worden; bei den anschließenden Schirmbilduntersuchung der gesamten Besatzung wurde

ein weiterer Fall gefunden. Am 18. November 1944 »sinkt in der Nähe des Schiffes im Hafen (von Gotenhafen, Verf.) nach Zusammenstoß mit einem Schlepper ein kleiner Artillerieträger (etwa 25 Meter querab). Durch sofort eingeleitete Rettungsmaßnahmen gelingt es, die gesamte Besatzung zu retten. Ein Matrose wird sehr erschöpft mit einer Quetschung des linken Unterschenkels dem Schiffslazarett zugeführt. Auf energisches Frottieren und Injektion von Strophantin 0,0005 i.v. sowie Lichtbügel erholt er sich sehr schnell. Die Ausbildung der Hilfskrankenträger und die Organisation ihres Einsatzes an Bord hat sich bewährt.«[473]

Am 23. November ereignen sich bei einem der mitfahrenden Dampfer drei dicht aufeinander folgende Minenexplosionen. Ein Mann springt über Bord und »... wird nach etwa einer viertel Stunde durch unsere Jolle geborgen. Es handelt sich um einen fünfzehnjährigen Schiffsjungen, der ohne Schwimmweste in der ersten Aufregung über Bord gesprungen ist. Er wird vollkommen erschöpft und ausgekühlt ins Schiffslazarett aufgenommen. Durch energisches Frottieren, Wärme und 1/4 mg Strophantin i.v. gelingt es auch hier, ihn wieder herzustellen und Nachwirkungen zu vermeiden.«[474]

Am folgenden Tage gegen 12.15 Uhr »Aufnahme eines Rettungsbootes eines gegen 10 Uhr gesunkenen Fischdampfers. Es werden acht Männer geborgen, die allgemein in guter körperlicher Verfassung sind. Bei einem finden sich im Gesicht und am Hinterkopf Platzwunden und Prellungen am ganzen Körper. Nach Reinigung der Wunden, steriler Verband. Primäre Naht wegen Schwellungen und Verdacht etwaiger Infektionsgefahr nicht durchgeführt.«[475]

Für den 5. Januar vermeldete das K.T.B. des L.S.O. beim Admiral Skagerrak den Untergang der Elsass. Das Minenschiff lief westlich Samsö auf eine Mine und sank. Zunächst wurden 100 Vermißte gemeldet, es gelang jedoch, 70 Überlebende, davon die Hälfte Verletzte, mit zwei Minensuchbooten nach Kalundborg zu verbringen. Von dort wurde der Weitertransport mit deutschen und auch sechs dänischen Ambulanzwagen zum Marinelazarett Skodsborg organisiert. Das Marinelazarett meldete bereits am 6. Januar die Aufnahme von 31 Verletzten. Neben Verletzungen und Verbrennungen verhältnismäßig wenig Auskühlungsfolgen. Ein Verwundeter gestorben.«[476]

Dem Ärztlichen Kriegstagebuch des Leitenden Sanitätsoffiziers beim Admiral Skagerrak im Zeitraum 1. Dezember 1944 bis 28. Februar 1945 ist als Anlage das Ärztliche Kriegstagebuch des Minenräumschiffes 11 vom 26. November 1944 bis 12. Februar 1945 und ein Gefechtsbericht vom 12. Februar 1945 beigefügt, beide verfaßt vom Schiffsarzt, Marineoberstabsarzt Dr. Gensheimer.[477] Das Schiff, MS Osnabrück (5059 BRT) des Norddeutschen Lloyd, fuhr seit Oktober 1939 für die Kriegsmarine. Im Herbst 1944 diente es als Transporter im Osten für Truppen, Verwundete und Flüchtlinge, ab November 1944 war es wieder als Minenräumschiff eingesetzt. Im Januar/Februar 1945 unternahm das Schiff zahlreiche Transportaufgaben zwischen Danzig und Pillau. Wörtlich: »Auf der 14. Fahrt wurden 850 sitzende Verwundete übernommen, von denen 450 abgegeben wurden, um für 200

Lieger Platz zu schaffen. Der Transport von Liegern stößt bei einem Spezialschiff mit festverschlossenen Luken und schmalen steilen Niedergängen auf erhebliche Schwierigkeiten, weshalb die kleine Luke 6 eigens aufgebrochen wurde, um so die Möglichkeit für das Hereinhieven von zwei bis drei Verwundeten in einem Kasten zu ermöglichen. Als Sanitätspersonal standen ein San.Ob.Maat, ein SanGefr. und ein Heeres-Uffz. mit vier Sanitätern zur Verfügung. In Danzig wurde ein Sanitätsoberfeldwebel und 25 Leichtverwundete und Verpflegung den Verwundeten zukommandiert, und Steckbecken, Enten, Zellstoff, Papierbinden, Tabletten und Ampullen in beschränkter Anzahl von der Krankensammelstelle überlassen. Infolge der militärischen Lage war zwischen den letzten Reisen eine Ergänzung von Sanitätsmaterial für das Schiff in Danzig nicht mehr möglich. Die Kranken wurden eng beieinander auf Schwimmwesten, Matratzen und Strohsäcke gelegt, einfache Verbände an Ort und Stelle, größere und Blutungen im Schiffslazarett versorgt, wo auch einzelne schwere Fälle in den sechs zur Verfügung stehenden Kojen untergebracht wurden. Während der stürmischen Fahrt von Danzig nach Swinemünde fiel 90 Prozent des ankommandierten Betreuungspersonals wegen Seekrankheit aus, so daß die Freiwache von Geschützbedienungspersonal zur Wartung herangezogen werden mußte. Der Bedarf an Verbandstoffen, Schmerztabletten, Ampullen war so groß, daß bei der Ankunft des Schiffes am Abend des 2. Februar 1945 auf der Reede vor Swinemünde fast alles aufgebraucht war. Auf dringliche Anforderung durch Signalspruch wurde auf den nächsten Morgen vertröstet, aber auch dann erfolgte nichts, da dann auch eine Anforderung an die Krankensammelstelle am nächsten Morgen unbeantwortet blieb. Auf dringliche Vorstellung des Kommandanten konnte endlich am 3. Februar 1945 nachmittags das Schiff im Hafen festmachen. Die Entladung ging dann auch rasch vor sich. Damit legte sich die Unruhe unter den Verwundeten, wobei sich zeigte, daß Offiziere nicht gerade ein gutes Vorbild für die Mannschaften abgegeben hatten … Eingepfercht in den doppelt belegten Lazarettzug begreifen auch weniger Einsichtsvolle die Beschränkungen eines behelfsmäßigen Transportes auf einem Hilfstransporter. In der Lazarettapotheke Swinemünde konnte das Sanitätsmaterial voll ergänzt werden.«[478]

Beim Verlassen des Hafens Swinemünde am 12. Februar 1945 ging das Schiff durch Minentreffer verloren. Dazu heißt es im ärztlichen Gefechtsbericht: »Beim Auslaufen zur Fahrt nach Gotenhafen wurde Minenräumschiff 11 am 12. Februar 1945 um 12.12 Uhr auf der Reede mittschiffs vor der Brücke von einer Mine getroffen. Obwohl der Schiffsarzt selbst durch schwere Lendenprellung, die, wie sich später erwies, einen Abscherungsbruch am 2. Lendenwirbelkörper zur Folge hatte, durch Prellung des Kopfes, der rechten Schulter und des rechten Armes und des linken Oberbauches stark behindert war, konnte er die Versorgung und den Abtransport der Verwundeten leiten und stieg erst danach auf ein anderes Boot über. Die Besatzung des Schiffes betrug 175 Mann, dazu kamen 160 Mann Kommandierte als Fahrgäste. Da im Augenblick des Treffers ein Großteil der Besatzung zur Wachablö-

sung auf Oberdeck war, betrug die Anzahl der Verwundeten nur 18, von den Kommandierten 50 und zwei Tote, jedoch kann damit gerechnet werden, daß von den Kommandierten noch einige Mann tot in den Räumen unter Wasser liegen. Bei den Verwundeten handelt es sich hauptsächlich um Bein- und Armbrüche, Prellungen und kleine Wunden, nur ein einziger Unterschenkelbruch war kompliziert. Bei der allgemeinen Versorgung bewährte sich die Aufteilung von Sanitätsmaterial an verschiedenen Orten des Schiffes, da das Schiffslazarett durch die Detonation stark demoliert wurde. Bei der Auflockerung des Materials ist vor allem zu berücksichtigen, daß überall auch ein kleines Besteck, sowie eine Spritze, Ampullen und Schmerztabletten beigefügt sind. Starke Unterkühlungen waren nicht vorgekommen. Durch den Minentreffer wurde die in Luk 3 befindliche Sanitätslast völlig zerstört. Der Abtransport verlief reibungslos nach Stb.Seite, wo durch die Schlagseite des Schiffes gleiche Höhe mit dem übernehmenden Minensuchboot bestand. Die erste gründliche Versorgung der Verwundeten erfolgte auf Lazarettschiff MONTE ROSA, von wo sie auf Lazarettzüge und die verschiedenen Zweigstellen des Marine-Lazarettes Swinemünde verteilt wurden. MINENRÄUMSCHIFF 11 wurde gegen Abend auf Strand gesetzt und muß aufgegeben werden. Das gesamte geborgene Sanitätsaterial wird an die Marine-Lazarettapotheke Swinemünde abgeliefert.«[479]
Für das MINENRÄUMSCHIFF 25, Schiffsarzt Marinestabsarzt Dr. Bartsch, liegt das Ärztliche K.T.B. nur für den Zeitraum vom 1. März 1944 bis 31. Mai 1944 vor, in dem das Schiff im Raume Bergen, Stavanger, Haugesund eingesetzt war. Bis auf die »Beteiligung an den Rettungsarbeiten beim Bergener Explosionsunglück«[480] am 20. April 1944 sind besondere Ereignisse nicht notiert. Der Schiffsarzt konnte den befohlenen Unterricht der Besatzung in Erster Hilfe durchführen, ebenso eine gründliche Gesundheitsbesichtigung am 26. April in Haugesund.

Bordsanitätsdienst in der Ostsee 1944/45

Nach dem Verlust der Atlantik- und Kanalküsten lag infolge der bedrohlichen Lage im Osten, die die Notwendigkeit mit sich brachte, Millionen von Soldaten und Flüchtlingen vor dem Vormarsch der Roten Armee zu retten, der Schwerpunkt des Einsatzes der Bootsverbände in der winterlichen Ostsee. Auch über diese letzten aufopferungsvollen Einsätze liegen einige Aussagen über sanitätsdienstliche Besonderheiten vor. Der Bordsanitätsdienst ging im wesentlichen intakt in diese Evakuierungsoperationen hinein, war jedoch, über den Versorgungsauftrag für die eigenen Besatzungen hinaus, in keiner Weise auf einen Massenanfall von Flüchtlingen und Verwundeten vorbereitet und kam deshalb rasch an die Grenzen seiner Möglichkeiten. Den personellen und materiellen Unzulänglichkeiten konnten somit nur Improvisation und Opferbereitschaft entgegengesetzt werden. Die sanitätsdienstliche Kapazität in den an der Rückführung beteiligten Lazarettschiffen, Verwundetentransportern und Flüchtlingsschiffen, die das Gros der zu Evakuierenden beförderten, kann hier nur am Rande betrachtet werden.

Bereits am 26. April 1944 kam es bei Flottillenübungen der 3. T-Flottille mit der S-Boot-Lehrdivision in der mittleren Ostsee zu einem schweren Unglücksfall.[481] Um 15.14 Uhr rammte T 18 das Boot T 14 an der Steuerbordseite direkt vor dem achteren Rohrsatz. Der Bug blieb im Bootskörper kurzzeitig stecken. Auf T 14 wurde ein Mann des Maschinenpersonals schwer- und einer leichtverletzt. Sofort nach der Kollision stieg der Flottillenarzt, der sich auf T 21 befand, mit der Jolle zum Havaristen, wo er die zwei Verletzten übernahm und um 17.55 Uhr an den Zerstörer Z 35 zur Weiterversorgung übergab.

Die Evakuierungsoperationen über die Ostsee hatten im April 1944 im Zuge der Räumung der baltischen Staaten durch die Heeresgruppe Nord begonnen. Mehr als 1 000 Handels- und Kriegsschiffe waren daran beteiligt, eine generalstabsmaßige Vorplanung konnte wegen der sich rasch überschlagenden Ereignisse nicht stattfinden. Laut K.T.B. MOK Ost wurden aus Reval vom 25. Juli bis 28. August 1944 34 000 Soldaten, 38 000 Verwundete und 73 000 Flüchtlinge evakuiert, aus Riga im Zeitraum 23. September bis 8. Oktober etwa 20 000 Soldaten, 22 000 Verwundete, 10 000 Gefangene und 23 000 Flüchtlinge.[482] Die sowjetische Luftüberlegenheit sowohl in der östlichen als später auch in der mittleren Ostsee führte jedoch zur Versenkung zahlreicher deutscher Kriegs- und Handelsschiffe. Am 17. September 1944 sank das Torpedoboot T 18 nach einem Raketentreffer eines sowjetischen Flugzeuges vor der estnischen Küste. 99 Mann wurden von T 13 und T 20 gerettet, 30 Mann starben. Der Chef der 3. T-Flottille, Korvettenkapitän Verlohr, vermerkte in seinem Kriegstagebuch am 17. September 1944: »Beim erneuten Flugzeugangriff um 7.25 Uhr wird die Unterbrechung der Bergung und das notwendige Ablaufen beider Boote von den meisten im Wasser treibenden richtig verstanden. Aber einige glauben, sie wären vergessen und beginnen zu schreien. Durch

ihr lebhaftes Verhalten werden einige daher vor Erschöpfung in der kabbeligen See umgekommen sein.«[483] Der II.W.O. von T 18 erlebte den Untergang des Bootes auf folgende Weise: »Es dauerte etwa 40 sec. vom Einschlag bis zur Explosion, die Teile des Schornsteins und den 3,7-cm-Flakstand hinter dem Schornstein durch die Luft wirbeln ließ. Nach weiteren zwei Minuten konnte man von der Brücke aus unmittelbar im Wasser wegschwimmen. Wegen des starken Seeganges in der vergangenen Nacht waren die Seenotflöße festgezurrt und schwammen nicht, wie vorgesehen, auf. Die Beiboote waren zertrümmert. ... Die Haltung der im Wasser Schwimmenden war zunächst gut. Es gab einige schwer verbrühte Heizer. Es bildeten sich kleine Gruppen, die jedoch schnell auseinander trieben. Mir half der Oberfunkmeister, beim Schwimmen die Luftflasche meiner Fliegerschwimmweste zu öffnen. Der Obersteuermann und ich schwammen auf die Sorgleine von T 20 zu; ich hatte ein Schlauchboot mit einem an den Beinen verbrühten Heizer hinter mir hergezogen. Aus diesem Grund schwamm der Obersteuermann einige Meter vor mir. Nunmehr wurde auf T 20 erneut Fliegeralarm gegeben. Die gestoppten Maschinen gingen an und zogen den Obersteuermann in ihren Sog. Mir rief der I. W.O. Olt.z.S. von Mühlwerth zu: ›Gerhard, wir holen Dich später‹. Ab diesem Zeitpunkt gab es einige Szenen von Panik unter den Schwimmenden. Nach knapp eineinhalb Stunden werde ich aus einem Pulk von wieder zusammen Gekommenen mit dem Flottillenchef und ca. 20 Besatzungsmitgliedern von T 13 geborgen. Der von mir im Schlauchboot betreute Heizer war zwischenzeitlich gestorben.«[484]
Der Kommandant des Torpedobootes T 20 bewertete die eingesetzten Rettungsmittel seines Bootes, an dessen Sorgleine zunächst zahlreiche Erschöpfte hingen: Er bezeichnete vor allem die Netzbrook zum Aufnehmen der Erschöpften mittels Otterbaum auf der Back als sehr brauchbare Rettungseinrichtung. »Die breiten Fallreeps bewährten sich außerordentlich. Drei Stück an jeder Seite könnten gut gebraucht werden. Die Sorgleine wäre wirksamer, wenn sie mindestens an ihren Enden durch die dicht über der Wasserlinie angeschweißten Augen geführt worden wäre. Sie bot nämlich nicht immer einen Halt für die Erschöpften und wurde durch die Menschentraube so tief gezogen, daß etliche sie an anderer Stelle nicht ergreifen konnten. Rettungsleinen mit Querhölzern haben sich nicht bewährt; mit Karabinerhaken wären sie zweckmäßiger.«[485]

Eine der größten Schiffskatastrophen des ausgehenden Jahres 1944 betraf die beiden Zerstörer Z 35 und Z 36, die am 12. Dezember 1944 im westlichen Finnischen Meerbusen auf eine eigene Minensperre liefen und sofort untergingen. Von den etwa 700 Besatzungsangehörigen konnten bei Wassertemperaturen von 3–5 Grad C nur 67 Mann durch Torpedoboote und sowjetische Schnellboote gerettet werden.[486] Auch die beiden Schiffsärzte, Marinestabsarzt Dr. Reinhold Gohrbandt und Marinestabsarzt d.R. Dr. Hans-Joachim Lotze, kamen in den Fluten um.

Am 30. Dezember 1944 verzeichnete der Leitende Sanitätsoffizier beim Admiral Skagerrak in seinem Kriegstagebuch einen schweren Fliegerangriff auf den in einem Geleit Oslo-Aarhus laufenden Tanker Orion. Durch Bordwaffenbeschuß und Bom-

ben gab es erhebliche Verluste. Neben zahlreichen Angehörigen der Zivilbesatzung fielen von der Bordflak acht Soldaten, darunter der Sanitätsobergefreite Höpfner. In See erfolgte die sanitätsdienstliche Erstversorgung durch den Schiffsarzt des Zerstörers RICHARD BEITZEN, der zur Hilfeleistung zum Havaristen übergesetzt worden war. Neun Verwundete, davon sechs Schwerverwundete, wurden schließlich in das Marinelazarett Frederikshavn eingeliefert.
Bereits am 20 November 1944 war das Torpedoboot T 34, erst am 12. August 1944 von seinem Kommandanten Kapitänleutnant Freiherr Horst v. Luttitz in Dienst gestellt, durch Minentreffer verlorengegangen. H. v. Luttitz hat dieses Ereignis unter dem Pseudonym ›Walter Klenck‹ 1987 eindrucksvoll geschildert. Er nennt sein Boot in dem Buch ›Wer das Schwert nimmt‹ OTTER, den Kommandanten Graf v. Torra. Als das Boot getroffen wurde, » ... ertönte wie ein ohrenbetäubender Aufschrei des ganzen Schiffes ein berstendes Krachen, als habe ein Hammer, groß wie ein Haus, mit furchtbarer Kraft auf das Schiff eingeschlagen. Als die Wasserfaust in sich zusammenstürzte, war das ganze Achterschiff abgerissen und trieb sinkend davon«. Auf den Befehl ›Alle Mann von Bord‹ rissen die Unverwundeten »Flöße aus den Halterungen, warfen sie über Bord und sprangen hinterher. Da gab es nichts zu überlegen und zu bedenken, als so schnell wie möglich von Bord zu kommen.«[487]
Ein Fernlenkboot und ein Begleitschlepper – T 34 war beim Artillerieschießen – eilten zur Unglücksstelle. »Obwohl nun jede vertane Minute den Sieg des Todes über das Leben vergrößerte, schleppte die Bergung der Schiffbrüchigen sich wegen der Unerfahrenheit der zivilen Besatzung, wegen der rauhen See und aus Mangel an Rettungsgerät zum Verzweifeln langsam hin. Den unter Deck gewesenen Seeleuten wurden die Strapazen in ihrer viel zu leichten Kleidung in der eisigen Wassertemperatur von vier Grad bald zuviel, und sie erfroren ... .«[488] Einer seiner Offiziere sah, »wie von den Hilfsschiffen nur einfach Leinen in die See geworfen wurden. Offenbar hatten sie erwartet, daß die Entkräfteten hinschwimmen und dann aus der See die Bordwände zu erklimmen vermöchten. Man sah, diese Leute hatten keine Ahnung ... Torra, dem man inzwischen auf den Rand eines Floßes geholfen hatte, verfolgte die Rettungsaktion voll Bitterkeit und Enttäuschung ... Das war nun sein dritter Untergang innerhalb eines Jahres.«[489] Erst nach zwei bis drei Stunden wurde er mit seinen Männern aus der grausamen Kälte befreit, und auf dem Schlepper wurden Versuche zum Wiedererwärmen der Unterkühlten unternommen, die dann »trocken und warm gekleidet am Boden saßen oder lagen. Man hatte ihnen reichlich zu essen gebracht, Schnaps eingeschenkt, jeder hatte zu rauchen ... .«[490] Nach dem Tod eines jungen Soldaten » ... verloren noch andere mitten in der Freude über ihre Rettung das Bewußtsein, schnauften und fielen tot in sich zusammen. Niemand war sich bewußt, daß sie so unterkühlt waren, daß das Herz versagte.«[491]
Am Abend lief das Rettungsschiff in Saßnitz ein. Schwerkranke, die Heizöl geschluckt hatten, wurden in das Marinelazarett Stralsund eingewiesen, die Gesunden in eine Kaserne in Swinemünde transportiert.

Seit dem 1. November 1944 war als Nachfolger für Marinestabsarzt Dr. Walter Stork bei der 5. T-Flottille, zu der auch T 34 gehörte, Marinestabsarzt Dr. Helmut Brahms als Flottillenarzt eingesetzt und auf diesem Boot eingeschifft. Am Tage vor dem Untergang des T 34 wurde das ›Schwesterboot‹ T 33 aus den Schießübungen für die Schiffsartillerieschule herausgenommen, um im Kattegatt den Geleitschutz für Transporter zu übernehmen. Auf T 33 war der Sanitätsgast ausgefallen, und Dr. Brahms holte sich die Genehmigung, deshalb auf dieses Boot überzusteigen. Auf diese Weise überlebte er den Untergang von T 34, auf dem der Minentreffer auch die Arztkammer verwüstet hatte. Brahms blieb bis zum Ende des Jahres auf T 33, stieg dann auf T 28 ein, das ab Dezember 1944 als Arztboot diente. Mit diesem Boot wurden erstmals am 9. Februar 1945 Flüchtlinge vor Kahlberg aufgenommen, die den Weg zur Frischen Nehrung über das Eis des Frischen Haffs überstanden hatten. In der Danziger Bucht gab es anläßlich eines der zahlreichen russischen Luftangriffe auch auf T 28 einen Toten und mehrere Verletzte.
An einem dieser Tage, als Zerstörer und Torpedoboote gemeinsam mit dem Schweren Kreuzer Admiral Scheer der schwer bedrängten deutschen Landfront artilleristisch Unterstützung boten, geriet T 28 gleichzeitig in ein Duell mit sowjetischen Panzern, den Anflug von Flugzeugen, deren Bomben das Boot verfehlten, und den Angriff eines sowjetischen Unterseebootes, dessen Torpedo das Boot im letzten Augenblick auswich. Brahms erinnert sich, zu dieser Zeit in einem »versteckten Winkel« der Brücke gestanden zu haben. Er schließt nachträglich daraus, daß sein Aufenthaltsort nicht festgelegt war, daß er sich vielmehr dort aufhielt, »wo ich am schnellsten und besten übersehen konnte, wo eventuell ein Arzt gebraucht wurde.«[492]
Die letzte Aktion, an der das Boot sich beteiligte, hat der Kommandant, Kapitänleutnant Hans Temmig, im K.T.B. sehr kurz formuliert:

»8.5.1945	03.00 Uhr Marsch nach Hela angetreten.
	18.40 Uhr Hela Kriegshafen. Übernehme 1 327 Soldaten.
	21.30. Mit T 23 Rückmarsch angetreten.«[493]

Das Boot ging am 11. Mai 1945 in Kiel an die Pier. Dr. Brahms konnte seine zwölf Verwundeten und einen Kranken in das Marinelazarett Kiel-Wik begleiten, wo es ihm gelang, für sich selbst eine ärztliche Anstellung zu finden.
Am 12. Januar 1945 durchbrachen sowjetische Truppen die deutsche Ostfront, schnitten kurze Zeit später Ostpreußen vom Reich ab und erreichten in wenigen Wochen die Evakuierungshäfen an der mittleren Ostsee, wo Millionen von Soldaten und Flüchtlingen auf ihre Einschiffung warteten. Die Rückführung der ostdeutschen Bevölkerung durch die Kriegsmarine ist wiederholt unter verschiedenen Blickwinkeln beschrieben worden. Eine umfassende Würdigung der Leistungen des Marinesanitätsdienstes steht bisher noch aus.
Die 9. und 10. Sicherungsdivision der Marine übernahmen mit 17 Flottillen und etwa 350 kleineren Fahrzeugen die Geleitorganisation und Sicherung der Evakuierungsoperationen in der Ostsee. Beide Großverbände verfügten in allen großen Ost-

seehäfen über Zweigstellen und Sonderstäbe. Die 9. Sicherungsdivision steuerte den gesamten Geleitdienst von den kurländischen Häfen Windau und Libau in die Danziger Bucht. Truppendienstlich bzw. taktisch waren der Division am 1. Dezember 1944 15 Flottillen unterstellt: 1., 3., 25., 31 Minensuchflottille, 1., 17. R-Flottille, 3., 9. und 17. Vp-Flottille, 3., 14. Sicherungsflottille, 13., 21. und 24. Landungsflottille, 7. Artillerieträgerflottille. Zusätzlich unterstanden einsatzmäßig die 5. S-Flottille und 2. S-Schulflottille sowie truppendienstlich das Lazarettschiff Oberhausen. Die Namen der einzelnen Sanitätsoffiziere sind größtenteils nicht mehr zu ermitteln.

Durch die sowjetische Luftüberlegenheit waren die Fahrten der zugeordneten Einheiten sehr gefährlich und forderten hohe personelle Verluste. Die sanitätsdienstliche Präsenz wurde dieser Bedrohung angepaßt. In der durch den Chef der Division herausgegebenen »Anweisung für den Geleitdienst« vom November 1944 hieß es über die sanitätsdienstliche Versorgung der beteiligten Sicherungsgruppen: »Bei jeder Geleitgruppe mit drei und mehr Booten ist nach Möglichkeit ein Arzt einzuschiffen. Der älteste Arzt der in Gotenhafen stationierten Flottillen regelt Einschiffung der Flo.Ärzte.«[494] Das Stabsquartier der 9. Sicherungsdivision befand sich auf dem Führerschiff Rugard, das bis März 1945 in Windau bzw. Libau lag und schließlich nach Gotenhafen verlegte. Als einzige Sicherungsdivision hatte sie einen eigenen Verbandsarzt, nämlich Marinestabsarzt Dr. Holzhütter.

Anhand von Dokumenten und Aussagen von Zeitzeugen berichten die Autoren W. Müller und R. Kramer über die Ereignisse der letzten Wochen und Tage des Krieges.[495] Die Berichte zeigen die unvorstellbare Belastung und die nicht zu erschütternde Leistungsbereitschaft und Pflichterfüllung aller Dienstgradgruppen auf den Schiffen und Booten. Als Beispiel wird hier an den Einsatz von Zerstörern, Torpedobooten und kleineren Fahrzeugen in den letzten Kriegstagen 1945 im Raum Swinemünde erinnert. Hier trafen sich auch die beschädigten Z 34 und T 36, die ständigen Luftangriffen ausgesetzt blieben. Bei der Abwehr von Luftangriffen auf das Linienschiff Schlesien erhielt T 36 einen weiteren Minentreffer. Es gab Tote und Verletzte, auch der Kommandant, Kapitänleutnant Hering, war vorübergehend außer Gefecht gesetzt. Der Flottillenchef übernahm daher vorübergehend das Kommando über das Boot. Gegen seinen erklärten Willen erhielt er vom F.d.Z. den Befehl, Schwerstverwundete der Schlesien zu übernehmen. Er bat aber zu veranlassen, »daß mein Flo.Arzt an Bord von Z 34 zur Behandlung des Kommandanten und … der Schwerverwundeten auf T 36 kommandiert wird.«[496] Vor der Übernahme der Verwundeten »… erschien ein Unterarzt und dann brachte uns ein R-Boot zweimal je zehn Schwerverwundete. … Der Unterarzt, betreute sie wirklich erstklassig, er machte seine Sache gut.«[497] Auf dem Wege nach Kopenhagen erlitt das Boot, auf dem sich der Unterarzt und das Sanitätspersonal um die überlebenden Schwerverwundeten der Schlesien bemühten, weitere Angriffe und schwere Schäden. Von der eigenen Besatzung fielen 63 Mann, 44 wurden verwundet. Kopenhagen wurde nicht erreicht: »Der Bordwaffenbeschuß hatte eine verheerende Wirkung auf die an

Oberdeck oder auch unter Deck befindlichen Besatzungsangehörigen bzw. auf die von der SCHLESIEN übernommenen Verwundeten.«[498] Das Schiff mußte selbstversenkt werden. Auf den Befehl ›Alle Mann von Bord‹ kamen zunächst die Verwundeten auf die Flöße. Der Kommandant selbst wurde, in einer Hängematte liegend, an Bord des Dingis gefiert. Hering bemerkte weiter: »... wir sammelten alle Rettungsinseln ein und warteten nun auf die Sprengung und die Retter. ... Viele kleinere Fahrzeuge wie KFK's und R-Boote kamen längsseits und übernahmen uns Überlebende. Hansen Nootbaar (der Flottillenchef, d.Verf.) und ich kamen an Bord von R 230. ... R 230 brachte uns nach Kopenhagen, wo ich wegen meiner Knieverletzung auf das Lazarettschiff PRETORIA eingewiesen und behandelt wurde. Wie ich später erfuhr, gelangten einige Besatzungsangehörige nach Rönne, auf der Insel Bornholm, wo sie dann in russische Gefangenschaft kamen.«[499]

Am 14. März 1945 verlegten die Torpedoboote T 5, T 3, T 12 und T 14 aus dem kurz vor dem Fall stehenden Gotenhafen Richtung Travemünde. Unter Führung des Flottillenchefs, Korvettenkapitän F.K. Paul, waren auf jedem Boot 250 Flüchtlinge eingeschifft, ausschließlich Frauen, Mädchen und Kinder. Abends erschütterte nordöstlich von Hela eine schwere Detonation das Achterschiff von T 5. Das Boot verlor alle Fahrt und begann, achtern mit Steuerbord-Schlagseite zu sinken. Die zerstörte Nebelanlage nebelte das Boot ein und erschwerte die Rettungsmaßnahmen. Begleitfahrzeuge eilten herbei und fingen an, im künstlichen Nebel und bei inzwischen eingetretener völliger Dunkelheit aus dem eisigen und öligen Wasser Überlebende zu bergen. Schließlich ragten nur noch Brücke und Vorschiff aus dem Wasser. Ein letzter Kriegsfischkutter, der an den immer steiler aus dem Wasser ragenden und absinkenden Bug herangegangen war, legte nach Übernahme weiterer Überlebender, darunter der Flottillenchef, ab. Auch auf dem Torpedoboot T 3, auf dem sich der Flottillenarzt Dr. Walter Seydel befand, erfolgte in dem Moment, als der Bug von T 5 versank, eine schwere Detonation unter dem Vorschiff. Der Bug des Bootes war durch die Wucht der Explosion verschwunden. Das Schiff sank innerhalb von zwei Stunden. S-Boote und Kutter bargen vom Boot und aus der See zahlreiche Überlebende. Anschließend fuhren die Bergungsfahrzeuge mit den Geretteten nach Gotenhafen, wo diese im leeren Flottillengebäude provisorisch untergebracht und versorgt wurden, bis sie am 18. März von einem anderen T-Boot abgeholt wurden. Die Verletzten, darunter auch Dr. Seydel, wurden auf Hela und auf dem früheren Fahrgastschiff CAP ARKONA behandelt. Auf T 3 waren 36 tote und 17 verwundete Besatzungsangehörige zu beklagen, ebenso ertranken ca. 250 Flüchtlinge. T 5 verzeichnete 24 Tote, vier Verwundete unter der Besatzung, ebenso 250 tote Flüchtlinge.

Auch in der Chronik des Minenkampfbootes M 328, das zu der am 1. Dezember 1942 aufgestellten 25. Minensuchflottille gehörte, wird auf sanitätsdienstliche Besonderheiten in der letzten Kriegsphase in der Ostsee eingegangen. Das Boot lief unter seinem Kommandanten, Kapitänleutnant Hans Kadelbach, am 12. Juni 1943 in Stettin vom Stapel und trat am 16. November 1944 zur Flottille. Seit März 1945 war

Marinestabsarzt Dr. Walter Seydel auf dem Achterdeck von T 10. Ostsee, vermutlich 1944.
Sammlung Harnack

der namentlich nicht benannte Flottillenarzt der 25. Minensuchflottille zusätzlich zu dem planmäßigen Sanitätsgasten fast ständig an Bord M 328 eingeschifft, nicht allerdings in der Nacht zum 17. April 1945, in der das Boot den Transporter Goya nach Westen geleiten sollte. Kurz vor Mitternacht torpedierte nördlich von Stolp ein sowjetisches U-Boot die mit 7 000 Menschen belegte Goya, die sofort sank. M 328 konnte in den folgenden Stunden nur noch 90 Soldaten, 13 Frauen und acht Männer aus der kalten See bergen. Besatzungsangehörige sprangen bei der Rettungsaktion von Bord, um die im kalten Wasser erstarrenden Schiffbrüchigen festzuhalten und an Bord zu bringen. Noch elf Stunden nach dem Untergang retteten Boote der 2. R-Flottille 28 Menschen. Als sie den Befehl erhielten, die Suche abzubrechen, setzte sich der auf einem Räumboot eingeschiffte Flottillenarzt, Marinestabsarzt Dr. Kühl, persönlich und durch eigenhändig abgegebenen Winkspruch mit Signalflaggen für ein Fortsetzen der Aktion ein, und immerhin konnten noch ein Soldat, eine Frau und ein Kind aus dem Wasser gezogen werden, wie der damalige Kommandant von R 414, Oberleutnant z.S. Hans Constabel, später berichtete.[500]

Das Kriegstagebuch der 8. Z-Flottille verzeichnet, wie Güth berichtet, als Höchstbelegung des Zerstörers Z 34 bei der Rückführung der Menschen über die Ostsee

im Frühjahr 1945: 1 450 Soldaten, darunter 250 Schwerverwundete. Schiffsarzt dieses am 5. Juni 1943 in Dienst gestellten Zerstörers war Marinestabsarzt d.R. Dr. Erwin Arnold, von dem ein eigener Bericht nicht vorliegt.
Während der fünfzehnmonatigen Verwendung des Schiffes in norwegischen Gewässern kam es nur selten in Gefechtssituationen. In Verbindung mit Luftangriffen auf das Schlachtschiff Tirpitz wurde auch Z 34 am 28./29. August 1944 im Aaröysund durch Trägerflugzeuge beschossen und hatte zwei Tote, drei Schwer- und acht Leichtverletzte zu beklagen. Im Januar 1945 verlegte Z 34 zur Unterstützung der Ostfront und zur Rückführung von Menschen in die Ostsee. Am 26. Februar übernahm das Schiff in Pillau gemeinsam mit Z 33 insgesamt 800 Verwundete, davon 270 Schwerverwundete, die in Gotenhafen ausgeladen werden konnten. Am 12. März 1945 gelang es dem Zerstörer in der Nähe Kolbergs, während der Beschießung sowjetischer Stellungen in dem Dorf Sellnow, gleichzeitig in Feuerlee insgesamt 800 Verwundete und Flüchtlinge an Bord zu übernehmen, am 16. März vor Kolberg erneut 200 Schwerverwundete, die an vier Fährprähme übergeben wurden. Aus dem belagerten Kolberg wurden vom 6. bis 15. März mehr als 70 000 Flüchtlinge evakuiert, die letzten Verteidiger wurden gemeinsam mit Z 43 und T 33 am Morgen des 17. März mit Verkehrsbooten an Bord genommen. Am 1. April folgte für Z 34 eine Geleitschutzunternehmung für die Passagierdampfer Deutschland (5 000 Verwundete und 500 Flüchtlinge an Bord) und Pretoria (6 000 Verwundete und Flüchtlinge) nach Kopenhagen. Am 15. April erhielt Z 34 nach der Bekämpfung feindlicher Batterien vor Hela-Südreede einen Torpedotreffer. Verluste traten zusätzlich durch Bombensplitter und die Explosion eigener Flakmunition auf: Am 15. und 16. April waren acht Tote, acht Schwerverwundete und acht Leichtverwundete zu beklagen. »Vorbildliche Haltung der Verwundeten«, notiert das von Güth zitierte Kriegstagebuch.[501] Über die Tätigkeit des Sanitätsdienstes auf Z 34 unter Führung des Schiffsarztes, Marinestabsarzt Dr. Erwin Arnold, ist den Verfassern kein Bericht bekannt geworden. Aber auf die körperliche und seelische Belastung der Besatzung ging Güth ausführlicher ein: »Die Einsätze gingen manchmal rund um die Uhr, und an geregelten Schlaf war kaum zu denken, nur ab und zu etwas Ruhe auf Gefechtsstation, die dauernd besetzt bleiben mußte. Das Verantwortungsbewußtsein für die bedrängten Soldaten, für die Verwundeten und nicht zuletzt für die Flüchtlinge gaben uns immer wieder Kraft, die uns gestellte Aufgabe zu meistern. Tausende von Menschen verdanken uns die Rettung vor dem sicheren Zugriff der Russen, wenn nicht sogar ihr Leben. Eigenartigerweise fühlten sich die an Bord genommenen Leute auch geborgen, obwohl sie ja noch lange nicht in Sicherheit waren, denn die Gefahren unter und über Wasser umlauerten ständig das Schiff«.[502]

Auch alle verfügbaren Kampfeinheiten der Schnellbootwaffe einschließlich der Lehrdivisionen wurden in den letzten Kriegswochen im Osten eingesetzt. Hierbei erwiesen sich die vorhandenen Begleitschiffe, an den übrigen Fronten kaum verwendbar,

sowohl hinsichtlich der Aufrechterhaltung der Einsatzmöglichkeiten der S-Boote, als auch des Sanitätsdienstes als außerordentlich nutzbringend. So war es möglich, bei der Rückführung der Kurland-Flottillen ärztliche und materielle Hilfe im großen Stil zu leisten.
Am 2. April 1945 verlegte die 5. S-Flottille von Den Helder nach Rönne/Bornholm, um die Kurlandgeleite zu schützen. Der größte Teil der Kraftwagen und des Stabes schlug Quartier in Laboe auf, die Boote sowie etwa 50 Soldaten des Hauptstabes einschl. des Flottillenarztes Marineoberassistenzarzt Dr. Hanns-Helmuth Unger trafen am 15. April 1945 in Bornholm ein.
Am Morgen des 8. April retteten Einheiten der 1. S-Flottille 98 Überlebende des Troßschiffes FRANKEN vor Hela.
Am Nachmittag des 6. Mai 1945 befahl der Flottillenchef der 5. S-Flottille, Kapitänleutnant Hermann Holzapfel, in einer Musterung für den Abend seeklar nach Kurland. Den Besatzungsangehörigen wurde die Teilnahme freigestellt, kein Soldat trat jedoch zurück. Auch Dr. Unger war an Bord.[503] Am Morgen des 7. Mai trafen die sechs Boote der Flottille in Libau ein, dort befand sich bereits die 2. S.-Schulflottille unter Kapitänleutnant Klose und auch die 1. S-Flottille. Am Nachmittag des Tages sollten die Boote dem Oberbefehlshaber Kurland melden, wie viele Soldaten sie an Bord nehmen könnten. Die S-Boote meldeten zusätzlich 100 Soldaten, für das Begleitschiff TSINGTAU wurden 2 000 sitzend Verwundete angegeben. Während des 8. Mai 1945 strömten zahlreiche Heeresangehörige nach Libau, die meisten in größter Ordnung und Ruhe. Die Zahl der Eingeschifften erhöhte sich im Laufe des Tages auf bis 165 Mann, so daß die Flottille schließlich 990 Soldaten an Bord aufgenommen hatte. Um 19.30 Uhr liefen alle im Hafen liegenden Verbände der Kriegsmarine aus, insgesamt 65 Minensuch-, Räum-, Hafenschutzboote und Schlepper. Sie hatten 14 400 Soldaten an Bord, die TSINGTAU allein 2 000 Verwundete. Bereits nach 30 Minuten griffen sowjetische Flugzeuge den Konvoi an. Die 17 S-Boote der drei Flottillen verließen Libau als letzte Flotteneinheiten gegen 21.30 Uhr in der Dämmerung mit etwa 2 000 eingeschifften Soldaten. Sie erreichten unbehelligt am nächsten Abend die Geltinger Bucht.
Als letztes Schnellboot verließ S 216 am Abend des 8. Mai mit 99 Soldaten den deutschen Brückenkopf auf der Halbinsel Hela und stand am Nachmittag des 9. Mai bei Christiansoe inmitten eines Konvois von Kriegsfischkuttern. Obwohl um 1.00 Uhr dieses Tages die Gesamtkapitulation der Wehrmacht in Kraft getreten war und bereits Waffenruhe herrschte, griffen plötzlich 35 sowjetische Schlachtflieger mit Raketen, Bomben und Bordwaffen an. Auf dem S-Boot gab es unter den eingeschifften Soldaten zwei Tote, 13 Schwer- und sieben Leichtverletzte. Am Morgen des 10. Mai erreichte das Boot die schleswig-holsteinische Küste.
Ebenfalls am 9. Mai übernahmen die Zerstörer KARL GALSTER, FRIEDRICH IHN, Z 25 und die Torpedoboote T 17, T 19, T 23, T 28 und T 35 auf Hela letztmalig deutsche Soldaten und luden sie am Mittag des 10. Mai in der Kieler Bucht aus. Allein

die FRIEDRICH IHN hatte auf dieser Fahrt 2 200 Flüchtlinge, Rote-Kreuz-Schwestern sowie Heeres- und Luftwaffensoldaten an Bord. »In dem Decksaufbau unter dem dritten und vierten Geschütz waren etwa 20 Verwundete in den Räumen der Offiziere untergebracht. Sie wurden vom Bordarzt, Marineoberassistenzarzt Dr. Seckfort, behandelt und in Kiel als erste an Land gebracht.«[504]
Wie Busch mitteilte[505], wurde noch nach Kriegsende ein S-Boot auf der Überführungsfahrt nach Sonderburg durch Jabos versenkt. Die Besatzungsangehörigen wurden mit Verwundungen und starken Unterkühlungen von einem weiteren S-Boot geborgen und auf die Begleitschiffslazarette verteilt. Tödliche Verletzungen traten nicht auf. Das aufgrund des großen Flüchtlingseinstroms materiell leergelaufene Standortlazarett SONDERBURG konnte mit den Landungsausrüstungen der S-Bootsbegleitschiffe wieder ergänzt werden. Nach Ende der Kampfhandlungen wurde der größte Teil der noch vorhandenen Sanitätsausrüstungen dem Reservelazarett in der Marineschule Mürwik zugeführt.
Während der Internierung der Schnellboote in der Geltinger Bucht und später in der Flensburger Förde war das Verlassen der Fahrzeuge anfangs bei Androhung der Todesstrafe verboten. Auch Verletzte durften nicht von Bord gebracht werden. So wurde es notwendig, daß z.B. eine Durchtrennung der Achillessehne an Bord der TSINGTAU genäht werden mußte. »In Flensburg flog am 1. Juni 1945 das Arsenal in einer gewaltigen Explosion in die Luft. Als Begleitschiff war nur noch TSINGTAU übriggeblieben. Der auf Reede neben TSINGTAU ankernde britische Zerstörer richtete sofort seine Geschütze auf TSINGTAU. Da zu erkennen war, daß bei den am Arsenal liegenden Einheiten Verluste eingetreten waren, wurde auf Ersuchen des Arztes ein Verkehrsboot mit gesetzter Rotkreuzflagge trotz des strikten Verbots ausgesetzt und mit Sanitätspersonal und Material versehen zum Arsenal geschickt. Am schwersten war ein großer U-Boot-Tender beschädigt, der bereits im Sinken begriffen war. Die Verletzten wurden aus dem sinkenden Schiff vollständig geborgen. Hierbei ereignete sich das erste Zusammentreffen mit einem jüngeren englischen Marinearzt, der völlig kooperativ die eine Hälfte des sinkenden Schiffes übernahm, während wir die andere Hälfte absuchten.«[506]

Abschließend sollen die besonderen Umstände bei der Bergung von Verwundeten eines in der Ostsee havarierten Lazarettschiffes in Küstennähe angesprochen werden. Am 30. Oktober 1944 um 12.15 Uhr liefen nach einer Meldung des Chefs der 3. Sicherungsdivision die fünf Torpedoboote T 4, T 1, T 3, T 5 und T 12 aus Gotenhafen aus und fuhren in das Seegebiet nördlich Hela.
Etwa 15 Seemeilen nördlich der Halbinsel kam gegen 14.03 Uhr das 5 335 BRT große und 1921 gebaute Lazarettschiff BREMERHAVEN in Sicht. Die BREMERHAVEN war in der Nacht aus dem kurländischen Windau mit 3 094 Passagieren und 112 Besatzungsangehörigen an Bord ausgelaufen. Neben 1 515 Verwundeten wurden auch zahlreiche Wehrmacht- und Zivilreisende mitbefördert. Nach einem sowjeti-

schen Bombenangriff brannte das Schiff achtern und ließ sich nicht mehr manövrieren. Verschiedene andere Seefahrzeuge befanden sich bereits zur Hilfeleistung am Havaristen. Ein mißglücktes Schleppmanöver entfachte jedoch die Flammen erst richtig, so daß sich das Feuer am Nachmittag weiter ausbreitetete. Gegen 16.00 Uhr brannte die Bremerhaven von achtern bis zum Schornstein. Die Evakuierung der Verwundeten und Flüchtlinge ließ sich nicht mehr umgehen. Hierzu kamen zunächst das Hilfszielschiff Kürassier, zwei Minensuchboote, drei Flugbetriebsboote und andere kleinere Einheiten längsseits und übernahmen zahlreiche Passagiere. Beispielsweise retteten die Kürassier 1452 Personen, das Fl.B-Boot Wedel 798 Menschen. Das Torpedoboot T 4 ging mit der Back an das Backbord-Vorschiff der Bremerhaven heran und machte dort fest. In den kommenden 90 Minuten wurden die letzten 250 Personen aus der Bremerhaven evakuiert, allerdings erfuhren die Retter, daß sich noch zehn bis zwanzig Mann in den weitläufigen Decks des Schiffes befinden sollten. Durch die sich rasch vergrößernde Schlagseite und die ausgeprägten Stampfbewegungen drückte das Schiff die Bb.-Brückenseite und die Back von T 4 ein. Wachoffiziere und weitere Besatzungsmitglieder des Torpedobootes stiegen über und holten aus den Räumen ein und zwei weitere Schwerverwundete heraus. Diese und schon an Oberdeck der Bremerhaven befindliche Verletzte wurden schnell auf die Back von T 4 herübergeholt oder sprangen hinüber, als um 17.40 Uhr die Kessel mit donnerndem Geräusch barsten. An Bord des T-Bootes erfolgte eine erste sanitätsdienstliche Versorgung der Geretteten und Verwundeten, die zum großen Teil unbekleidet waren. Sanitäts-Gasten und ein Truppenarzt wechselten die Verbände. Inzwischen durchsuchten Besatzungsangehörige von T 4 unter Führung des II. W.O., Lt.z.S. Worch, erneut die Innenräume, fanden aber keine lebenden Personen mehr. Kurz vor 18.00 Uhr wurden die Leinen zur Bremerhaven gelöst, T 4 legte ab. Wenige Minuten später erschienen an Oberdeck des Schiffes jedoch vier weitere Personen, die schließlich vom Bergungsschlepper Thor übernommen wurden. Das Torpedoboot hatte insgesamt 271 Personen an Bord genommen, davon 138 Schwer- und Leichtverwundete, 64 Frauen, 39 Kinder, 22 Männer und acht Besatzungsmitglieder mit Arzt. Um 21.16 Uhr lief T 4 in Gotenhafen ein und schiffte die Geretteten aus.[507] Die Bremerhaven sank in der gleichen Nacht 30 Seemeilen nördlich von Hela und nahm 411 Personen, die durch Bomben und Feuer ums Leben gekommen waren, mit in die Tiefe.

Der Einsatz der Marine in den letzten Kriegsmonaten ist von Hubatsch 1962 zusammenfassend geschildert und bewertet worden.[508] Der Autor erinnerte an die gewaltige Transportleistung: Insgesamt wurden zwischen dem 28. Januar und dem 8. Mai 1945 2 022 602 Menschen über See befördert.[509] »An ärztlicher Hilfe und Verpflegung haben alle Formationen und Einheiten ihr äußerstes geleistet.«[510] Hubatsch hielt aber auch fest, eine »rechtzeitige gedankliche Vorbereitung auf die rauhe Kriegswirklichkeit, wie sie plötzlich in dem bisher abgeschirmten Raum auftrat, würde

Lazarettschiff BREMERHAVEN kurz vor dem Untergang am 31. Oktober 1944 nördlich von Hela.
Sammlung Hartmann

Kräfte, Zeit und Verluste erspart haben.«[511] Nach weiteren kritischen Anmerkungen resümiert er: »Um so mehr war der zähe Wille zur Bewältigung der gestellten Aufgabe beachtlich, weil in einer hoffnungslosen Gesamtlage das nächstliegende Ziel jedem Besatzungsangehörigen klar sichtbar vor Augen lag. Aber nicht nur den Männern, die auf den schwimmenden Einheiten ihren entsagungsvollen Dienst taten, sondern auch allen denen, die die Planung und Durchführung der Transporte zu leiten hatten, den Abwicklungsstellen und ihren Organen, den Intendanturen, Bekleidungs- und Verpflegungsämtern, nicht zuletzt den Ärzten und dem Sanitätspersonal, haben Tausende von Flüchtlingen und nicht mehr kampffähigen Menschen ihre Rettung zu verdanken. Es war der letzte Akt im Einsatz der Kriegsmarine, nicht glorreich im Überschwang der Gefühle, aber doch heroisch in der Aufopferung der Kräfte und des Lebens für die nächstliegenden Aufgaben: die Hilfe und Rettung von in Not geratenen Mitmenschen.«[512]

Körperliche und psychische Belastung der Besatzungsangehörigen

Im letzten Kapitel möchten die Autoren zusammenfassend den Blick auf die außerordentliche körperliche und mentale Anspannung der Bootsbesatzungen werfen und diese exemplarisch anhand der Gegebenheiten in der Schnellbootwaffe darstellen. Die Feststellungen können jedoch auf die Situation in den anderen Kleinbootsverbänden übertragen werden.

Bereits vor Kriegsbeginn hatte in den USA Hans Selye eher zufällig die Zusammenhänge des Anpassungs- oder Streß-Syndroms entdeckt.[513] Er beschrieb die Wirkungen, die von außen kommende ›Stressoren‹, wie Hitze, Traumen, Anstrengung oder Krankheit, auf einzelne Organe wie auch auf den ganzen Körper, hervorriefen.

Bei den Besatzungen der Kleinboote, insbesondere den eigentlichen Leistungsträgern wie Kommandanten, aber auch Brücken-, Signal-, Funk- und Maschinenpersonal, basierte diese nicht-spezifische und nicht zu beherrschende Reaktion des Körpers auf zahlreichen schädlichen Einwirkungen während der Fahrten. Hier ergaben sich in den Ruhephasen und Hafenliegezeiten weitreichende ärztliche Aufgaben, die rückblickend gesehen aus verschiedenen Gründen nur ansatzweise einer Lösung zugeführt werden konnten. Um welche für das Bootspersonal eigentümlichen schädigenden Mechanismen handelte es sich?

Zum einen sahen sich die Besatzungsangehörigen ›mentalen Stressoren‹ ausgesetzt, Einflüssen, die von außen auf die Vigilanz und das Reaktionsvermögen einwirkten. Dies betraf vor allem das Brückenpersonal, das während der langen nächtlichen Transitphase zum und vom Einsatzort zu genauesten Beobachtungen des Horizontes und der See gezwungen war und sich dabei in seiner Aufmerksamkeit von zahlreichen Störphänomenen, wie z.B. Wellengang, Schaumkronen und auch Meeresvögeln abgelenkt sah. Die daraus resultierende Reizüberflutung bewirkte bereits vor dem nur kurze Zeit dauernden Gefecht ein Nachlassen der Wachsamkeit und begünstigte die Entwicklung von Müdigkeit.

Sensorische Einflüsse beeinträchtigten die Sinnesorgane Augen, Ohr und Nase, aber auch, bedingt durch wechselnde Klimaverhältnisse, das Hitze- und Kälteempfinden. Vor allem das Phänomen der Nachtblindheit und ihre praktische Bedeutung für den Einsatz an Bord war Gegenstand intensiver Untersuchungen. Diese Herabsetzung des Seh- und Orientierungsvermögens bei Dunkelheit und Dämmerung hatte für die Brückenbesatzungen der Boote eine große Bedeutung, da durch die Einsätze höchste Ansprüche an die Lichtempfindlichkeit im Dunkeln gestellt wur-

den. Die von den Sanitätsoffizieren beobachteten Störungen der Nachtsehfähigkeit bei den Soldaten hatten ihre Ursache zum einen in erblichen Faktoren, zum Teil im Vitamin-A-Mangel, vor allem aber in nervöser Erschöpfung aufs äußerste überanstrengter Personen und auch in der Blendung während der Nachtgefechte, die eine Verlängerung der Hell-Dunkeladaptation der Augen bewirkte.[514] Daraus konnten sich fatale Folgen ergeben: Am frühen Morgen des 25. Oktobers 1943 befanden sich vier Boote der 4. S-Flottille unter Führung des Flottillenchefs, Korvettenkapitän Werner Lützow, auf dem Rückmarsch von einer Konvoiroute an der britischen Ostküste. Gegen 2.00 Uhr passierten die Fahrzeuge in der Nacht bei schlechter Sicht leichte Nebelfelder. Lützow, der auf der Brücke von S 88 die Gruppe befehligte, litt seit längerem an einer deutlichen Einschränkung der Nachtsehfähigkeit[515] und nahm nicht wahr, daß er direkt in einen britischen Zerstörer- und MTB-Verband steuerte. Das Überraschungsmoment lag auf Seiten der Briten, deren Salven die deutschen Boote, die keinen Schuß mehr abgeben konnten, sofort trafen. Lützow und die gesamte Brückenbesatzung von S 88 wurden tödlich getroffen, das Boot sank nach kurzer Zeit, ebenso wurde das zu Hilfe geeilte Schnellboot S 63 zusammengeschossen.
Die Koordination aller sinnesphysiologischen Forschungen, soweit sie für den Dienstbetrieb der Kriegsmarine wichtig waren, darunter auch die augenärztlichen Untersuchungen, nahm die Sinnesmedizinische Forschungsabteilung beim Sanitätsamt der Marinestation der Ostsee unter ihrem Leiter Geschwaderarzt Dr.med. habil. Ernst Heinsius wahr. Das Wirken dieser Forschungsstätte ergab sehr fruchtbare Einzelergebnisse auf dem Gebiet des Farbensehens, stereoskopischen Sehens und des Nachtssehens, die aber infolge des Kriegsendes teilweise nicht abgeschlossen werden konnten oder auch verlorengingen. Besonders hervorzuheben sind die physiologisch-optischen Studien des an der Prager Universität lehrenden Professors, Geschwaderarzt Hofrat v. Tschermak-Seysenegg, Beratender Sinnesphysiologe des Sanitätschefs der Kriegsmarine.[516] Untersuchungen zur Verbesserung der Nachtsehfähigkeit wurden im Bereich der Kleinbootsverbände noch im Jahre 1945 durchgeführt, wie einer Notiz im K.T.B. des L.S.O. beim Marineoberkommando Norwegen zu entnehmen ist. Am 10. Januar 1945 traf Marinestabsarzt Dr. Hamburger von der Sinnesmedizinischen Forschungsabteilung zur Vorbereitung von Versuchen zur Verbesserung der Nachtsehleistung in Oslo bei dem L.S.O, Flottenarzt Dr. Eckmann, ein. Die Versuche sollten auf Vorpostenbooten im Raum Bergen durchgeführt werden, Vortrag wurde sogar beim Oberbefehlshaber gehalten.[517]
Lärmbelastungen der Besatzungen durch Motoren-, Wind- und Seegangsgeräusche wurden durch die hohen Fahrtgeschwindigkeiten der Schnellboote verursacht. Auch die in den höheren Fahrtstufen zunehmende Vibration beeinflußte die Soldaten. Ebenso wirkten klimatische Faktoren, wie die Hitzebelastung in der Maschine, vor allem in heißen Zonen, aber auch die Kälte und der Zugwind auf das Personal im Nordmeereinsatz ein.

Sogar das Riechvermögen wurde beansprucht. Als die Wirkung des gegnerischen Radars noch nicht so ausgeprägt war, operierten die S-Boote häufiger von einer sogenannten ›Lauerstellung‹ aus, d.h. die Boote lagen allein oder in Rotten in der Nähe des Geleitzugweges in Erwartung des gemeldeten Konvois. Auch wenn dieser noch nicht zu sehen bzw. das Geräusch der schweren Maschinen zu hören war, konnte – bei günstiger Windrichtung – der typische Geruch der Kohlenkessel wahrgenommen werden. Gillner schilderte seine Erfahrungen auf diesem Gebiet: »Daß man bei der Marine von jeher auf das Sehvermögen großen Wert legte, ist selbstverständlich, ebenso wird ja auch das Hörvermögen bei der Einstellung geprüft – aber daß auch der Geruchssinn getestet wird? Es klingt schier unglaublich, fast wie ein Witz, und scheint sich in grauen Vorzeiten ereignet haben – aber wir hatten tatsächlich in einigen Fällen des Erfolgs des Schnellbootangriffs und die unversehrte Heimkehr dem optimalen Riechsinn des Brückenpersonals zu verdanken, und das kam so: Es ergab sich häufig, daß wir nach dem Auslaufen in der Dämmerung aus den Stützpunkten der Kanalküste auf Position nachts noch lange auf den Geleitzug warten mußten, eine in doppelter Hinsicht unerfreuliche Situation, einmal durch das zermürbende Warten (passionierte Raucher durften dann nicht einmal ihre Zigaretten zu Hilfe nehmen) und zweitens durch das Schlingern und Dümpeln, das selbst alten Seefahrern doch die Seekrankheit wieder in Erinnerung brachte. Da es noch kein Radar gab, war es entscheidend, mit Hilfe der Sinnesorgane (und guter Gläser) den Feind frühzeitig auszumachen, und dabei lehrte die Erfahrung, daß – bei entsprechend günstigen Windverhältnissen – die Dampfer oft noch nicht gesehen wurden und auch die mahlenden Schraubengeräusche eines ganzen Geleitzuges noch nicht zu hören waren, der typische Geruch aus den Schornsteinen der Kohlendampfer aber den allerersten Hinweis auf das Nahen der Beute erbrachte. Und so erklärt sich, daß der Flottillenarzt auch um das gute Funktionieren der Riechorgane besorgt sein mußte und selbst auf der Brücke als ›Schnüffler vom Dienst‹ mit eingesetzt war.«[518]

Weitere körperliche Stressoren waren langandauernde unphysiologische Bewegungsmuster, Sitzpositionen und Stehstellungen durch schlecht angepaßte, ergonomisch nicht optimierte Bedienerplätze, die den Besatzungen das Leben an Bord nicht leicht machten. Die sanitären Anlagen waren völlig unzureichend, an Bord der S-Boote fehlte z.B. eine Toilette.

Ein entscheidender Faktor, der die Einsätze der Boote in vieler Hinsicht beeinflußte, war die psychische Belastung der Besatzungen. Der Erfolgs- und Erwartungsdruck ließ keine Schwächen zu. Angst und Versagen wurden zum Teil als Defizit der Persönlichkeit angesehen. Auch der Alkoholmißbrauch nach den Feindfahrten, die Einnahme von Aufputschmitteln mit ihren Nebenwirkungen sowie zu gering bemessene Erholungsphasen fallen in diesen Bereich. Resultierend traten massive Erschöpfungssymptome bei den Besatzungsangehörigen der Schnellboote auf. Ähnliche Krankheitsbilder in noch auffälligeren Formen wurden aus der U-Boot-Waffe berichtet und gaben dort Anlaß zu einer umfangreichen wissenschaftlichen Untersuchung. Auf die Ergebnisse soll nun in einem kurzen Exkurs eingegangen werden, weil ähnliche Beobachtungen durchaus auch bei Besatzungsangehörigen von Schnellbooten und anderen Überwasserfahrzeugen erhoben wurden, sich aber eben nicht zum Gegenstand intensiver Forschungen entwickelten.

Trotz jugendlichen Alters, schärfster Tauglichkeitskriterien und Fehlens von organischen und psychischen Leiden beobachteten die an Bord eingesetzten U-Boot-Ärzte bei den Besatzungen ein vielgestaltiges Krankheitsbild, das vor allem das Funktionspersonal mit der höchsten Verantwortung, die Kommandanten, Leitenden Ingenieure und die wichtigen Unteroffiziere betraf. Die Betroffenen selbst weigerten sich zunächst, die Krankheitszeichen zu akzeptieren. Die soldatische Einstellung, auch natürliche Verdrängung und Unterdrückungsversuche verhinderten eine zeitige Konsultation. Die Veränderung der Persönlichkeiten fiel auf. Zunächst wurden relativ unspezifische vegetative Erscheinungen wie Kopfschmerzen, Schwindel, Schlafstörungen, Schweißausbrüche und Muskelzuckungen oder nervöse Ticks im Gesicht bemerkt, schließlich vor allem eine ständige Ermüdung, eine Erschöpfung, die weder während der Anspannung des Einsatzes, noch während des Urlaubes nachließ.

Diese Erschöpfung zeigte sich in einer Herabsetzung des Beurteilungsvermögens, vor allem in kritischen Situationen, in einer Gleichgültigkeit gegenüber der gestellten Aufgabe. Die Soldaten interessierten sich nicht mehr für das Tagesgeschehen, mochten keine Zerstreuungen mehr und waren am liebsten alleine um zu dösen, während sie früher muntere Kameraden gewesen waren. Die Teilnahmslosigkeit war zuweilen mit einem depressiven Aspekt gekoppelt, öfter mit einer Wurstigkeit, die aber nicht ausschloß, daß eine teilweise ins Mimosenhafte gesteigerte Empfindlichkeit und Reizbarkeit bestand, die erhebliche Jähzornausbrüche bei nichtigen Anlässen zu Tage treten ließ. Zum Entsetzen der Kameraden steigerten sich solche Auffälligkeiten bis hin zu paradoxen Reaktionsweisen in entscheidenden Situationen. In einem Fall mußte die Unternehmung eines Bootes abgebrochen werden, weil der Kommandant plötzlich wegen völliger Apathie nicht mehr in der Lage war, das Kommando des Bootes weiterzuführen.

Ein Steuermann bekam nach Wasserbombenverfolgung am folgenden Tage nach einer Rüge des Kommandanten Wein- und Herzkrämpfe, ein Funker konnte nach mehreren Feindfahrten keine klaren Gedanken mehr fassen und auch nicht schreiben. Er hörte wohl die Funksprüche, war aber nicht mehr in der Lage, sie zu notieren.

Bezeichnend auch die Symptome eines Maschinisten mit zehn Feindfahrten. Er gab an, bereits wenn die Alarmglocke im Boot ertöne, träten schlagartig Übelkeit, Leibschmerzen und Durchfall auf, und er müsse zum Abort rennen.

Diese Erscheinungen schienen sich bei den Betroffenen anfangs während normaler Urlaubtörns zu bessern. In Wirklichkeit jedoch steigerte jede weitere Feindfahrt die Intensität der Beschwerden.

Es lag anfangs nahe, die ungeheure Belastung, die auf den einzelnen im Bootsinneren der U-Boote einwirkte, als auslösenden Faktor für die Symptome auszumachen. Eine Vielzahl von externen für das Leben an Bord der U-Boote typischen Einwirkungen stand zur Debatte. Auch der Nikotin- und Alkoholmißbrauch, das ausschweifende Leben in den Kasinos der französischen Hafenstädte in den Ruhephasen, wurden als auslösend verdächtigt. Im ›Marineärztlichen Forschungsinstitut für U-Boot-Medizin‹ in Carnac und später an der ›Klinischen Forschungsstätte für U-Boot-Fahrer‹ am Marinelazarett Malente[519] suchten Sanitätsoffiziere nach der Ursache der Erkrankungen und führten umfangreiche Untersuchungen ganzer Besatzungen durch. Die neue Krankheit wurde zunächst als eine Anzahl von autonomen Fehlsteuerungen angesehen. Der sich am längsten mit der Materie befassende Sanitätsoffizier, Marineoberstabsarzt d.R. Prof. Dr. K.W. Essen schrieb: »Es ist keine Erschöpfung festzustellen, sondern ein andersartiges unökonomisches Verhalten. Eine allgemeine Dysfunktion der autonomen Regulationen, ein nebeneinander von Polaritäten, ein Bild völliger Unordung und Labilität im affektiven Geschehen. Wir sprechen am besten von einer vegetativen Ataxie. Diese vegetative Ataxie ist gekoppelt mit einer Ataxie des affektiven und psychischen Geschehens.«[520]

Man benannte diesen Krankheitskomplex als das ›nervöse Syndrom‹ des U-Boot-Fahrers. Im Laufe der weiteren Untersuchungen und der Diskussion der Erkenntnisse mit anderen Wissenschaftlern fiel den beteiligten Marineärzten nun auf, daß solche Syndrome sich keinesfalls auf die U-Boot-Fahrer beschränkten. Sie wurden auch bei anderen Verbänden der Marine, aber auch bei Luftwaffe, Feldheer und Zivilbevölkerung mit erschöpfenden körperlichen und seelischen Anstrengungen beobachtet. Essen bemerkte: »Die Bedeutung des psychischen Faktors und zugleich die neurotische Tendenz sei durch folgende Fälle noch einmal unterstrichen: Ein Sanitätsmaat, der auf einem Minensuchboot mehrere Gefechte mitgemacht hatte, fing an über Blutandrang zum Kopf, Beklemmungsgefühl in der Herzgegend und Schwindel zu klagen. Diese Beschwerden verstärkten sich erheblich, als ihm bekannt wurde, daß er auf ein U-Boot kommandiert werden sollte. Wir haben hier somit eine U-Boot-Neurose, wenn man so will, ohne daß der Betroffene jemals U-Boot gefahren war.«[521] Die beteiligten Marinesanitätsoffiziere waren also bei der Frage nach der Ursache dieses Syndroms gezwungen, nach Bedingungen zu suchen, die nicht nur einem U-Boot eigentümlich sind, sondern die sich auch unter anderen Lebensbedingungen finden.

Nach zahlreichen Explorationen kristallisierte sich ein sehr interessantes und überraschendes Ergebnis bei der Ursachenforschung des Erschöpfungssyndroms heraus. Bei der Vorgeschichte der Männer zeigte sich nämlich, daß immer wieder ein Phänomen als besonders unangenehm geschildert wurde. Nicht etwa die erwähnten schädlichen Einflüsse des U-Boot-Milieus, sondern die dauernde Sorge, daß irgendetwas passiert: Die seelischen Belastungen durch die Feindeinwirkung.

Einige Soldaten gaben an, das Warten auf einen gegnerischen Angriff habe ihnen am meisten zu Schaffen gemacht, andere waren während der Detonationen der Wasserbomben in ihrer Reaktionsweise völlig verändert. Ein Maschinenmaat erläuterte, daß er beim Warten auf die Wasserbombenverfolgung, wenn das Schraubengeräusch der anlaufenden Zerstörer hörbar wurde, so stark zu zittern anfing, daß er sich festhalten mußte. Er wurde im weiteren Verlauf so reizbar, daß er sich zu Tätlichkeiten gegenüber Untergebenen hinreißen ließ.

Ein Kommandant berichtete, ein typisches Initialerlebnis habe es nicht gegeben, aber die immer stärkere feindliche Abwehr, das »ewige auf dem Pulverfaß sitzen« habe ihn fertig gemacht. Ein Obermaschinist, der auf die Vorgesetzten einen völlig tadellosen Eindruck gemacht hatte, überlebte achtmal hintereinander Fahrten durch die Biskaya, bei steter Feindeinwirkung durch Zerstörer und Flieger. Er berichtete, alle Besatzungsangehörigen seien durch diese »fortgesetzte Nervensäge« völlig unbrauchbar gewesen. Wenn einer nach vorne gehen sollte, ging er nach achtern. Die Männer hätten gezittert und gestottert, und falsche Manöver seien an der Tagungsordnung gewesen.

Diese Beobachtungen hatten also gemeinsam, daß die psychischen Belastungen im Zentrum der Angaben standen. Die dauernde Angst und Anspannung zermürbten die Besatzungen und vergewaltigten permanent den Selbsterhaltungstrieb des Menschen. Heute werden solche Krankheitsbilder als ›posttraumatische Streßreaktionen‹ bezeichnet. Wie versuchte man, dieses Krankheitsbild therapeutisch anzugehen?

Auch die deutschen U-Boot-Ärzte stellten eindeutig fest, daß die beste Voraussetzung für die Bekämpfung des nervösen Syndroms in einem eingreifenden Milieuwechsel bestünde und in einer Einweisung in ein für solche Fälle bereitstehendes Marineheim. Und diese »Herausnahme aus dem Borddienst« sollte, und dies ist ein weiterer interessanter Aspekt, nach Möglichkeit sofort nach Auftreten der ersten Krankheitszeichen geschehen. Ansonsten drohe eine Verstärkung und Fixierung der Symptome ohne Aussicht auf Heilung, bis hin zu einer eindeutigen neurotischen Fehlentwicklung. Dieser Lösungsansatz, eine einvernehmliche zeitige Versetzung, wurde sowohl auf U-Booten, als auch im Bereich der S-Boot-Waffe infolge der angespannten Lage an allen Fronten fast nie angewandt.

Der Sanitätsdienst vor Ort stand diesem Problembereich im Grunde genommen machtlos gegenüber, auch wenn einzelne engagierte Sanitätsoffiziere unermüdlich auf dem Sektor der Prävention einzuwirken versuchten. Bei der gesundheitlichen Strapazierung der Besatzungen wäre eine straffe Disziplinierung der Lebensführung notwendig gewesen, wie z.B. bei Hochleistungssportlern üblich. Es fehlte ein medizinisch überwachtes bzw. angeleitetes regelmäßiges Ausgleichstraining zur Wiederherstellung der körperlichen und geistigen Fitneß. Zwar gab es bei der Schnellbootwaffe mehr oder weniger Dienstsport, Hotelunterkünfte, bessere Verpflegung und auch Kuraufenthalte in einem eigens eingerichteten Kurheim in Berwang in

Tirol, wo Besatzungsangehörige mit Ehefrauen ausspannen konnten. Ein wissenschaftlich erstelltes und begleitetes Programm zur Gesundheitsführung existierte jedoch nicht. Im allgemeinen waren die Erholungsphasen nach den nächtlichen Einsätzen nicht im Sinne einer gesundheitlichen Erstarkung angelegt. Kausal waren dafür sicherlich die damals noch unzureichenden Kenntnisse arbeitsmedizinisch-ergonomischer Zusammenhänge und auch die noch nicht formulierte Streßforschung verantwortlich – ganz abgesehen vom Mangel an qualifiziertem Personal. Im Laufe des Krieges schufen schiffbauliche Verbesserungen sicherlich günstigere Bedingungen z.B. für das Oberdeckspersonal. So wurden die bei Kriegsbeginn noch mit völlig offener Brücke gefahrenen S-Boote durch solche mit teilweise geschlossener Brücke ersetzt, um die Brückenbesatzung etwas besser vor überkommendem Wetter zu schützen, und eine zusätzliche Panzerkalotte gab dem Oberdeckspersonal besser Schutz vor Treffern.
Die extreme körperliche und seelische Belastung des einzelnen Soldaten blieb aber angesichts der wachsenden Überlegenheit der Gegner eine Tatsache, die nicht zu beheben war.

Schlußwort

Mit dem hier vorgelegten Bericht über die verschiedenen Aspekte der sanitätsdienstlichen Versorgung der Bootsflottillen der Kriegsmarine haben die Autoren die Aufarbeitung dieses Aufgabengebietes fortgesetzt. Nach einer Reihe von Einzelbeiträgen in Fachzeitschriften haben sie 1996 im gleichen Verlage den Sanitätsdienst bei der deutschen U-Boot-Waffe, zugleich auch die Geschichte der deutschen U-Boot-Medizin, wiedergegeben. Noch besteht die Möglichkeit, neben Archivalien und der bereits gedruckten Literatur die letzten noch lebenden Zeitzeugen zu befragen. Diese Chance wurde auch für einen geplanten weiteren Band genutzt, der die Verhältnisse auf den größeren Kriegs- und Versorgungsschiffen darstellen soll.
Das Ziel der Autoren besteht auch heute darin, die Geschehnisse sachlich zu schildern und die besonderen Umstände darzulegen, unter denen die Soldaten aller Dienstgrade, in diesem Falle die Ärzte und das Sanitätspersonal, ihrer Tätigkeit nachgegangen sind. Was für den Dienst auf den Unterseebooten gesagt worden ist, gilt auch für die hier behandelten Boote: Arzt und Sanitäter können nicht näher ›an der Front‹ sein, als auf einem Boot im Gefecht, in dem sie das Schicksal der Bordgemeinschaft teilen. Auch der Wert der ›Selbst- und Kameradenhilfe‹ wird hier sehr deutlich.
Im Jahr vor dem Erscheinen dieses Buches, fast 60 Jahre nach Beginn des Zweiten Weltkrieges, wurde die politische Führung der Bundeswehr beunruhigt durch eine kleine Anzahl von Vorkommnissen in den Kasernen, bei denen sich einige junge Soldaten durch ›rechtsextremes‹ Verhalten hervorgetan haben. Diese Vorfälle wurden von einem Teil der seit jeher der Armee ablehnend gegenüberstehenden veröffentlichten Meinung unangemessen aufgebauscht: Weder spielten sie zahlenmäßig eine Rolle, noch stand hinter ihnen eine Weltanschauung, die das Wiederbeleben eines Nationalsozialismus befürchten lassen müßte. Der junge Soldat wird auch heute seine Pflicht im Frieden, im Auslandseinsatz und erst recht bei der Verteidigung seines Vaterlandes auf sich nehmen, wenn er von der politischen (und dann auch der militärischen) Führung erfährt, warum sein Dienst gefordert wird.
Die Leistungen der Soldaten im Zweiten Weltkrieg und ihre Pflichterfüllung bis zur Opferbereitschaft waren das Ergebnis einer einheitlichen Erziehung in diesem Sinne. Daß die politischen Vorgaben nicht stimmten, konnte der einzelne an der Front oder in See nicht erkennen. Er wußte aber, daß das Überleben beispielsweise seiner Bordgemeinschaft im Kampf auch von seinem eigenen Verhalten abhing. Dazu gehörte, daß alle Beteiligten daran mitwirkten, ihr Schiff kampfbereit oder zumindestens schwimmfähig zu halten, um der Besatzung das Überleben zu ermög-

lichen. Sinngemäß gilt dies auch für die militärischen Führungsebenen, die für die Einsatzbereitschaft ihrer Verbände und damit für das Leben der ihnen anvertrauten Männer verantwortlich waren. Die während des Krieges in besonderem Maße erlebten Werte wie Kameradschaft, Treue, Opferbereitschaft, Tapferkeit, Crewgeist, Gehorsam, Loyalität und – nicht zu vergessen – Disziplin sind Werte, die für Streitkräfte im allgemeinen und für die Marine im besonderen zeitlos gültig waren und sind. Daher gibt es keinen Grund, führenden Marineoffizieren, die unter den gegebenen Verhältnissen und unter Kriegsrecht ihre Pflicht versehen haben, ohne mit dem Menschen- oder dem Völkerrecht in Konflikt zu geraten, die Achtung vorzuenthalten.

Nach den Richtlinien zum Traditionsverständnis und zur Traditionspflege der Bundeswehr[522] kann die Deutsche Wehrmacht der Bundeswehr nicht als Vorbild dienen. Ohne sich auf Vorgänger zu beziehen, ist aber eine Geschichtsschreibung nicht gut möglich. So hat anläßlich des Erscheinens des letzten gedruckten Bandes des ›Kriegstagebuches der Seekriegsleitung‹ am 10. November 1997 Michael Salewski folgerichtig auf den Wert dieses K.T.B. hingewiesen, in dem Erfahrungen festgehalten sind, aus denen das »Flottenkommando der Bundesmarine nützliche Schlüsse ziehen« konnte. Er stellte fest: »Auf diese Weise spiegelt das K.T.B. eine militärische Tradition, die ihresgleichen sucht und überhaupt nicht zu der landläufigen These paßt, nach der es Brücken zwischen der Wehrmacht und der Bundeswehr nicht gibt. Das stimmt natürlich für die politische und die ethische Dimension. Unterhalb dieser Ebene aber gilt es, endlich jene professionellen Zusammenhänge zu erkennen, ohne die eine spätere Geschichtsschreibung zur Geschichte der Bundeswehr gar nicht möglich sein wird. Man muß sich klar machen, daß diejenigen, die die Bundeswehr nach 1955 aufbauten, noch völlig von jenem Bild des Zweiten Weltkrieges geprägt waren, an dem sie selbst mitgezeichnet hatten.«[523]

In diesem Sinn will auch dieses Buch zur Überlieferung des Geschehens und der Taten der Beteiligten beitragen. Die Autoren gedenken der Gefallenen des Marinesanitätsdienstes und sie anerkennen die vorbildlichen Leistungen der Beteiligten. Die beiden im Kriege in der Verantwortung gewesenen Sanitätschefs der Kriegsmarine, Admiraloberstabsarzt Prof. Dr. Alfred Fikentscher (1939–1943) und Admiralstabsarzt Dr. Emil Greul (1943–1945) haben erfolgreich dazu beigetragen, die Funktionsfähigkeit des Sanitätsdienstes der Kriegsmarine unter extrem schwierigen Verhältnissen – in einer Diktatur und im aussichtslosen Kampf gegen einen überlegenen Gegner – zum Wohle der Kranken und der Verwundeten aufrecht zu erhalten. Beide Herren waren untadelige Charaktere, die Vorzügliches geleistet haben, und die uns Vorbilder sein können in Bildung, Pflichterfüllung und aufrechter Haltung.

Anmerkungen

1 *Nöldeke, H., V. Hartmann:* Der Sanitätsdienst in der deutschen U-Boot-Waffe und bei den Kleinkampfverbänden. Geschichte der deutschen U-Boot-Medizin. Hamburg Berlin Bonn 1996.

2 *Nöldeke, H.:* Sanitätsdienst an Bord im Gefecht. Truppenpraxis 22 (1978), 749–751; ders.: Sanitätsdienst an Bord. Herford 1981; ders.: Sanitätsdienst auf Booten im Zweiten Weltkrieg. Truppenpraxis 31 (1987), 354–357; ders.: Sanitätsdienst auf ›Dickschiffen‹ im Zweiten Weltkrieg. Truppenpraxis 32 (1988), 168–171.

3 *Nöldeke, H.:* Am Ende gab es viele tote Ärzte. Sanitätsdienst auf deutschen U-Booten im Zweiten Weltkrieg. Truppenpraxis 36 (1992a), 288–293; ders.: Der Tod eines U-Boot-Arztes. Wehrmed. Mschr. 37 (1993), 213–214; ders.: Sanitätsdienst bei der 11. U-Flottille 1942–1945. Wehrmed. Mschr. 39 (1995), 140–142.

4 *Hartmann, V., H. Gillner:* Sanitätsdienst auf Schnellbooten 1939–1945. Schiff und Zeit 35 (1992), 1–10.

5 *Hartmann, V.:* Der Sanitätsdienst auf deutschen Hilfkreuzern im Zweiten Weltkrieg. Deutsches Schifffahrtsarchiv 16 (1993) 321–362.

6 *Schadewaldt, H.:* Der Schiffsarzt. Ciba-Zeitschrift Bd. 7, Heft 76 (1955), 2502–2536.

7 *Schadewaldt, H.:* Geschichte der Schiffschirurgie. Münch. Med. Wschr. 109 (1967), 1732 ff.

8 *Schadewaldt, H.:* Zur Geschichte der deutschen Lazarettschiffe im Zweiten Weltkrieg. In: Guth, E. (Hrsg.): Sanitätswesen im Zweiten Weltkrieg. Herford Bonn 1990. (=Vorträge zur Militärgeschichte, hrsg. vom Militärgeschichtlichen Forschungsamt Band 11)

9 *Caanitz, H.:* Aufgaben, Leistungen und Schicksale der deutschen Lazarettschiffe und Verwundetentransportschiffe des Zweiten Weltkrieges. Unveröffentlichtes Manuskript. BA/MA N 486/8.

10 Kriegssanitätsbericht über die Deutsche Marine. I. Band: Der Marinesanitätsdienst im Kriege, Berlin 1939; II. Band: Statistik, Berlin 1934; III. Band: Medizinischer Teil, Berlin 1934.

11 Ärztliche Kriegsberichtanweisung für die Kriegsmarine (K.B.A.M.), Berlin 1939 (Neufassung 1942). In: Wehrmacht-Sanitäts-Vorschrift, Teil 8, Beiheft 2. (= M.Dv.Nr. 270/8).

12 Sanitätsbericht über die Deutsche Kriegsmarine für den Zeitraum vom 1. Januar 1935 bis 31. Dezember 1936. Bearbeitet im Marinemedizinalamt des Oberkommandos der Kriegsmarine. Berlin 1939.

13 Sanitätsbericht über die Deutsche Kriegsmarine für den Zeitraum vom 1. Januar bis 31. Dezember 1937. Bearbeitet im Marinemedizinalamt des Oberkommandos der Kriegsmarine. Berlin 1941.

14 Sanitätsdienst der Kriegsmarine. II. Kriegsbericht, abgeschlossen am 31.8.41. Gesamtbericht über den Sanitätsdienst in den ersten beiden Kriegsjahren. BA/MA RM 7/95.

15 *Vgl. Bauer, W.:* Geschichte des Marinesanitätswesens bis 1945. Berlin Frankfurt 1958. (=Marine-Rundschau, Beiheft 4, hrsg. vom Arbeitskreis für Wehrforschung), 120.

16 *Schenck, E.G.:* Das Notlazarett unter der Reichskanzlei. Ein Arzt erlebt Hitlers Ende in Berlin. Neuried 1995.

17 *Greul, E.:* Pers. Mitt. v. 10.4.1992.

18 *Bauer* 1958, 120.

19 Stadtarchiv Bad Kissingen. Pers. Mitt. v. 12.6.1995. Vgl. auch Schneider, F.: Die Krankenurkunden der ehemaligen Wehrmacht. Wehrmed. Mitt. 4 (1960), 90.

20 *Vgl. Heinsius, P.:* Das Aktenmaterial der Deutschen Kriegsmarine. In: Die Welt als Geschichte XIII. 1953, 198–202; Kriegstagebuch des Oberkommandos der Wehrmacht (Wehrmachtführungsstab). Im Auftrag des Arbeitkreises für Wehrforschung hrsg. von P.E. Schramm. Band IV, München 1982. 1770–1772, 1826.

21 *Bidlingmaier, I.:* Entstehung und Räumung der Ostseebrückenköpfe. Neckargemünd 1962. (=Die Wehrmacht im Kampf, Band 33.)

22 *Vgl. Güth,* Zerstörer Z 34. Herford [2]1992, 13

23 *Coulter, J.L.S.:* The Royal Navy Medical Service. Vol. I: Administration; Vol. II: Operations. London 1954 u.1956.

[24] *Nöldeke u. Hartmann* 1996, 23–26.

[25] *Brézet, F.E.:* Du Prince Adalbert de Prusse au Grand Amiral Raeder. Un siècle de recherche d'une stratégie maritime pour L'Allemagne. In: Académie et Marine. Communications et mémoires. Année académique 1995–1996, No. 1 (oct.-déc. 1995), 177 ff.

[26] *Vgl. Güth, R.:* Die Aera Raeder. Schiff und Zeit 26 (1987), 33–50; 27 (1988), 33–46; 29 (1989), 44–50; 30 (1989), 63–65; Hubatsch, W.: Der Admiralstab und die obersten Marinebehörden in Deutschland 1848–1945. Frankfurth/ 1956; Rahn, W.: La réflexion stratégique dans la marine allemande de 1914 à'1945. In: Coutau-Bégarie, La Pensée navale II, Paris 1991; Salewski, M.: Die deutsche Seekriegsleitung. Frankfurt/M. 1970; Treue, W., E. Möller, W. Rahn: Die Deutsche Marinerüstung 1919–1942. Herford 1992.

[27] *Bauer* 1958, 110.

[28] Bericht des B.d.S. an das Flottenkommando über die personelle Bereitschaft des Schlachtschiffes SCHARNHORST v. 9.3.41. BA/MA RM 7/1206, Bl. 236.

[29] *Bauer* 1958, 115.

[30] Lagebericht über den Stand des Marinesanitätswesens, gegeben vom Sanitätschef der Kriegsmarine am 6.1.1943 vor sämtlichen Admiralärzten und den Abteilungschefs G I und G II. Durchschrift b. Verf.

[31] ebenda, 5.

[32] Allgemeines Marinehauptamt G Ic B.Nr. 309/41 gKdos. vom 15.8.1941 (Schrb. an AMA/Wehr I). BA/MA RM 7/1206.

[33] Lagebericht 1943.

[34] *Ruge, F.:* Im Küstenvorfeld. München 1974.

[35] *Kutzleben v. K., W. Schroeder, J. Brennecke:* Minenschiffe 1939–1945. Herford 1974.

[36] *Kühn, V.:* Torpedoboote und Zerstörer im Einsatz 1939–1945. Stuttgart 1974; Harnack, W.: Zerstörer unter deutscher Flagge 1934 bis 1945. Herford 1978.

[37] *Hümmelchen, G.:* Die deutschen Schnellboote im Zweiten Weltkrieg. Hamburg Berlin Bonn 1996.

[38] *Buffetaut, Y.:* La Kriegsmarine 1939–1945. Marines, Jan. 1995 (Hors série No. 1), Bourg-en-Bresse 1995; ders.: Les vedettes au combat 1939–1945. Marines, Sept. 1996 (Hors série No. 7), Bourg-en-Bresse 1996.

[39] *Bidlingmaier* 1962, 135.

[40] Reglement für den Sanitäts-Dienst bei der Königlich Preußischen Marine. Berlin 1852.

[41] Reglement für den Sanitäts-Dienst an Bord der Königlich Preußischen Kriegsschiffe. Berlin 1859.

[42] ebenda, 27.

[43] ebenda, 27.

[44] Bestimmungen über den ärztlichen Dienst an Bord S.M. Schiffe und Fahrzeuge im Kriege. Berlin 1864. Zit. bei Bauer 1958, 39–40.

[45] ebenda, 39.

[46] Reglement über den Sanitätsdienst an Bord S.M. Schiffe und Fahrzeuge. Anlage XIV zur Instruction für den Commandanten eines von S.M. Schiffen oder Fahrzeugen. Berlin 1872.

[47] *Nöldeke, H., J. Schmidt:* Sanitätsdienst in der Königlich Preußischen Marine. Herford 1993, 29 ff.

[48] Statistischer Sanitätsbericht über die Kaiserlich Deutsche Marine für den Zeitraum 1905–1906. Bearbeitet von der Medizinal-Abtheilung des Reichs-Marine-Amts. Berlin 1907.

[49] Marinesanitätsordnung (Entwurf), Bd. I, Berlin 1917, 200 ff.

[50] ebenda, 207.

[51] (Marinesanitätsordnung (Entwurf), Bd. II, Berlin 1917, 170.

[52] ebenda, Bd. I, 200; Bd. II, 174 ff.

[53] Kriegssanitätsbericht I.Bd 1939; II, Bd. 1934; III. Bd. 1934.

[54] ebenda, Bd. I, 315–335.

[55] ebenda, 315.

[56] ebenda, 317–318.

[57] ebenda, 326.

[58] ebenda, 329.

[59] ebenda, 330.

60 *Nöldeke* 1978, 750.

61 Kriegssanitätsbericht 1914–1918, 1939, Bd. 1, 84.

62 ebenda, 97.

63 ebenda, 338f.

64 *Nadler, F.:* Neuzeitlicher Kranken- und Verwundetendienst an Bord der Kriegsschiffe. Der Deutsche Militärarzt 2 (1937), 115–118.

65 ebenda, 115.

66 ebenda, 116.

67 *Hartmann, V.:* Zur Geschichte der Anästhesie in der deutschen Marine unter besonderer Berücksichtigung der Verhältnisse an Bord. Wehrmed. Mschr. 38 (1994), 232–238, 261–271.

68 *Bauer, W.:* Die Auslandsreisen der Schulschiffe der Deutschen Kriegsmarine in den Jahren 1925–1937 vom ärztlichen Standpunkt aus gesehen. In: Veröffentlichungen aus d. Gebiete d. Marine-Sanitätswesens. Heft 31. Berlin 1940.

69 *Nadler* 1937, 116.

70 *Nöldeke, H., V. Hartmann:* Über den Einsatz von Röntgengeräten auf deutschen Kriegs- und Lazarettschiffen im Zweiten Weltkrieg. Wehrmed. Mschr. 37 (1993), 69–70.

71 Soll der Sanitätsausrüstungen (S.d.S.), hrsg. v. Oberkommando der Kriegsmarine, Berlin 1939– 1943. Teil 1: Allgemeine Bestimmungen 1939 (= M.Dv.Nr. 271/1); Teil 2: Sanitätsausrüstungen der Schiffe mit Apothekeneinrichtung 1943 (= M.Dv.Nr. 271/2); Teil 3: Sanitätsausrüstungen für Schiffe ohne Apothekeneinrichtung 1943 (= M.Dv.Nr. 271/3); Teil 5: Sanitätsbehältnisse 1941 (= M.Dv.Nr. 271/5); Teil 6: Instrumentenbestecke und ärztliche Geräte1943 (= M.Dv.Nr. 271/6); Teil 7: Schiffssanitätsausrüstung 1940 (= M.Dv.Nr. 271/7).

72 *Nadler* 1937, 117.

73 *Nadler, F.:* Über chirurgische Operationen an Bord der Kriegsschiffe. (Asepsis, Heilungsbedingungen, Betäubungsarten). Der Deutsche Militärarzt 3 (1938), 6–10.

74 ebenda, 6.

75 *Rahn, W.:* Ein überraschender Luftangriff und seine Folgen. Truppenpraxis 20 (1976), 274–279.

76 *Sauerland:* Ärztliche Erfahrungen vom Bombenüberfall sowjetspanischer Flieger am 29.5.1937 auf Panzerschiff ›Deutschland‹ mit besonderer Berücksichtigung der Verbrennungen und ihrer Behandlung. Der Deutsche Militärarzt 3 (1938), 393–401.

77 *Rahn* 1976.

78 *Prager, H.G.:* Panzerschiff Deutschland, Schwerer Kreuzer Lützow. Herford 1981.

79 *Nöldeke* 1978; ders. : Tres Forcas, Ibiza und Gibraltar. Schiff und Zeit/Panorama maritim 36 (1992b), 25–28.

80 *Rahn* 1976, 278.

81 *Richter, O.:* Lebenserinnerungen (…. und grun des Lebens goldner Baum«), Regensburg 1977, 100.

82 *Sprung, H.B.:* Als Chirurg auf zweijähriger Hilfskreuzerfahrt. Der Deutsche Militärarzt 8 (1943), 303–309; *Hartmann* 1993, 351–154.

83 Anleitung zum Krankenträger-Unterricht in der Kriegsmarine. (A.z.K.-U.) vom Februar 1940. Oberkommando der Kriegsmarine. Berlin 1940 (= M.Dv.Nr. 267)

84 ebenda, 3–4.

85 *Kugler, R.:* Leserbrief zum Aufsatz: »Die Dritte Flotte«, in: Schiff und Zeit, 24 (1986). Schiff und Zeit 27 (1988), 52–53.

86 Erfahrungen aus den letzten Kriegsmonaten. Schrb. Verbandsarzt beim Führer der Minensuchboote, B.Nr. G 131/40 vom 1. August 1940. Sanitätsamt der Bundeswehr. Wehrmed. Bibl. Arch.Nr. 1433.

87 ebenda.

88 Erfahrungsbericht des Flottillenarztes der 13. bzw. 27. Minensuchflottille über die Zeit vom 18.9.1941–11.8.1943. In: Akte Verbandsarzt beim B.S.N. BA/MA RM 61 II/124.

89 Akte Verbandsarzt beim B.S.N., Besondere San.-Kriegserfahrungen vom 1.3.1943–15.1.1945 (bei Auflösung des B.S.N.), BA-MA RM 61 II/124).

90 ebenda.

91 *Lohmann, W., Hans H. Hildebrand:* Die deutsche Kriegsmarine 1939–1945. Bad Nauheim 1956–1964, 65, 41.

92 Akte Verbandsarzt beim B.S.N., Besondere San.-Kriegserfahrungen vom 1.3.1943–15.1.1945 (bei Auflösung des B.S.N.), BA-MA RM 61 II/124.

93 Gefechtsanleitung für den Sanitätsdienst auf dem Zerstörer PAUL JACOBI, undatiert. Kopie b. Verf.

94 ebenda.

95 Vgl. das Deckblatt im Teil ›Dokumente‹.

96 Kriegschirurgische Richtlinien für Marinesanitätsoffiziere. Bearbeitet im Auftrage des Marinemedizinalamtes im Oberkommando der Kriegsmarine von Marineoberstabsarzt Professor Dr. *Magnus*. Berlin 1939.

97 ebenda.

98 Vgl. das Deckblatt im Teil ›Dokumente‹.

99 Richtlinien für die Behandlung von Brandverletzungen für Marinesanitätsoffiziere. Bearbeitet im Auftrage des Marinemedizinalamtes im Oberkommando der Kriegsmarine von Marineoberstabsarzt Professor Dr. *Goetze*. Berlin 1940.

100 ebenda.

101 »Auskühlungstod bei Seenotfällen«, SchiffMedInstM Dok. Nr. 522; Heß, C.: Der Seenotdienst der Luftwaffe im Zweiten Weltkrieg. Manuskript für die ›Studiengruppe Geschichte des Luftkrieges‹ (General Paul Deichmann), Vervielfältigung für Dienststellen der NATO und Militärgeschichtliches Forschungsamt. o.J.;

102 *Critchley, M.:* Shipwreck-Survivors. A Medical Study. London 1943.

103 *McCance, R.A., Ungley, C.C., Crosfill, J.W. and E.M. Widdowson:* The Hazards to Men in Ships Lost at Sea, 1940-1944. Medical Research Council. Special Report Series No. 291. London 1956.

104 *Nicholl, G.W.R.:* Survival at Sea. The Development, Operation and Design of Inflatable Marine Lifesaving Equipment. London 1960.

105 *Molnar, G.W.:* Survival of hypothermia by men immersed in the ocean. J.Amer.med.Ass. 131 (1946), 1046 ff.

106 *Vorreyer:* Bericht des Kommandanten R 36 über die Bergung der Schiffbrüchigen des Geleitbootes F 9 vom 15.12.1939. Abschrift b. Verf.

107 *Anhalt:* Bericht des Kommandanten R 38 über die Bergung der Schiffbrüchigen des Geleitbootes F 9 vom 15.12.1939. Abschrift b. Verf.

108 Ärztlicher Ratgeber für U-Boote. Hrsg. vom Befehlshaber der U-Boote. Berlin 1940.

109 *Lübben, G.:* Merkblatt über ärztliche Maßnahmen bei Unfällen auf U-Booten. Hrsg. vom Oberkommando der Kriegsmarine. Marinemedizinalamt. Berlin 1941.

110 *Tidow, R.:* Ärztliche Fragen bei Seenot. In: Wehrmedizinische Mitteilungen (1960), 17–20, 37–41, 38.

111 Ärztlicher Gefechtsbericht des Schiffsarztes Kreuzer BLÜCHER. BA/MA RM 92/5088, Bl. 114–118, hier: Bl. 116–117.

112 *Kater, H.:* Als Truppenarzt im Feldzug gegen Dänemark und Norwegen. Manuskript 10.11.1987. Bibliothek der SanAkBw München; ders: Verlustreiches Unternehmen durch Verrat. Ein Arzt als Zeitzeuge bei Schiffskatastrophe im Skagerrak. Alte Kameraden 6/1993, 9–10.

113 *Törpisch, K.*: Pers. Mitteilung an *H. Kater* v. 29.10.1987; ders.: Als Arzt im Geleitzug nach Norwegen. Vortrag v. 6.7.1989.

114 *Törpisch* 1989.

115 *Roemer, W.:* Pers. Mitt. an *H. Kater* v. 1.9.1987.

116 *Kater* 1987, II 4.

117 *Törpisch* 1987.

118 Kriegstagebuch der 15. Vorpostenflottille. BA/MA Sign. unbek.

119 *Griger, E.:* Pers. Mitt. an *H. Stimming* v. 25.4.1940.

120 *Nicholl* 1960, 19–20.

121 *Drost, E.:* Beobachtungen bei schweren intestinalen Vergiftungen durch das Verschlucken von Treiböl. Der Deutsche Militärarzt 6 (1941), 537–539.

122 ebenda, 537.

123 II. Kriegssanitätsbericht der Kriegsmarine 1941, 7.

124 Vgl. das Deckblatt im Teil ›Dokumente‹.

125 Vorläufige Richtlinien für die Behandlung geretteter Schiffbrüchiger. Merkblatt für Schiffe ohne Arzt.

Hrsg. vom Oberkommando der Kriegsmarine. Marinemedizinalamt Juni 1941.

126 ebenda.

127 Kurze Zusammenfassung der wichtigsten ärztlichen Kriegserfahrungen im Bereich der Flotte in bezug auf Feindeinwirkungen. Arzt beim Flottenkommando, an Bord 29.7.1942. SchiffMedInstM Dok.Nr. 596, 5.

128 Merkblatt: Was muß jeder Soldat über Erfrierungen, ihre Verhütung und erste Behandlung wissen? Hrsg. vom Oberkommando der Kriegsmarine, AMA/G IIaa 11850 v. 2.10.42. Abschrift b. Verf.

129 *Binhold, H.:* Sollen Erfrierungen schnell oder langsam erwärmt werden? Der Deutsche Militärarzt 7 (1942), 491–496.

130 *Laptschinski*, Russk. Wratsch. Ref. in Zbl. Chir. (1880).

131 *Binhold* 1942, 494.

132 Bericht über eine wissenschaftliche Besprechung am 26. und 27. Oktober 1942 in Nürnberg über: Ärztliche Fragen bei Seenot und Winternot. In: Mitteilungen aus dem Gebiete der Luftfahrtmedizin. Hrsg. v. Inspekteur der Luftwaffe. Tagungsbericht VII/43.

133 ebenda, 39–44; *Weltz, G.A., H.J. Wendt, H. Ruppin*: Erwärmung nach lebensbedrohlicher Abkühlung. MMW 89 (1942), 1092–1096.

134 ebenda, 1096.

135 *Grosse-Brockhoff, F., W. Schoedel:* Tierexperimentelle Untersuchungen zur Frage der Therapie bei Unterkühlung. Archiv f. experiment. Path. u. Pharmakol. Bd. 201 (1943), 457–467; Grosse-Brockhhoff, F.: Pathologic Physiology and Therapy of Hypothermia. German Aviation Medicine in World War II, Vol.2, Washington 1950, 828–842.

136 *Grosse-Brockhoff, F.:* Kälteschäden. In: Handbuch der Inneren Medizin. Hrsg. v. *G.v.Bergmann*, W. *Frey* u. *H. Schwiegk*. 6. Bd., 2. Tl., Berlin Göttingen Heidelberg [4]1954, 46ff.

137 Medizin ohne Menschlichkeit. Dokumente des Nürnberger Ärzteprozesses. Hrsg. u. komment. v. *A. Mitscherlich* und *F. Mielke*. Frankfurt/M 1993, 51–71.

138 *Büchner, F.:* Pläne und Fügungen. München Berlin 1965.

139 ebenda, 81–82.

140 *Püschel, E.:* Die Seenotverbände der deutschen Luftwaffe und ihr Sanitätsdienst 1939–1945. Düsseldorf 1978. (= Schriftenreihe Erfahrungen des deutschen Sanitätsdienstes im Zweiten Weltkrieg. Hrsg. von der Deutschen Gesellschaft für Wehrmedizin und Wehrpharmazie. Bd.1), 111.

141 *Tidow, R.:* Kälteschäden des Magendarmkanals unter besonderer Berücksichtigung der Auskühlung. MMW 90 (1943), 597–600.

142 *Büchner, F.:* Die Pathologie der Unterkühlung. Klinische Wochenschrift 22 (1943), 89–92.

143 *Müller, E. et al.:* Über Untersuchungsergebnisse bei Todesfällen nach allgemeiner Unterkühlung des Menschen in Seenot. In: Beitr. pathol. Anat. Hrsg. v. F. Büchner, Bd. 108 1943, 552–590.

144 Arzt beim Flottenkommando. B.Nr. 376 v. 15.3.1943. Original b. Verf.

145 Ärztliche Richtlinien für die 1. Artillerieträgerflottille 1943, 2.

146 Anlage zum B.S.N.-Verbands-Befehl Nr. 9/43, BA/MA RM 61 II/121.

147 Ärztlicher Ratgeber für Unterseeboote, Hrsg vom Oberkommando der Kriegsmarine. Berlin 1944, (= M.Dv.Nr. 276), 31.

148 *Matthes, M.*: German Air-Sea Rescue Service during World War II. German Aviation Medicine in World War II, Vol. 2, Washington 1950, 1139–1157, hier: 1149. (Übersetzung d. Verf.)

149 Sanitätsamt MOK Nordsee Pathologische Abteilung 1451/44 v. 31.8.1944. BA/MA RM 61 II/126.

150 Tidow 1960.

151 ebenda, 38.

152 *Missler, H.:* Erfahrungsbericht eines Schiffbrüchigen. In: Unterkühlung im Seenotfall. Bericht über das Symposium vom 25. bis 27.4. 1980 in Cuxhaven. München 1981, 18–20, hier: 19.

153 *Tidow* 1960, 38.

154 *Püschel* 1978, 75.

155 *Behr, C.H.:* Klinische Beobachtungen bei Schiffbrüchigen. Der Deutsche Militärarzt 9 (1944), 318–320, hier: 318.

156 ebenda, 319.

157 ebenda, 319.

[158] *McCance* et al. 1956, 26.

[159] Erfahrungsbericht des Flottillenarztes der 13. bzw. 27. Minensuchflottille über die Zeit vom 18.9.1941–11.8.1943.

[160] Akte Verbandsarzt beim B.S.N. Besondere San. Kriegserfahrungen 1.3.1943–15.1.1945.

[161] Ärztl. Kriegstagebuch des Sanitätsoffiziers beim Marinebefehlshaber Kanalküste vom 1.3.–31.5.1942. Kopie b. Verf.

[162] *Fischbach, H.W.*: Brief an *A.G. Vasseur* v. 15.12.1967. Kopie b. Verf.; ders.: Pers. Mitt. v. 17.12.1978 u. 22.5.1990.

[163] Erfahrungsbericht des Flottillenarztes der 13. bzw. 27. Minensuchflottille über die Zeit vom 18.9.1941–11.8.1943.

[164] ebenda.

[165] Akte Verbandsarzt beim B.S.N. Besondere San.-Kriegserfahrungen 1.3.1943–15.1.1945.

[166] Ärztliche Gefechtsberichte und ärztliche Erfahrungen im Bereich des B.S.N. 1943. BA-MA RM 61 II/122.

[167] Ärztliche Gefechtsberichte im Bereich des B.S.N. 1944, Bl. 2.

[168] *Matthes, M.*: German Air-Sea Rescue Service during World War II. German Aviation Medicine in World War II, Vol. 2, Washington 1950, 1139–1157; *Heß, C.*: Der Seenotdienst der Luftwaffe. In: Das Sanitätswesen und die Seenotdienstverbände der Luftwaffe, Teil II, hrsg. von der Stiftung Luftwaffenehrenmal e.V. Celle 1971, 25–44; *Püschel* 1978; *Born*, K.: Rettung zwischen den Fronten. Hamburg Berlin Bonn 1996.

[169] *Püschel* 1978, 101.

[170] K.T.B. Fl.B. 5004 v. 5.2.43. In: *Born* 1996, 165.

[171] *Doerfler, J.*: Bericht über den Sanitätsdienst während des Zweiten Weltkriegs im Bereich des Seenotdienstführers 3 v. 11.5.1976. In: Püschel 1976, 168–169.

[172] Dienstanweisung für die San.Dienstgrade auf den Seenotfahrzeugen des SDF 1 (Mitte). In: BA-MA RM 61 II/126, Bl. 2–5.

[173] *Heß* 1971, 41.

[174] *Nöldeke* 1988.

[175] Sanitätsdienst der Kriegsmarine, II. Kriegsbericht, 1941.

[176] ebenda, 2.

[177] ebenda, 8–9.

[178] ebenda, 3–4.

[179] Akte Verbandsarzt beim B.S.N. Krankennachweise 1942–1945. In: BA-MA RM 61 II/125.

[180] Ärztliche Gefechtsberichte im Bereich des B.S.N. 1943.

[181] Ärztliche Gefechtsberichte und ärztliche Erfahrungen im Bereich des B.S.N. 1944. BA-MA RM 61 II/123:

[182] *Ruge, F.:* Im Küstenvorfeld. München 1974, 80 u. 103–104.

[183] *Hümmelchen* a.a.O., 223.

[184] Übersicht über die Krankenbewegung in der Kriegsmarine im Monat Januar und Februar 1944. Bl. 142–147. BA-MA RM 7/1238.

[185] *Nöldeke, H.:* Die personellen Verluste der Kriegsmarine 1939–1945. Schiff und Zeit 43 (1996), 51–55.

[186] Soll der Sanitätsausrüstungen (S.d.S.), hrsg. v. Oberkommando der Kriegsmarine, Berlin 1939–1943. Teil 1: Allgemeine Bestimmungen 1939 (= M.Dv.Nr. 271/1); Teil 2: Sanitätsausrüstungen der Schiffe mit Apothekeneinrichtung 1943 (= M.Dv.Nr. 271/2); Teil 3: Sanitätsausrüstungen für Schiffe ohne Apothekeneinrichtung 1943 (= M.Dv.Nr. 271/3); Teil 5: Sanitätsbehältnisse 1941 (= M.Dv.Nr. 271/5); Teil 6: Instrumentenbestecke und ärztliche Geräte1943 (= M.Dv.Nr. 271/6); Teil 7: Schiffssanitätsausrüstung 1940 (= M.Dv.Nr. 271/7).

[187] O.K.M. AMA/G II c B.= Nr. 4067 vom 25.5.1940. Kopie b. Verf.

[188] Soll der Sanitätsausrüstungen, Teil 1, 1939, 8 (Ziff A 12).

[189] Soll der Sanitätsausrüstungen, Teil 3, 1943, 15 (Abschn. 5).

[190] ebenda, 16 (Abschn. 6).

[191] ebenda, 21 (Abschn. 8).

[192] Soll der Sanitätsausrüstungen, Teil 5, 1941, 60–61.

193 Soll der Kriegssanitätsausrüstungen (S.d.Ks.), Teil I: Schiffe und Hilfsschiffe. Berlin 1942. (= M.Dv.Nr. 216/1).

194 *Apel, St.:* Die Marineärztliche Akademie 1940–1945. Inauguraldissertation Düsseldorf 1991.

195 *Maurer, H.-J.:* Erziehung und Ausbildung zum Marinesaitätsoffizier in der Kriegsmarine 1939–1945 am Beispiel der Crew XII/ 39 San. Marineforum 71 (1996), 34–35, 37–38.

196 Ärztliches Kriegstagebuch des Leitenden Sanitätsoffiziers beim Admiral norwegische Nordküste für die Zeit vom 1.12.1944 bis 28.2.1945, geführt von Marineoberstabsarzt Dr. Conrädel vom 1.12.1944 bis 5.12.1944, Flottenarzt Dr. Saltner vom 6.12.1944 bis 7.1.1945, Marineoberstabsarzt Dr. Conrädel vom 8.1.1945 bis 28.2.1945. BA-MA RM 45 Norwegen / 8.

197 *Kleemann, A.:* Festschrift 60 Jahre San-Crew 36 v. 13.05.96.

198 *Hoffmann, G.:* Pers. Mitteilung v. 16.02.79.

199 *Kleemann, A.:* Vermerk Bundesministerium der Verteidigung. Inspektion des Sanitätsdienstes I 4 v 9.5.80. Erfahrungen zur ärztlichen Tätigkeit als Verbandsarzt beim F.d.S. 1942. Abschrift b. Verf., 4.

200 *Kleemann, A.:* Pers. Mitt. v. 2.3.91.

201 ebenda.

202 *Gillner, H.:* Pers. Mitt. v. 16.08.90. (1990a).

203 *Nöldeke u. Hartmann* 1996, 30 ff.

204 *Gillner* 1990(a).

205 *Hoffmann* 1979

206 *Gillner,* H. Pers. Mitt. v. 01.05.79.

207 *Hoffmann* 1979.

208 *Kleemann* 1991.

209 *Hoffmann, G.*: Per. Mitt. v. 01.09.90

210 *Gillner, H.:* Auszug aus der Personalakte 1943. Landesbesodungsamt Kiel.

211 *Feldt, K.:* Militärische Beurteilung über den Marineoberassistenzarzt Ralf Wendt bei Abkommandierung an die San.Schule Sanderbusch v. 13.9.41, Abschr. b. Verf.

212 *Herrberg, W.:* Pers. Mitteilung v. 15.03.91.

213 *Schneider, S.:* Pers. Mitt. v. 9.2.1991.

214 *Schadewaldt, H.:* Erfahrungen als Schiffsarzt. Wehrmedizin und Wehrpharmazie (1986), 186–189, 186.

215 *Nolter, G.:* Am Kanal. In: Marineteil des Jahrgangsalbums des Sanitätsoffizierjahrganges 1937. – Crew 37b -(Teil I). Redigiert von *Heinrich Essig*. März 1943.

216 *Scheel v., R:* Sommer 1944 bis Dezember 1945. Die turbulenteste Zeit meines Lebens. Savièse 1992, 14–16.

217 *Wedel,* Tagebuch o.J. o.O.

218 Chronik der Marineärztlichen Akademie. Manuskript o.J., o.O., Nachlaß *E. Greul*, Kopie b. Verf.

219 ebenda.

220 *Fritsch, H.:* Die Nacht vor Scheveningen. Tübinger Chronik vom 26.2.1944.

221 *Fritsch, H.:* Nachtgefecht im Kanal. Tübinger Chronik vom 12.4.1944.

222 *Fritsch, H.:* Männer am Feind. Tübinger Chronik vom 23.7.1944.

223 *Engels, H.P.:* Pers. Mitt. In: Chronik der Crew X/43. Hrsg. v. *B. Strecker.* Im Druck 1998.

224 Ärztliches Kriegstagebuch des Leitenden Sanitätsoffiziers beim Marineoberkommando in Norwegen für die Zeit vom 1. Dezember bis 28. Februar 1945. BA/MA RM 45 Norwegen/5, Eintrag v. 2.2.45.

225 Kurze Zusammenfassung der wichtigsten ärztlichen Kriegserfahrungen im Bereich der Flotte in bezug auf Feindeinwirkungen. 1942, 5.

226 ebenda, 6.

227 ebenda, 3.

228 ebenda, 2.

229 Führer der Zerstörer. Nachrichten Nr. 1–17/1944, Nr. 1–3/1945, BA/MA RM 54/55, Nr. 10 v. 24.8.1944.

230 ebenda, 4; Kriegsberichte der Flotte Nr. 1–10 (1.8.1943–1945). BA/MA M 427.

231 Merkblatt über erste Hilfeleistung bei Blutungen. Hrsg. vom Oberkommando der Kriegsmarine (Marinemedizinalamt) Berlin 1942.

232 Richtlinien für die Behandlung von Brandverletzungen für Marinesanitätsoffiziere. 1940.

233 Sanitätschef der Kriegsmarine: Schreiben betr. Richtlinien für die Behandlung von Brandverletzten. AMA/ G IIaa Nr. 8000 v. 24.6.1942.

234 *Kühn* 1974.
235 *Harnack* 1978.
236 *Güth* 1992.
237 *Fock, H.:* Afrika-Zerstörer ZG 3 HERMES. Herford 1993.
238 *Birnbaum, F.-K., Vorsteher, C.:* Auf verlorenem Posten. Die 9. Torpedoboot-Flottillen. Stuttgart 1987; *Gartzen v., W.*: Die Flottille. Außergewöhnlicher Seekrieg deutscher Mittelmeer-Torpedoboote. Herford 1982; *Graumann, W., W. Harnack, A. Teichmann:* 1.,2., 3. Torpedobootsbootflottille. Chronik der Boote T 1-T 21 1939–1945. Bd. 1–3 Bremerhaven 1989–1990.
239 *Schmidt, K.:* Pers. Mitt. v. 11.1.1979.
240 *Kühn* 1974, 65.
241 *Probst, R.*: Pers. Mitt. v. 13.11.1978.
242 *Fischer, Th.:* Persönl. Aufzeichnungen 1944/45 in Familienbesitz.
243 Bericht des Führers der Zerstörer über den Kampf bei Narvik 6.–13.4.1940. BA/MA RM 54/30.
244 *Fischer* 1944/45.
245 *Nöldeke, H.:* Das Kleine Lazarettschiff INNSBRUCK und sein Chefarzt. Wehrmed. Mschr. 38 (1994), 208–210.
246 *Fischbach* 1978.
247 *Büchler, C.:* Pers. Mitt. v. 15.1.1997.
248 *Büchler, C.:* Pers. Mitt. v. 16.1.1996 u. 15.1.1997.
249 *Rechel, K.:* Beurteilung von MOAssA Dr. Büchler v. 29.5.1940. Abschrift b. Verf.
250 *Büchler* 1997.
251 *Rechel* 1940.
252 *Hubatsch, W.:* Die deutsche Besetzung von Dänemark und Norwegen 1940. Göttingen 1952, 248–249.
253 *Heye, A.W.:* Z 13 von Kiel bis Narvik. Berlin 1941.
254 Kriegstagebuch Z 13 ERICH KOELLNER. Abschrift b. Verf.
255 *Wellein, H.:* Pers. Mitt. v. 9.1.1979.
256 ebenda.
257 ebenda.
258 ebenda.
259 ebenda.
260 ebenda.
261 »Völkerrechtssache Narwik«(sic). BA/MA RM 54/4.
262 *Zayas de, A. M.:* Die Wehrmacht-Untersuchungsstelle. München, [5]1995, 370.
263 ebenda, 371.
264 ebenda.
265 ebenda.
266 ebenda.
267 ebenda, 371–372.
268 ebenda, 371.
269 ebenda, 375.
270 ebenda, 376.
271 *Rohwer, J.:* Der Krieg zur See 1939–1945. Gräfelfing vor München 1992, 21.
272 *Guth, E.:* Narvik 1940 – Sanitätsdienstliche Versorgung und medizinische Probleme beim Unternehmen »Weserübung« –. Wehrmed. und Wehrpharm. 18 (1994), 78–84.
273 ebenda.
274 *Harnack* 1978, 131 ff; Vgl. auch *Tidow* 1960, 38.
2756 *Reinke, K.W.:* Pers. Mitt. v. 8.5.1979.
276 ebenda.
277 *Hildebrand, Hans H., A. Röhr, H.O. Steinmetz:* Die deutschen Kriegsschiffe. 6. Bd., Herford [2]1993, 81.
278 *Reinke, K.W.:* Pers. Mitt. v. 18.3.1991.
279 *Otto, F.:* Pers. Mitt. v. 9.5.1997.
280 *Otto, F.:* Pers. Mitt. v. 26.1.1997
281 *Brahms, H.:* Pers. Mitt. v. 1.4. 1996.

[282] ebenda.
[283] *Bongen, H.:* Pers. Mitt. v. 10.5.1995.
[284] K.T.B. 1. T-Flottille v. 18.8.1940, zit. bei *Graumann* et al. 1989, Bd. 1, 151.
[285] *Decker, H.:* Bericht v. 17.9.1940, zit. bei *Graumann* et al. 1990, Bd. 3, 62.
[286] K.T.B. 1. T-Flottille v. 18.8.1940, zit. bei *Graumann* et al. 1989, Bd. 1, 151–152.
[287] *Ostertag, R.:* Untergang des Zerstörers BRUNO HEINEMANN. Truppenpraxis 22 (1978), 69–76, hier: 71.
[288] ebenda, 71.
[289] ebenda, 71–72.
[290] ebenda, 72.
[291] ebenda, 72.
[292] ebenda, 74.
[293] *Paul, F.K.:* Pers. Mitt. v. 19.3.1991.
[294] *Blaas, K.-H.:* Pers. Mitt. v. 11.11.1978, 16.11.1978 und 20.1.1979.
[295] *Hildebrand, Röhr, Steinmetz* ²1985, Bd. 3, 113.
[296] *Blaas* 1979.
[297] *Hildebrand, Röhr, Steinmetz* ²1985, Bd. 3, 105.
[298] *Kühn* 1974, 200.
[299] Ärztliches Kriegstagebuch der 2. Räumbootsflottille, geführt von Marineoberassistenzarzt *Dr. Führ* vom 1.2.1942 bis 31.5.1942 und vom 1.6.1942 bis 23.4.1943. Kopie b. Verf., Eintrag v. 13.5.1942.
[300] ebenda.
[301] *Ostertag* 1986, 92.
[302] *Graumann* et al. 1989, Bd. 1, 325–333.
[303] *Wiese, W.:* Pers. Mitt. v. 24.3.1993.
[304] *Gartzen v.* 1982, 7–10.
[305] Bericht Kptl. *Quedenfeldt.* In: *Gartzen v.*, W.: Flottentorpedoboote. Herford 1992, 36–37.
[306] *Garzten v.* 1982, 177.
[307] *Langguth, H.:* Pers. Mitt. v. 8.5.1991.
[308] *Harnack* 1978, 165.
[309] Kriegstagebuch der 8. Zerstörerflottille. In: »Führer der Zerstörer«. Nachrichten Nr. 1–17/1944, Nr. 1–3/1945. BA/MA RM 54/55.
[310] *Kühn* 1974, 296.
[311] Kriegstagebuch der 5. T-Flottille. In: »Führer der Zerstörer«. Nachrichten Nr. 1–17/1944.
[312] Kriegstagebuch T 24, Kopie b.Verf.
[313] *Fock* 1993.
[314] K.T.B. vom 15.9.1942, zit. n. *Fock* 1993, 88.
[315] ebenda, 90.
[316] ebenda, 102.
[317] K.T.B. vom 21.4.1943, zit. b. *Fock* 1993, 188.
[318] ebenda, 212.
[319] ebenda, 232–233.
[320] *Gartzen v.* 1982.
[321] K.T.B. TA 30 v. 15.6.1944, Kptl. *Kopka.* In: *Gartzen v.* 1982, 72–73.
[322] *Paetzold, H.:* Der Untergang von TA 24. In: *Gartzen v.* 1982, 151–153.
[323] *Paetzold, H.:* Pers. Mitt. v. 21.3.1991.
[324] *Birnbaum* u. *Vorsteher* 1987.
[325] *Schreiber, G.:* Die italienischen Militärinternierten im deutschen Machtbereich 1943–1945. München 1990. (=Beiträge zur Militärgeschichte. Hrsg. v. Militärgeschichtlichen Forschungsamt. Bd. 28), 255–296.
[326] ebenda, 263.
[327] ebenda, 272.
[328] *Birnbaum* u. *Vorsteher* 1987, 102–103.
[329] »Führer der Zerstörer«. Nachrichten Nr. 1/1945.
[330] Sanitätsbericht über die Deutsche Reichsmarine für den Zeitraum vom 1. Januar bis 31. Dezember 1934. Bearbeitet in der Marinemedizinalabteilung des Reichskriegsministeriums Berlin 1937, 26.

331 Soll der Kriegssanitätsausrüstungen. Teil I: Schiffe und Hilfsschiffe. Ausrüstungssoll Nr. 35. 1942.; Soll der Sanitätsausrüstungen. Teil I, 1939;

332 *Hartmann, V.:* Pervitin. Vom Gebrauch und Mißbrauch einer Droge in der Kriegsmarine. Wehrmed. Mschr. 38 (1994), 137–142.

333 H.Dv. 209/2. M.Dv.Nr. 120. Richtlinien zur Erkennung und Bekämpfung der Ermüdung (Anwendung und Wirkung des Pervitins). Berlin 1942; Sanitätschef der Kriegsmarine. GIIaa – B.Nr. 4750/41. Merkblatt III. Zur Beurteilung der Genuß- und Reizmittel bei der Ermüdungsbekämpfung und Leistungssteigerung. Berlin 1941.

334 Sanitätschef der Kriegsmarine 1941, 4.

335 ebenda, 40.

336 *Kleemann, A.:* Pers. Mitt. v. 24.5.1993.

337 *Hoffmann, G:* Pers. Mitt. v. 9.6.1993.

338 ebenda.

339 *Herrberg,* W.: Pers. Mitt. v. 30.5.1993.

340 *Hümmelchen* 1996, 23.

341 ebenda, 27–28.

342 ebenda, 29.

343 *Wendt, R.:* Pers. Mitt. v. 3.2.1991; *Feldt, K.*: Militärische Beurteilung über den Marineoberassistenzarzt *Dr. Ralf Wendt* bei Abkommandierung an die San.Schule Sanderbusch v. 13.9.1941, Abschr. b. Verf.

344 *Hoffmann, G.:* Pers. Mitt. v. 7. 12. 1978, 16.2.1979, 1.9.1990, 9.6.1993, 21.3.1994.

345 *Hoffmann, G.:* Pers. Mitt. v. 16.2.1979.

346 Ärztliches Kriegstagebuch der 4. Schnellbootsflottille für die Zeit vom 9.10. bis 30.11.1941. Geführt von MOAssA *Dr. Kleemann.* Abschrift b. Verf.; Ärztliches Kriegstagebuch der 4. Schnellbootsflottille für die Zeit vom 1.12.1941 bis 28.2.1942 (1942a). Geführt von MOAssA *Dr. Kleemann.* Abschrift b. Verf.; Ärztliches Kriegstagebuch der 4. Schnellbootsflottille für die Zeit vom 1.6.1942 bis 31.8.1942 (1942b). Geführt von MOAssA *Dr. Kleemann.* Abschrift b. Verf.

347 *Kleemann, A.:* »Das war's!« Erinnerungen von *Arnfried Kleemann.* Unveröffentlichtes Manuskript, o.J. Privatbesitz.

348 Ärztliches Kriegstagebuch der 4. Schnellbootsflottille 1941, Eintrag v. 20.11.1941.

349 ebenda, Eintrag v. 28.11.1941.

350 Ärztliches Kriegstagebuch der 4. Schnellbootsflottille 1942a. Eintrag v. 12.2.1942

351 Ärztliches Kriegstagebuch der 4. Schnellbootsflottille 1942b. Eintrag v. 26.6.1942.

352 *Hümmelchen* a.a.O., 150.

353 *Gillner, H.:* Pers. Mitt. v. 22.2.1992.

354 ders.: Pers. Mitt. an *B. Rebensburg v.* 15.6.1988.

355 Sanitätsdienst der Kriegsmarine. II. Kriegssanitätsbericht 1941, 43–44.

356 *Gillner, H.:* Kommando 6. Schnellbootflottille: Anordnung über die Ausgabe *von Schiern* v. 12.5.1942 (a).

357 *Gillner, H.*: Kommando 6. Schnellbootflottille: Ausschreibungen und Ausführungsbestimmungen für die Flottillensportwettkämpfe v. 28.7.1942 (b).

358 *Hümmelchen* a.a.O, 50.

359 ebenda, 49.

360 *Kemnade, F.:* Die Afrikaflottille. Stuttgart 1978, 121.

361 Kriegstagebuch des F.d.S. BA-MA RM 55/55.

362 ebenda.

363 *Hümmelchen* a.a.O., 122.

364 *Behrens, G.:* Pers. Mitt. v. 23.3.1991.

365 *Behrens, G.:* Die Geschichte der 1. Schnellbootsflottille 1931–1945 in Bildern. Kiel 1986.

366 *Schneider, G.-D.:* Vom Kanal zum Kaukasus. Herford 1982, 154.

367 Ärztliches Kriegstagebuch des Leitenden Sanitätsoffiziers beim Admiral Schwarzes Meer für die Zeit vom 1.6. bis 23.8.1944. Geführt von Flottenarzt *Dr. Paul.* BA/MA RM 45 Südost/2, Einträge v. 12.7. und 2.8.1944.

368 *Seevers, E.A.*: Pers. Mitt. 1996, In: *Hümmelchen* a.a.O., 136.
369 *Döpner, J.*: Pers. Mitt. an H. Gillner v. 25.11.1992.
370 *Kemnade* a.a.O., 249.
371 ebenda, 390.
372 *Busch, H.-G.*: Pers. Mitt. v. 27.11.1978.
373 ebenda.
374 *Hümmelchen* a.a.O., 109.
375 ebenda, 117.
376 *Bollenhagen, H.*: Pers. Mitt. 1996. In: *Hümmelchen* a.a.O., 117.
377 Ärztliches Kriegstagebuch des Leitenden Sanitätsoffiziers beim Marineoberkommando Süd für die Zeit vom 1.12.1944 bis 28.2.1945. Geführt von Geschwaderarzt *Dr. Hartmann*. BA/MA RM 36/100, Eintr. v. 19.1.1945.
378 *Wendt, R.*: Pers. Mitt. v. 25.4.1997.
379 *Hümmelchen* a.a.O., 182.
380 ebenda, 188.
381 *Müller, K.*: Bericht über den Verlust der Boote S 200, S 183 und S 702 in der Nacht vom 18-/19.9.1944 und über die Eindrücke in englischer Gefangenschaft vom 19.9. bis 1.12.44. BA/MA RM 7/131, I SKL Teil C II a Nordsee-Norwegen, April 1944-Januar 1945, 61–65.
382 *Herrberg, W.*: Pers. Mitt. vom 9.4.1995
383 *Herrberg, W.*: Pers. Mitt. an *Klemm* v. 22.10.1992.
384 *Hümmelchen* a.a.O., 207.
385 ebenda, 208.
386 *Ruge, F.*: Der Seekrieg 1939–1945. Stuttgart 1951.
387 *Ostertag, R.*: Deutsche Minensucher – 80 Jahre Seeminenabwehr. Herford 1986.
388 ebenda, 7.
389 ebenda, 99–100.
390 *Eichner, H.*: Pers. Mitt. v. 28.11.1978.
391 Gefechtsbericht der 52./54. Minensuchflottille des Küstensicherungsverbandes norwegische Westküste über Räumarbeiten vor Haugesund vom 4. bis 13. Oktober 1940. BA/MA Sign. unbek.
392 *Gillner, H.*: Pers. Mitt. v. 6.6.1980.
393 ders.: Pers. Mitt. v. 16.8.1990 (a).
394 Ärztl. K.T.B. des Leitenden Sanitätsoffiziers beim Marinebefehlshaber Kanalküste v. 6.3.41–3.8.42. Kopie b. Verf.
395 *Gillner, H.*: Pers. Mitt. v. 10.5.1979 (a).
396 *Gillner, H.*: Erfahrungsbericht des Marinestabsarztes *Dr. Heinz Gillner* als Flottillenarzt der 7. Minensuchflottille für die Zeit vom 23. August bis 30. Oktober 1944. Kopie b. Verf.
397 ebenda.
398 ebenda.
399 ebenda.
400 ebenda.
401 *Schneider, G.-D.*: Vom Kanal zum Kaukasus. Herford 1982.
402 ebenda, 69ff.
403 Ärztlicher Gefechtsbericht Flottillenarzt 3. R-Flottille v. 7.10.41. Abschrift b. Verf.
404 ebenda.
405 ebenda.
406 *Schneider* 1982, 121.
407 ebenda, 125.
408 ebenda, 154.
409 ebenda, 230ff.
410 ebenda, 230ff.
411 ebenda, 242.
412 ebenda, 268.
413 Ärztliches Kriegstagebuch des Leitenden Sanitätsoffiziers beim Admiral Schwarzes Meer 1944.

414 Ärztliches Kriegstagebuch der 2. Räumbootsflottille 1942/43.
415 *Führ, J.*: Erlebnisbericht des Marineoberassistenzarztes *Dr. Führ* über die Ereignisse am 8.10.1942 bei der 2. R-Flottille. Schreibmaschinenmanuskript. Kopie b. Verf.
416 *Führ, J.*: Pers. Mitt. v. 26.11.1979.
417 ebenda.
418 ebenda.
419 Ärztliches Kriegstagebuch der 2. R-Flottille 1942/43, Eintrag v. 4.2.1942.
420 ebenda, Eintrag v. 12.2.1942.
421 ebenda.
422 ebenda, Eintrag v. 14.2.1942.
423 ebenda, Eintrag v. 24.2.1942.
424 ebenda, Eintrag v. 30.3.1942.
425 ebenda, Eintrag v. 20.5.1942.
426 ebenda, Eintrag v. 14.6.1942.
427 ebenda, Eintrag v. 15.7.1942.
428 ebenda, Eintrag v. 16.7.1942.
429 ebenda, Eintrag v. 25.7.1942.
430 ebenda.
431 ebenda, Eintrag v. 12.8.1942.
432 ebenda.
433 ebenda.
434 ebenda.
435 ebenda.
436 ebenda, Eintrag v. 19.8.1942.
437 ebenda, Eintrag v. 8.10.42.
438 *Führ,* Erlebnisbericht 1942.
439 ebenda.
440 ebenda.
441 ebenda.
442 Ärztliches Kriegstagebuch der 2. R-Flottille 1942/43, Eintrag v. 25.11.1942.
443 ebenda, Eintrag v. 18.3.1943.
444 *Künstler, H.:* Pers. Mitt. v. 8.1.1997.
445 ebenda.
446 *Weinmann, A.:* Ein gefährlicher Blinddarm. In.: Koehlers Flottenkalender Herford 1979, 199–203.
447 199–201.
448 *Busch* 1978.
449 *Meister, J.*: Der Seekrieg in den osteuropäischen Gewässern 1941–45. München 1958.
450 Ärztliche Gefechtsberichte im Bereich des B.S.N. 1944, Eintrag v. 10.4.1944.
451 ebenda, Eintrag v. 5.6.1944.
452 Ärztliche Gefechtsberichte im Bereich des B.S.N. 1943–1944.
453 ebenda, Eintrag v. 23.11.1943.
454 *Kricker, E.*: Pers. Mitt. v. 20.7.1997.
455 *Stamer*: Beurteilung für MStA d.R. Dr. Kricker v. 1.5.1944. Kopie b. Verf.
456 Ärztliche Gefechtsberichte im Bereich des B.S.N. 1943, Einträge v. 17.–18.5.1943.
457 Ärztliches Kriegstagebuch des Verbandsarztes 5. Küstensicherungsverband für die Zeit vom 1. Juni 1944 bis 31. August 1944. Krankenbuchlager Berlin.
458 Ärztliches Kriegstagebuch des Arztes bei der Hafenschutzflottille Oslo-Horten für die Zeit vom 1. Juni 1944 bis 31. August 1944. Krankenbuchlager Berlin.
459 Ärztliches Kriegstagebuch der 57. Vorpostenflottille für die Zeit vom 16. März 1944 bis 31. Mai 1944. Krankenbuchlager Berlin.
460 Ärztliches Kriegstagebuch des Flottillenarztes 68. Vorpostenflottille für die Zeit vom 1. März 1944 bis 31. Mai 1944. Krankenbuchlager Berlin.

461 Ärztliches Kriegstagebuch des Flottillenarztes 68. Vorpostenflottille für die Zeit vom 1. Juni 1944 bis 31. August 1944. Krankenbuchlager Berlin.

462 Ärztliches Kriegstagebuch der 11. U.-Jagdflottille für die Zeit vom 1. März 1944 bis 31. Mai 1944. Krankenbuchlager Berlin.

463 ebenda., Eintrag v. 30.5.1944.

464 Ärztliches Kriegstagebuch des Leitenden Sanitätsoffiziers beim Admiral norwegische Nordküste 1944/45, Eintrag v. 15.2.1944.

465 *v. Kutzleben et al.* 1974.

466 ebenda, 87.

467 ebenda, 103.

468 ebenda, 187.

469 ebenda, 196; vgl. auch Sanitätsoffiziere (Arzt) der Kriegsmarine 1939–1945. Unveröffentlichte Zusammenstellung. Kopie b.Verf.

470 Ärztlicher Bericht über Erfahrungen und Maßnahmen beim Untergang MS. Roland vom 27. April 1944. Berichtender: Marinestabsarzt *Dr. Limburg*, Flottillenarzt der 1. Minensuchflottille. Akte Verbandsarzt beim B.S.N. Krankennachweise 1942–1945. BA/MA RM 61 II/125.

471 Ärztliches Kriegstagebuch des Kommandos Minenschiff Linz für die Zeit vom 1. September 1944 bis 30. November 1944. Krankenbuchlager Berlin.

472 Ärztliches Kriegstagebuch des Minenschiffes Lothringen für die Zeit vom 1. September 1944 bis 30. November 1944. Krankenbuchlager Berlin.

473 Ärztliches Kriegstagebuch des Minenschiffes Elsass für die Zeit vom 1. September 1944 bis 30. November 1944. Krankenbuchlager Berlin.

474 ebenda, Eintrag v. 23.11.1944.

475 ebenda, Eintrag v. 24.11.1944.

476 Ärztliches Kriegstagebuch des Leitenden Sanitätsoffiziers beim Admiral Skagerrak vom 1.12.1944 bis 28.2.1945. Geführt von Geschwaderarzt *Dr. Thermann.* BA/MA RM 45 Norwegen/6, Eintr. v. 5.–6.1.1945.

477 Ärztliches Kriegstagebuch vom 26.11.1944 bis 12.2.1945 Kommando Minenräumschiff 11. Anl. 3 zum Ärztlichen Kriegstagebuch des Leitenden Sanitätsoffiziers beim Admiral Skagerrak 1944/45.

478 ebenda.

479 ebenda.

480 Ärztliches Kriegstagebuch des Minenräumschiffes 25 vom 1.3. bis 31.5.1944. Krankenbuchlager Berlin.

481 *Graumann et al.*, 1989, Bd. 2, 513–514.

482 *Schön, H.:* Flucht über die Ostsee 1944/45 im Bild. Stuttgart ^{4}1995, 9.

483 *Graumann et al.*, Bd. 2, 801.

484 ebenda, 801 ff. Bericht v. 15.12.89.

485 ebenda, 805 (K.T.B. Kdt. T 20, Kptl. *Eichel*)

486 *Schön* 1995, 36.

487 *Klenck, W.:* Wer das Schwert nimmt …, München 1987, 573.

488 ebenda, 575.

489 ebenda, 577.

490 ebenda, 578.

491 ebenda, 580.

492 *Brahms, H.:* Pers. Mitt. v. 10.1.1997.

493 *Brahms* 1996.

494 *Gerdau, K.:* Kampfboot M 328. Von der Selbstverständlichkeit der Pflicht. Herford 1989, 28.

495 *Müller, W., R. Kramer*: Gesunken und verschollen. Hamburg Berlin Bonn ^{2}1996.

496 ebenda, 126.

497 ebenda.

498 ebenda.

499 ebenda.

500 *Constabel, H.:* Hol nieder Flagge. Bremerhaven 1989, 32.

[501] *Güth* 1992, 43.
[502] ebenda, 79.
[503] *Unger, H.H.:* Pers. Mitt. v. 11.1.1997.
[504] *Klapdor, N.:* Der Zerstörer FRIEDRICH IHN. Hamburg Berlin Bonn 1996, 167.
[505] *Busch* 1978.
[506] ebenda.
[507] *Graumann et al.* 1990. Bd. 2, 614–615; Vgl.auch Admiral der Kriegsmarinedienststelle Danzig, Februar 1945. Totalverlust des Lazarettschiffes D. »Bremerhaven«. fol. 1–142. BA/MA Freiburg. In: *Fey, Karlernst*: Das Sanitätswesen der deutschen Kriegsmarine im Zweiten Weltkrieg mit besonderer Berücksichtigung der Lazarettschiffe. Organisationsgefüge. Bonn 1963.
[508] *Hubatsch, W.:* Flüchtlingstransporte aus dem Osten über See. Die letzten Geleitaufgaben der deutschen Kriegsmarine 1945. In: Ostdeutsche Wissenschaft. Jahrbuch des Ostdeutschen Kulturrates, Bd. IX, München 1962, 404–27.
[509] ebenda, 424.
[510] ebenda 413.
[511] ebenda. 425.
[512] ebenda, 425–6.
[513] *Selye, H.:* A syndrome produced by diverse nocous agents. Nature, 138 (1936), 32 ff.)
[514] *Vgl. Heinsius, E.:* Die verschiedenen Arten der Nachtblindheit und ihre praktische Bedeutung im Kriege. Der Deutsche Militärarzt 5 (1940), 449–456; ders.: Über das Sehen bei Nacht. Der Deutsche Militärarzt 8 (1943), 451–457.
[515] *Rebensburg, B.:* Unveröffentlichtes Manuskript zur Auswertung der Kriegstagebücher des F.d.T und F.d.S. v. 30.3.88.
[516] *Heinsius, E.:* Zur Geschichte der sinnesmedizinischen Forschungsabteilung der Kriegsmarine in den Jahren 1933–1945. Wehrmed. Mschr. 17 (1973), 115–117.
[517] Ärztliches Kriegstagebuch des Leitenden Sanitätsoffiziers beim Marineoberkommando in Norwegen 1944/45, Eintrag v. 10.1.1945.
[518] *Gillner H.:* Pers. Mitt. v. 26.5.79.
[519] Vgl. *Nöldeke* u. *Hartmann* 1996, 163–188.
[520] *Essen, K.W.:* Klinische Befunde bei dem nervösen Syndrom der U-Bootfahrer. Unveröffentliches Manuskript b. Verf. 1945a, 8; *Pohle, F., Essen, K.W.*: Über das nervöse Syndrom der U-Boot-Fahrer. Der Deutsche Militärarzt 10 (1945b), 134–138.
[521] *Essen* 1945a, 11–12.
[522] Der Bundesminister der Verteidigung. Fü S I 3 v. 20.9.82: Richtlinien zum Traditionsverständnis und zur Traditionspflege in der Bundeswehr.
[523] *Salewski, M.:* Ansprache am 10.11.1997 im Presseklub Bonn. Abgedruckt in: Marineforum 73 (1998), 4–5.
[524] Anlage zu Verbandsarzt b. Befehlshaber Sicherung der Nordsee. B.Nr. -455- v. 17.3.1943. BA/MA RM 61 II/120, Bl. 8–9.
[525] BA/MA RM 61 II/126, Bl. 2–4.
[526] BA-MA RM 61 II/126, Bl. 14–15.

Anhang

Anlage 1:[524]

Ärztlicher (Gefechts) Bericht
über

....

a.) Kurzer Bericht über das Gefecht. (Bericht zur Lage)
1. Datum, Uhrzeit, Wetter, Wind, See.
2. Art des Geleits (Ost- oder West-) oder der Aufgabe.
3. Standort ungefähr (z.B. querab Ameland, oder bei Punkt Max).
4. Feindeinwirkung, geschildert nach Eigenbeobachtung des Geleit- bzw. Flottillenarztes oder nach eingehenden Meldungen mit möglichst viel Uhrzeitangaben.

b.) Verluste nach Toten, Schwer- und Leichtverwundeten und Vermißten, getrennt nach Offizieren, Unteroffizieren, Mannschaften sowie nach Kriegs- und Handelsmarine.
1. Angabe der Zahlen.
2. Angabe der betroffenen Boote.
3. Art der Verwundungen, soweit durch Schwere, Sitz oder sonstige Umstände irgendwie bemerkenswert.

c.) Tätigkeit des Sanitäts-Personals oder der Besatzung.
1. Geleit- oder Schiffsarzt. Wo war er während des Ereignisses?
2. Sanitäts-Personal.
3. Erste Hilfe durch Kameraden.
4. Verbleib der Verwundeten, unter möglichst genauer Angabe der Uhrzeiten der Transportstationen bis zur endgültigen Versorgung!

d.) Verbesserungsvorschläge, bzw. erkannte Mängel.

e.) Ärztliche Erfahrungen

Anlage 2:[525]

L. San.-Offizier b. SDF 1 (Mitte)
Nr. L 21186. Lg. P.A. Hamburg 1

D i e n s t a n w e i s u n g
für die
San.Dienstgrade auf den Seenotfahrzeugen des SDF 1 (Mitte)

I. Dienstpflichten.

1. Erste Hilfe bei Geretteten und Verwundeten nach den allgemeinen san.-dienstlichen Vorschriften (L.Dv.59, Anleitung zur Anwendung der Arznei- und Verbandmittel im Marine-Verbandkasten I.) Abtransport in ärztliche Behandlung.

Behandlung der Auskühlung nach beiliegendem Merkblatt. Die San.-Dienstgrade haben für rechtzeitige Aufheizung eines Bootsraumes und Bereitstellung von Heißwasser zu sorgen.

2. San.dienstliche Berichterstattung: Nach jedem erfolgreichen Seenoteinsatz ist ein Bericht nach anliegendem Muster (Anl. 1.), zum 10. eines jedem Monats ein Monatsbericht nach anliegendem Muster (Anl. 2) dem Leit.San.Offizier mit Feldpost unmittelbar vorzulegen.

Die Berichte sind in kurzen Schlagworten abzufassen. In den Seenoteinsatzberichten sind zu den Ziffern 2–6 genaue Zeitangaben zu machen.

3. Betreuung der eigenen Besatzung. Erkrankte militärische Besatzungsmitglieder sind dem nächsten Wehrmacht-San.-Offizier zur Behandlung zu melden und in das Truppenkrankenbuch der zuständigen Bootsgruppe einzutragen. Lazarettkranke und über drei Tage Revierkranke sind im Monatsbericht mit Name, Dienstgrad, Krankheitsbezeichnung, Krankheitsdauer und Revier bezw. Lazarett aufzuführen.

4. Verwaltung der Bordsanitätsausrüstung: Die San.-Dienstgrade haben:
   - ein Bestandsheft über San.-Gerät gem. befohlenem Muster anzulegen, laufend zu führen und hierin die Erstausrüstung sowie das gesamte, seit der Indienststellung zugewiesene, abgegebene oder in Verlust geratene San.-Gerät genauestens einzutragen unter Hinzuziehung der Belege;
   - das San.-Gerät stets einsatzbereit zu halten und sorgfältig zu lagern;

- das Sauerstoffbehandlungsgerät und den S.-V.-koffer öfters auf den S.-Gehalt sowie auf Rostschäden zu überprüfen;
- bei Wechsel einschl. Kommandierung oder Beurlaubung das San.-Gerät ordnungsgemäß zu übergeben;
- bei Dienstantritt das San.-Gerät sofort ordnungsgemäß zu übernehmen unter gleichzeitiger Meldung an den Leit. San.-Offizier beim SDF 1;
- bei Verlust von San.-Gerät stets Meldung zur Aufnahme einer Verlustverhandlung zu erstatten.

Weiterhin sind nach befohlenen Mustern zu führen: Giftbücher, Verordnungsbücher, Unterrichtsprotokolle, dazu auf Schiffen zusätzlich Verbrauchnachweise und Operationslisten.

Verbrauchsmaterial ist bei einer Luftwaffen- oder Marine-San.-Dienststelle gegen Belegwechsel zu ergänzen. San.-Gerät ist beim Leit. San.-Offizier beim SDF 1 anzufordern.

5. Dienstleistung entsprechend der seemännischen Ausbildung als Decksmann, Signalgast usw. nach den Befehlen des Bootsführers.

Wichtige san.-dienstliche Belange gehen vor.

II. Unterstellung und san.-dienstliche Fortbildung.

Die San.-Dienstgrade gehören zu Lw.-San.Gruppe beim SDF 1 (Mitte). Sie unterstehen disziplinar sowie für den militärisch-seemännischen Dienst den gleichen Vorgesetzten wie die übrige Bootsbesatzung; truppendienstlich und für ihren Fachdienst als San.-Dienstgrade dem Leit. San.Offizier beim SDF 1 (Mitte). Fachdienstliche Kommandierung zur Lw.-San.Staffel des Einsatzhafens kann durch ihn befohlen werden.

Beurlaubung (Erholungs- und Sonderurlaub), Beförderungen und Regelung der Vertretung erfolgen durch den Leit.San.-Offizier. Urlaubsgesuche sind mit Sichtvermerk des zuständigen Disziplinarvorgesetzten San.Offizier zu melden. Sie haben nach seiner Anweisung und im Einvernehmen mit dem Schiffskapitän oder Bootsführer vormittags möglichst regelmäßig an der Revierstunde sowie am Sanitätsunterricht teilzunehmen.

Teilnahme am Revierdienst und Unterricht ist im Unterrichtsprotokoll einzutragen; ebenso ist der von den San.Dienstgraden selbst mit der Besatzung abgehaltene San.Unterricht aufzuführen. Die Protokolle sind monatlich abzuschließen und dem Monatsbericht beizufügen.

Die San.-Dienstgrade haben sich beim Anlaufen von Kiel beim Leit.San.-Offizier zu melden.

Sie haben sich bei Ausscheiden aus der Lw-San.Gruppe durch Verlegung des Fahrzeuges oder anderweitige Verwendung der Besatzung persönlich, fernmündlich oder schriftlich abzumelden.

Anl.: 1 zur Dienstanweisung für die San.-Dienstgrade auf den Seenotfahrzeugen des SDF 1 (Mitte).

M u s t e r

Bezeichnung d. Seenotfahrzeuges — Datum
San.-Dienstgrad
(Name, Dienstgrad)

Dem
San.-Offizier b.d.
Dienststelle Fp.Nr. L 21 186,
Luftgaupostamt Hamburg 1

San.-dienstlicher Bericht zum Seenoteinsatz vom .... im Quadrat ....

1. Lebend gerettet
   Tot geborgen — Name, Vorname, Dienstgrad, Dienststelle, Fp.Nr.

2. Kurze Schilderung des Seenotverlaufes nach Aussagen der Geretteten.
   Hier ist auch zu berichten über: Gebrauch von Pervitin, San.-Mitteln und Notproviant.

3. Äußere Umstände.
   Hier zu berichten über: Lufttemperatur, Wassertemperatur, Windstärke, Seegang, Bekleidung der Geretteten, körperliche Beschaffenheit (Größe u. Gewicht, Fettpolsterung, muskulös, mager). Durchführung der Rettung.

4. Zustand der Geretteten bei der Aufnahme.
   Hier insbesondere zu berichten über: Verhalten bei der Rettung, Aussehen, Grad der Auskühlung (völlig frisch, benommen, bewußtlos, Versteifung der Gliedmaßen oder des ganzen Körpers, nach der Rettung gemessene Untertemperatur), Puls, Atmung, Erregungszustände, Verwundungen, Verbrennungen, vorhandene Notverbände.

5. <u>Maßnahmen nach der Rettung.</u>
   Hier ist zu berichten über: Wiedererwärmungs- und Belebungsmaßnahmen, Verbände, verabreichte Medikamente, Getränke und Nahrungsmittel, Erfolg der Maßnahmen, Temperaturkontrollen.

6. <u>Überführung in ärztliche Behandlung.</u>
   Welche San.-Dienststelle? Lazarett? Transportmittel?

7. <u>Bergung von Leichen.</u>
   Hier ist zu berichten über: Äußere Beschaffenheit, welche sicheren Kennzeichen des Todes lagen bei der Bergung vor, ungefähre Zeitdauer seit Eintritt des Todes, Todesursache nach Urteil des zuständigen San.-Offiziers? Wohin wurde die Leiche überführt? Durchführung einer Leichenöffnung.

8. <u>Sonstige Beobachtungen und Verbesserungsvorschläge.</u>

Gesehen:
(Bootsführer) Unterschrift

Anlage 3:[526]

M e r k b l a t t
für die Vorbeugung und Behandlung der Auskühlung bei Schiffbrüchigen
Stand 31. August 1944

I. Vorbeugung

Beim Vonbordgehen vom sinkenden Schiff möglichst viel Bekleidungsstücke, auch an Händen und Füssen, tragen und nichts ausziehen, um besser schwimmen zu können! Genau wie in der Luft vermag die Kleidung auch im Wasser, den Körper längere Zeit vor übermässigen Wärmeverlust zu schützen. Wenn genügend Zeit dazu vorhanden ist, möglichst mehrere Garnituren Unterwäsche und Oberkleidung übereinander anziehen, bevor man ins Wasser geht.

Im Wasser sich möglichst wenig bewegen! Schwimmen bedeutet eine starke körperliche Anstrengung und verbraucht vor der Zeit die Kraftreserven des Körpers und Herzens, das durch die Vorgänge bei der Unterkühlung ohnehin stark beansprucht ist. Das kann auch nach gelungener Rettung noch zum Tod führen durch Versagen des überanstrengten Herzens. Ausserdem beschleunigt jede Bewegung den Wärmeverlust des Körpers, weil dann das in die Kleidung eingedrungene und am Körper erwärmte Wasser wieder durch kaltes ersetzt wird. Die ordnungsmässig angelegte Schwimmweste trägt meist bis zur Rettung.

Im Wasser ist darauf zu achten, dass Hals und Hinterkopf möglichst wenig eintauchen, weil dadurch die Abkühlung des Körperinneren beschleunigt wird.

Alkohol ist unter allen Umständen zu vermeiden! Pervitin ist gefährlich, da es die später dringend nötigen Kraftreserven des Organismus frühzeitig erschöpft.

II. Behandlung

Es ist streng zu unterscheiden zwischen
a) bewusstseinsgestörten, bewusstlosen oder scheintoten Unterkühlten und solchen Ausgekühlten, die noch voll bei Bewusstsein sind.

Der benommene, bewusstlose oder scheintote Ausgekühlte ist nach der Bergung schnellstens zu erwärmen! Das geschieht am besten in einem 40° C. heissen Wasser- oder Sandbad. Wo dies aus technischen Gründen nicht geht, hat es sich bewährt, die Geborgenen im Dom der Maschine oder im Heizraum auf die Gratings zu legen, ihnen die Kleider anzulassen und sie mit 40°–50° heissem Wasser fortlaufend zu übergiessen. Bei der Körpererwärmung ist gleichzeitig eine kalte Kompresse auf die Stirn zu legen. Die Wiedererwärmung im Bad ist so lange durchzuführen, bis normale Körpertemperatur und Kreislaufverhältnisse wieder hergestellt sind. Dann können die Geretteten zur Belebung des Hautkreislaufs abfrottiert, in warme Decken gehüllt und in die Koje gebracht werden. Sie sollen aber noch mehrere Stunden in Ruhe liegen, auch wenn sie sich selbst ganz wohl fühlen.

Bei erhaltenem Bewusstsein: Verlegung in warme Räume, Entkleiden, Abfrottieren, in erwärmte Decken hüllen, Verabreichen heisser Getränke.

Vor der Aufwärmung ist die Verabreichung von belebenden Mitteln widersinnig und falsch. Sollen aus besonderen Gründen schon Herzmittel gegeben werden (z.B. bei bekannten Herzfehlern), so muss die Dosis kleiner als gewöhnlich sein und darf nur besonders langsam gespritzt werden. Verabreichung von Medikamenten durch den Mund, unter die Haut oder in die Muskultur ist im unterkühlten Zustand wertlos.

Alkoholgaben in jeder Form und Menge sind unter allen Umständen Gift und daher verboten!
Eine medikamentöse Behandlung ist nach der Aufwärmung in den meisten Fällen nicht mehr notwendig, es genügt heisser Bohnenkaffee oder schwarzer Tee. Wenn möglich soll der Gerettete auch noch Kohlenhydrate (stärke- und zuckerhaltige Speisen) zu sich nehmen.

Vollkommen steife, scheintote Unterkühlte sind im heissen Wasserbad fast immer noch zu retten. Weniger Erfolg versprechen die Wiederbelebungsmassnahmen bei Scheintoten, deren Muskelstarre gelöst ist.

Anlage 4: Sanitätsoffiziere auf Schnellbooten

Verbandsarzt beim F.d.S.

MOAssA	Dr. Arnfried Kleemann	9.41 - 9.42
	zugl. Flottillenarzt d. 4. S-Flottille	
MStA	Dr. Heinz Gillner	9.42 - 5.43
	zugl. Flottillenarzt d. 6. S-Flottille	
MOStA	Dr. Kurt Strocka	5.43 - 12.43
	zugl. Flottillenarzt d. 6. S-Flottille	
MOStA	Dr. Hans-Gerhard Busch	12.43 - 5.45
	zugl. Flottillenarzt d. 6. S-Flottille	12/43 - 25.3.44

1. S-Flottille

MOAssA	Dr. Ernst Heinsius	1931 - 32
MOAssA	Dr. Fritz Pohle	ab Nov 1932
MOAssA	Dr. Sommer	1935
MAssA	Dr. Hans Tolk	1936
MOAssA	Dr. Friedrich Dübler	1937 - 38
MAssA d.R.	Dr. Helmut Bauscher	3.40 - 9.41
MStA	Dr. Rolf Haenisch	9.41 - 9.9.42 (gef.)
MOAssA	Dr. Erich Neumann	10.42 - 3.44
MStA	Dr. Alexander Graf v. Ingelheim	3.44 - 5.44
MStA d.R.	Dr. Kurt Preuß	6.44 - 7 .44
MStA d.R.	Dr. Gerhard Scheunemann	17.7.44 - 8.44

2. S-Flottille

MOAssA	Dr. Jürgen Baron v. Schilling	11.38 - 2.40
MAssA	Dr. Walter Tischer	2.40 - 1941
MStA	Dr. Karlheinz Kinscher	1941
MOAssA	Dr. Ralf Wendt	19.11.41 - 13.9.42
MOAssA	Dr. Georg Hoffmann	9.42 - 1.45
MStA	Dr. Fritz Gregor	2.45 - 22.3.45 (gef.)
MOAssA	Dr. Gustav Notter	23.3.45 - 5.45

3. S-Flottille (bis Oktober 1944)

MStA	Dr. Hans Tolk	5.40 - 10.40
MOAssA	Dr. Karl-Heinz Brandt	10.40 - 20.11.40 (kgf.)
MStA	Dr. Joachim Nickol	11.40 - 9.41
	Schiffsarzt S-Boot-Tender TSINGTAU	1.40 - 5.40
	zugl. Schiffsarzt ADOLF LÜDERITZ	6.40 - 9.41

MStA	Dr. Heinrich Mehnen	9.41 – 22.6.42 (gef.)
MStA d.R.	Dr. Helmut Heising 2. Fl.Arzt	12.41 – 6.42
		6.42 – 10.44

3. S-Flottille (ab Oktober 1944)

MStA	Dr. Karl-Heinz Brandt	20.10.44 – 5.45

1. Gruppe (ursprüngliche 3. S-Flottille)

MStA	Dr. Fritz Gregor	10.44 – 1.45

2. Gruppe (ursprüngliche 7. S-Flottille)

MOAssA d.R	Dr. Hans-Heinrich Bock	20.10.44 – 5.45

3. Gruppe (ursprüngliche 24 S-Flottille)

MOAssA	Dr. Erwin Rosenau	ab 25.10.44

4. S-Flottille

MOAssA	Dr. Arnfried Kleemann	10.41 – 31.8.42
MStA d.R.	Dr. Adalbert Herzog	ab 3.5.43
MStA	Dr. Ralf Wendt	4.44 – 6.44
MOAssA	Dr. Werner Wicht	20.2.45 (kgf.)
MAssA	Dr. Wolfgang Finck	ab 10.4.45

5. S-Flottille

MStA d.R.	Dr. Nikolaus Wege	1942
MOAssA d.R	Dr. Hanns-Helmuth Unger	1.11.44 – 5.45

6. S-Flottille

MStA d.R.	Dr. Richter	4.41 – 9.41
MStA	Dr. Heinz Gillner	9.41 – 9.42
	zugl. Verbandsarzt b. F.d.S.	9.42 – 5.43
MOStA	Dr. Kurt Strocka	5.43 – 12.43
	zugl. Verbandsarzt b. F.d.S	
MOStA	Dr. Hans-Gerhard Busch	12.43 – 3.44
	zugl. Verbandsarzt b. F.d.S	
MStA d.R.	Dr. Gaston Schroff	3.44 – 8.44
MOAssA	Dr. Claus Exter	28.7.44 – 8.5.45 (gef.)

7. S-Flottille

MOAssA	Dr. Hans-Peter Koecher	7.12.42 – 19.4.43
MStA d.R.	Dr. Joachim Klotzky	5.43 – 12.6.44 (gef.)
MStA	Dr. Karl-Heinz Brandt	6.44 – 10.44

8. S-Flottille

MOAssA	Dr. Erich Neumann	11.41 - 7.42
MOAssA	Dr. Rolf Gräper	1943
MOAssA	Dr. Werner Herrberg	28.9.44 - 23.1.45 (kgf.)

9. S-Flottille

MStA	Dr. Hans-Ernst Raydt	ab 1.4.43

10. S-Flottille

MStA d.R.	Dr. Walter Innerebner	15.3.44 - 19.9.44 (kgf.)
MOAssA d.R.	Dr. Friedrich Klefehn	9.44 - 23.12.44 (gef.)
MOAssA	Dr. Karl Bauer	6.1.45 - 5.45

22. S-Flottille

MStA d.R.	Dr. Hans-Oskar Butenberg	1.44 - 10.44

Schnellbootsschulflottille
Aufgestellt im Juli 1942. Ab 1. November 1943 zur Schnellbootslehrdivision vergrößert.

MStA d.R.	Dr. Gaston Schroff	10.42 - 10.43

Schnellbootslehrdivision
Innerhalb der Division entstanden zwei Abteilungen und drei Schulflottillen

MStA d.R.	Dr. Gaston Schroff	11.43 - 3.44
MStA	Dr. Erich Neumann	3.44 - 9.44
MStA d.R.	Dr. Hans-Oskar Butenberg	ab 2.10.44 - 5.45

1. Schnellbootsschulflottille

MStA	Dr. Adolf Miehlke	ab 11.1.45

2. Schnellbootsschulflottille

MAssA	Dr. Hans-Dietrich Kozminski	ab 10.4.45

3. Schnellbootsschulflottille

MStA d.R.	Dr. Karl König	ab 1.12.44

1. S-Boot-Division
Im Juli 1943 im Mittelmeer aus den Einheiten der 3., 7., 22. und 24. S-Flottille gebildet

MStA	Dr. Helmut Heising (zugl. 3. S-Flottille)	6.44 - 10.44
MStA	Dr. Karl Heinz Brandt (zugl. 3. S-Flottille)	10.44 - 5.45

Anlage 5: Sanitätsoffiziere auf Torpedobooten

Verbandsarzt beim F.d.T.

MStA	Dr. Frido Schrader	25.9.33 - 27.3.36
MStA	Dr. Hans-Jochen Witt	26.3.36 - 29.3.37
MStA	Dr. Klaus Goder	30.3.37 - 7.1.40
	zugl. Verbandsarzt b. F.d.Z.	vom 27.11.39 - 7.1.40
MStA	Dr. Hartwig Göttsch	29.1.40 - 8.7.41
	zugl. Flottillenarzt d. 5. T-Flottille	
MStA	Dr. Karl-Heinz Blaas	9.7.41 - 20.4.42
	zugl. Flottillenarzt d. 5. T-Flottille	

1. Torpedobootsflottille

MStA	Dr. Friedrich-Karl Puls	1.10.39 - 15.8.41

2. Torpedobootsflottille

MStA	Dr. Julius Zahn	8.10.39 - 3.11.41
MStA d.R.	Dr. Walter Seydel	28.6.43 - 2.3.45
MStA d.R.	Dr. Heinz Habedank	ab 29.12.44
MOAssA	Dr. Günther Raab	23.2.45 - 8.5.45

3. Torpedobootsflottille

MStA	Dr. Jürgen Reimer	1.8.41 - 9.10.43
MStA d.R.	Dr. Harry Gercke	10.10.43 - 10.1.45
MOAssA	Dr. Peter Mücke	11.1.45 - 8.5.45

4. Torpedobootsflottille

MOAssA	Dr. Adalbert Herzog	1.2.43 - 28.12.43 (gef.)

5. Torpedobootsflottille

MOAssA	Dr. Helmut Netzband	5.2.39 - 23.10.39
MOAssA	Dr. Joachim Hagen	24.10.39 - 28.1.40
MStA	Dr. Hartwig Göttsch	29.1.40 - 21.7.41
	zugl. Verbandsarzt b. F.d.T.	
MStA	Dr. Karl-Heinz Blaas	22.7.41 - 20.4.42
	zugl. Verbandsarzt b. F.d.T.	
MStA	Dr. Karl-Heinz Blaas	20.4.42 - 28.8.42
MStA	Dr. Egon Witte	10.8.42 - 10.9.43
MStA	Dr. Walter Stork	11.9.43 - 1.11.44
MStA	Dr. Helmut Brahms	2.11.44 - 8.5.45

6. Torpedobootsflottille

MOAssA	Dr. Paul Bergsträßer	7.38 - 31.3.39
MStA	Dr. Adalbert Kloebe	4.4.39 - 19.5.40
MStA	Dr. Fritz Buttermann	29.5.40 - 16.2.41
MStA d.R.	Dr. Max Bönninger	22.1.44 - 18.8.44 (gef.)

7. Torpedobootsflottille

MStA	Dr. Hans Löllke	1.8.40 - 30.11.40

9. Torpedobootsflottille

MOStA	Dr. Werner Boese	20.9.43 - 25.10.44
MOStA	Dr. Adalbert Kloebe	28.3.45 - 2.5.45

10. Torpedobootsflottille

MOAssA d.R.	Dr. Johann Schadlbauer	2.2.44 - 8.5.45

Anlage 6: Sanitätsoffiziere auf Zerstörern

Verbandsarzt beim Führer der Zerstörer

27.11.39 – 5.7.44 Dienstgeschäfte vom jeweils dienstältesten Sanitätsoffizier des Verbandes wahrgenommen

MStA	Dr. Klaus Goder	27.11.39 – 7.1.40
		1.40 – 7.40
MStA	Dr. Thomas Fritschi	1.8.40 – 18.9.40
MStA	Dr. Ernst Knöner zugl. Schiffsarzt Z Karl Galster	4.43 – 7.44
MOStA	Dr. Siegfried Held	ab 6.7.44 – 29.5.45

F.d.Z. Ausbildungsabteilung

MStA	Dr. Ernst Franz	ab 13.2.45

1. Zerstörerflottille
(im Herbst 1938 aus 1. u. 3. Z-Div. gebildet; April 1940 aufgelöst, restl. Zerstörer zur 5. Z-Fl.)

MOAssA	Dr. Joachim Ploschke	10.38 – 3.39
MOAssA	Dr. Paul Hahn	31.3.39 – 5.11.39
MOAssA	Dr. Viktor Busch zugl. SA Z Max Schultz	6.11.39 – 22.2.40 (gef.)
MOAssA	Dr. Joachim Hagen	23.2.40 – 13.4.40
1. Zerstörerdivision		
MOAssA	Dr. Ernst Krahnert	27.2.37 – 3.38
MOAssA	Dr. Joachim Ploschke	3.38 – 10.38
3. Zerstörerdivision		
MOAssA	Dr. Peter Gertner	9.4.38 – 26.10.38 zugl.
	Schiffsarzt Z Erich Steinbrink	8.6.38 – 3.39

2. Zerstörerflottille
(im Herbst 1938 aus 2. Z-Div. gebildet; Mai 1940 aufgelöst, restl. Zerstörer zur 6. Z-Fl.)

MOAssA	Dr. Detlefsen	1.9.37 – 6.38
MStA	Dr. Hermann Reichardt	23.6.38 – 26.11.39
MStA	Dr. Thomas Fritschi	27.11.39 – 8.5.40

2. Zerstörerdivision

MOAssA	Dr. Hartwig Göttsch	29.6.37 - 25.10.38
	zugl. Schiffsarzt Z Paul Jacobi	

3. Zerstörerflottille
(im Dezember 1939 aus 5. Z-Div. gebildet; April 1940 aufgelöst, restl. Zerstörer zur 6. Z-Fl.)

MStA	Dr. Gerhard Schröder	1.12.39 - 27.1.40
MStA	Dr. Karl-Georg Caesar	28.1.40 - 31.3.40
MStA	Dr. Eugen Hackmann gen.Heskamp	1.4.40 - 13.4.40

5. Zerstörerdivision

MOAssA	Dr. Gerhard Schröder	1.10.38 - 30.11.39

4. Zerstörerflottille
(im April 1939 aus 6. u. 8. Z-Div. gebildet; April 1940 aufgelöst, restl. Zerstörer zur 6. Z-Fl.) Neuaufstellung im Oktober 1942.

MOAssA	Dr. Theodor Donath	1937 - 1938

6. Zerstörerdivision

MOAssA	Dr. Theodor Donath	1938 - 3.4.39

8. Zerstörerdivision

MOAssA	Dr. Theodor Donath	1.6.37 - 1938

Z 1 Leberecht Maass

MStA	Dr. Klaus Goder	14.1.37 - 7.1.40
	zugl. Verbandsarzt im Stab des F.d.T. u. F.d.Z. v. 30.3.37 - 7.1.40	
MOAssA	Dr. Otto Meyer	9.1.40 - 22.2.40 (gef.)

Z 2 Georg Thiele

MAssA	Dr. Gerhard Schröder	27.2.37 - 1938
MOAssA	Dr. Joachim Ploschke	1938 - 30.3.39
oder		
MOAssA	Dr. Helmut Lohde	1938 - 30.3.39

je einer der beiden Schiffsärzte war auf Georg Thiele u. Max Schultz; die Zugehörigkeit zu den beiden Zerstörern konnte nicht ermittelt werden.

MAssA Dr.	Dr. Dietrich Fischer-Wingendorf	4.10.39 - 13.4.40

Z 3 Max Schultz

MOAssA	Dr. Kurt Klapperbein	8.4.37 - 1938
MOAssA	Dr. Joachim Ploschke	1938 - 30.3.39

oder

MOAssA	Dr. Helmut Lohde	1938 – 30.3.39

(je einer der beiden Schiffsärzte war auf GEORG THIELE u. MAX SCHULTZ; die Zugehörigkeit zu den beiden Zerstörern konnte nicht ermittelt werden.

MOAssA	Dr. Paul Hahn	31.3.39 – 28.11.39
MOAssA	Dr. Viktor Busch	6.11.39 – 22.2.40 (gef.)

Z 4 RICHARD BEITZEN

MOAssA	Dr. Ernst Krahnert	13.5.37 – 25.3.38
MOAssA	Dr. Gunther Sarnow	25.3.38 – 5.2.40
MOAssA	Dr. Joachim Ploschke	3.39 – 2.40
MOAssA	Dr. Joachim Hagen	1.2.40 – 29.8.40
MOAssA	Dr. Friedrich Johann Brenner	27.8.40 – 31.3.42
MStA	Dr. Heinrich Kunert	31.3.42 – 3.44
MAssA	Dr. Herbert Görg	12.3.45 – 14.5.45

Z 5 PAUL JACOBI

MOAssA	Hartwig Göttsch	29.6.37 – 25.10.38
MStA	Dr. Herbert Vehse	1939 – 1940
MStA	Dr. Günther Theiß	
MStA	Dr. Helmut Brahms	24.8.42 – 28.10.43
MStA d.R.	Dr. August-Wilhelm Anschütz	28.10.43 – Anfang 1944
MStA	Dr. Klaus-Jürgen Schöll	20.6.44 – 21.5.45

Z 6 THEODEOR RIEDEL

MOAssA	Dr. Erich Hoeschel	6.7.37 – 11.39
MStA	Dr. Thomas Fritschi	29.11.39 – 31.7.40
MStA	Dr. Richard Schütt	– 6.41
MStA	Dr. Hans-Werner Fischbach	22.6.41 – 8.43
MStA d.R.	Dr. Walter Heß	6.7.43 – 8.5.45

Z 7 HERMANN SCHOEMANN

MOAssA	Dr. Walter Krug	15.9.37 – 8.38
MStA	Dr. Joachim Huwe	25.8.39 – 27.7.40
MStA	Dr. Heinz Neumann	10.39 – 11.39
MOAssA	Dr. Karl Wilhelm Reinke	8.1.42 – 2.5.42

Z 8 BRUNO HEINEMANN

MOAssA	Dr. Friedhelm Conrädel	7.2.39 – 3.3.40
MOAssA	Dr. Josef Schmied	16.10.41 – 25.1.42 (gef.)

Z 9 Walter Zenker

MOAssA	Dr. Theodor Donath	2.7.38 – 3.39
MStA	Dr. Karl-Heinz Blaas	31.3.39 – 20.10.39
MStA	Dr. Heinz Neumann	21.10.39 – 11.39
MOAssA	Dr. Ernst Knöner	11.39 – 13.4.40

Z 10 Hans Lody

MOAssA	Dr. Paul Bergsträßer	17.9.38 – 1938
MStA	Dr. Heinz Neumann	11.39 – 2.41
MStA	Dr. Herbert Gut	31.1.41 – 2.3.43
MStA	Dr. Hans-Peter Kunze	1.4.43 – 6.44
MAssA	Dr. Felix Freygang	9.1.45 – 10.5.45

Z 11 Bernd von Arnim

MOAssA	Dr. Cornelius Büchler	29.12.39 – 10.4.40
MOAssA	Dr. Hermann Wellein	10.4.40 – 13.4.40

Z 12 Erich Giese

MOAssA	Dr. Werner Haase	26.3.39 – 11.12.39
MStA	Dr. Theodor Fischer	11.12.39 – 13.4.40

Z 13 Erich Koellner

MOAssA	Dr. Rolf Kuhlo	28.8.39 – 13.4.40

Z 14 Friedrich Ihn

MOAssA	Dr. Paul Hahn	9.4.38 – 1939
MOAssA	Dr. Hans Günther Busch	1939
MOAssA d.R.	Dr. Karl Kahnt	1939 – 1940
MOAssA	Dr. Albrecht Steigleder	1940 – 19.8.42
MStA	Dr. Heinz Berend	19.8.42 – 7.2.44
MOAssA d.R.	Dr. Heinz-Georg Röhrbein	8.2.44 – 5.1.45
MStA	Dr. Kettler	4.44
MAssA	Dr. Helmut Seckfort	4.1.45 – 10.5.45

Z 15 Erich Steinbrink

MOAssA	Dr. Peter Gertner	8.6.38 – 3.39
MOAssA	Dr. Kurt Schmidt	3.39 – 3.40
MStA	Dr. Maximilian Thiel	1942
MOAssA	Dr. Hans Schulte	1942 – 5.43
MStA d.R.	Dr. Peter Lütjohann	10.5.43 – 16.5.45

Z 16 Friedrich Eckoldt

MOAssA	Dr. Walter Koch	2.8.38 - 10.38
MOAssA	Dr. Joachim Ploschke	10.38. - 12.39
MStA	Dr. Walter Baberowski	12.39
MOAssA	Dr. Alfred Thaer	6.11.42 - 31.12.42 (gef.)

Z 17 Diether von Roeder

Dienstposten zunächst nicht hauptamtlich besetzt. Aufgaben wurden durch den Divisionsarzt wahrgenommen.

MOAssA	Dr. Gerhard Schröder	1938 - 16.1.40
MOAssA	Dr. Gerhard Kalkbrenner	17.1.40 - 13.4.40

Z 18 Hans Lüdemann

MOAssA	Dr. Günther Weinholtz	8.10.38 - 9.3.40
MStA	Dr. Erwin Börner	1.12.39 - 5.1.40
MAssA	Dr. Rudolf Probst	10.3.40 - 13.4.40

Z 19 Hermann Künne

MOAssA	Dr. Leo Lamers	12.1.39 - 22.3.40
MOAssA	Dr. Hermann Winter	23.3.40 - 13.4.40

Z 20 Karl Galster

MOAssA	Dr. Kurt Schuur	21.3.39 - 1.40
MStA	Dr. Karl Georg Caesar	1.40 - 3.40
MStA	Dr. Gerd Hilmers	25.5.41 - 15.8.43
MStA	Dr. Ernst Knöner	19.8.43 - 10.8.44
MStA d.R.	Dr. Wilhelm Allardt	10.8.44 - 10.5.45

Z 21 Wilhelm Heidkamp

MOAssA	Dr. Rolf Schmidt	1939 - 10.4.40 (gef.)

Z 22 Anton Schmitt

MOAssA	Dr. Hermann Wellein	18.3.40 - 10.4.40

Z 23

MStA	Dr. Werner Wiese	10.4.42 - 24.2.44
MOAssA d.R.	Dr. Gerhard Kluge	28.1.44 - 21.8.44

Z 24

MStA	Dr. Richard Holley	1942 - 1943
MStA d.R.	Dr. Helmuth Nolte	- 25.8.44

Z 25

MStA	Dr. Langenbeck	30.11.40 – 1941
MOAssA	Dr. Richard Schütt	1941
MStA	Dr. Hans-Georg Stemann	1942 – 1944
MStA d.R.	Dr. Heinz Soltendick	11.9.44 – 8.5.45

Z 26

MStA	Dr. Friedrich Schmale	1941 – 29.3.42 (gef.)

Z 27

MStA	Dr. Friedhelm Otto	10.40 – 12.42
MStA d.R.	Dr. Karl-Heinz Bublitz	– 28.12.43 (gef.)

Z 28

MStA	Dr. Ernst Kröner	19.4.43 – 10.8.44
MStA	Dr. Ernst Franz	1943 – 2.45
MStA d.R.	Dr. August-Wilhelm Anschütz	2.45 – 6.3.45 (gef.)

Z 29

MOAssA	Dr. Georg Brehme	25.6.41 – 9.5.42
MStA	Dr. Joachim Stolze	7.5.42 – 3.1.45
MStA d.R.	Dr. Gerhard Fabian	1.3.45 – 4.45
MStA	Dr. Berthold Geißler	13.4.45 – 5.45

Z 30

MStA	Dr. Ernst Thurner	15.11.41 – 22.11.43
MStA d.R.	Dr. August-Wilhelm Anschütz	7.44 – 1.45
MSanObFähnr	Wolfgang Berlinghoff	1.45 – 14.5.45

Z 31

MOAssA	Dr. Hubert Bongen	1942 – 1943
MStA	Dr. Helmut Brahms	3.44 – 4.44

Z 32

MOAssA	Dr. Hans-Joachim Stolze	1942
MOAssA	Dr. Helmut Langguth	15.9.42 – 9.6.44

Z 33

MStA	Dr. Berthold Geisler	6.2.43 – 1944
MStA d.R.	Dr. Karl-Heinz Plate	1944 – 7.5.45

Z 34

MStA d.R.	Dr. Erwin Arnold	1.6.43 – 10.5.45

Z 35

MStA d.R.	Dr. Reinhold Gohrbandt	20.9.43 – 12.12.44 (gef.)

Z 36

MStA d.R.	Dr. Hans-Joachim Lotze	19.2.44 – 12.12.44

Z 37

MStA	Dr. Karl-Wilhelm Reinke	16.7.42 – 24.8.44

Z 38

MStA d.R.	Dr. Johann Hasselmann	20.3.43 – 5.45

Z 39

MStA d.R.	Dr. Alois Wilhelm	21.8.43 – 4.44
MAssA	Dr. Gerhard Fabricius	27.1.45 – 5.45

Z 43

MOStA	Dr. Helmut Würker	31.5.44 – 3.5.45

ZH 1

MStA	Dr. Karl Opfermann	11.10.42 – 9.6.44

ZG 3 Hermes

MStA d.R.	Dr. Zimmermann	21.3.42 – 8.12.42
MStA d.R.	Dr. Heinz Jaenicke	9.12.42 – 11.5.43 (kgf.)

Kriegschirurgische Richtlinien

für

Marinesanitätsoffiziere

Bearbeitet im Auftrage des Marinemedizinalamts im Oberkommando der Kriegsmarine

von

Marineoberstabsarzt Professor Dr. Magnus

Berlin 1939

G. 9190/39.

Merkblatt für Schiffe ohne Arzt

Vorläufige Richtlinien für die Behandlung geretteter Schiffbrüchiger

1. Ruhe bewahren. Keine Hast. Überlegt handeln. Durch gutes Beispiel auf Mithelfer und Gerettete beruhigend einwirken!

2. Kommandant (auf Hilfsbeischiffen und Truppentransportern Kapitän oder Transportleiter) überträgt einem dafür geeigneten Offizier oder älterem Unteroffizier einheitliche Leitung aller Maßnahmen für die geretteten Schiffbrüchigen. Grundsätzlich baldmöglichst versuchen, Arzt zu erreichen (anderes Schiff, Lazarettschiff, Hafen) und Schiffbrüchige abgeben.

3. Schiffbrüchige sofort warm unterbringen, auskleiden (wenn nötig, Kleidungsstücke aufschneiden!), am ganzen Körper mit Handtuch oder Bürste kräftig frottieren und trocken einkleiden oder einpacken. Verabfolgung mäßiger Mengen von heißem Bohnenkaffee oder echtem Tee (evtl. mit etwas Rum). Keinen Schnaps. „Beruhigungszigarette" für Raucher erlaubt. Mehrstündige Bettruhe!

   Vorgewärmte Kojen, Heißluftkästen, Heizkissen, Solluxlampen usw. sinngemäß anwenden.

   Nach großem Wärmeverlust (also bei Wassertemperaturen von etwa + 10° Celsius abwärts, nach längerem evtl. stundenlangem Aufenthalt auch bei höheren Wassertemperaturen) Behandlung wie bei Erfrierungen, ***also langsam erwärmen.***

   Die Entscheidung, welche Geretteten wie Erfrorene zu behandeln sind, kann nicht allein auf Grund der Aufenthaltsdauer im Wasser und der gerade herrschenden Wassertemperatur getroffen werden. Die Durchkältung ist individuell verschieden stark. Der objektive Eindruck muß daher mitentscheidend sein!

   Zuerst in kühlem Raum lagern, erst allmählich in höhere Temperaturen bringen. Mit Frottieren erst nach 15 Minuten beginnen.

4. *Alle* Geretteten laufend beobachten. *Nicht durch äußerlich gutes Befinden des Geretteten von dieser Pflicht ablenken lassen.*

   Auf Atmung und Herztätigkeit achten. Bei Ohnmachten, Atmungs- und Herzstörungen 1 Ampulle *Lobesym* unter die Haut des Oberarms spritzen, notfalls nach ½ bis

1 Stunde nochmals 1 Ampulle. Herzgegend kneten und klopfen. Bei schwacher Atemtätigkeit oder Atemstillstand künstliche Atmung nach erlernter Methode.

5. Bei allen Verletzungen ist grundsätzlich nach der „*Anleitung zur ersten Hilfeleistung bei Unfällen und Kampfstoffverletzungen*" (A.z.H. M. Dv. Nr. 269, Merkblatt über Selbsthilfe bei Kampfstoffeinwirkung (OKH., Chef H. Rüst. u. B. d. E. Az. B 41 In 9 (III) S In/Wi G I Nr. 2200/41 v. 22. 1. 41) zu handeln.

   Verletzte Schiffbrüchige in Räume mit Lagerungsmöglichkeiten (Kojen, Matratzen) bringen. Beim Transport größte Vorsicht! Arme und Beine nicht herunterhängen lassen, besonders gefährlich auf *Niedergängen* und beim Passieren von Schotten. Bei großen Schmerzen, Schreien, Unruhe usw. sofort 1 Ampulle Morphium unter die Haut des Oberarms spritzen, desgleichen bei allen Knochenbrüchen. Wunden in Ruhe lassen, mit Verbandpäckchen verbinden. Bei Blutungen Druckverband, an Gliedmaßen *Abbindung stets nur dann, wenn Blutung unter Druckverband nicht zum Stehen kommt.* Abbindung stündlich für 1 Minute lösen, da Glied sonst abstirbt. Abgebundenes Glied darf nicht anschwellen oder bläulich aussehen. Abbindung ist richtig, wenn Glied *weiß* aussieht.

6. *Ölschäden*

   Öl aus Mund mit Watte, Twist oder weichen Tüchern auswischen, aus Augen sehr vorsichtig mit Tüchern, *nicht mit Watte oder Twist.* Verletzte Augen mit viel kühlem Wasser oder 1%igem Borwasser ausspülen, dann als erste Hilfe nur dick Borsalbe, Lanolin oder Eucerin (z. B. Nivea-Creme) ins Auge und Verband. Alkalische Augensalbe ist *nur* bei Kampfstoffschäden anzuwenden!

   Bei verschlucktem Öl Brechreiz erzeugen (Salzwasser oder Seifenlösung trinken lassen usw.), aber nur wenn Geretteter bei vollem Bewußtsein! Viel Milch (auch Dosenmilch) nachtrinken lassen.

   Eingeatmete Öldämpfe bedeuten Lebensgefahr! Schon bei leichter Benommenheit sofort Lobesym geben, wenn nötig stündlich wiederholen. Frische Luft atmen lassen, zu tiefem Atmen anregen. Kein Morphium, damit Hustenreiz erhalten bleibt und Ölteilchen abgehustet werden. Kleine Mengen von heißem Bohnenkaffee geben. Bei nachlassender Atemtätigkeit künstliche Atmung!

7. *Scheintote* gewissenhaft nach den erlernten Grundsätzen behandeln.

Herausgegeben vom Oberkommando der Kriegsmarine
Marinemedizinalamt
Juni 1941

Dr. Hans Muschke, Berlin SO 36

"Soll der Sanitätsausrüstungen (S.d.S.) = M.Dv.Nr. 271". Teil 3: Sanitätsausrüstungen für Schiffe ohne Apotheken-einrichtung (M.Dv.Nr. 271/3). Berlin 1940, Nachruck 1943, S. 7-8:

1. Sanitätsschrankausrüstung für Flottillen.

Vorbemerkung.

Die Sanitätsschrankausrüstung für Flottillen erhalten:
Arztboote von Torpedobootsflottillen,
Arztboote von Minensuchflottillen,
Arztboote von Geleitflottillen.

Ausrüstung.

Lfd. Nr.	Gegenstand	Rechnungseinheit	Anzahl	Bemerkungen
1	2	3	4	5
	a) Ärztliche Geräte und Sanitätsbehältnisse.			
1	Behälter für Kippflaschen	Stück	1	Zu 1: Vgl. M. Dv. Nr. 271/6.
2	Blutdruckmesser	"	1	
3	Heizkissen, elektrisches, 30×40 cm, mit selbsttätiger Ausschaltung bei Überheizung	"	3	Zu 3: Dazu für jedes Heizkissen drei auswechselbare Bezüge.
4	Inhalationsapparat, elektrischer, im Holzkasten	"	1	
5	Instrumentenkocher für elektrische Heizung mit Verbandmittelaufsatz und 2 Verbandstofftrommeln	"	1	Zu 5: Mit beweglichem Kabel, Steckanschluß, Gebrauchsanweisung und Beschreibung. Der Wasserkessel des Instrumentenkochers ist innen 34 cm lang, 16 cm breit und 9 cm hoch. Der Verbandmittelaufsatz hat einen eigenen Deckel und muß genau auf den Instrumentenkocher passen. Die beiden Verbandstofftrommeln müssen in den Verbandmittelaufsatz hineinpassen.
6	Instrumententasche für Sanitätsdienstgrad	"	1	Zu 6: Je eine für jeden Soldaten der Laufbahn XI der Flottille. Vgl. M. Dv. Nr. 271/5.
7	Kasten zur Pflichtschutzbehandlung	"	1	Zu 7: Vgl. M. Dv. Nr. 271/5.
8	Lampe, ärztliche, Untersuchungs-, mit biegsamem Metallschlauch	"	1	
9	Lampe, Mikroskopier-, mit Reservebirne im Holzkasten	"	1	
10	Mikroskop mit dreiteiligem Revolver und festem viereckigem Tisch im Holzschrank	"	1	Zu 10: Mit Irisblende, Ölimmersion, 2 Objektiven, 3 Okularen, auswechselbarem Dunkelfeldkondensor und aufsetzbarem Objektführer ohne Nonieneinteilung.

2*

Lfd. Nr.	Gegenstand	Rechnungseinheit	Anzahl	Bemerkungen
1	2	3	4	5
11	Operationsmantel	Stück	2	
12	Operationstisch in Packtasche	"	1	Zu 12: Vgl. M. Dv. Nr. 271/6.
13	Reagenzienkasten	"	1	Zu 13: Vgl. M. Dv. Nr. 271/6.
14	Sanitätsschrank	"	1	Zu 14: Vgl. M. Dv. Nr. 271/5.
14a	Sanitätstasche für Sanitätsoffiziere	"	1	Zu 14a: Vgl. M. Dv. Nr. 271/5.
15	Sauerstoffbehandlungsgerät 38 (S. B. G. 38) für 4 Atemstellen	"	1	Zu 15: Mit einer Sauerstoffflasche zu 7 Liter Inhalt in einem Holzkoffer. Vgl. M. Dv. Nr. 271/6.
16	Sauerstoffflasche zu 7 Liter Inhalt	"	2	Zu 16: Im Holzkoffer. Vgl. M. Dv. Nr. 271/6.
17	Schiene, Transport-	"	1	Zu 17: Nach Wachsmuth; für Oberschenkelbrüche.
18	Spritzen, Perkutan-, in einem Metallkasten	Kasten	2	Zu 18: Vgl. M. Dv. Nr. 271/5 Seite 10, lfd. Nr. 29; jedoch ohne Aluminiumbüchse mit Ersatzkanülen.
19	Tornister für Arznei- und Verbandmittel, leerer	Stück	1	
20	Transporthängematte	"	2	Zu 20: Vgl. M. Dv. Nr. 271/6.
21	Verbandkasten Nr. I	"	1	Zu 21: Vgl. M. Dv. Nr. 271/5.
22	Verbandkästen Nr. II, III und IV	"	—	Zu 22: Die Anzahl ergibt sich aus den Vorbemerkungen für die Verbandkästen Nr. I, II, III und IV. Siehe M. Dv. Nr. 271/5 Seite 60.
23	Verbandstoffeimer mit Einsatz und Deckel	"	1	
24	Waage, Personen-	"	1	Zu 24: Die eichfähige Waage ist in kleinster, handelsüblicher Ausführung zu beschaffen.
25	Wärmestrahler mit Stativ	"	1	Zu 25: Mit hochkerziger Glühlampe. Vgl. a. B. 26 in M. Dv. Nr. 271/1.
26	Zentrifuge für Handbetrieb, ohne Schutzmantel, in einem Holzkasten	"	1	
	b) Verbrauchsgegenstände.			
1	Nahtmaterial, keimfreies, in Kippflaschen	m	150	Zu 1: Vgl. a) lfd. Nr. 1 und M. Dv. Nr. 271/6.
2	Schiene, Drahtleiter-	Stück	15	Zu 2: 5 Stück zu 150×10 cm, 10 Stück zu 100×8 cm.
3	Solut. Sal. physiologic. isotonic. sterilisat., Amp. zu 500 ccm	"	2	Zu 3: In zweiseitig ausgezogenen Ampullen, bruchsicher verpackt.

Abkürzungsverzeichnis

Ä.K.	Ältester Kommandant
a.K.B.	außer Kriegsbereitschaft
A.M.A.	Allgemeines Marinehauptamt
A.O.K.	Armeeoberkommando
A.z.H.	Anweisung zur ersten Hilfeleistung bei Unfällen und Kampfstoffverletzungen
BA-MA	Bundesarchiv-Militärarchiv
Bb.	Backbord
B.d.S.	Befehlshaber der Schlachtschiffe
B.d.U.	Befehlshaber der U-Boote
B.S.N.	Befehlshaber der Sicherung der Nordsee
B.S.W.	Befehlshaber der Sicherung West
d.R.	der Reserve
d.Res.	der Reserve
E.K.	Eisernes Kreuz
E.-Ob.Masch.	Elektroobermaschinist
FKpt	Fregattenkapitän
FlA	Flottenarzt
Fl.B.-Boote	Flugbetriebsboote der Luftwaffe
F.T.	Funktelegramm
gef.	gefallen
H.K.S.	Hilfskriegsschiff
H.M.S.	His Majesty's Ship
HS-Boot	Hafenschutzboot
H.S.K.	Handelsschutzkreuzer bzw. Handelsstörkreuzer
I. WO	Erster Wachoffizier
II. WO	Zweiter Wachoffizier
Kapitän z.S.	Kapitän zur See
Kdt.	Kommandant
K.F.K.	Kriegsfischkutter
kgf.	kriegsgefangen
KKpt	Korvettenkapitän
Kmdt.	Kommandant
Kpt.	Kapitän
Kptl.	Kapitänleutnant

K.T.B.	Kriegstagebuch
K-Verband	Kleinkampfverband
L.I.	Leitender Ingenieur
Lehr-Kdo	Lehrkommando
L-Flottille	Landungsflottille
L.S.O.	Leitender Sanitätsoffizier
Lt. z.S.	Leutnant zur See
MAA	Marineartillerieabteilung
Mar.Ob.Ass.Arzt	Marineoberassistenzarzt
Masch.Mt.	Maschinenmaat
MAssA	Marineassistenzarzt
Matr.Ob.Gefr.	Matrosenobergefreiter
M.Dv.Nr.	Marinedienstvorschrift, Nummer ...
Mar.Ob.Int.Rat	Marineoberintendanturrat
M.G.B.	Motorgunboat
M.G.F.A.	Militärgeschichtliches Forschungsamt der Bundeswehr
MGenOA	Marinegeneraloberarzt
MOAssA	Marineoberassistenzarzt
MOStA	Marineoberstabsarzt
MFP	Marinefährprahm
MSanOFähnr	Marinesanitätsoberfähnrich
M.S. (MS)-Flottille	Minensuchflottille
MStA	Marinestabsarzt
M.T.B.	Motortorpedoboot
NSFO	NS-Führungsoffizier
Ob.d.M.	Oberbefehlshaber der Marine
Obltnt.z.S. (Olt.z.S.)	Oberleutnant zur See
O-Messe	Offiziermesse
O.K.M.	Oberkommando der Kriegsmarine
O.K.W.	Oberkommando der Wehrmacht
O.T.	Organisation Todt
R-Boot	Räumboot
San.Feldwebel (S):	Sanitäts-Feldwebel mit Sonderausbildung
Sanka oder Sankra	Sanitätskraftwagen
San.Offz.	Sanitätsoffizier
San.Ob.Mt. (US)	Sanitätsobermaat mit Sonderausbildung für den Dienst auf U-Booten
San.Uff.(US)	Sanitätsunteroffizier mit Sonderausbildung für den Dienst auf U-Booten
San.Uff.(S)	Sanitätsunteroffizier mit Sonderausbildung
S.E.E.	Scopolamin-Eukodal-Ephetonin

S-Flottille	Schnellbootsflottille
S.I.M.F.A.	Sinnesmedizinische Forschungsabteilung
S.K.L.	Seekriegsleitung
S.M.S.	Seiner Majestät Schiff
U-Boot	Unterseeboot
U-Flottille	Unterseebootflottille
U-Jagd	Unterseeboot-Jagd
U.O.	Unteroffizier
V-Boot	Verkehrsboot
Vp-Boot	Vorpostenboot
Vp (VP)-Flottille	Vorpostenbootflottille
WASt	Wehrmachtauskunftstelle
W.O.	Wachoffizier

Quellen- und Literaturverzeichnis

Ungedruckte Quellen

Bundesarchiv-Militärarchiv

BA-MA 882/47911	Kriegstagebuch des Panzerschiffs DEUTSCHLAND vom 24.8.–15.11.39 mit Erfahrungsbericht des Panzerschiffes DEUTSCHLAND auf Grund seiner Tätigkeit im Kreuzerkrieg v. 25.8.–14.11.39.
BA-MA 884/48013-48091	Kriegstagebuch des Kreuzers ADMIRAL HIPPER (1.9.40–31.12.40). Ärztlicher Sonderbericht über das Atlantikunternehmen des Kreuzers ADMIRAL HIPPER im Dezember 1940 (28.11–28.12.40).
BA-MA M 427	Kriegsberichte der Flotte Nr. 1–10 (1.8.1943–1945).
BA-MA M 452	»Bemerkungen zu den Gefechtsbesichtigungen«. Flottenkommando. B.Nr. G 2516 A2, 1930.
BA-MA N 486/8	Caanitz, H.: Aufgaben, Leistungen und Schicksale der deutschen Lazarettschiffe und Verwundetentransportschiffe des Zweiten Weltkrieges. 1963.
BA-MA RM 7/95	Sanitätsdienst der Kriegsmarine, II. Kriegsbericht, abgeschlossen am 31.8.41. Gesamtbericht über den Sanitätsdienst in den ersten beiden Kriegsjahren.
BA-MA RM 7/131	*Müller, K.*: Bericht über den Verlust der Boote S 200, S 183 und S 702 in der Nacht vom 18-/19.9.1944 und über die Eindrücke in englischer Gefangenschaft vom 19.9.–1.12.44., I SKL Teil C II a Nordsee-Norwegen, April 1944-Januar 1945, Bl. 61–65.
BA-MA RM 7/1206	Allgemeines Marinehauptamt G Ic B.Nr. 309/41 gKdos. vom 15.8.1941 (Schrb. an AMA/Wehr I).
BA-MA RM 7/1206	Bericht des Befehlshabers der Schlachtschiffe an das Flottenkommando über die personelle Bereitschaft des Schlachtschiffes SCHARNHORST v. 9.3.1941, Bl. 236.
BA-MA RM 7/1238	Übersicht über die Krankenbewegung in der Kriegsmarine im Monat Februar 1944. Bl. 142–147.
BA-MA RM 20/1528.	Erfahrungsbericht des Panzerschiffes DEUTSCHLAND über die Atlantikreise 1935.
BA-MA RM 36/100.	Ärztliches Kriegstagebuch des Leitenden Sanitätsoffiziers beim Marineoberkommando Süd für die Zeit vom

	1.12.1944–28.2.1945. Geführt von Geschwaderarzt Dr. *Hartmann*.
BA-MA RM 45/Norw./5	Ärztliches Kriegstagebuch des Leitenden Sanitätsoffiziers beim Marineoberkommando in Norwegen für die Zeit vom 1.12.1944–28.2.1945. Geführt von Flottenarzt Dr. *Eckmann*.
BA-MA RM 45 Norw./6	Ärztliches Kriegstagebuch des Leitenden Sanitätsoffiziers beim Admiral Skagerrak vom 1.12.1944–28.2.1945. Geführt von Geschwaderarzt *Dr. Thermann*.
BA-MA RM 45 Norw./6.	Ärztliches Kriegstagebuch des Leitenden Sanitätsoffiziers beim Admiral Skagerrak vom 1.12.1944–28.2.1945. Geführt von Geschwaderarzt *Dr. Thermann*. Anlage 3: Ärztliches Kriegstagebuch Kommando Minenräumschiff 11 vom 26.11.1944–12.2.1945.
BA-MA RM 45 Norw./8	Ärztliches Kriegstagebuch des Leitenden Sanitätsoffiziers beim Admiral norwegische Nordküste für die Zeit vom 1.12.1944–28.2.1945, geführt von Marineoberstabsarzt *Dr. Conrädel* vom 1.12.1944–5.12.1944, Flottenarzt *Dr. Saltner* vom 6.12.1944–7.1.1945, Marineoberstabsarzt *Dr. Conrädel* vom 8.1.1945–28.2.1945.
BA-MA RM 45 Süd/18	Ärztliches Kriegstagebuch des Leitenden Sanitätsoffiziers beim Admiral Adria für die Zeit vom 1.9.–30.11.1944. Geführt von Geschwaderarzt *Dr. Holler*.
BA-MA RM 45 Südost/2	Ärztliches Kriegstagebuch des Leitenden Sanitätsoffiziers beim Admiral Schwarzes Meer für die Zeit vom 1.6.–23.8.1944. Geführt von Flottenarzt *Dr. Paul*.
BA-MA RM 54/30	Bericht des Führers der Zerstörer über den Kampf bei Narvik 6.–13.4.1940.
BA-MA RM 54/40	»Völkerkriegssache Narwik« (sic)
BA-MA RM 54/44	Führer der Zerstörer. Nachrichten Nr. 1–17/1944, Nr. 1–3/1945. Besondere Ereignisse im F.d.Z.-Verband 1.6.1944 - 22.3.1945.
BA-MA RM 54/44	Führer der Zerstörer. Nachrichten Nr. 1–17/1944, Nr. 1–3/1945. Kriegstagebuch der 5. Torpedoboot-Flottille.
BA-MA RM 54/44	Führer der Zerstörer. Nachrichten Nr. 1–17/1944, Nr. 1–3/1945. Kriegstagebuch der 8. Zerstörerflottille.
BA-MA RM 55/55	Kriegstagebuch des F.d.S.
BA-MA RM 61 II/120	Verbandsarzt b. Befehlshaber Sicherung der Nordsee. B.Nr.–455- v. 17.3.1943. Bl.8–9.
BA-MA RM 61 II/121	Merkblatt zur Vorbeugung und Behandlung der Unterkühlung bei Schiffbrüchigen. Anlage zum B.S.N.-Ver-

	bands-Befehl Nr. 9/43. Akte: Verbandsarzt beim B.S.N.
BA-MA RM 61 II/122	Ärztliche Gefechtsberichte und ärztliche Erfahrungen im Bereich des B.S.N. Gefechtsberichte B.S.N. 1943.
BA-MA RM 61 II/123	Ärztliche Gefechtsberichte und ärztliche Erfahrungen im Bereich des B.S.N. Gefechtsberichte B.S.N.1944.
BA-MA RM 61 II/124	Akte Verbandsarzt beim B.S.N: Besondere San. Kriegserfahrungen 1.3.1943–15.1.1945 (bei Auflösung B.S.N.).
BA-MA RM 61 II/124	Akte Verbandsarzt beim B.S.N: Erfahrungsbericht des Flottillenarztes der 13. bzw. 27. Minensuchflottille über die Zeit vom 18.9.1941 bis 11.8 1943.
BA-MA RM 61 II/125	Akte Verbandsarzt beim B.S.N. Krankennachweise 1942–1945. Ärztliche Gefechtsberichte und ärztliche Erfahrungen im Bereich der 1. Sich.Div. in der Zeit vom 17.3.1941- 21.6.1942.
BA-MA RM 61 II/125	Akte Verbandsarzt beim B.S.N. Krankennachweise 1942–1945. Ärztlicher Bericht über Erfahrungen und Maßnahmen beim Untergang MS Roland vom 27.4.1944. Berichtender: Marinestabsarzt *Dr. Limburg*, Flottillenarzt der 1. Minensuchflottille.
BA-MA RM 61 II/125	Akte Verbandsarzt beim B.S.N. Krankennachweise 1942–1945. Ärztlicher Kriegserfahrungsbericht des Flottillenarztes der 1. Sperrbrecherflottille. Undatierte Abschrift.
BA-MA RM 61 II/125	Akte Verbandsarzt beim B.S.N. Krankennachweise 1942–1945. Aus Erfahrungsberichten von Flottillenärzten. Zusammenfassung des Verbandsarztes beim B.S.N. (unvollstandig; o.J.).
BA-MA RM 61 II/125	Akte Verbandsarzt beim B.S.N. Krankennachweise 1942–1945. Erfahrungsbericht des Marinestabsarztes Dr. *Heinz Gillner* als Flottillenarzt der 7. Minensuchflottille für die Zeit vom 23.8.–30.10.1944.
BA-MA RM 61 II/125	Akte Verbandsarzt beim B.S.N. Krankennachweise 1942–1945. Richtlinien für die erste Hilfeleistung an Bord des Begleitschiffes.
BA-MA RM 61 II/125	Akte Verbandsarzt beim B.S.N. Krankennachweise 1942–1945. Richtlinien für die erste Hilfeleistung an Bord eines R-Bootes vom 14.8.1943.
BA-MA RM 61 II/126	Dienstanweisung für die San.Dienstgrade auf den Seenotfahrzeugen des SDF 1 (Mitte).
BA-MA RM 61 II/126	Sanitätsamt MOK Nordsee Pathologische Abteilung 1451/44 v. 31.8.1944.

BA-MA RM 92/5088	Ärztlicher Gefechtsbericht des Schiffsarztes Kreuzer BLÜCHER, Bl.114–118.
BA-MA Sign. unbek.	Gefechtsbericht der 52./54. Minensuchflottille des Küstensicherungsverbandes norwegische Westküste über Räumarbeiten vor Haugesund vom 4.–13.10.1940.
BA-MA Sign. unbek.	Kriegstagebuch der 15. Vorpostenflottille.

Krankenbuchlager Berlin

Ärztliches Kriegstagebuch	der 11. U-Jagdflottille für die Zeit vom 1.3.–31.5.1944.
Ärztliches Kriegstagebuch	der 57. Vorpostenflottille für die Zeit vom 16.3.–31.5.1944.
Ärztliches Kriegstagebuch	der 66. Vorpostenflottille für die Zeit vom 1.6.–31.8.1944.
Ärztliches Kriegstagebuch	des Arztes bei der Hafenschutzflottille Oslo-Horten für die Zeit vom 1.3.–31.5.1944.
Ärztliches Kriegstagebuch	des Arztes bei der Hafenschutzflottille Oslo-Horten für die Zeit vom 1.6.–31.8.1944.
Ärztliches Kriegstagebuch	des Flottillenarztes 68. Vorpostenflottille für die Zeit vom 1.3.–31.5.1844.
Ärztliches Kriegstagebuch	des Flottillenarztes 68. Vorpostenflottille für die Zeit vom 1.6.–31.8.1944.
Ärztliches Kriegstagebuch	des Kommandos Minenschiff LINZ für die Zeit vom 1.9.–30.11.1944.
Ärztliches Kriegstagebuch	des Minenräumschiffes 25 für die Zeit vom 1.3–31.5.1944.
Ärztliches Kriegstagebuch	des Minenschiffes ELSASS für die Zeit vom 1.9.–30.11.1944.
Ärztliches Kriegstagebuch	des Minenschiffes LOTHRINGEN für die Zeit vom 1.9.–30.11.1944.
Ärztliches Kriegstagebuch	des Verbandsarztes 5. Küstensicherungsverband für die Zeit vom 1.6.–31.8.1944.

Archiv des Schiffahrtmedizinischen Institutes der Marine

Dok.Nr. 522	Auskühlungstod bei Seenotfällen.
Dok.Nr. 596	Arzt beim Flottenkommando: Kurze Zusammenfassung der wichtigsten ärztlichen Kriegserfahrungen im Bereich der Flotte in Bezug auf Feindeinwirkungen v. 29.7.1942.

Archiv der Wehrmedizinischen Bibliothek des Sanitätsamtes der Bundeswehr

Nr. 1433	Erfahrungen aus den letzten Kriegsmonaten. Schrb. Verbandsarzt beim Führer der Minensuchboote, B.Nr. G 131/40 vom 1.8.1940.

Nr. 1433 Sanitätsdienst im Gefecht. Klarschiffvorschrift für die 14. Minensuchflottille vom 16.10.1939.

Archiv der Sanitätsakademie der Bundeswehr

Kater, H.: Als Truppenarzt im Feldzug gegen Dänemark und Norwegen. Manuskript 10.11.1987.

Archiv der Verfasser

Anhalt: Bericht des Kommandanten R 38 über die Bergung der Schiffbrüchigen des Geleitbootes F 9 vom 15.12.1939. Abschrift b. Verf.

Arzt beim Flottenkommando. B.Nr. 376 v. 15.3.1943. Original b. Verf.

Ärztliche Richtlinien für die 1. Artillerieträgerflottille. 9.8.1943. Abschrift b. Verf.

Ärztlicher Gefechtsbericht. Flottillenarzt 3. R-Flottille v. 7.10.1941. Abschrift b. Verf.

Ärztliches Kriegstagebuch der 2. Räumbootsflottille, geführt von Marineoberassistenzarzt *Dr. Führ* vom 1.2.1942–31.5.1942 und vom 1.6.1942–23.4.1943. Kopie b. Verf.

Ärztliches Kriegstagebuch der 4. Schnellbootsflottille für die Zeit vom 9.10.–30.11.1941. Geführt von MOAssA *Dr. Kleemann.* Abschrift b. Verf.

Ärztliches Kriegstagebuch der 4. Schnellbootsflottille für die Zeit vom 1.12.1941-28.2.1942 (1942a). Geführt von MOAssA *Dr. Kleemann.* Abschrift b. Verf.

Ärztliches Kriegstagebuch der 4. Schnellbootsflottille für die Zeit vom 1.6.–31.8.1942 (1942b). Geführt von MOAssA *Dr. Kleemann.* Abschrift b. Verf.

Ärztliches Kriegstagebuch des Leitenden Sanitätsoffiziers beim Marinebefehlshaber Kanalküste vom 6.3.1941–3.8.1942. Geführt v. Geschwaderarzt *Dr. Würfel.* Kopie b. Verf.

Befehlshaber der Sicherungsstreitkräfte, B.Nr. 760 geh. vom 26.1.1945, Orig. b. Verf.

Befehlshaber der Sicherungsstreitkräfte, B.Nr. G 1300 geh. vom 12.2.1945, Orig. b. Verf.

Chronik der Marineärztlichen Akademie. Manuskript o.J., o.O. Nachlaß *E. Greul,* Kopie b. Verf.

Essen, K.W.: Klinische Befunde bei dem nervösen Syndrom der U-Boot-Fahrer. Unveröffentliches Manuskript b. Verf. 1945a.

Feldt, K.: Militärische Beurteilung über den Marineoberassistenzarzt *Dr. Ralf Wendt* bei Abkommandierung an die San.Schule Sanderbusch v. 13.9.1941. Abschrift b. Verf.

Fischer, Th.: Persönl. Aufzeichnungen 1944/45 in Familienbesitz.

Flottenkommando B.Nr. G 1829 G v. 9.2.1945. Orig. b.Verf.

Führ, J.: Erlebnisbericht des Marineoberassistenzarztes *Dr. Führ* über die Ereignisse am 8.10.1942 bei der 2. R-Flottille. Schreibmaschinenmanuskript. Kopie b. Verf.

Gefechtsanleitung für den Sanitätsdienst auf dem Zerstörer PAUL JACOBI. undatiert. Kopie b. Verf.

Gillner, H.: Auszug aus der Personalakte 1943. Landesbesoldungamt Kiel.
Gillner, H.: Erfahrungsbericht des Marinestabsarztes *Dr. Heinz Gillner* als Flottillenarzt der 7. Minensuchflottille für die Zeit vom 23.8.–30.10.1944. Kopie b. Verf.
Gillner, H.: Kommando 6. Schnellbootflottille: Anordnung über die Ausgabe von Schiern v. 12.5.1942 (a). Orig. b.Verf.
Gillner, H.: Kommando 6. Schnellbootflottille: Ausschreibungen und Ausführungsbestimmungen für die Flottillensportwettkämpfe v. 28.7.1942 (b). Orig. b. Verf.
Kleemann, A.: »Das war's!« Erinnerungen von *Arnfried Kleemann.* Unveröffentlichtes Manuskript, o.J. Privatbesitz.
Kleemann, A.: Festschrift 60 Jahre SanCrew 36 v. 13.5.1996.
Kleemann, A.: Vermerk Bundesministerium der Verteidigung, Inspektion des Sanitätsdienstes I 4 v. 9.5.80. Erfahrungen zur ärztlichen Tätigkeit als Verbandsarzt beim F.d.S. 1942. Abschrift b. Verf.
Kriegstagebuch T 24 v. 24.8.1944. Kopie b. Verf.
Kriegstagebuch Z 13 ERICH KOELLNER. Kopie b. Verf.
Lagebericht über den Stand des Marinesanitätswesens, gegeben vom Sanitätschef der Kriegsmarine am 6.1.1943 vor sämtlichen Admiralärzten und den Abteilungschefs G I und G II. Durchschrift b. Verf.
Leitender Sanitätsoffizier beim Flottenkommando. B.Nr. 68 geh. v. 9.3.1945. Orig. b. Verf.
Merkblatt: Was muß jeder Soldat über Erfrierungen, ihre Verhütung und erste Behandlung wissen? Hrsg. vom Oberkommando der Kriegsmarine, AMA/G IIaa 11850 v. 2.10.1942. Abschrift b. Verf.
Notter, G.: Am Kanal. In: Marineteil des Jahrgangsalbums des Sanitätsoffiziersjahrganges 1937. (Teil I). Crew 37b. Redigiert von *Heinrich Essig.* März 1941.
O.K.M. AMA/G II c B.= Nr. 4067 vom 25.5.1940. Kopie b. Verf.
O.K.M. Skl/Adm Qu II erg b 1514/45 geh. v. 2.3.1945. Orig. b. Verf.
Rebensburg, B.: Unveröffentlichtes Manuskript zur Auswertung der Kriegstagebücher des F.d.T. und F.d.S. v. 30.3.1988.
Rechel, K.: Beurteilung von MOAssA *Dr. Büchler* v. 29.5.1940. Abschrift b. Verf.
Sanitätschef der Kriegsmarine: Schreiben betr. Richtlinien für die Behandlung von Brandverletzten. AMA/GIIaa Nr. 8000 v. 24.6.1942. Orig. b. Verf.
Sanitätsoffiziere Arzt der Kriegsmarine 1939–1945. Unveröffentlichte Zusammenstellung. Kopie b.Verf.
Stamer: Beurteilung für MStA d.R. *Dr. E. Kricker* v. 1.5.1944. Kopie b. Verf.
Törpisch, K.: Als Arzt im Geleitzug nach Norwegen. Vortrag v. 6.7.1989.
Vorläufige Richtlinien für die Behandlung geretteter Schiffbrüchiger. Merkblatt für Schiffe ohne Arzt. Hrsg. vom Oberkommando der Kriegsmarine. Marinemedizinalamt Juni 1941. Kopie b. Verf.
Vorreyer: Bericht des Kommandanten R 36 über die Bergung der Schiffbrüchigen des Geleitbootes F 9 vom 15.12.1939. Abschrift b. Verf.

Wedel,.K.W.: Tagebuch o.O., o.J.
Winkler, H.H.: Die Seenotgefahren als Aufgabengebiet der Sanitätsoffiziere bei fliegenden Verbänden und an Fliegerschulen. Eine ärztliche Studie aus dem Seenotdienst der Luftwaffe nach dem Stand und den Erfahrungen im Januar 1945. Manuskript Norderney 1945. Durchschrift im Besitz von OTL a.D. *Carl Heß* Bahnhofstr. 35 Feldafing.

Persönliche Berichte

Behrens, G.: Pers. Mitt. v. 23.3.1991.
Blaas, K.-H.: Pers. Mitt. v. 11.11.1978, 16.11.1978 u. 20.1.1979.
Bongen, H.: Pers. Mitt. v. 10.5.95.
Brahms, H.: Als Flottillenarzt einer Minensuch- und einer Torpedobootsflottille im Einsatzgebiet ›Ostsee‹ von Mitte September 1944 bis zum 11. Mai 1945. Schreibmaschinenmanuskript von 1996.
Brahms, H.: Pers. Mitt. 2.3.1991, 1.4.1996 u. 10.1.1997.
Büchler, C.: Pers. Mitt. v. 16.1.1996 und 15.1.1997.
Busch, H.-G.: Pers. Mitt. v. 27.11. u. 20.12.1978
Döpner, J.: Pers. Mitt. an *H. Gillner* v. 25.11.1992.
Eichner, H.: Pers. Mitt. v. 28.11.1978.
Fischbach, H.W.: Mitt. an *A.G. Vasseur* vom 15.12.1967 (Kopie b. Verf.).
Fischbach, H.W.: Pers. Mitt. vom 17.12.1978 u. 22.5.1990.
Führ, J.: Pers. Mitt. v. 26.11.1979.
Gartzen v., W.: Pers. Mitt. v. 4.3.1991.
Gillner, H.: Pers. Mitt. an *B. Rebensburg* v. 15.6.1988.
Gillner, H.: Pers. Mitt. v. 10.5.1979 (a), 26.5.1979 (b), 6.6.1980, 16.8.1990 (a), 27.10.1990 (b), 22.2.1992 u. 10.5.1996.
Greul, E.: Pers. Mitt. v. 10.4.1992.
Griger, E.: Pers. Mitt. an *H. Stimming* v. 25.4.1940.
Herrberg, W.: Pers. Mitt. an *Klemm* v. 22.10.1992.
Herrberg, W.: Pers. Mitt. v. 15.3.1991, 30.5.1993 u. 9.4.1995.
Hoffmann, G.: Pers. Mitt. v. 7. 12. 1978, 16.2.1979, 1.9.1990, 9.6.1993 u. 21.3.1994.
Kleemann, A.: Pers. Mitt. v. 2.3.1991, 15.4.1993, 3.1.1997, 1.3.1997 u. 26.4.1997
Kricker, E.: Pers. Mitt. v. 20.7.1997.
Künstler, H.: Pers. Mitt. v. 13.2.1996 und 8.1.1997.
Kunze, H.-P.: Pers. Mitt. v. 16.1.1997
Langguth, H.: Pers. Mitt. v. 8.5.1991.
Otto, F.: Pers. Mitt. v. 26.1. u. 9.5.1997.
Paetzold, H.: Pers. Mitt. v. 21.3.1991.
Paul, F.-K.: Pers. Mitt. v. 19.3.1991.
Probst, R.: Pers. Mitt. vom 13.11. u. 30.12.1978.
Reinke, K.W.: Pers. Mitt. v. 13.2.1979, 8.5.1979 u. 18.3.1991.

Roemer, W.: Pers. Mitt. an H. Kater v. 1.9.1987
Schenck, E.G.: Pers. Mitt. o.J.
Schmidt, K.: Pers. Mitt. v. 11.1.1979.
Schneider, S.: Pers. Mitt. v. 9.2.1991.
Stadtarchiv Bad Kissingen. Pers. Mitt. v. 12.6.1995.
Törpisch, K.: Pers. Mitt. a.d.Verf. v. 9.2.1991.
Törpisch, K.: Pers. Mitt. an *H. Kater* v. 29.10.1987.
Unger, H.H.: Pers. Mitt. v. 11.1.1997.
Wellein, H.: Pers. Mitt. v. 9.1.1979.
Wendt, R.: Pers. Mitt. v. 3.2.1991, 16.5.1993 u. 25.4.1997.
Wiese, W.: Pers. Mitt. v. 24.3.1993.

Gedruckte Quellen und Literatur

Admiral der Kriegsmarinedienststelle Danzig, Februar 1945. Totalverlust des Lazarettschiffes D. »Bremerhaven«. fol. 1–142. BA-MA Freiburg. In: *Fey, Karlernst*: Das Sanitätswesen der deutschen Kriegsmarine im Zweiten Weltkrieg mit besonderer Berücksichtigung der Lazarettschiffe. Organisationsgefüge. Bonn 1963.
Altmann, G.: Kampf und Ende der 2. S-Boots-Flottille. In: Die Seekiste, Heft 2/1954, 129.
Anleitung zum Krankenträger-Unterricht in der Kriegsmarine. (A.z.K.-U.) vom Februar 1940. Oberkommando der Kriegsmarine. Berlin 1940 (= M.Dv.Nr. 267).
Apel, St.: Die Marineärztliche Akademie 1940–1945. Inaugural-Dissertation Düsseldorf 1991.
Ärztliche Kriegsberichtanweisung für die Kriegsmarine (K.B.A.M.). Berlin 17.7.1939 mit einer Neufassung von 1942. In: Wehrmacht-Sanitäts-Vorschrift, Teil 8, Beiheft 2. (=M.Dv. Nr. 270/2)
Ärztlicher Ratgeber für Unterseeboote, Hrsg. vom Oberkommando der Kriegsmarine. Berlin 1944, (= M.Dv.Nr. 276).
Ärztlicher Ratgeber für Unterseeboote. Hrsg. vom Befehlshaber der U-Boote. Berlin 1940.
Bauer, W.: Die Auslandsreisen der Schulschiffe der Deutschen Kriegsmarine in den Jahren 1925–1937 vom ärztlichen Standpunkt aus gesehen. In: Veröffentlichungen aus d. Gebiete d. Marine-Sanitätswesens. Heft 31. Berlin 1940.
Bauer, W.: Geschichte des Marinesanitätswesens bis 1945. Berlin, Frankfurt/M. 1958.
Behr, C.H.: Klinische Beobachtungen bei Schiffbrüchigen. Der Deutsche Militärarzt 9 (1944), 318–320.
Behrens, G.: Die Geschichte der 1. Schnellbootsflottille 1931–1945 in Bildern. Kiel 1986.

Bericht über eine wissenschaftliche Besprechung am 26. und 27. Oktober 1942 in Nürnberg über: Ärztliche Fragen bei Seenot und Winternot. In: Mitteilungen aus dem Gebiete der Luftfahrtmedizin. Hrsg. v. Inspekteur des Sanitätswesens der Luftwaffe. Tagungsbericht VII/43.

Bestimmungen über den ärztlichen Dienst an Bord S.M. Schiffe und Fahrzeuge im Kriege. Berlin 1864. Zit. bei *Bauer* 1958, 39–40.

Bidlingmaier, I.: Entstehung und Räumung der Ostseebrückenköpfe 1945. Die Wehrmacht im Kampf, Bd. 33. Neckargemünd 1962.

Birnbaum, F.-K., Vorsteher, C.: Auf verlorenem Posten. Die 9. Torpedoboot-Flottillen. Stuttgart 1987.

Binhold, H.: Sollen Erfrierungen schnell oder langsam erwärmt werden? Der Deutsche Militärarzt 7 (1942), 491–496.

Born, K.: Rettung zwischen den Fronten. Hamburg Berlin Bonn 1996.

Brézet, F.E.: Du Prince Adalbert de Prusse au Grand Amiral *Raeder.* Un siècle de recherche d'une stratégie maritime pour L'Allemagne. In: Académie et Marine. Communications et mémoires. Année académique 1995–1996, No. 1 (oct.-déc. 1995).

Büchner, F.: Die Pathologie der Unterkühlung. Klinische Wochenschrift 22 (1943), 89–92.

Büchner, F.: Pläne und Fügungen. München Berlin 1965.

Buffetaut, Y.: La Kriegsmarine 1939–1945. Marines, Jan. 1995 (Hors série No. 1), Bourg-en-Bresse 1995.

Buffetaut, Y.: Les vedettes au combat 1939/1945. Marines, Sept. 1996 (Hors série No. 7), Bourg-en-Bresse 1996.

Carow u.a.: Über Untersuchungsergebnisse bei Todesfällen nach allgemeiner Unterkühlung des Menschen in Seenot. Beitr.path.Anat. 108 (1943), 551.

Constabel, H.: Hol nieder Flagge. Bremerhaven 1989.

Coulter, J.L.S.: The Royal Navy Medical Service. Vol. I.: Administration, Vol. II.: Operations, London 1954 und 1956.

Critchley, M.: Shipwreck-Survivors. A Medical Study. London 1943.

Der Bundesminister der Verteidigung. Fü S I 3 v. 20.9.82: Richtlinien zum Traditionsverständnis und zur Traditionspflege in der Bundeswehr.

Drost, E.: Beobachtungen bei schweren intestinalen Vergiftungen durch das Verschlucken von Treiböl. Der Deutsche Militärarzt 6 (1941), 537–539.

Fock, H.: Afrika-Zerstörer ZG 3 Hermes. Herford 1993.

Fock, H.: Schnellboote. Herford 1973

Fritsch, H.: Die Nacht von Scheveningen. Tübinger Chronik v. 26.2.1944.

Fritsch, H.: Männer am Feind. Tübinger Chronik v. 23.7.1944.

Fritsch, H.: Nachtgefecht im Kanal. Tübinger Chronik v. 12.4.1944.

Gartzen v., W.: Die Flottille. Außergewöhnlicher Seekrieg deutscher Mittelmeer-Torpedoboote. Herford 1982.

Garzten v., W.: Flottentorpedoboote T 22 bis T 36 im Einsatz. Herford 1992 (Schiff und Zeit Spezial; Bd.4).

Gerdau, K.: Kampfboot M 328. Von der Selbstverständlichkeit der Pflicht. Herford 1989.
Graumann, W., W. Harnack, A. Teichmann: 1.,2., 3. Torpedobootsbootflottille. Chronik der Boote T 1-T 21 1939–1945. Bd. 1–3 Bremerhaven 1989–1990.
Gröner, E.: Die deutschen Kriegsschiffe 1815–1945. Bd. 1–8. Koblenz 1983–1990.
Grosse-Brockhoff, F., W. Schoedel: Tierexperimentelle Untersuchungen zur Frage der Therapie bei Unterkühlung. Archiv f. experiment. Path. u. Pharmakol. Bd. 201 (1943), 457–467.
Grosse-Brockhoff, F.: Kälteschäden. In: Handbuch der Inneren Medizin. Hrsg. v. *G.v.Bergmann, W. Frey* u. *H. Schwiegk.* 6. Bd., 2. Tl., Berlin Göttingen Heidelberg [4]1954, 46ff.
Grosse-Brockhoff, F.: Pathologic Physiology and Therapy of Hypothermia. German Aviation Medicine in World War II, Vol. 2, Washington 1950, 828–842.
Guth, E.: Narvik 1940 – Sanitätsdienstliche Versorgung und medizinische Probleme beim Unternehmen »Weserübung« -. Wehrmed. und Wehrpharm. 18 (1994), 78–84.
Güth, R.: Die Aera *Raeder.* Schiff und Zeit 26 (1987), 33–50; 27 (1988), 33–46; 29 (1989), 44–50; 30 (1989), 63–65.
Güth, R.: Die Dritte Flotte. Schiff und Zeit 24 (1986), 1–12.
Güth, R.: Zerstörer Z 34. Herford, [2]1992.
H.Dv. 209/2. M.Dv.Nr. 120. Richtlinien zur Erkennung und Bekämpfung der Ermüdung (Anwendung und Wirkung des Pervitins). Berlin 1942.
Harnack, W.: Zerstörer unter deutscher Flagge 1934 bis 1945. Herford 1978.
Hartmann, V., H. Gillner: Sanitätsdienst auf Schnellbooten 1939–1945. Schiff und Zeit 35 (1992), 1–10.
Hartmann, V., W. Hänert: Schiffbruch und Unterkühlung. Erfahrungen in der deutschen Kriegsmarine 1939–1945. Schiff und Zeit 44 (1996), 57–60.
Hartmann, V.: Das Bild des Marinesanitätsoffiziers des Zweiten Weltkrieges auf deutschen Kriegs- und Lazarettschiffen im Spiegel der Literatur und in den Erinnerungen von Zeitzeugen. Inaugural-Dissertation. Düsseldorf 1993.
Hartmann, V.: Der Sanitätsdienst auf deutschen Hilfskreuzern im Zweiten Weltkrieg. Deutsches Schiffahrtsarchiv 16 (1993), 321–362.
Hartmann, V.: Vom Gebrauch und Mißbrauch einer Droge in der Kriegsmarine. Wehrmed. Mschr. 38 (1994), 137–142.
Hartmann, V.: Zur Geschichte der Anästhesie in der deutschen Marine unter besonderer Berücksichtigung der Verhältnisse an Bord. Wehrmed. Mschr. 38 (1994), 232–238, 261–271.
Heinsius, E.: Die verschiedenen Arten der Nachtblindheit und ihre praktische Bedeutung im Kriege. Der Deutsche Militärarzt 5 (1940), 449–456.
Heinsius, E.: Über das Sehen bei Nacht. Der Deutsche Militärarzt 8 (1943), 451–457.
Heinsius, E.: Zur Geschichte der sinnesmedizinischen Forschungsabteilung der Kriegsmarine in den Jahren 1933–1945. Wehrmed. Mschr. 17 (1973), 115–117.

Heinsius, P.: Das Aktenmaterial der Deutschen Kriegsmarine. In: Die Welt als Geschichte. XIII. 1953.

Heß, C.: Der Seenotdienst der Luftwaffe im Zweiten Weltkrieg. Manuskript für die ›Studiengruppe Geschichte des Luftkrieges‹ (General *Paul Deichmann*), Vervielfältigung für Dienststellen der NATO und Militärgeschichtliches Forschungsamt. o.J.;

Heß, C.: Der Seenotdienst der Luftwaffe. In: Das Sanitätswesen und die Seenotdienstverbände der Luftwaffe, Teil II, hrsg. von der Stiftung Luftwaffenehrenmal e.V. Celle 1971, 25–44.

Heye, A.W.: Z 13 von Kiel bis Narvik. Berlin 1941.

Hildebrand, Hans H., A. Röhr, H.O. Steinmetz: Die deutschen Kriegsschiffe. 7 Bde., Herford 2./3. Aufl. 1993.

Hubatsch, W.: Der Admiralstab und die obersten Marinebehörden in Deutschland 1848–1945. Frankfurt/M 1956.

Hubatsch, W.: Die deutsche Besetzung von Dänemark und Norwegen 1940. Göttingen 1952.

Hubatsch, W.: Flüchtlingstransporte aus dem Osten über See. Die letzten Geleitaufgaben der deutschen Kriegsmarine 1945. In: Ostdeutsche Wissenschaft. Jahrbuch des Ostdeutschen Kulturrates, Bd. IX, München 1962, 404–27.

Hümmelchen, G.: Die deutschen Schnellboote im Zweiten Weltkrieg. Hamburg Berlin Bonn 1996.

Instruction für den Commandanten eines von S.M. Schiffen und Fahrzeugen. Berlin 1872 (Mit Anlage XIV: Reglement über den Sanitätsdienst an Bord S.M. Schiffe und Fahrzeuge).

Kater, H.: Verlustreiches Unternehmen durch Verrat. Ein Arzt als Zeitzeuge bei Schiffskatastrophe im Skagerrak. Alte Kameraden 6/1993, 9–10.

Kemnade, F.: Die Afrikaflottille. Stuttgart 1978.

Klapdor, N.: Der Zerstörer FRIEDRICH IHN. Hamburg Berlin Bonn 1996.

Klenck, W.: Wer das Schwert nimmt ..., München 1987.

Kriegschirurgische Richtlinien für Marinesanitätsoffiziere. Bearbeitet im Auftrage des Marinemedizinalamtes im Oberkommando der Kriegsmarine von Marineoberstabsarzt *Professor Dr. Magnus.* Berlin 1939.

Kriegssanitätsbericht über die Deutsche Marine. I.Band: Der Marinesanitätsdienst im Kriege, Berlin 1939; II. Band: Statistik, Berlin 1934; III. Band: Medizinischer Teil, Berlin 1934.

Kriegstagebuch des Oberkommandos der Wehrmacht (Wehrmachtführungsstab). Im Auftrag des Arbeitskreises für Wehrforschung hrsg. v. *P.E. Schramm.* Band IV. München 1986.

Kugler, R.: Leserbrief zum Aufsatz ›Die Dritte Flotte‹ in Schiff und Zeit, 24 (1986). Schiff und Zeit 27 (1988), 52–53.

Kühn, V.: Schnellboote im Einsatz. Stuttgart 1978.

Kühn, V.: Torpedoboote und Zerstörer im Einsatz 1939–1945. Stuttgart 1974.
Kutzleben v. K, W. Schroeder, J. Brennecke: Minenschiffe 1939–1945. Herford 1974.
Laptschinski, Russk. Wratsch. Ref. in Zbl. Chir. (1880).
Lohmann, W., Hans H. Hildebrand: Die deutsche Kriegsmarine 1939–1945. Bad Nauheim 1956–1964.
Lübben, G.: Merkblatt über ärztliche Maßnahmen bei Unfällen auf U-Booten. Hrsg. vom Oberkommando der Kriegsmarine. Marinemedizinalamt. Berlin 1941.
Marinedienstvorschrift (M.Dv) Nr. 271, s. Soll der Sanitätsausrüstung (S.d.S.).
Marinedienstvorschrift (M.Dv.) Nr. 216/1, s. Soll der Kriegssanitätsausstattungen (S.d.Ks.).
Marinesanitätsordnung (Entwurf), Bd. I und II. Berlin 1917; Bd. III Berlin 1893.
Matthes, M.: German Air-Sea Rescue Service during World War II. German Aviation Medicine in World War II, Vol. 2, Washington 1950, 1139–1157.
Maurer, H.-J.: Erziehung und Ausbildung zum Marinesanitätsoffizier in der Kriegsmarine 1939–1945 am Beispiel der Crew XII/39 San. Marineforum 71 (1996) 34–35, 36–37.
Mayen, J.: Alarm-Schnellboote! Oldenburg und Hamburg 1961
McCance, R.A., Ungley, C.C., Crosfill, J.W. and E.M. Widdowson: The Hazards to Men in Ships Lost at Sea, 1940–1944. Medical Research Council. Special Report Series No. 291. London 1956.
Medizin ohne Menschlichkeit. Dokumente des Nürnberger Ärzteprozesses. Hrsg. u. komment. v. *A. Mitscherlich* und *F. Mielke.* Frankfurt/M 1993, 51–71.
Meister, J.: Der Seekrieg in den osteuropäischen Gewässern 1941–1945. München 1958.
Merkblatt über ärztliche Maßnahmen bei Unfällen auf U-Booten. Hrsg. vom Oberkommando der Kriegsmarine. Marinemedizinalamt. Berlin 1941.
Merkblatt über erste Hilfeleistung bei Blutungen. Hrsg. vom Oberkommando der Kriegsmarine. Marinemedizinalamt. Berlin 1942.
Missler, H.: Erfahrungsbericht eines Schiffbrüchigen. In: Unterkühlung im Seenotfall. Bericht über das Symposium vom 25. bis 27.4. 1980 in Cuxhaven. München 1981, 18–20.
Möbius, P.P.: ›Schnellboote‹. Berlin 1943.
Molnar, G.W.: Survival of hypothermia by men immersed in the ocean. *J.Amer.* med.Ass. 131 (1946), 1046 ff.
Müller, W., R. Kramer: Gesunken und verschollen. Hamburg Berlin Bonn ^{2}1996.
Nadler, F.: Neuzeitlicher Kranken- und Verwundetendienst an Bord der Kriegsschiffe. Der Deutsche Militärarzt 2 (1937), 115–118.
Nadler, F.: Über chirurgische Operationen an Bord der Kriegsschiffe. Der Deutsche Militärarzt, 3 (1938), 6–10.
Nicholl, G.W.R.: Survival at Sea. The Development, Operation and Design of Inflatable Marine Lifesaving Equipment. London 1960.

Nöldeke, H., J. Schmidt: Sanitätsdienst in der Königlich Preußischen Marine. Herford 1993.
Nöldeke, H., V. Hartmann: Der Sanitätsdienst in der deutschen U-Boot-Waffe und bei den Kleinkampfverbänden. Geschichte der deutschen U-Boot-Medizin. Hamburg Berlin Bonn 1996.
Nöldeke, H., V. Hartmann: Über den Einsatz von Röntgengeräten auf deutschen Kriegs- und Lazarettschiffen im Zweiten Weltkrieg. Wehrmed. Mschr. 37 (1993), 69–70.
Nöldeke, H.: Am Ende gab es viele tote Ärzte. Sanitätsdienst auf deutschen U-Booten im Zweiten Weltkrieg. Truppenpraxis 36 (1992a), 288–293.
Nöldeke, H.: Das Kleine Lazarettschiff INNSBRUCK und sein Chefarzt. Wehrmed. Mschr. 38 (1994), 208–210.
Nöldeke, H.: Der Tod eines U-Boot-Arztes. Wehrmed. Mschr. 37 (1993), 213–214.
Nöldeke, H.: Die personellen Verluste der Kriegsmarine 1939–1945. Schiff und Zeit 43 (1996), 51–55.
Nöldeke, H.: Sanitätsdienst an Bord im Gefecht. Truppenpraxis, 22 (1978), 749–751.
Nöldeke, H.: Sanitätsdienst an Bord. Herford 1981.
Nöldeke, H.: Sanitätsdienst auf ›Dickschiffen‹ im Zweiten Weltkrieg. Truppenpraxis 32 (1988), 168–171.
Nöldeke, H.: Sanitätsdienst auf Booten im Zweiten Weltkrieg. Truppenpraxis 31 (1987), 354–357.
Nöldeke, H.: Sanitätsdienst bei der 11. U-Flottille 1942–1945. Wehrmed. Mschr. 39 (1995), 140–142.
Nöldeke, H.: Tres Forcas, Ibiza und Gibraltar. Schiff und Zeit/Panorama maritim, 36 (1992b), 25–28.
Ostertag, R.: Deutsche Minensucher – 80 Jahre Seeminenabwehr. Herford 1986.
Ostertag, R.: Untergang des Zerstörers BRUNO HEINEMANN. Truppenpraxis 22 (1978), 69–76.
Paetzold, H.: Der Untergang von TA 24. In: *Gartzen v., W.*: Die Flottille. Außergewöhnlicher Seekrieg deutscher Mittelmeertorpedoboote. Herford 1982, 151–153.
Pohle, F., K.W. Essen: Über das nervöse Syndrom der U-Boot-Fahrer. Der Deutsche Militärarzt 10 (1945b), 134–138.
Prager, H.G.: Panzerschiff Deutschland, Schwerer Kreuzer LÜTZOW. Herford 1981.
Püschel, E.: Die Seenotverbände der deutschen Luftwaffe und ihr Sanitätsdienst 1939–1945. Düsseldorf 1978. (= Schriftenreihe Erfahrungen des deutschen Sanitätsdienstes im Zweiten Weltkrieg. Hrsg. von der Deutschen Gesellschaft für Wehrmedizin und Wehrpharmazie. Bd.1)
Rahn, W.: Ein überraschender Luftangriff und seine Folgen. Truppenpraxis, 20 (1976), 274–279.
Rahn, W.: La réflexion stratégique dans la marine allemande de 1914 à 1945. In: H. Coutau-Bégarie, La Pensée navale II, Paris 1991. (zit b. *Brézet*).
Reglement für den Sanitäts-Dienst an Bord der Königlich Preußischen Kriegsschiffe. Berlin 1859.

Reglement für den Sanitäts-Dienst bei der Königlich Preußischen Marine. Berlin 1852.

Reglement über den Sanitätsdienst an Bord S.M. Schiffe und Fahrzeuge. Anlage XIV zur Instruction für den Commandanten eines von S.M. Schiffen oder Fahrzeugen. Berlin 1872.

Richter, O.: Lebenserinnerungen (»... und grün des Lebens goldner Baum«), Regensburg 1977.

Richtlinien für die Behandlung von Brandverletzten für Marinesanitätsoffiziere. Bearbeitet im Auftrage des Marinemedizinalamtes im Oberkommando der Kriegsmarine. Von Marineoberstabsarzt Professor *Dr. Goetze.* Berlin 1940.

Rohwer, J.: Der Krieg zur See 1939–1945. Gräfelfing vor München 1992.

Ruge, F.: Der Seekrieg 1939–1945. Stuttgart 1951.

Ruge, F.: Im Küstenvorfeld. München 1974.

Salewski, M.: Ansprache am 10.11.1997 im Presseklub Bonn. Abgedruckt in: Marineforum 73 (1998), 4–5.

Salewski, M.: Die deutsche Seekriegsleitung. Frankfurt/M. 1970.

Sanitätsbericht über die Deutsche Kriegsmarine für den Zeitraum vom 1. Januar 1935 bis 31. Dezember 1936. Bearbeitet im Marinemedizinalamt des Oberkommandos der Kriegsmarine. Berlin 1939.

Sanitätsbericht über die Deutsche Kriegsmarine für den Zeitraum vom 1. Januar bis 31. Dezember 1937. Bearbeitet im Marinemedizinalamt des Oberkommandos der Kriegsmarine. Berlin 1941.

Sanitätsbericht über die Deutsche Reichsmarine für den Zeitraum vom 1. Januar bis 31. Dezember 1933. Bearbeitet in der Marinemedizinalabteilung des Reichskriegsministeriums Berlin 1937.

Sanitätsbericht über die Deutsche Reichsmarine für den Zeitraum vom 1. Januar bis 31. Dezember 1934. Bearbeitet in der Marinemedizinalabteilung des Reichskriegsministeriums Berlin 1937.

Sanitätsbericht über die Kaiserliche Marine (1905/06), zit. b. *Bauer* 1958, 64.

Sanitätschef der Kriegsmarine. GIIaa – B.Nr. 4750/41. Merkblatt III. Zur Beurteilung der Genuß- und Reizmittel bei der Ermüdungsbekämpfung und Leistungssteigerung. Berlin 1941.

Sauerland: Ärztliche Erfahrungen vom Bombenüberfall sowjetspanischer Flieger am 29.5.1937 auf Panzerschiff »Deutschland« mit besonderer Berücksichtigung der Verbrennungen und ihrer Behandlung. Der Deutsche Militärarzt 3 (1938), 393–401.

Schadewaldt, H.: Der Schiffsarzt. Ciba-Zeitschrift, Bd. 7, Heft 76 (1955), 2502–2536.

Schadewaldt, H.: Erfahrungen als Schiffsarzt. Wehrmed. u. Wehrpharm. 10 (1986), 186–189.

Schadewaldt, H.: Geschichte der Schiffschirurgie. Münch. Med. Wschr. 109 (1967), 1732.

Schadewaldt, H.: Geschichte des Sanitätsdienstes an Bord. Wehrmed. Mschr. 24 (1980), 254–257.

Schadewaldt, H.: Zur Geschichte der deutschen Lazarettschiffe im Zweiten Weltkrieg. In: *Guth, E.* (Hrsg.): Sanitätswesen im Zweiten Weltkrieg. Herford 1990. (=Vorträge zur Militärgeschichte, hrsg. v. Militärgeschichtlichen Forschungsamt, Bd. 11), 183–208.

Scheel v., R.: Sommer 1944 bis Dezember 1945. Die turbulenteste Zeit meines Lebens. Savièse 1992.

Schenck, E.G.: Das Notlazarett unter der Reichskanzlei. Ein Arzt erlebt *Hitlers* Ende in Berlin. Neuried 1995.

Schneider, F.: Die Krankenurkunden der ehemaligen Wehrmacht. Wehrmed. Mitt. 4 (1960), 90.

Schneider, G.-D.: Vom Kanal zum Kaukasus. Herford 1982.

Schön, H.: Flucht über die Ostsee 1944/45 im Bild. Stuttgart [4]1995.

Schulze-Wegener, G.: Die deutsche Kriegsmarine-Rüstung 1942–1945. Hamburg Berlin Bonn 1997.

Selye, H.: A syndrome produced by diverse nocous agents. Nature, 138 (1936), 32 ff..

Soll der Kriegssanitätsausrüstungen (S.d.Ks.), Teil I: Schiffe und Hilfsschiffe. Berlin 1942. (= M.Dv.Nr. 216/1).

Soll der Sanitätsausrüstungen (S.d.S.), hrsg. v. Oberkommando der Kriegsmarine, Berlin 1939–1943. Teil 1: Allgemeine Bestimmungen 1939 (= M.Dv.Nr. 271/1); Teil 2: Sanitätsausrüstungen der Schiffe mit Apothekeneinrichtung 1943 (= M.Dv.Nr. 271/2); Teil 3: Sanitätsausrüstungen für Schiffe ohne Apothekeneinrichtung 1943 (= M.Dv.Nr. 271/3); Teil 5: Sanitätsbehältnisse 1941 (= M.Dv.Nr. 271/5); Teil 6: Instrumentenbestecke und ärztliche Geräte1943 (= M.Dv.Nr. 271/6); Teil 7: Schiffssanitätsausrüstung 1940 (= M.Dv.Nr. 271/7).

Sprung, H.B.: Als Chirurg auf zweijähriger Hilfskreuzerfahrt. Der Deutsche Militärarzt 8 (1943), 303–309.

Statistischer Sanitätsbericht über die Kaiserlich Deutsche Marine für den Zeitraum 1905–1906. Bearbeitet in der Medizinal-Abteilung des Reichs-Marine-Amts. Berlin 1907.

Tidow, R.: Ärztliche Fragen bei Seenot. In: Wehrmedizinische Mitteilungen (1960), 17–20, 37–41.

Tidow, R.: Die Überwindung der Gefahren bei akzidenteller Unterkühlung auf See. In: Überleben auf See. I. Marinemedizinisch-Wissenschaftliche Symposium in Kiel. Kiel 1965.

Tidow, R.: Kälteschäden des Magendarmkanals unter besonderer Berücksichtigung der Auskühlung. MMW 90 (1943), 597–600.

Treue W., E. Möller, W. Rahn: Deutsche Marinerüstung 1919–1942. Herford 1992.

Wagner, G.: Lagevorträge des Oberbefehlshabers der Kriegsmarine vor *Hitler* 1939–1945. München 1972. Zit. b. Güth 1986.

Weinmann, A.: Ein gefährlicher Blinddarm. In.: Koehlers Flottenkalender Herford 1979, 199–203.

Zayas de, A. M.: Die Wehrmacht-Untersuchungsstelle. München, [5]1995.